DÄMONEN UNTERM ROTEN STERN

Frank-Michael Raddatz

Dämonen unterm Roten Stern

Zu Geschichtsphilosophie und Ästhetik
Heiner Müllers

J.B. METZLERSCHE VERLAGSBUCHHANDLUNG
STUTTGART

CIP-Titelaufnahme der Deutschen Bibliothek

Raddatz, Frank-M.:
Dämonen unterm Roten Stern: zu Geschichtsphilosophie und Ästhetik Heiner Müllers /
Frank-Michael Raddatz. – Stuttgart: Metzler 1991
ISBN 3-476-00752-9

Gedruckt auf säurefreiem, alterungsbeständigem Papier

ISBN 3 476 00752 9

© 1991 J.B. Metzlersche Verlagsbuchhandlung
und Carl Ernst Poeschel Verlag GmbH in Stuttgart

Einbandgestaltung: Willy Löffelhardt
Satz: Typobauer Filmsatz GmbH, Ostfildern 3
Druck: Gulde Druck, Tübingen
Printed in Germany

INHALT

EINLEITUNG

Die vorliegende Arbeit ›Dämonen unterm Roten Stern‹ hat vornehmlich Heiner Müllers Produktionen der siebziger Jahre zum Gegenstand. Die in diesem Zeitraum veröffentlichten Stücke lassen sich drei thematischen Komplexen zuordnen. Es handelt sich hierbei um die Auseinandersetzung mit Deutschland, dem europäischen Revolutionskonzept und weiblichen Emanzipationsstrategien. Die Unzugänglichkeit, die Müllers Werk aus diesem Produktionszeitraum bislang kennzeichnete, entstammt nicht nur der Gestaltung dieser disparaten Themen und der den Bearbeitungen innewohnenden inhaltlichen und formalen Dynamik, sondern ist zugleich Resultat einer originären Synthesis der Traditionen avantgardistischer und explizit politischer Literatur.

Aber weder die ästhetische Artikulation der oben genannten Stoffe noch die Konnexion avancierter literarischer Techniken mit den tradierten Motiven und Sujets der engagierten Literatur entspringen – angesichts der hohen Qualität der Artefakte – einem glücklichen Zufall bei der Kombination von Formsprache und Gegenstand. Vielmehr sind die Stücke dieses Werkabschnitts Produkte eines sich durchhaltenden literarischen Konzepts: der historisch-gesellschaftlichen Entfaltung autobiographischer Momente durch die ihnen korrespondierenden ästhetischen Mittel.

Die den Schreibimpuls des Autors konstituierenden Motive gehen nicht unbewußt in die Artefakte ein, sondern werden als reflektierte selbst zum ästhetischen Material, so daß die die Subjektivität des Dramtikers Heiner Müller prägenden Momente zum verbindlichen Bezugspunkt der literarischen Produktivität werden. Aus dieser bewußten Verschränkung der Subjektivität des Autors mit seinem Literaturkonzept resultieren weitreichende theoretische Konsequenzen. Zum einen werden die autobiographischen Erfahrungen zum Prüfstein von Gesellschafts- und Geschichtstheorien, zum anderen setzt ihre ästhetische Gestaltung den für sie relevanten Stand gegenwärtiger Theoriebildung voraus. Heiner Müllers Intention zielt also in diesem Produktionsabschnitt auf die ästhetische Artikulation des objektiven Gehalts ihn prägender subjektiver Erfahrungen. Die Artefakte transzendieren somit zugleich die objektive Geschichte wie die Konstituentien der Subjektivität des Autors.

Da einschneidende biographische Erlebnisse den eigentlichen ›Glutkern‹ der hier zur Diskussion stehenden Stücke bilden, wird die Analyse und Interpretation dieser Produktionen auf geschichtsphilosophische Modelle verwiesen, denen das Kriterium der Katastrophe zentral ist. Im affektiven Bereich dagegen stiftet ihr Rekurs auf die autobiographischen Erfahrungen die Affinität zu den ästhetischen Techniken, die in der Tradition des Schocks stehen. Weder kann eine solchermaßen konzipierte Literatur mit Kunsttheorien erfaßt werden, denen die Kategorie des historischen Fortschritts unabdingbar ist, noch läßt sich die Dignität dieser Stücke umstandslos aus dem Reflexionsniveau formsprachlicher Elemente herleiten. Statt dessen evoziert die Gestaltung des theoretisch durchdrungenen traumatischen Materials kunsttheoretische Überlegungen, die im Durchbrechen des gesellschaftlich Verdrängten das emanzipatorische Potential der Moderne bestimmen. Hieraus aber folgt nicht, daß das Unbewußte und die es beherrschenden Mächte und Intentionen selbst schlechthin emanzipatorisch verfaßt sind, sondern die ›dämonischen‹ Kräfte des dem Bewußtsein Jenseitigen müssen selbst antizipiert bzw. humanisiert werden. Denn sie sind zwangsläufig Formationen des historischen Prozesses, auf dessen Verabschiedung das emanzipatorisch ausgerichtete Bewußtsein angesichts der objektiven Möglichkeit einer globalen Apokalypse bislang vergeblich dringt. Während die Surrealisten den emanzipatorischen Charakter des Unbewußten, als von den Traditionen der Aufklärung und der Rationalität, die sie für die Katastrophe des Ersten Weltkrieges verantwortlich machten, tabuisiertes, voraussetzten und andere Repräsentanten der Avantgarde, wie z.B. Arthur Rimbaud, Oskar Panizza, Antonin Artaud und Pierre Klossowski, die mit ihnen kommunizierenden Kräfte nur als spirituell gegeben fassen konnten, macht Heiner Müller nicht zuletzt die »Wahngestalten des kollektiven Unbewußten«[1] (H. Vormweg) für die historischen Katastrophen und das Scheitern von Emanzipation im umfassenden Sinn verantwortlich.

Hiernach bietet allein die Emanzipation der im europäischen Zivilisationsprozeß deformierten Intentionen des Unbewußten die Möglichkeit der Humanisierung der modernen Industriegesellschaften. Damit einher geht durch die Adaption der Initiationsvorstellungen der sogenannten primitiven Kulturen der Entwurf einer Sphäre des Heiligen, wo durch die symbolische Wiederaneignung des individuellen Todes eine radikale Veränderung des gesllschaftlichen Naturverhältnisses antizipiert wird. Allein die Partizipation an der sakralen Sphäre als Kommunikation mit dem eigenen Tod begründet das Bewußtsein der Souveränität und der menschlichen Würde, woraus allererst die Menschlichkeit des Menschen und die Möglichkeit von Freiheit resultiert.

Der zentrale Stellenwert, den der ›Faktor‹ Subjektivität in Müllers Literaturkonzept der 70er Jahre erhält, führt über die Negation des Fortschrittsaxioms der modernen materialistischen Geschichtstheorien zu einer rationalitäts- und damit zivilisationskritischen Position, ohne daß damit zugleich das Interesse an Emanzipation im umfassenden Sinn aufgegeben wird. Vielmehr stellt sich der abendländische Geschichtsprozeß unter mehreren Aspekten, die bei der Interpretation der einzelnen Stücke ausführlich dargelegt werden, als katastrophaler Irrweg dar, der sich aus den Invarianten des abendländischen Geistes, insbesondere seinem spezifischen Naturverhältnis und der Abspaltung des Lebens vom Tod sowie seiner Genesis aus patriarchalischen Strukturen begründet.

Im ersten Teil der vorliegenden Arbeit werden anhand der autobiographischen Texte Heiner Müllers die persönlichen Erfahrungen des Autors in Zusammenhang mit seinem Werk dargestellt und analysiert, sowie gezeigt, daß sie bestimmte Themata und Problemstellungen konstituieren, die wiederum die Affinität zu literarischen Techniken und Traditionen stiften. Hierbei war eine kurze Skizzierung der Widerspiegelungstheorie von Georg Lukács sowie Theodor W. Adornos Begriff der autonomen Kunst nötig, da es äußerst fraglich erscheint, ob die Artefakte Heiner Müllers mit dem analytischen Instrumentarium dieser Kunsttheorien erfaßt werden können. Statt dessen weist dieses Literaturkonzept der »Obsession« (H. Müller)[2] starke Bezüge zur Geschichtsphilosophie Walter Benjamins auf, die in Heiner Müllers Stücken bezeichnenderweise mehrmals ästhetisch zitiert wird (vgl. Exkurs: Engelbilder), und zu Benjamins Analyse der klassischen Moderne am Beispiel Charles Baudelaire.

Nachdem im ersten Teil dieser Arbeit der geschichtsphilosophische und kunsttheoretische Ort des Müllerschen Literaturkonzepts der 70er Jahre bestimmt wird, sowie literaturgeschichtliche Bezüge dieses Konzepts zu den oben genannten Vertretern der Avantgarde aufgezeigt werden, beinhaltet der zweite Teil eine detaillierte Analyse und Interpretation der unter dieses Literaturkonzept zu subsummierenden Stücke.

Die Interpretationen gehen hierbei von den anfangs gewonnenen Fragestellungen aus und es zeigt sich, daß sämtliche durch die Auseinandersetzung mit den subjektiv prägenden Ereignissen entstandenen Problemkonfigurationen in diesem Produktionsabschnitt inhaltlich wie ästhetisch gelöst werden, so daß dem Literaturkonzept der Obsession nach diesem Produktionszeitraum keine gleichartige Virulenz mehr zugesprochen werden kann [3].

Nach der Auseinandersetzung mit dem deutschen Faschismus in ›Die Schlacht‹ und der Deutschlandrevue ›Germania Tod in Berlin‹ schlägt Müllers Deutschlandkritik in dem Preußen-Stück ›Leben Gundlings Friedrich von Preußen Lessings Schlaf Traum Schrei‹[4] in eine Problematisierung des europäischen Zivilisationsprozesses und dessen Konstituentien um: Deutschland dechiffriert sich als eine besonders blutige Variante der abendländischen Kulturnationen und deren imperialer Intentionen.

In ›Mauser‹ wird durch Adaption von Bertolt Brechts ›Lehre vom Einverständnis‹ bereits ein Todesbegriff antizipiert, der in ›Der Auftrag‹ dramatisch expliziert, die Aporien des europäischen Revolutionsmodells durch den Rekurs

auf die Dritte Welt und deren Naturverhältnis eine Vorstellung von Revolution
evoziert, der nicht mehr der logos sondern das Heilige, als radikalisierte Form
der Auferstehung, zentral ist.

Die Interpretation der ›Hamletmaschine‹, in der Heiner Müllers Konzeption
weiblicher Rache kulminiert, zeigt, daß die Verarbeitung der autobiographischen
Erfahrungen zu einem Begriff von weiblicher Emanzipation führt, der nicht auf
eine gerechte Partizipation an den vom Patriarchat hervorgebrachten Machtstrukturen, sondern auf die radikale Liquidation jeglichen patriarchalischen Zivilisationstypus zielt.

Die vorliegende Interpretation legt besonderes Gewicht auf die Kohärenz der
drei disparaten Themenkomplexe, die durch die Bestimmung des geschichtsphilosophischen Ortes der Müllerschen Produktionen der 70er Jahre den Umschlag
von gesellschaftskritischen in zivilisationskritische Positionen verfolgt, wobei
sich das Augenmerk der Analyse vornehmlich auf den inneren Zusammenhang
dieser Entwicklung richtet.

I. HEINER MÜLLERS LITERATURKONZEPT DER OBSESSION

1. Der autobiographische Zugang

Die Analyse des Verhältnisses von Autobiographie und Werk eines Autors setzt die Reflexion der Stellung des subjektiven Materials zur objektiven Intention der Artefakte voraus. Darüber hinaus ist damit zugleich die Frage nach den Produktionsbedingungen von Literatur selbst bzw. der Genesis und Verfaßtheit des künstlerischen Subjekts und seines ästhetischen Sensoriums berührt. Letzteres wird in diesem Abschnitt kurz skizziert, weil dem Rekurs auf die Quellen und Ursachen der eigenen Produktivität im Müllerschen Literaturkonzept der 70er Jahre zentrale Bedeutung zukommt.

Heiner Müller und die Literaturkritik sind sich angesichts seines ›Spätwerkes‹ dahingehend einig, daß dessen Konstitution in engem Zusammenhang mit autobiographischen Erfahrungen des Dramatikers steht, ohne daß diese Verbindung bislang Gegenstand einer eingehenden Untersuchung geworden wäre. So verweist Müller beispielsweise in den Interviews ›Viv(r)e la contradiction!‹ [1], ›Walls‹ [2] und ›Was ein Kunstwerk kann, ist Sehnsucht wecken‹ [3] auf die eminente Bedeutung, die seine frühen Kindheitserfahrungen − sie wurden 1977 als Prosatext unter dem Titel ›Der Vater‹ veröffentlicht − für seine literarische Produktivität besitzen. »Das ist eigentlich die erste Szene meines Theaters.« (R 68) Derart dezidiert bestimmt Müller seine ›erste Kindheitserinnerung‹, die Verhaftung seines Vaters, eines sozialdemokratischen Funktionärs, durch die Nationalsozialisten 1933, als wesentlich für sein dramatisches Schaffen.

Nicht nur Genia Schulz [4] und Georg Wieghaus [5], die erste umfangreichere Arbeiten über Müllers Werk verfaßten, sondern auch einer seiner schärfsten Kritiker, Michael Schneider [6], konstatierten starke Bezüge zwischen Biographie und Produktionen des Autors. Hierbei muß allerdings gegen Schneiders Versuch [7], aus den individuellen Erfahrungen des Autors etwaige persönliche Deformationen herzuleiten und diesen ›Befund‹ gegen den Gehalt der Stücke zu wenden, mit Th. W. Adorno entgegnet werden, was dieser am Beispiel Charles Baudelaires stellvertretend für alle Künstler, deren »œuvre die Negativität des Daseienden ohne Zensur objektiviert« [8], schlagend gegen die psychoanalytisch argumentierenden Gegner der Moderne einwandte:

»Normales Seelenleben wird schmählich zum Kriterium auch dort erhoben, wo so kraß wie bei Baudelaire der ästhetische Rang sich als mitbedingt erweist durch die Abwesenheit der mens sana. Dem Tenor der psychoanalytischen Biographien zufolge sollte Kunst affirmativ mit der Negativität der Erfahrung fertig werden.« [9]

Der grundlegende Mangel psychoanalytischer Verdikte gegenüber avancierten ästhetischen Gebilden ist in der Kunstkonzeption Sigmund Freuds selbst zu suchen. Denn indem er meinte, Kunstwerke als Tagträume begreifen zu dürfen, hypostasierte er den Anteil des Unbewußten am Produkt zu Ungunsten von Material und Formgesetz.

»Das Projektive im Produktionsprozeß der Künstler ist im Verhältnis zum Gebilde nur ein Moment und schwerlich das entscheidende; Idiom, Material haben ein Eigengewicht, vor allem das Produkt selbst, von dem die Analytiker wenig sich träumen lassen.« [10]

Jegliche an der Psychoanalyse orientierte Bestimmung des Stellenwertes des subjektiven Moments im Artefakt findet hier notwendig ihre Grenze. Den *unvermittelt* ins Werk eingehenden subjektiven Impulsen kommt kaum konstitutive Bedeutung zu; als reflektierte oder geformte jedoch sind sie nicht mehr mit der Kategorie des Projektiven zu fassen. Denn dann müßte eine psychoanalytische Ästhetik die künstlerischen Formen auf psychische Dispositionen zurückführen können, doch

»weder Freud noch seine Schüler (einschließlich Gombrichs) haben jemals konkret gezeigt, daß spezielle formale Techniken den Vorgängen im Unbewußten, wie Freud sie schildert, entsprechen.« [11]

Damit bestätigt Jack J. Spector, einer der profundesten Kenner der Freudschen Ästhetik, nicht nur die Einwände Adornos, sondern stellt zugleich einer an der Psychoanalyse orientierten Kunstinterpretation ihre vorrangig zu lösende Aufgabe.

Vorausgeschickt sei, daß Adorno seine hier dargestellte Position angesichts der Frage nach der Konvergenz von Kunstwerk und Wahrheit dahingehend revidiert, daß Reaktionsweisen eines kollektiven Subjekts oder des kollektiven Unbewußten in die Artefakte einfließen müssen, wodurch sie erst den Grad von Verbindlichkeit erhalten, der sie zum Kunstwerk im emphatischen Sinn qualifiziert [12].

Auch Schneiders zweiter Vorwurf, daß Müller Enttäuschungen wohl zuläßt, »nicht aber die dazugehörige Trauer« [13] − hier steht sicherlich Alice Millers ›Das Drama des begabten Kindes‹ Pate −, sagt nichts über Qualität und Wahrheitsgehalt der Stücke aus. Adolf Muschg präzisiert das hier zugrundeliegende Problem, wenn er bei der Verteidigung zweier anderer Dramatiker des Theaters der Gegenwart, nämlich Samuel Becketts und Thomas Bernhards, folgende Frage aufwirft:

»Es sei eingeräumt, daß ihre Werke ohne furchtbare Deformationen in der Lebensgeschichte nicht geschrieben worden wären. Aber machen die Zeichen der Deformation im
Werk dieses Werk weniger human – oder war die Deformation nicht sogar die Voraussetzung, das Humane jenseits von Kultur-Phrasen und Harmonie-Erwartungen sichtbar zu
machen? Was wäre aus diesem Werk geworden, wenn ihre Urheber besser trauern gelernt
hätten – gäbe es dann noch Gründe sich damit zu beschäftigen?«[14]

So ist es statt dessen die Unfähigkeit mit Trauer oder Verdrängung auf Katastrophen in der eigenen Lebensgeschichte zu reagieren, die zur Bildung ästhetischer
Produktivität führt. Fehlt in den Stücken die Trauer, als heilendes oder versöh-
nendes Moment, könnte man vielmehr »gerade die Heillosigkeit ihrer Urheber
für die Bedingung ihrer Produktivität halten.«[15] Folgt man der plausiblen
These Muschgs, daß unversöhnbare biographische Deformationen notwendige
Bedingung der Möglichkeit ästhetischer Produktivität sind, erweist sich – gegen
alle Versuche, die Biographie oder die psychischen Dispositionen eines Autors
gegen sein Werk auszuspielen –, daß die Bedingung von Literatur schlechter-
dings gegen die Produktionen ausgespielt werden kann. Darüber hinaus stellt
sich in diesem Kontext die Frage, inwieweit die persönlichen Traumata Müllers
nicht nur den Schreibimpuls auslösten und motivieren, sondern auch als bewußt
geformte in die Stücke Eingang fanden.

Hierbei wird die These vertreten, daß insbesondere Müllers ›Spätwerk‹ von
einer Konzeption getragen wird, in der die subjektiven Gründe literarischer
Produktivität, als reflektierte, zum integralen Bestandteil der Texte, also konstitutiv, geworden sind. Die ästhetische Entfaltung individualpsychologischer Mo-
tivationen führt dazu, daß sie ihren privaten Charakter verlieren, indem ihre
historische Substanz freigelegt wird. Indem die Quellen der psychischen Impulse, die zugleich die literarische Produktivität stiften, sich ihrer selbst, als
geschichtlich determinierte, bewußt werden, kann durch den Rekurs auf individuelle psychische Konfigurationen Gesellschaft transzendiert werden. Denn obwohl sie dem jeweiligen Subjekt als unmittelbar gegeben erscheinen, sind sie
doch historische produzierte. Die spezifische Qualität des Literaturkonzepts der
70er Jahre entsteht also dadurch, daß Müller sich der Bedingungen seiner
eigenen Produktivität versichert und diese zum Gegenstand seiner literarischen
und geistigen Auseinandersetzung macht. Damit aber erhalten die subjektiven
Momente Materialcharakter; im Trauma oder der individuellen Deformation
koinzidieren *Subjektivität* und *Geschichte*.

Die Stellung der subjektiven Momente im Artefakt ist nach diesem Literaturkonzept demnach eine doppelte: die subjektiven Erfahrungen, die den Schreibimpuls auslösen, werden zugleich thematisch und stiften die Affinität zu
bstimmten Techniken und Formen. Dies soll im folgenden anhand der einzelnen
Themenkomplexe und der ihnen korrespondierenden autobiographischen Momente dargelegt werden. Dabei zeigt sich, daß es sich keineswegs um einfache

Spiegelungen der persönlichen Erlebnisse handelt. Vielmehr verleiht gerade die immer neue Gestaltung und Bearbeitung der sich durchhaltenden Motive dem Werk seine außerordentliche Spannung und Dynamik.

2. Die autobiographischen Momente und ihre Form und Themata konstituierende Funktion

Ereignisse, die in den beiden autobiographischen Texten ›Der Vater‹ und ›Todes-anzeige‹ festgehalten wurden, liegen den drei großen Themenkomplexen der Müllerschen Stücke ab 1970 zugrunde. Dieses läßt sich als historisch-gesell-schaftliche Entfaltung autobiographischer Momente begreifen, die zugleich die Affinität zu literarischen Traditionen und ästhetischen Techniken stiften, somit also auch die Form strukturieren. In ihnen ist gleichsam keimhaft die Komplexi-tät bewahrt, aus der die ästhetische Qualität des Müllerschen Spätwerks resul-tiert, und deren Genese wie objektiver Gehalt den Gegenstand dieser Arbeit bilden.

2.1. Gewalt – das Antlitz der Geschichte

1958 schrieb Heiner Müller den autobiographischen Prosatext ›Der Vater‹. In zehn Abschnitten, die mit der ersten Kindheitserinnerung des Autors beginnen, werden die wichtigsten Episoden aus dem Leben der Familie Müller während der Zeit des Dritten Reiches und den Aufbaujahren der DDR erzählt. Wie es der Titel schon anzeigt, kommt in dieser Schilderung dem Verhältnis zum Vater besonderes Gewicht zu. Der Text beginnt mit der Verhaftung des Vaters 1933 und endet mit dessen Tod bzw. der letzten Begegnung von Vater und Sohn. Unter dem Aspekt des Verhältnisses von Autobiographie und Werk ist vor allem die Eingangspassage – die Verhaftung des Vaters durch drei SA-Männer – dieses Berichts äußerst aufschlußreich. Es handelt sich um die erste Konfronta-tion mit dem Nationalsozialismus und dessen Gewaltförmigkeit.

»1933 am 31. Januar 4 Uhr früh wurde mein Vater, Funktionär der Sozialdemokratischen Partei Deutschlands, aus dem Bett heraus verhaftet. Ich wachte auf, der Himmel vor dem Bett schwarz, Lärm von Stimmen und Schritten. Ich hörte die Stimme meines Vaters, heller als die fremden Stimmen und ging zur Tür. Durch den Türspalt sah ich, wie ein Mann meinen Vater ins Gesicht schlug. Frierend, die Decke bis zum Kinn hochgezogen, lag ich im Bett, als die Tür zu meinem Zimmer aufging. In der Tür stand mein Vater, hinter ihm die Fremden, groß, in braunen Uniformen. Sie waren zu dritt. Einer hielt mit der Hand die Tür auf. Mein Vater hatte das Licht im Rücken. Ich konnte sein Gesicht nicht sehen. Ich hörte ihn leise meinen Namen rufen. Ich antwortete nicht und lag ganz still. Dann sagte mein Vater: er schläft. Die Tür wurde geschlossen. Ich hörte, wie sie ihn wegführten, dann den kurzen Schritt meiner Mutter, die allein zurückkam.« (V 20)

Die Präzision und Detailfreudigkeit – ›schwarzer Himmel‹, ›helle Stimme‹, ›frierend‹, ›mit der Hand‹, ›kurzer Schritt‹ – der Erinnerung bezeugt, daß sich diese Situation förmlich in das Gedächtnis des Autors eingebrannt hat. Diese Erfahrung prägt den Blick Heiner Müllers auf das Dritte Reich – »Als mein Vater verhaftet wurde, 1933, habe ich mitbekommen, was da los war.« (GI 132) – und macht die Auseinandersetzung mit dem deutschen Faschismus zum originären Anliegen seiner literarischen Produktivität, so daß seinen frühen Texten ›Fleischer und Frau‹, ›Das eiserne Kreuz‹ und dem ersten dramatischen Entwurf von ›Die Schlacht‹ allen dasselbe Grundmotiv gemein ist: die Gewaltförmigkeit des Lebens und Alltags während der Herrschaft des Nationalsozialismus in Deutschland.

»Seine ersten literarischen Projekte sind deren Exzessen [der erlebten braunen Barberei/F.-M.R.] gewidmet, vergegenwärtigen mit ungeheurer Wucht und einer Mischung aus Entsetzen und analytischer Schärfe die Schrecken der Vergangenheit, sind Versuche das Trauma zu bannen, die ›Grundschocks‹ vor der Verschüttung zu bewahren.«[1]

Müllers Gestaltungen des deutschen Faschismus richten sich nicht nur gegen jede Art der Verdrängung und Verharmlosung des Dritten Reiches, sondern sie radikalisieren die gängigen, meist moralischen Bearbeitungen dieses Themas, indem sie das Erkenntnisinteresse auf die dem Faschismus zugrunde liegenden Haltungen richten. Dies schließt zwar ökonomische oder soziologische Ansätze zur Erklärung der Möglichkeit der historischen Existenz des deutschen Nationalsozialismus nicht aus, evoziert aber in viel stärkerem Maße Fragestellungen, die die ›innere‹ Geschichte des deutschen Faschismus betreffen. Die Gewalt wird nicht als von außen kommende oder den Subjekten äußerliche thematisiert, sondern als zwischenmenschliche Verkehrsform, die Individuen einer Gruppe, einer Klasse oder einer Familie bereit sind gegeneinander bis zum äußersten, d. h. bis zum Tod, anzuwenden:

»Indem er so den Faschismus auch im Individuum ortet, in bestimmten, zur Normalität verfestigten Haltungen bekennt der Autor sich in einer Zeit, in der die Bewältigung der Vergangenheit durch den Aufbau des Sozialismus proklamiert wird, zu seinem erschrockenen Blick zurück auf die Trümmer einer für ihn noch lange nicht erledigten und begriffenen Geschichte.«[2]

Die Darstellung des deutschen Faschismus als *in* den Subjekten selbst angesiedelte *Haltung* der *Inhumanität* geht über die bloße Verurteilung des barbarischen und unmenschlichen Verhaltens hinaus, da damit zugleich die historischen Ursachen und inneren Triebkräfte, die dem Faschismus zu seiner Geschichtsmächtigkeit verhalfen, problematisiert werden. Sind aber die inneren Dispositionen und die gesellschaftliche Praxis der Subjekte miteinander verschränkt, was der Begriff der Haltung offensichtlich voraussetzt, so intendiert Müllers ästhetische Auseinandersetzung mit dem Nationalsozialismus die Frage, inwiefern sich dessen Herrschaft als triebdynamisches Geschehen bzw. als Artikulation kollektiver psychischer Formationen fassen läßt. Dies verweist auf die Theoriebildungen von Wilhelm Reich und der französischen Postmoderne, die den gesellschaftlichen Charakter des Wunsches analysieren.

»So bleibt die grundlegende Frage der politischen Philosophie immer noch jene, die Spinoza zu stellen wußte (und die Reich wiederentdeckt hat): Warum kämpfen die Menschen für ihre Knechtschaft, als ginge es um ihr Heil? ... Wilhelm Reich ist nicht zuletzt dann ein großer Denker, wenn er es ablehnt, zur Erklärung des Faschismus Verkennen und Illusionismus seitens der Massen heranzuziehen, und demgegenüber darauf besteht, ihn mittels des Wunsches, in dessen Begriffen zu erklären: Nein, die Massen sind nicht getäuscht worden, sie haben den Faschismus in diesem Augenblick und unter diesen Umständen gewünscht. Nur in solcher Perspektive läßt sich diese Perversion des Massenwunsches angehen.«[3]

Aus dieser Perspektive ergibt sich, daß die militärische Niederlage des deutschen Faschismus nur die Oberfläche der Subjekte erreicht, die nicht notwendig mit einer Veränderung der inneren Dispositionen einhergeht, so daß die Gefahr einer Renaissance des Faschismus weiterhin relevant bleibt.

»Das Thema des Faschismus ist aktuell und wird es, fürchte ich, in unserer Lebenszeit bleiben ... Heute ist der gewöhnliche Faschismus interessant; wir leben auch mit Leuten, für die er das Normale war, wenn nicht die Norm, Unschuld ein Glücksfall.« (BaL 125)
»Sie [die Bestie/F.-M.R.] wartet nur auf eine neue Gelegenheit.« (R 67)

Darüber hinaus wohnen der Problematisierung des Faschismus als im Innern der Subjekte angesiedelte Haltungen geschichtsphilosophische Fragestellungen inne. Denn läßt er sich als ›pervertierter Massenwunsch‹ oder Manifestation psychischer Formationen bestimmen, so wird das Theorem einer Determination des historischen Prozesses durch den Fortschritt falsifiziert. Denn der Fortschritt als geschichtsphilosophisch virulente Kategorie begründet sich in letzter Instanz durch die kaum zu leugnende Akkumulation des Wissens. Ist aber die Rolle des Bewußtseins bei der Gestaltung des historischen Prozesses eher marginal und kommt statt dessen den Intentionen des kollektiven Unbewußten eine geschichtsstiftende Funktion zu, evoziert dies eine Vorstellung von Geschichte als Wiederkehr des Immergleichen und nicht einer linear-progressiven Folge von Ereignissen, die zu einem versöhnenden Abschluß gebracht werden müssen. In emanzipatorischer Hinsicht gälte es demnach Geschichte als Kontinuum des Falschen zu verlassen bzw. zu durchbrechen.

»Was die Relation zu FURCHT UND ELEND angeht: Brecht war auf Dokumente und Berichte angewiesen, sozusagen auf Sekundärmaterial. Das ergab ein Faschismusbild nach der Schnur der (damals notwendig unkompletten) marxistischen Analyse, eine Art Idealkonstruktion.« (BaL 124–125)

Angesichts des Dritten Reiches versagt das Instrumentarium des marxistisch-dialektischen Denkens; dem deutschen Faschismus kann auch als extreme Form der Negativität keine emanzipatorische Qualität mehr abgewonnen werden. Er kann weder welthistorisch gerechtfertigt werden, noch können seine zahlreichen

Opfer im Namen der historischen Notwendigkeit als versöhnt betrachtet werden.

»Eben: es gibt durchaus Saatkorn, das stirbt und keine Frucht bringt, nämlich als zertretenes, ohne irgend eine positive Negation dieser Negation wirklich, gar notwendig danach. Hegel selber gibt derart ›unaufgelösten Widerspruch‹ zu: die ganze Natur erscheint ihm als einer; und in der Geschichte rechnet er auch den Peloponnesischen Krieg, den Dreißigjährigen Krieg, die indische Witwenverbrennung und so fort keinesfalls unter die produktiven Mächte des Verderbens. Heute hätte er die Todeslager des Faschismus hinzugefügt, die Verbrennungsöfen von Maidanek:...« [4]

Während sich am Holocaust, als der Manifestation unüberbietbaren Grauens, für Ernst Bloch, dem wohl reflektiertesten Theoretiker des Fortschritts im 20. Jahrhundert, das partielle Versagen des Fortschrittsaxioms erweist, setzt sich Müller ästhetisch mit dem gewalttätigen Alltag im Dritten Reich auseinander.

»EINIGE HINGEN AN LICHTMASTEN, ZUNGE HERAUS VOR DEM BAUCH DAS SCHILD ICH BIN EIN FEIGLING« (Traktor 9)

Das betont Lakonische dieses in verschiedene Stücke einmontierten Satzes zeigt, daß es nicht die ›sensationellen‹ Verbrechen des Faschismus sind, sondern seine *normalen, alltäglichen*, denen das Interesse des Dramatikers gilt. Dies führt ihn zu einer intensiven Auseinandersetzung mit Walter Benjamins Thesen ›Über den Begriff der Geschichte‹ und dessen Konzeption von Geschichte als Katastrophe.

»Die Tradition der Unterdrückten belehrt uns darüber, daß der ›Ausnahmezustand‹, in dem wir leben, die Regel ist. Wir müssen zu einem Begriff der Geschichte kommen, der dem entspricht. Dann wird uns als unsere Aufgabe die Herbeiführung des wirklichen Ausnahmezustands vor Augen stehen; und dadurch wird unsere Position im Kampf gegen den Faschismus sich verbessern. Dessen Chance besteht nicht zuletzt darin, daß die Gegner ihm im Namen des Fortschritts als einer historischen Norm begegnen.« [5]

Allein der Geschichtsbegriff des Katastrophischen kann Müllers subjektiv vorgebildete historische Erfahrung fassen und ihr Authentisches erhalten, womit sie zugleich vor Rationalisierung und Verdrängung bewahrt wird. Das autobiographische Motiv – die Verhaftung des Vaters – führt zu einer jahrzehntelangen Bschäftigung mit der *politisch motivierten Gewalt in Deutschland* und begründet letztlich den ›Deutschlandkomplex‹, der zugleich die Aneignung prägender persönlicher Erfahrungen beinhaltet. Szenen aus ›Die Schlacht‹ werden in ›Germania Tod in Berlin‹ wiederaufgenommen und weiterentwickelt, während ›Leben Gundlings Friedrich von Preußen Lessings Schlaf Traum Schrei‹ Müllers kritischen Beitrag zur Rehabilitation des preußischen Erbes in der DDR bildet, die auch die deutsche Aufklärung und ihre intellektuellen Repräsentanten nicht verschont.

Die traumatische Erfahrung des Kindes wird demnach in den drei Deutschlandstücken als Gestaltung der Charakteristica und Ursachen der *deutsche Gewalttätigkeit* thematisch.

»DER TERROR VON DEM ICH SCHREIBE KOMMT NICHT
AUS DEUTSCHLAND ES IST EIN TERROR DER SEELE
(Edgar Allan Poe)
DER TERROR VON DEM ICH SCHREIBE KOMMT AUS
DEUTSCHLAND«. (ABC 8)

Müllers Intention zielt auf die Artikulation der Spezifik der deutschen Gewaltförmigkeit, womit zwangsläufig geschichtstheoretische und psychologische Fragestellungen aufgeworfen werden, die weit über den historischen Zeitraum des
Dritten Reiches hinausgehen – »Der Kessel von Stalingrad zitiert Etzels Saal«.
(DP 72). Es ist »die konkrete deutsche Erscheinungsform« (BaL 125) der Gewalt,
die den Gegenstand der genannten dramatischen Produktionen bildet; mithin
transzendieren Müllers Szenarien den *historisch-gesellschaftlichen Prozeß* der deutschen Nation.

»Ein Grundthema Müllers – und vielleicht in einem bestimmten Sinn das Thema – war
von Beginn an Deutschland, und zwar Germania, das Germanische, Teutonische, die
schwarze Seite darin: Kriegslust, Brutalität, rohe Gewalt und – auch als politischer Name
dieser Wirklichkeit – der Nationalsozialismus. Müller zeigt Deutschland als unglückliche
Nation, die die Neigung zur Spaltung, zur Selbstzerstörung als ›germanisches Erbe‹
gleichsam von Hadubrand und Hildebrand, Arminius und Flavus her mitbekam. Es mag
noch eine andere Seite an dieser Tradition geben, die Müller von den Nibelungen über
den preußischen Absolutismus bis hin zum Faschismus fasziniert: eine sonderbare, zu
ausgeprägte Realitätstüchtigkeit in der Lebensverachtung und gewalttätiger Rohheit des
›deutschen Wesens‹, mit der ein immer wieder durchbrechender Hang selbstmörderisch
Geschichte zu machen, einhergeht.« [6]

Müllers frühe, durch eigene Leidenserfahrung motivierte, antifaschistische Einstellung führt über die Auseinandersetzung mit dem Nationalsozialismus zu
einer kritischen Aufarbeitung der deutschen Geschichte, wobei er in ersten
Zeugnissen über die Germanen und im Nibelungenmythos schon Vorformen
späterer nationaler Entwicklung wahrnimmt. Seine teils traumatischen Erfahrungen werden hierbei auch zum Prüfstein geschichtsphilosophischer Axiome,
deren Versagen bei der Analyse der Realität des Dritten Reiches zum Bruch mit
Rationalismus und Fortschrittsglauben führen. Schließlich schlägt seine Konfrontation mit Deutschland in Zivilisationskritik um; das Phänomen ›Deutschland‹
wird als besonders a-humane Variante des Abendlandes und dessen Verhältnis
zu innerer und äußerer Natur begreifbar. [7]

2.2. Der Verrat des Vaters – das Versagen des europäischen
Revolutionsmodells

Der ›Verrat des Vaters‹ bildet das zweite autobiographische Motiv, das den
Schreibimpuls Müllers konstituiert und seine Auseinandersetzung mit den Revo-
lutionsmodellen der Ersten und Dritten Welt bestimmt. Hieraus resultieren die
Revolutionsstücke ›Mauser‹ (1970) und ›Der Auftrag‹ (1979), die die russische

Oktoberrevolution und die französische Revolution unter dem Gesichtspunkt des Verrats thematisieren. Das im Gefolge der russischen Revolution spielende Stück ›Zement‹ (1972) wird hier zwar den Texten zugeordnet, die um die Emanzipation der Frau und die Mann-Frau-Beziehung kreisen, doch kommt es zu mehreren Überschneidungen der Motive und Intention der Protagonisten. Mit der Wiederaufnahme der Lehrstücktechnik in den Texten der ›Wolokolamsker Chaussee‹ (ab 1984) setzt Müller die Revolutionsthematik fort, ohne daß diese Texte hier eingehend zur Sprache kommen.

»Als Hitler die Autobahnen bauen ließ, mußten in den deutschen Schulen Aufsätze über das große Projekt angefertigt werden. Für die besten waren Preise ausgesetzt. Ich sagte das, aus der Schule kommend, meinem Vater. Er sagte: Du mußt keinen Preis haben, zwei Stunden später jedoch: Du mußt dir Mühe geben. Er stand am Herd, schlug ein Ei in die Pfanne, dann, schon zögernd ein zweites und schließlich, nach langem Ansehen und Inderhandhalten, das dritte. Das gibt ein gutes Essen, sagte er. Wir aßen und mein Vater sagte: Du mußt schreiben, du bist froh, daß Hitler die Autobahnen baut. Da bekommt auch bestimmt mein Vater wieder Arbeit, der so lange arbeitslos war. Das mußt du schreiben. Nach dem Essen half er mir, den Aufsatz so zu schreiben. Dann ging ich spielen.« (V 24)

Bei dem ›Verrat des Vaters‹ handelt es sich um den Gegenpol zur ›Verhaftung des Vaters‹, also der ersten Konfrontation mit der Gewalt und der Angstreaktion des Kindes Heiner Müller. Denn obwohl der Plan des Vaters aufgeht – er erhält die erhoffte Arbeit beim Autobahnbau, sein Sohn eine Auszeichnung –, hinterläßt die Erfahrung des väterlichen Pragmatismus einen tiefen emotionalen Einschnitt.

»Das war die Erfahrung von Verrat und von Schwäche, aber einer anderen Art von Schwäche als vorher. Von da an war ein Bruch zwischen uns.«(R 70)

In dem Gespräch mit Sylvére Lotringer macht Heiner Müller dieses Erlebnis, dem ein ähnlich traumatischer Charakter zugesprochen werden muß wie dem durch die Verhaftung des Vaters ausgelösten Schock, verantwortlich für seine spätere literarische Produktivität.

»LOTRINGER: Sie bezahlten also Ihre Schuld [das Sich-Schlafen-Stellen/F.-M.R.] durch Verrat. Sind Sie deshalb Ihrem Vater nicht gefolgt?
MÜLLER: Das ist einer der Hauptgründe.
LOTRINGER: Aber zu jenem Zeitpunkt geschah der Verrat durch Schreiben.
MÜLLER: Ja.
LOTRINGER: Dachten Sie damals daran, Schriftsteller zu werden?
MÜLLER: Ja.
LOTRINGER: War das Ihr allererster Text?
MÜLLER: Ja.
LOTRINGER: Aber es war der falsche Weg.
MÜLLER: Ja.
...
LOTRINGER: Spielten Sie den Undschuldigen, als Sie den Aufsatz über die Autobahn schrieben?

MÜLLER: Ich glaube schon, ja.
LOTRINGER: Deshalb mußten Sie sich durch Stückeschreiben Ihre Hände wieder säubern?
MÜLLER: Ja.« (R 70 und 74–75)

Diese Sequenz ähnelt eher einem Verhör denn einem Gespräch; doch die Antworten sind eindeutig. Die Verstrickung in den Verrat wird zum auslösenden Movens der ästhetischen Produktivität und, was sie Spezifik der Müllerschen Literaturkonzeption der 70er Jahre ausmacht, zum zentralen Thema des Autors. Der Metapher des Verrats begegnen wir in allen späten Stücken, mit ihr werden die zwischenmenschlichen Beziehungen ebenso gefaßt, wie die Erfahrung des Verrats schließlich in welthistorischen Kontext gestaltet wird, um das Scheitern des europäischen Revolutionsmodells zu gestalten.

Indem Müller an dieser, seine Subjektivität konstituierenden, Erfahrung festhält und sie zum Gegenstand seiner literarischen Produktivität macht, stößt er auf eines der zentralen Probleme des politischen Dramas im 20. Jahrhundert. Denn kein Geringerer als Bertolt Brecht hatte angesichts des Faschismus den politischen Pragmatismus zur vorbildlichen Haltung erklärt. Dessen Figuren, wie Galilei, Meti oder Herr Keuner hätten das opportunistische Verhalten des Vaters nicht nur gebilligt, sondern ausdrücklich befürwortet. Exemplarisch für diese Haltung – die mit dem Verhalten von Heiner Müllers Vater koinzidiert – steht das folgende Keuner-Zitat, mit dem der ›klassische‹ Brecht eine am Primat der Selbsterhaltung orientierte Praxis der politischen Intelligenz propagiert.

»Ich habe kein Rückgrat zum Zerschlagen. Gerade ich muß länger leben als die Gewalt.« [8]

Durch die Kritik an dieser Haltung wirft Müller eine zutiefst *moralische* Frage auf, denn jegliches opportunistisch-pragmatisches Verhalten läßt sich durch den Bezug auf die Selbsterhaltung, als Strategem Leiden möglichst zu vermeiden und den *Tod* hinauszuschieben, also durch den durchaus verständlichen Wunsch ›länger zu leben‹, rechtfertigen. Dieses Kernproblem jeder *politisch-revolutionären Ethik* beinhaltet die Dichotomie von *Selbsterhaltung* und *politischer Moral*. Sie bildet die Grundlage der dramatischen Kollisionen der meisten Müllerschen Produktionen und läßt sich auch in den Produktionsstücken und Antikenbearbeitungen auffinden. In den zugespitzten geschichtlichen Gewaltsituationen, also z.B. im Umkreis des Trojanischen Krieges, von Revolutionen, während der Herrschaft des Nationalsozialismus und im Gefolge des Zweiten Weltkrieges läßt sich das Verhältnis von Moral und Selbsterhaltung nur noch als disjunktives fassen. Der Haltung kalkulierender Rationalität setzt Müller eine Vorstellung des Revolutionärs entgegen, der sich nicht aus der Einsicht in die Notwendigkeit, sondern aus *dem* Bewußtsein *menschlicher Würde* herleitet.

»Die Heimat der Sklaven ist der Aufstand. Ich gehe in den Kampf bewaffnet mit den Demütigungen meines Lebens... Kann sein, mein Platz ist der Galgen, und vielleicht wächst mir der Strick schon um den Hals...« (A 68)

Im Gegenentwurf zu den eben vorgestellten Protagonisten Brechts, die allesamt Muster der Selbsterhaltung anbieten, insistieren die revolutionären Protagonisten Müllers allesamt auf eine äußerst forcierte Todes- bzw. Opferbereitschaft. Während in Brechts Konzeption das eigene Überleben zum absoluten Kriterium auch dezidiert politisches Verhalten wird, berufen sich in Müllers Stücken die auf Emanzipation insistierenden Subjekte auf die heroischen Qualitäten der Würde – ›Demütigungen‹ (Der Auftrag), ›Proletarierehre‹ (Die Schlacht) –, wie sie in der Geschichtsphilosophie von Georges Bataille diskutiert wird.

»Doch erst unter den aktuellen Bedingungen wird die Sorge um die menschliche Würde (die wesentlich danach strebt souverän zu sein) zur groben Karikatur der Bewegungen, die ich [G. Bataille/Herv. F.-M. Raddatz] beschrieben habe...
Der Krieg ist in Wahrheit der grobe Umweg, durch den der moderne Mensch, wenn es möglich ist, an den Einsatz erinnert wird, den wahrzunehmen er sich sonst weigerte: an den authentischen Ruhm, der nur aus der plötzlichen Gewalt des Augenblicks hervorgeht, aus dem Augenblick, in dem der Tod herausgefordert wird.« [9]

Die Radikalisierung und Negation des traumatisch erfahrenen Topos der Selbsterhaltung führt zu einem auf Souveränität basierenden Revolutionsbegriff samt dessen Extremen Würde und Todesbewußtsein. Das Verhältnis des Revolutionärs zum eigenen Tod wird zur zentralen politischen Kategorie; die Versöhntheit mit dem eigenen Tod strukturiert den Begriff des Politischen. In der Erkenntnis der Nichtigkeit des eigenen Todes terminiert der politische Prozeß, den die revolutionären Protagonisten während der dramatischen Handlung durchleben.

»Was zählt ist das Beispiel, der Tod bedeutet nichts.« (M 63)
»Aber die Tod ist ohne Bedeutung...« (A 69)

Im Gegensatz zu der vorgetragenen Position Brechts ist es gerade die Negation von Selbsterhaltungs- und Nützlichkeitsmoral, als Bewußtsein der eigenen Souveränität, wodurch die Subjekte selbst zu Momente von Emanzipation werden und unmittelbar an Freiheit, im emphatischen Sinn, partizipieren.

»Eine revolutionäre Strategie kann nur davon ausgehen, daß der Knecht seinen eigenen Tod wieder ins Spiel bringt, dessen Unterschlagung und Aufschiebung der Herr benutzt, um seine Macht zu sichern. Sich weigern, nicht getötet zu werden, in der tödlichen Frist der Macht zu leben, sich weigern, das Leben zu schulden und dieses Leben nie loszuwerden, allen Ernstes verpflichtet zu werden, diese Schuld langfristig zu begleichen, während des langsamen Todes der Arbeit, ohne das dieser langsame Tod jetzt und in Zukunft irgendetwas ändern würde an der schändlichen Dimension und dem Verhängnis der Macht. Der gewaltsame Tod ändert alles, der langsame Tod ändert nichts...« [10]

Das autobiographische Motiv des ›Verrats des Vaters‹ führt also zu einer Adaption von theoretischen Positionen, für die nicht mehr das Erreichen des utopischen Telos, sondern die Aneignung des eigenen Todes das revolutionäre Ereignis ausmachen. Das subjektive Erlebnis entfaltet sich zum objektiven Problem des Verhältnisses von *Emanzipation* und *Todesbewußtsein*. Zugleich läßt es sich als das eigentliche Kriterium von Müllers Brecht-Rezeption bestimmen.

Der Bruch zwischen dem frühen und dem ›klassischen‹ Brecht bestimmt sich durch einen radikalen Einschnitt in der Gestaltung der Todesproblematik, wobei die Auseinandersetzung mit dem Todesmotiv im Frühwerk durchaus mit den Intentionen von G. Bataille und J. Baudrillard zu vereinbaren ist. Der hier gewonnene Erkenntnisstand macht einsichtig, warum es gerade

»die frühen Dramen, das Fatzer-Fragment (das Müller 1978 für eine Inszenierung bearbeitete) und die Lehrstücke, die ›finstere‹ Maßnahme insbesondere«[11]

sind, die Müllers Interesse erregen. Denn in ihnen kommt dem Verhältnis von Politik und Tod eine eminente Bedeutung zu, wie Brechts ›Lehre vom Einverständnis‹ überhaupt die explizite Voraussetzung für jede triftige Interpretation der um den Verrat gruppierten Szenen bei Müller bildet[12]. Die Bejahung des eigenen Todes und die Adaption des christlichen Opfergedankens kennzeichnen Brechts Frühwerk und verleihen ihm auch angesichts der Problematisierung des revolutionären Todesbewußtseins durch die französische Postmoderne eine Virulenz, die seinen folgenden Stücken und Entwürfen gegenwärtig so nicht zu konzedieren ist.

»Mit der Einführung der Keunerfigur (Verwandlung Kaufmann/Koch in Keuner) beginnt der Entwurf zur Moralität auszutrocknen. Der Schatten der leninschen Parteidisziplin, Keuner der Kleinbürger im Mao-look, die Rechenmaschine der Revolution. ›Fatzer‹ als Materialschlacht Brecht gegen Brecht (= Nietzsche gegen Marx, Marx gegen Nietzsche). Brecht überlebt sie, indem er sich herausschießt. Brecht gegen Brecht mit dem schweren Geschütz des Marxismus-Leninismus.« (R 148)

Während die Konzeption der Todesbejahung das Bewußtsein der Souveränität intendiert, führt dessen Aufgabe zu einer Orientierung am humanistischen Menschenbild, also an Moral und Rationalität. Es stehen sich somit die Antezipation einer naturversöhnten – worin die Todesbejahung letztlich terminiert – Gesellschaft und die große europäische Tradition samt ihren Invarianten: Rationalität und Naturbeherrschung gegenüber. Müllers Brecht-Kritik (›Moralität‹/›Rechenmaschine‹) problematisiert also im Kern die Stellung der Utopie zur abendländischen Zivilisation.

»...Hegel: das Bekannte ist nicht erkannt usw. Die Geschichte der europäischen Linken legt den Gedanken nahe, ob Hegel nicht auch in diesem Falle vom Kopf auf die Füße gestellt werden muß. Noch in jedem Territorium, das die Aufklärung besetzt hat, haben sich »unversehens« unbekannte Dunkelzonen aufgetan. Immer neu hat die Allianz mit dem Rationalismus der Linken den Rücken entblößt für die Dolche der Reaktion, die in diesen Dunkelzonen geschmiedet wurde. Das Erkannte ist nicht bekannt.« (R 142)

Diese Trennung des Emanzipationsbegriffs von der Tradition der Rationalität führt zu einem Begriff von Utopie und Revolution, der nicht länger als notwendiges Produkt der abendländischen Zivilisation verstanden werden. Mithin wird Emanzipation nicht länger aus den Konstituentien des europäischen Zivilisationstypus – Wissen und Vernunft – begründet. Dieser wird statt dessen als vorrangig *imperiale* Bewegung bestimmt, die die Herrschaft des Todestriebes universalisiert.

»Das Theater der weißen Revolution ist zu Ende … Das Elend mit euch ist, ihr könnt nicht sterben. Darum tötet ihr alles um euch herum. Für eure toten Ordnungen, in denen der Rausch keinen Platz hat. Für eure Revolutionen ohne Geschlecht.« (A 56)

Das gegenüber der imperialen europäischen Zivilisation antipodische Moment liegt nicht in der ja auch aus dem abendländischen Geschichtsprozeß hervorgegangenen Gesellschaftsformation des Sozialismus, sondern diese öffnet (nur) die »kapitalistische(n) Welt für die Druckwellen der IM NAMEN DER AKROPOLIS ausgepowerten dritten«, (BaR 110), dem eigentlichen Hoffnungsträger des Utopischen. Das emanzipatorische Potential der Dritten Welt begründet sich angesichts europäischer Rationalität in einem tendenziell versöhnten Naturverhältnis, dessen herausragende Qualität die Integration des Todes in das Leben bzw. in die Fähigkeit zum ›Sterben können‹ ist. [13] Damit wird einerseits die Genese der abendländischen Zivilisation in Abhängigkeit zu deren spezifischen Todesverhältnis gedacht − »Der staatliche Griff nach den Toten zeigt den römischen Zuschnitt des Sophokles« (BaR 110), und andererseits die (Wieder-) Aneignung des eigenen Todes zum emanzipatorischen Ereignis schlechthin.

»DIE REVOLUTION IST DIE MASKE DES TODES
DER TOD DIE MASKE DER REVOLUTION.« (A 51)

Eine solcherart mit dem Tode verschränkte gesellschaftliche Transgression zielt nicht nur darauf, innerhalb des europäischen Geschichtsprozesses eine bessere Gesellschaftsform zu errichten, sondern sie intendiert darüber hinaus die Verabschiedung dieses, gegenwärtig sämtliche Kulturen der Erde überformenden, Zivilisationstyps, denn

»an der Basis selbst der ›Rationalität‹ unserer Kultur steht: … die Ausschließung der Toten und des Todes.« [14]

Die Verankerung des Revolutionsbegriffs im Todesverhältnis der Dritten Welt hat insofern subversiven Charakter, als damit zugleich die von der europäischen Tradition ›verfemten‹ Momente und Energien zum emanzipatorischen Potential werden. D.h. die Heiner Müllers Revolutionsstücken inhärente Kritik am tradierten Revolutionsmodell läßt sich auch als bestimmte Negation von dessen idealistisch-rationalistischer Abstammung fassen.

»Die revolutionären Möglichkeiten der Dritten Welt sind also nicht nur realpolitisch zu verstehen, sondern symbolisch als körperliche ›Natur‹-Revolte im Gegensatz zum europäischen Aufklärungskampf.« [15]

So stoßen in ›Mauser‹, ›Zement‹ und ›Der Auftrag‹ jeweils zwei unterschiedliche Konzeptionen von Revolution aufeinander: die Revoluton als rationale Operation, die mit der Metapher ›Arbeit‹ gekennzeichnet wird, und die Revolution als sinnlich-rauschhaftes Ereignis.

»Wir sagten: es ist eine Arbeit wie jede
andere Schädel einschlagen und schießen.«
(M 57)
»Deine Genossen, deine Klassenbrüder.
Sie brauchten mich. Es war wie eine Arbeit.«
(Z 108)
»...es ist die Melodie der Revolution,
unsrer Arbeit.« (A 50)

Die Herleitung des Revolutionsbegriffs aus der Arbeit verlangt von revolutionären Subjekten die Negation ihrer subjektiven und sinnlichen Impulse. Die Revolution wird »durch einen Akt der Selbstverleugnung erkämpft«[16] und basiert
demnach auf einer Haltung der Selbstverneinung. Es ist schließlich dieses Primat
der Rationalität, die Revolutionäre zu Verrätern werden läßt. Denn es ist die
Konzeption der Revolution als Ereignis der Entfremdung an deren Widersprüchlichkeit und Anforderungen die revolutionären Subjekte zerbrechen.

»Jetzt kauf dir was für deine Proletarierehre.« (S. 8)
»Wozu das Töten und wozu das Sterben
Wenn der Preis der Revolution die Revolution ist
Die zu Befreienden der Preis der Freiheit.«
(M 59)
»Ich will mein Stück vom Kuchen der Welt. Ich werde mir ein Stück herausschneiden aus
dem Hunger der Welt.« (A 68)

Die Diskrepanz zwischen einer als historische Notwendigkeit begriffenen Revolution und den subjektiven Intentionen der sie organisierenden Individuen dechiffriert sich demnach als Aporie im europäischen Revolutionsbegriff selbst,
gegen die Polja in ›Zement‹ und Mauser A rebellieren, indem sie auf einen
anarchistischen Gewaltbegriff rekurrieren.

»Nichts gegen Arbeit, aber das ist mehr.
Ich muß dir ein Geständnis machen, Krieger
Ich liebe den Tod. Später werden wir sagen
An den Gewehren war die beste Zeit
Kein Mann keine Frau, das Leben aus einem Stück
Kein faules Gestern und kein kaltes Morgen
Nur dieses heiße dampfende Stück Heute.
Als ob man in die Sonne sieht ohne Blinzeln
Und wenn dein Auge eins wird mit der Sonne
siehst du zum einzigen Mal, sie ist aus Blut.«
(Z 119)
»Ich tanze auf meinen Toten mit stampfenden
Tanzschritt
Mir genügt es nicht zu töten, was sterben muß
Damit die Revolution siegt und aufhört das Töten
Sondern es soll nichts mehr da sein und ganz nichts
Und verschwunden vom Gesicht der Erde
für die Kommenden ein reiner Tisch.« (M 64)

Während Mauser B's Kritik sich gegen den Herrschaftsanspruch des Allgemeinen und dessen politischer Realisation richtet, ohne daß aus der Verweigerung des Falschen eine neue politische Praxis entspringt, beziehen sich Mauser A/Polja auf die Revolution als Todesrausch, dem als gloriose Form der Verausgabung und Befreiung von allen rationalen Zwängen Glücksmomente innewohnen. Sie stehen damit in der surrealistischen Tradition der Revolte, wie sie z.B. Louis Aragon formulierte.

»Erschießungen! Seit fünfzig Jahren warte ich auf Erschießungen. Man soll endlich die sich bewegenden und lachenden Menschen, die durch die Landschaft streifen, in der ich für immer erstarrt bin, durch Kugeln starr und steif machen.«[17]

Indem Müller diese Apotheose der Gewalt in den konkret-historischen Kontext der Russischen Revolution wendet, erweist sich einerseits, daß auch der unbarmherzigen Logik der Partei noch humane Züge innewohnen, während andererseits die surrealistisch-anarchistische Revolte ihr a-humanes Potential offenbart. Denn da sich, wie gezeigt, das revolutionäre Subjekt wesentlich aus der menschlichen Würde herleitet, fällt die blinde Realisation der aggressiven Intentionen ineins mit der Regression ins Animalische: dem *Blutrausch*.

»...der Mensch grenzt sich gegenüber den Tieren ab, sofern er die Verbote einhält: er substituiert der animalischen Allmacht des Wunsches die Form der Reflexion und des Aufschubs.«[18]

Der *Verlust* der Kontrolle über die animalischen Impulse – »Mauser A: Der Mensch ist keine Maschine.« (M 66) verhindert ebenso Emanzipation wie das Primat der Rationalität, das von den Protagonisten die *Abstraktion* von ihrer Menschlichkeit verlangt – »Mauser B: Aber der Mensch ist kein Tier« (M 60). Während also das in der Tradition der Rationalität stehende europäische Revolutionskonzept von den Revolutionären eine Haltung der Selbstverneinung, die in der Abstraktion von der eigenen Indentität terminiert verlangt und somit den ›Maschinenmenschen‹ zum idealen Revolutionär erklärt: »Badjin.../ Er ist kein Mensch. Er ist ein Automat.« (Z 126) –, trägt die Revolte gegen dieses Revolutionskonzept die Merkmale der Konterrevolution:..., und er hörte nicht auf zu/ schrein/ Mit der Stimme des Menschen der den Menschen frißt.« (M 64 f.). Heiner Müllers Auseinandersetzung mit Revolution und Konterrevolution bis hin zum deutschen Faschismus (vgl. ›Die Schlacht‹) wird wesentlich von anthropologischen Problemstellungen beherrscht; allein durch den Bezug auf die menschliche Würde gewinnt der Mensch seine Humanität, die von der Hypostase der Vernunft genauso bedroht wird wie vom bloßen Rekurs auf die animalischen Impulse.

In ›Der Auftrag‹ verabschiedet Heiner Müller das europäische Revolutionskonzept, indem er es mit Emanzipationstrategien der Dritten Welt konfrontiert. Die Organisation des Sklavenaufstandes im Sinne europäischer Zweckrationalität erfordert von den Revolutionären wiederum die Negation von ihren subjektiven Wünschen und Bedürfnissen – »Jeder von uns muß kalt sein wie ein Messer, wenn das Zeichen gegeben wird und die Schlacht beginnt.« (A 65). An dieser Differenz individueller Glücksansprüche und politischer Zweckmäßigkeit zerbricht schließlich der weiße Intellektuelle Debuisson.

»Debuisson schloß die Augen gegen die Versuchung, seiner ersten Liebe ins Gesicht zu sehn, die der Verrat war. Der Verrat tanzte. Debuisson preßte die Hände auf die Augen. Er hörte sein Herz den Rhythmus der Tanzschritte schlagen. Mit dem Herzschlag wurden sie schneller. Debuisson fühlte seine Lider gegen die Handflächen zucken. Vielleicht hatte der Tanz schon aufgehört und es war nur noch sein Herz, das dröhnte, während der Verrat, die Arme vielleicht über den Brüsten verschränkt oder die Hände an den Hüften oder schon in den Schoß gekrallt, mit vor Begierde vielleicht schon zuckender Scham aus schwimmenden Augen ihn, Debuisson ansah, der jetzt die Augen mit den Fäusten in die Höhlen drückte aus Angst vor seinem Hunger nach der Schande des Glücks. Vielleicht hatte der Verrat ihn schon verlassen. Die eigenen gierigen Hände versagten Debuisson den Dienst. Er schlug die Augen auf. Der Verrat zeigte lächelnd seine Brüste, spreizte schweigend die Schenkel, seine Schönheit traf Debuisson wie ein Beil.« (A 69–70)

Nicht die Haltung der Humanität (Mitleid/Mauser B) oder die Mimesis an die Gewalt (Mauser A/Bruder B in ›Die Schlacht‹) führt in ›Der Auftrag‹ zum Verrat, sondern die Aporie von Revolution und Lust (Tanz, Schenkel) begründet Debuissons Verraterfahrung. Damit setzt eine dezidierte Kritik an der europäischen Zivilisation und Aufklärung ein, die in ein Votum für das sogenannte ›Irrationale‹ mündet: die Dritte Welt und das ihr inhärente – dem europäischen Verständnis diametral entgegengesetzte – gesellschaftliche Naturverhältnis werden zum positiven Kontrapunkt der ›negativen‹ Dialektik von Revolution und Arbeit. Für den schwarzen Revolutionär Sasportas ist der Gegenstand zwischen Leben im emphatischen Sinn und revolutionärer, d.h. entfremdeter Arbeit aufgehoben. Nicht länger müssen die Revolutionäre die Todesfurcht überwinden, vielmehr wird der Tod selbst zum emanzipatorischen Potential.

»Wenn die Lebenden nicht mehr kämpfen können, werden die Toten kämpfen. Mit jedem Herzschlag der Revolution wächst Fleisch zurück auf ihre Knochen, Blut in ihre Adern, Leben in ihren Tod. Der Aufstand der Toten wird der Krieg der Landschaften sein, unsre Waffen die Wälder, die Berge, die Meere, die Wüsten der Welt. Ich werde Wald sein, Berg, Meer, Wüste. Ich, das ist Afrika. Ich, das ist Asien. Die beiden Amerika sind ich.« (A 69)

Mit der *Versöhnung* von Tod und Revolution schlägt die Revolutionskritik in Zivilisationskritik um, die so konzipierte Revolte richtet sich nicht länger gegen bestimmte Formationen der abendländischen Gesellschaft, sondern gegen diese selbst. Indem sich Sasportas als Moment der Natur begreift ohne seine Menschlichkeit aufzugeben, gelangt er zum Bewußtsein der Gattung, der Voraussetzung »der Möglichkeit von Universalgeschichte«. (BaR 110)

Die autobiographische Erfahrung des ›Verrats des Vaters‹ begründet also den Revolutionskomplex. Die Radikalisierung der ethischen Widersprüche führt zu einer Auseinandersetzung mit dem Motiv des Todesrausches bis das europäische Revolutionsmodell selbst, als zu kurz greifendes, Gegenstand der Kritik wird. Die im Motiv des Todesrausches angelegte Substitution der Revolution durch die Revolte, die ihren Impetus in der Destruktion des ›Falschen‹ besitzt, führt zu einer Antezipation der Traditionen der Dritten Welt, die als matriarchalisch verfaßte ihr Widerständiges durch einen anderen Bezug auf Geschichte und Natur erhalten.

»Das westliche Paradies konstituiert sich aus der Hölle für die Dritte Welt ... Wenn ich von Asien spreche, klingt das vielleicht sehr poetisch, aber ich glaube, da ist eine ganze Menge Wahrheit drin. Europäische Politik oder Geschichte fußt auf dem Vaterprinzip, dem paternalen Prinzip. Ich sehe in Asien das Aufgehen des mütterlichen Prinzips.« (R 53)

Die alptraumhafte Intensität der obigen Verratsequenz verweist nicht nur auf ihren traumatischen Ursprung, sondern zeigt zugleich, daß der Dramatiker die ästhetischen Mittel und theoretischen Einsichten gefunden hat, den historisch-philosophischen Gehalt seiner Erfahrung – über den Bannkreis abendländischer Kultur hinaus – zu transzendieren: die Versuchung des Verrats führt zur Kommunikation mit dem Tod und den Toten.

2.3. Der Suizid Inge Müllers – Die rächenden Frauen

Das dritte, das Spätwerk, thematisch konstituierende, autobiographische Motiv ist der Selbstmord der Lyrikerin und Ehefrau des Autors Inge Müller 1966. In dem 1975 zuerst unter dem Titel ›Wüsten der Liebe‹ veröffentlichten Prosatext ›Todesanzeige‹ beschreibt Müller, wie er die Tote auffand und zählt ihre vorangegangenen Selbstmordversuche auf.

»Ich ging zurück in die Küche und stellte den Gasherd ab, dann, nach einem Blick auf ihr leeres Gesicht, zum Telefon, dachte, den Hörer in der Hand, an mein Leben mit der Toten bzw. an die verschiedenen Tode, die sie dreizehn Jahre gesucht und verfehlt hatte, bis zu der heutigen erfolgreichen Nacht. Sie hatte es mit einer Rasierklinge probiert: als sie mit einer Pulsader fertig war, rief sie mich, zeigte mir das Blut. Mit einem Strick, nachdem sie die Tür abgeschlossen, aber, mit Hoffnung oder aus Zerstreutheit, ein Fenster offen gelassen hatte, das vom Dach aus zu erreichen war. Mit Quecksilber aus einem Fieberthermometer, das sie, für diesen Zweck zerbrochen hatte. Mit Tabletten. Mit Gas. Aus dem Fenster oder vom Balkon springen wollte sie nur, wenn ich in der Wohnung war.« (T 31/32)

Müller versucht sich dem Selbstmord seiner Frau zu nähern, indem er ihn in Zusammenhang mit einer eigenen ›Mordphantasie‹ stellt, die während seiner Flucht nach Kriegsende entstand, als sich ein etwa gleichaltriger Soldat unerwünscht an ihn hängte und sich nicht von ihm trennen wollte. Das Motiv des Mordens wird somit zum übergreifenden Sujet, mit dessen Hilfe die Erfahrung des (Sich-selbst-) Tötens nachvollzogen wird.

»Ich habe ihn sehr schlecht behandelt. Das war das erste Mal, daß ich jemanden töten wollte, nur im ihn loszuwerden. Er war so schwach, er schaute mich an wie ein Sklave. In dem Text über den Selbstmord meiner Frau versuchte ich auch über diese Erfahrung zu schreiben. Ich beschrieb den Mord an diesem Jungen. Ich habe den Mord nicht wirklich begangen, aber in diesem Text töte ich ihn drei Mal. Es war ein sehr merkwürdiges Gefühl einfach zu schreiben: ›Ich nahm den Spaten und spaltete seinen Schädel; ich sah wie das Blut spritzte.‹ Das ist eine ganz andere Art von Schreiberfahrung, als wenn man in einem Stück zehn Morde hat. Das ist viel persönlicher.« (R 73)

Indem Müller diese beiden persönlichen Erlebnisse einander gegenüberstellt, wobei dem fiktiven Mord neben der im selben Text verarbeiteten Traumsequenz auch angstabwehrende Momente innewohnen, evoziert er schon den Umschlag der Reaktionsformen zu dem sich auch seine Protagonistinnen durchringen werden. Denn so wenden Ophelia und Elektra in der ›Hamletmaschine‹, Merteuil in ›Quartett‹ oder Medea in ›Medeamaterial Landschaft mit Argonauten‹ die Gewalt oder das Leiden, mit dem sie konfrontiert werden, nicht länger gegen sich, sondern als Aggression nach außen, gegen die Männergesellschaft.

Heiner Müller reagiert also literarisch auf seine Erfahrung nicht mehr der Entwicklung einer Haltung des Mitleids, sondern er forciert statt dessen das aggressive Potential dieser Handlung der Selbstvernichtung; nicht dem destruktiven Charakter dieser Haltung, vielmehr dessen Stoßrichtung gilt seine Kritik.

»Ich glaube an den Konflikt. Sonst glaube ich an nichts. Das versuche ich in meiner Arbeit zu tun: das Bewußtsein für Konflikte zu stärken, für Konfrontationen und Widersprüche. Einen anderen Weg gibt es nicht. Antworten und Lösungen interessieren mich nicht. Ich kann keine anbieten. Mich interessieren Probleme und Konflikte.« (R 65)

Dieses Votum für den Konflikt steht in einer Tradition, die mit Heraklit beginnt und zu Friedrich Nietzsche und Georges Bataille und der von letzterem inspirierten französischen Postmoderne führt. Literarisch prägt dieser prinzipiell undogmatische Begriff von Dialektik vor allem die klassische Moderne und den Surrealismus. Dagegen wird er in Deutschland hauptsächlich von konservativen Autoren wie Gottfried Benn und Ernst Jünger repräsentiert [19]

Zeichnen sich die Produktionsstücke schon durch eine extreme Zuspitzung der Widersprüche aus, so wird in den Produktionen der 70er Jahre ein Gewaltbegriff konzipiert, der von den oben genannten Frauenfiguren artikuliert, emanzipatorischen Charakter besitzt. Die weibliche Emanzipation koinzidiert mit einem Gewaltbegriff, der einer Kriegserklärung an das Patriarchat gleichkommt. Damit reklamiert der DDR-Dramatiker in seinen Frauenstücken geschichtsphilosophische Positionen, wie sie Michel Foucault vertritt.

»Der Krieg ist der Motor der Institutionen und der Ordnung. Auch in dem geringsten seiner Räderwerke wird der Frieden vom Krieg getrieben. Anders gesagt: man muß unter dem Frieden den Krieg herauslesen. Der Krieg ist die Chiffre eben des Friedens. Drittens wir befinden uns im Krieg – die einen gegen die andern. Eine Schlachtlinie durchquert die gesamte Gesellschaft durchgängig und andauernd, und diese Schlachtlinie stellt jeden von uns in ein Lager oder in ein anderes. Eine binäre Struktur durchzieht die Gesellschaft ... Warum muß man den Krieg finden? Weil jener alte Krieg ein andauernder Krieg ist. Wir haben tatsächlich Schlachtenforscher zu sein, weil der Krieg nicht zu Ende ist, weil entscheidende Schlachten gerade erst vorbereitet werden, weil die entscheidende Schlacht erst zu gewinnen ist, d. h. daß die Feinde, die uns gegenüberstehen, uns weiterhin bedrohen und wir zum Ende des Krieges nur gelangen können — nicht indem wir eine Befriedung einklagen, sondern indem wir die Sieger sein werden.«[20]

Wenn Müller literarisch auf den Suizid seiner Frau nicht mit der Analyse individualpsychologischer Dispositionen reagiert, sondern ihn in einem mythisch-historischen Kontext setzt, so konstituiert dieses autobiographische Motiv den Typus der ›rächenden‹ Frauen, die in der *gewaltsamen* Aufkündigung ihrer ihnen im Patriarchat verordneten Identität die Alternative zum Selbstmord finden.

Die in der ›Todesanzeige‹ dargestellten Selbstmordversuche Inge Müllers werden — ästhetisch äußerst verdichtet — in ›Hamletmaschine‹, ›Quartett‹ und ›Leben Gundlings‹ geradezu beschworen.

»Ich bin Ophelia. Die der Fluß nicht behalten hat. Die Frau am Strick. Die Frau mit den aufgeschnittenen Pulsadern. Die Frau mit der Überdosis. Auf den Lippen SCHNEE. Die Frau mit dem Kopf im Gasherd.« (HM 91)

Dieses Bild aus der ›Hamletmaschine‹ findet sich als Selbstzitat in ›Leben Gundlings‹, erweitert um den Satz: »Ich habe die Hölle der Frauen von unten gesehen.« (LG 34). Es dient hier nicht der Selbstdarstellung Ophelias, sondern findet sich in der Selbstreflexion des resignierenden Lessings[21], der eindeutig Züge des Autors trägt.

In ›Quartett‹, einer dramatisierten Ver- und Bearbeitung des zwischen 1782 und 1788 veröffentlichten Briefromans ›Les Liaisons dangereuse‹ von Choderlos de Laclos, der nach der Revolution die Konventsreden Robespierres redigierte, leitet die Bezugnahme auf den Suizid Inge Müllers den dramatischen Höhepunkt, den Tod der männlichen Hauptperson ein. Valmont, der ehemalige Geliebte Merteuils, übernimmt in der Schlußsequenz des Stücks deren Rolle und preist den Selbstmord als psychische Waffe im Kampf der Geschlechter.

»Ich werde meine Adern öffnen wie ein ungelesenes Buch. Sie werden es lesen lernen, Valmont, nach mir. Ich werde es mit einer Schere machen, weil ich eine Frau bin ... Grün und aufgeschwemmt von Giften werde ich durch Ihren Schlaf gehen. Ich werde für Sie tanzen, schaukelnd am Strick. Mein Gesicht wird eine blaue Maske sein. Die Zunge hängt heraus. Den Kopf im Gasherd werde ich wissen, daß Sie hinter mir stehen mit keinem anderen Gedanken als wie Sie in mich hineinkommen, und ich, ich werde es wollen, während mir das Gas die Lungen sprengt.« (Q 89/90)

Schon 1959 machte Müller den ersten Selbstmordversuch seiner Frau zum Gegenstand seiner ästhetischen Auseinandersetzung, ohne das diese allerdings konstitutiv für die Konzeption seiner Frauenfiguren wurde.

»Nebenan träumt deine Frau von ihrer ersten Liebe. Gestern hat sie versucht sich aufzu-
hängen. Morgen wird sie sich die Pulsadern aufschneiden oder was weiß ich.« (Selbstbildnis 117)

Der 1966 vollzogene Suizid Inge Müllers bedeutet eine einschneidende Zäsur in
Leben und Werk des Dramatikers; seine Produktionen werden zunehmend von
Gewalttätigkeit beherrscht bis er die traditionellen dramatischen Formen verläßt
und auf einen Literaturbegriff rekurriert, der die Artikulation des subjektiven
Materials ermöglicht. Für diesen Produktionsabschnitt gilt die Kritik am aufklä-
rerischen Literaturkonzept, die Müllers Lessingdarsteller formuliert, *explizit* nicht.

»Mein Name ist Gotthold Ephraim Lessing. Ich bin 47 Jahre alt. Ich habe ein/zwei
Dutzend Puppen mit Sägemehl gestopft das mein Blut war, einen Traum vom Theater in
Deutschland geträumt und öffentlich über Dinge nachgedacht, die mich nicht intressierten.
Das ist nun vorbei.« (LG 34)

Doch im Gegensatz zu Lessing hat Heiner Müller — ausgelöst durch den
Selbstmord seiner Frau — ein Literaturkonzept entwickelt, das unmittelbar mit
der Subjektivität des Autors verbunden ist. — Das Theater wird zum Ort, dem
erfahrenen Schrecken die Dimension seiner (bestimmten) Negation abzugewinnen.

»LOTRINGER:... Das Theater ist eine Überwindung der Prosa und Prosa ist eine Unterdrückung des subjektiven Dramas. Sie dramatisieren die Subjektivität der Geschichte, um
die erste Person loszuwerden. Bedeutet das, daß die Thematik Ihrer Stücke immer persönlich ist?
MÜLLER: Nicht an der Oberfläche, aber es steckt immer etwas sehr Persönliches darin...
Ich glaube, ein Stück kann nicht gut sein, wenn man nicht beim Schreiben alle Intentionen
verbrennt... Schreibend bin ich sie losgeworden.« (R 73)

Die Wiederholung des Suizidmotivs, wie auch der anderen in der Biographie
des Autors beheimateten Motive, zeigt allerdings auch, daß die subjektiven
Intentionen nicht in einem einmaligen Akt überwunden werden können.

Heiner Müller interpretiert den Freitod seiner Frau als Resultat jahrtausende-
langer Unterdrückung, der im Schicksal von Shakespeares Ophelia, die angesichts der überbordenden Katastrophen auf Helsingör erst in den Wahnsinn und
dann in den Fluß flieht, bereits Gestaltung fand. Der Fortschreibung der Geschichte weiblicher Selbstvernichtung und Autoaggression wird der radikale
Bruch mit der von der patriarchalischen Gesellschaft verordneten Identität entgegengesetzt. Das Bekenntnis zum Leben, das der Selbstmordpassage in der
›Hamletmaschine‹ folgt, betont jenseits aller moralischen oder rational abgeleite-
ten Emanzipationsüberlegungen die Notwendigkeit einer subjektiv-körperlichen
Befreiung. Der objektivierenden Bezeichnung ›Frau‹ — ›Die Frau am Strick‹ usw.
— tritt hier das Subjektivität anzeigende ›Ich‹ gegenüber, daß sich in der Entfesselung des destruktiven weiblichen Potentials festigt.

»Gestern habe ich aufgehört mich zu töten. Ich bin allein mit meinen Brüsten meinen
Schenkeln meinem Schoß. Ich zertrümmere die Werkzeuge meiner Gefangenschaft den

Stuhl den Tisch das Bett. Ich zerstöre das Schlachtfeld das mein Heim war. Ich reiße die
Türen auf, damit der Wind herein kann und der Schrei der Welt. Ich zerschlage das Fenster.
Mit meinen blutigen Händen zerreiße ich die Fotographien der Männer die ich geliebt
habe und die mich gebraucht haben auf dem Bett auf dem Tisch auf dem Stuhl auf dem
Boden. Ich lege Feuer an mein Gefängnis. Ich werfe meine Kleider in das Feuer.« (HM 91 f.)

Die Aggressionen gegen sich selbst, deren konsequenteste Form der Selbstmord
ist, schlagen, wie schon in der ›Todesanzeige‹ evoziert, in die Aggression gegen
den Aggressor um, der Suizid in das Plädoyer für die Revolte. Die Gegenstände
des Alltags und die sexuellen Verkehrsformen offenbaren sich unter dieser
Perspektive als die »Schlachtlinien, die die gesamte Gesellschaft durchziehen«
(Foucault).

Von der konkreten bzw. empirischen Erfahrung ausgehend, stellt sich für
Müller nicht länger das Problem, die besonderen humanen Qualitäten (vgl. z.B.
Christa Wolfs ›Kassandra‹) der Frau zu artikulieren. Seine Dramatik siedelt ganz
im Gegenteil in dem Potential weiblicher Destruktivität das utopische Moment
an. Der Impetus seiner poetischen Sprache zielt gerade darauf, das Normale und
Alltägliche als Kriegsschauplatz – ›Gefangenschaft‹/›Schlachtfeld‹ – zu dechiffrie-
ren. Die Privatsphäre – ›Fotographien‹ – und ihre banalen Acssoires – ›Stuhl‹/
›Tisch‹/›Bett‹ – offenbaren sich als Orte *sexueller Ausbeutung* – ›gebraucht‹. Die
subjektive Körperrevolte hat in der sexuellen Emanzipation ihr wesentliches
Moment, die somit zugleich Bedingung der gesellschaftlichen ist.

In ›Zement‹ richtet sich die sozialistische Revolution als Abschaffung des
Privateigentums im umfassenden Sinn auch gegen die männlichen Besitzansprüche auf weibliche Sexualität und die tradierte Rolle der Frau als Mutter und
Hausfrau. Nicht der Kampf gegen die ›Konterrevolution‹ bestimmt in diesem
Stück den dramatischen Konflikt, sondern die Kollisionen entstehen, weil die
Revolutionäre selbst erst eine Identität jenseits von Kapitalismus/Feudalismus
erringen müssen. Während der Revolutionär Gleb Tschumalow den Sozialismus
vorrangig als ökonomische Umwälzung versteht, fällt das Ende der Ausbeutung
für seine Frau Dascha mit der Verabschiedung patriarchalischer Strukturen zusammen. Im Gegensatz zum Bild aus der ›Hamletmaschine‹ ist es hier Gleb, der
Tisch, Bett, Herd und Fenster zerschlägt, weil Dascha mit ihrer Rolle aus Hausfrau gebrochen hat.

»TSCHUMALOW:
Das Heim habt ihr auch abgeschafft, wie. Schwarz
Der Tisch.
Wirft den Tisch um.
Das Bett ein Haufen Lumpen.
Wirft das Bettzeug auf den Boden.
Die Wand
Schimmel. Im Herd die Asche hart wie Stein. Kalt.
Reißt den Herd ein.
Das Fenster: Man sieht keinen Himmel mehr.

Zerschlägt das Fenster.
DASCHA:
Siehst du ihn jetzt.
Pause.
TSCHUMALOW:
Wie hast du mich empfangen, wenn ich heimkam
Mit tauben Knochen aus der Schlosserei
Blumen am Fenster, die Betten weiß, sauber
Alles, und immer hast du noch geputzt
Und selber warst du mir wie eine Blume.
DASCHA:
Dumm war ich. Unser Heim war mein Gefängnis.«
(Z 74f.)

Hiermit aber stellt sich die Frage, ob die Emanzipation von ökonomischer
Ausbeutung auch notwendig die Emanzipation der Frau, also auch den Untergang des Patriarchats, umfaßt; d.h. inwiefern die Geschichte des Privateigentums an Produktionsmitteln an die Geschichte des Patriarchats gebunden ist.
Denn sollte der Kapitalismus, als Herrschaft der Bourgoisie, nur ein Moment
oder eine spezifische Variante des Patriarchats darstellen, würde aus dessen Ende
nicht unbedingt das Absterben einer ihm übergeordneten Struktur resultieren.

»TSCHUMALOW: Bist du noch ein Weib.
Soll ich dir zeigen, wozu dich Gott gemacht hat.
DASCHA:
Langsam, Genosse. Die Sowjetmacht hat ihn
Liquidiert, deinen Gott.
TSCHUMALOW: Drei Jahre
Hab ich gewartet. Und jetzt wart ich nicht mehr.
Braut oder nicht. Bist du noch meine Frau.
DASCHA:
Besitzer gibt es nicht mehr.
TSCHUMALOW: Gibt es nicht.
Ich werd dir den Besitzer zeigen.
DASCHA: Nicht, Gleb.
TSCHUMALOW:
Wer fragt den Gaul, wann er geritten sein will.
Dascha schlägt ihm ins Gesicht.« (Z 75)

Während Gleb also auch im Sozialismus auf patriarchalische Ordnungsvorstellungen insistiert, indem er diese als kulturelle Invarante (Gott) begreift, womit er
zugleich eine Wurzel des Patriarchats in der jüdisch-christlichen Religion benennt, terminiert Daschas Vorstellung vom Sozialismus (Sowjetmacht) in der
Abschaffung der Herrschaft des Menschen über den Menschen – ›Besitzer gibt
es nicht mehr‹. Doch da Gleb *die Frau* nicht als Mensch, sondern als domestizierte Natur (Gaul) begreift, wie ja auch die Entfesselung der Produktionsmittel
und nicht die Emanzipation der Natur, die Zielvorstellung dieses Sozialismus-
konzepts bildet –, will er sich seiner Frau in der Tradition der Naturbeherr-

schung bemächtigen — ›Wer fragt den Gaul, wann er geritten sein will‹. Daschas Gegenwehr (schlägt) ist insofern kein Rückfall in eine blinde Naturpraxis oder hinter den emanzipatorischen Standard, als sie damit überhaupt erst ihre Menschlichkeit artikuliert. Denn ihr Anspruch auf menschliche Autonomie begründet sich durch die Aneignung ihres Gewaltpotentials und dessen höchster Ausformung: dem *souveränen Todesbewußtsein.*

»TSCHUMALOW:
Hast Du vergessen wo ich herkomm.
Den Tod vor Augen.
DASCHA: Die Privilegien, Krieger
Sind abgeschafft: Der Tod ist für alle.« (Z 74)

Die Emanzipation der Frau ist demnach nicht unabhängig vom Freiheitsbegriff der Souveränität zu denken, denn der »Tod begründet das Bewußtsein, also auch das politische Bewußtsein« [22], da die Frau in der abendländisch-christlichen Zivilisation bzw. im Patriarchat keine den Männer vergleichbare Beziehung zu Tod und Gewalt besitzt.

»Zement‹ führt die Revolution der menschlichen Beziehung vor als Eroberung einer Beziehung zum Tod auch für die Frau, die im Bild des Mannes von ihr nur eine zum Leben haben darf. Nur der Mann, zumal der revolutionäre, kämpfende, hatte zuvor ›den Tod vor Augen‹. Die Geliebte/Mutter wird zur Frau, indem sie für sich das Verhältnis zum Tod gewinnt. Wie der ›Herr‹ bei Hegel zum Souverän, so wird sie zur Frau, damit zum Menschen, indem sie das Leben wagt.« [23]

Um welthistorisch wirksam zu werden, bedarf die Emanzipation der Frau demnach die Aneignung des eigenen Todes im souveränen Todesbewußtsein. Darauf basiert ihre Menschlichkeit wie ihre Autonomie, die sie zu einer potentiell selbstbestimmten Sexualität befähigt. Die sexuelle Selbstbestimmung aber definiert sich nicht durch die freie Partnerwahl, denn diese ist notwendiges Moment ihrer persönlich-politischen Autonomie, sondern durch die Emanzipation der Sexualität von ihren Überformungen durch jahrtausendelange Herrschaft im Patriarchat.

»DASCHA:
Als ich mit Badjin auf dem Dorf war, hab ich
Die Mädchen singen hörn, Kennst du das Lied
›Schlag mich nicht vor Mitternacht
Weinen werden die Kindlein
Schlag mich tot nach Mitternacht
Schlafen werden die Kindlein‹
In mir ist etwas das den Junker will, Gleb
So wie der Hund die Peitsche will und nicht will.
Das muß ich aus mir reißen jedesmal
Wenn ich mit einem Mann im Bett lieg.
TSCHUMALOW: So.
Und wenn du auf dem Dorf bist, heißt der Mann

Mit dem du dich ins Bett legst, vielleicht Badjin.
DASCHA: Was liegt daran. Vielleicht muß ich die Liebe
Oder was man so nennt, mir auch ausreißen
Und meine Lust, die manchmal mit ihr eins war
Und manchmal nicht, wie einen Nagel, der
Ins Fleisch gewachsen ist, daß endlich aufhört
Der Walzer aus Gewalt und Unterwerfung.«
(Z 107)

Die sexuellen Intentionen tragen als historisch geformte die Merkmale des geschichtlichen Gewalt- und Unterdrückungszusammenhanges und müssen mithin emanzipatorisch überwunden werden, soll Utopie wirklich werden. Zwar können die deformierten Tendenzen der Sexualität durchschaut werden, aber daraus entspringt unmittelbar keine neue Praxis, weil sich die historisch-gesellschaftlichen Verhältnisse auch in die Impulse des Körpers transformiert haben, denn der »Körper und nicht der Geist ist gefangengehalten worden und hat darunter gelitten, nicht stärker zu sein« [24].

Doch der Kampf um die sexuelle Identität erfordert auch den Bruch mit der traditionellen Mutterrolle. Die kontinuierliche Sorge um das Wohl des Kindes bedeutet in dieser Konstellation den Verzicht auf die eigene Emanzipation.

»TSCHUMALOW: Nicht lange mehr wird es Besitzer geben.
Wir haben unser Schicksal in der Hand –
DASCHA: Die Hand ist wenig mehr als Haut und Knochen.
Soll ich dir sagen, was ich denke, Gleb.
Vielleicht wird unser Leben leichter sein
Mit einem toten Kind.
Weint.« (Z 107)

Damit werden die revolutionstheoretischen Analysen Wilhelm Reichs evoziert, der zwischen der Mutterrolle und sexuellen Entfaltung der Frau einen eminent politischen Widerspruch annimmt, da die ›bindenden‹ Momente der Aufgabe als Mutter die auf Selbstverwirklichung zielenden Intentionen der Frau eher hemmen, denn bechleunigen.

»Wohl ist der Wunsch nach wirtschaftlicher Selbständigkeit, nach Unabhängigkeit vom Mann, nach sexueller Unabhängigkeit vor allem der wichtigste Bestandteil des Klassenbewußtseins der Frau. Aber die Angst,... vor dem freien Leben überhaupt, die alle Frauen beherrscht, ihre starke Bindungsfähigkeit etc. sind zumindest ebenso starke, hemmende Elemente... Man muß klar erkennen, daß die Mutterideologie, von den Nazis mit allen Mitteln gefördert, einen antisexuellen Kern hat, der aufgedeckt werden muß: Muttersein steht gegen Geliebtsein... Auch bei den Frauen muß festgestellt werden, daß direkter Hunger und Sorge um die Ernährung der Kinder nur verhältnismäßig selten revolutionäres Denken vermittelt: weit häufiger Angst vor der Politik überhaupt, Bremsung der politischen Tätigkeit des Mannes und der Kinder...« [25]

Während diese Analyse Reichs in der ersten Szene von ›Germania Tod in Berlin‹ bestätigt wird und die deutsche Revolution an der mangelnden Entfaltung des

politischen Bewußtseins der Frau scheitert, erscheint Dascha als der ideale Gegenentwurf zu den von emanzipatorisch ›hemmenden Elementen‹ bestimmten
Frauentypen. Da sich die Rolle der liebevollen Mutter und der Revolutionärin
nicht versöhnen lassen, der Kampf um die Freiheit der Frau zugleich einen Bruch
mit den abendländisch-patriarchalischen Moralvorstellungen miteinschließt, erhält diese Frauenfigur notwendig die Züge des Grausamen, so daß die sich im
Mythos ästhetisch verdichtete Geschichte nicht als überwundene, sondern als
möglicherweise erst oder neu zu bewältigende offenbart.

Denn anders als Dascha in ›Zement‹, die nach ihrer subjektiven Befreiung —
bei allen Härten und Widersprüchen — den Sinn ihres Lebens in der politischen
Arbeit findet, votiert Ophelia für die Rache in Form apokalyptischer Destruktivität, während sie von zwei Männern in Arztkitteln verschnürt wird.

»Hier spricht Elektra. Im Herzen der Finsternis. Unter der Sonne der Folter. An die
Metropolen der Welt. Ich stoße allen Samen aus, den ich empfangen habe. Ich verwandle
die Milch meiner Brüste in tödliches Gift. Ich nehme die Welt zurück, die ich geboren
habe, zwischen meinen Schenkeln. Ich begrabe sie in meiner Scham. Nieder mit dem Glück
der Unterwerfung. Es lebe der Haß, die Verachtung, der Aufstand, der Tod. Wenn sie mit
Fleischermessern durch eure Schlafzimmer geht, werdet ihr die Wahrheit wissen.« (HM 97)

Dieses fünfte und letzte Bild der ›Hamletmaschine‹ korrespondiert dem zweiten,
Ophelias subjektiver Befreiung wird die Proklamation der gesellschaftlichen
Revolte der Frau gegenüber gestellt. Während Hamlets Versuch, seine Existenz
zu negieren: — »Ich war Hamlet« (H 89) / »Ich bin nicht Hamlet« (H 93) / »Ich
will eine Frau sein.« (H 92) — scheitert, so daß er schließlich doch in die Rüstung
seines Vaters tritt, kann Ophelia historisch an die mythischen Frauenfiguren —
›Elektra‹ — anknüpfen, womit sich ihre gesellschaftliche Revolte als eine blutige
und destruktive Auseinandersetzung mit dem Patriarchat bestimmt. Zwar
nimmt diese Verkündigung aufgrund ihrer realhistorischen Ohnmacht Züge
einer pathologischen Strategie an — ›Männer in Arztkitteln‹ —, doch auch wenn
mit dem Susan Atkins-Zitat — ›Wenn sie . . .« — ein Mitglied der Manson-Bande
das letzte Wort hat, so kommt der weiblichen Emanzipation hier doch eine
prinzipiell neue Qualität zu, die darauf zielt, die historische Kontinuität seit dem
Beginn der patriarchalischen Geschichte im Abendland zu durchbrechen.

Anhand dieser Konstruktionen, der um die Suizidszene kreisenden Stücke, zeigt
sich, daß Müller diesen Selbstmord nicht psychologisiert und damit individualisiert, sondern die historischen Konstituenten, wie sie in den jahrtausendealten
Mythen und den ästhetischen Produktionen festgehalten sind, freilegt und
weiterentwickelt. Die Substanz des Suizid wird als historisch-gesellschaftlicher
Natur begriffen und in seiner ästhetischen Negation auf seinen utopischen
Gehalt befragt. Dabei treten unterschwellige bzw. dem Bewußtsein nicht unmittelbar zugängige Konflikte und Zwänge ans Licht, deren sprachlich-dramatische

Artikulation den Müllerschen Texten ihre vibrierende Kraft verleihen. Hieraus erhellt, warum das innovative Spätwerk Müllers mit dem 1972 verfaßten Revolutionsstück ›Zement‹, nach dem gleichnamigen Roman Fjodor Gladkows, anhebt, das 1925 in der UdSSR erschien, und warum in dessen Mittelpunkt die Emanzipation der Frau steht. Einer Frau und deren Emanzipation allerdings, die zunehmend düstere und gewalttätige Züge offenbart.

»Allmählich prägt sich, anders als die aufgeklärten Philantrophen es erwartet haben (wie in Rußland, so auch für Europa), das wahre Antlitz einer Emanzipation der Frau. Wenn wirklich die Befehls- und Herrschaftsgewalten weiblich werden, dann wandeln sich diese Gewalten, wandelt das Weltalter, wandelt das Weibliche selber sich. Wandelt sich nicht ins vage Menschliche, sondern es schickt sich an, ein neues, ein rätselhafteres Antlitz entstehen zu lassen: ein politisches Rätsel, wenn man so will, ein Sphinxgesicht, mit dem verglichen alle Boudoirmysterien verbrauchten Scherzfragen ähnlich sehen. Dieses Gesicht ragt in das Buch hinein.«[26]

Diese Kritik Benjamins zeigt, daß Gladkows Roman geradezu prädestiniert war für die Realisation der Müllerschen Intentionen: der Gestaltung einer Frauenfigur, deren politische Emanzipation über das allgemein Menschliche hinaus geht und der das Schicksal der Ophelia Shakespeares erspart bleibt, die, indem sie die gesellschaftlichen Kämpfe in der Männerwelt nicht nur begleitet, sondern auch und gerade an den Gewaltstrukturen partizipiert, zu ihren eigenen Widersprüchen und Qualitäten findet.

Mit den Revolutionärinnen aus ›Zement‹ ändert sich das Müllersche Frauenbild schlagartig, ihnen folgen mit Merteuil, Medea und Ophelia/Elektra Protagonistinnen, deren Emanzipationsansprüche die historische Kontinuität, als Ausdruck patriarchalischer Herrschaftsverhältnisse, selbst in Frage stellen. Mit der Verwandlung der Frauenfiguren geht die Veränderung der dramatischen Strukturen der Müllerschen Texte einher, fortan wird das traumatische und schmerzende Material zum Gegenstand thematischer und ästhetisch-formaler Auseinandersetzung.

»Während in Müllers Frühwerk die Frauen in der Kombination von Liebe und Geburt die Bedeutung von Hoffnung, Aufbau und Zukunft tragen (vgl. ›Liebesgeschichte‹, Schlee, Niet u. a.), beginnt die Frau mit der Revolutionärin ›Dascha‹ in ›Zement‹ eine Verbindung von Sexualität und Tod zu repräsentieren. Nicht von ungefähr setzt sich jetzt eine ›mythische‹ Dimension der Frau im Bild der Medea in den historisch, politisch und gesellschaftlich konnotierten Konflikten durch. Haß, Racheverlangen und Maßlosigkeit kennzeichnen die Frauengestalten nun – aber auch – neu bei Müller – die Notwendigkeit und Fähigkeit zur Selbstexplikation; damit werden sie erst eigentlich dramatische Figuren.«[27]

Der weibliche Emanzipationsbegriff umfaßt somit die beiden Extreme menschlicher Naturhaftigkeit: Eros und Tod. Der individuellen Befreiung, als Aneignung einer selbstbestimmten Sexualität, korrespondiert im gesellschaftlich-politischen Bereich eine Partizipation an oder die Verfügung über das extremste

Moment von Macht: dem Tod, womit zugleich auf einen dem Patriarchat jenseitigen Begriff von Geschichte rekurriert wird.

»IWAGIN: Ich habe sie immer bewundert. Sie sind eine Medea. Und eine Sphinx für unsere Männeraugen, hab ich recht, Genosse Tschumalow, die vom Wundstar unsrer Geschichte geblendet sind. Medea war die Tochter eines Viehhalters in Kolchis. Sie liebte den Eroberer, der ihrem Vater die Herden wegnahm. Sie war sein Bett und seine Geliebte, bis er sie wegwarf für ein neues Fleisch. Als sie vor seinen Augen die Kinder zerriß, die sie ihm geboren hatte und in Stücken ihm vor die Füße warf, sah der Mann zum erstenmal, unter dem Glanz der Geliebten, unter den Narben der Mutter, mit Grauen das Gesicht der Frau.« (Z 114)

Indem Medea ihre Souveränität und Glücksansprüche höher ansetzt als die Liebe zu ihren Kindern, also ihre Mutterrolle bewußt negiert, erweist sie sich als ›Ungeheuer‹, das Bewunderung und Schrecken auslöst. Das Furchteinflößende Daschas läßt sich also auf ihr Votum für die weibliche Emanzipation angesichts des nach dieser Analyse notwendigen Widerspruchs zwischen Frau und Mutter zurückführen. Wenn die Frau durch die Verbindlichkeit der Mutterrolle sozial berechenbar bleibt, bricht sie in den oben zitierten Sequenzen gesellschaftlicher Revolte mit diesem Muster – ›Ich verwandle die Milch meiner Brüste in tödliches Gift‹ (HM 93) – und wird so fähig, mit den Bildern von Tod und Katastrophe zu verschmelzen. Die im Traum der ›Todesanzeige‹ artikulierten männlichen Kastrationsängste werden von Valmont, als er die Merteuil spielt, in sarkastischer Verkehrung formuliert – ›Ich werde es mit einer Schere machen, weil ich eine Frau bin‹ (Q 89) –, in der Ophelia/Elektra-Szene der ›Hamletmaschine‹ – ›Wenn sie mit Messern durch eure Schlafzimmer geht, werdet ihr die Wahrheit wissen‹ (HM 93) – bezeichnen sie nicht nur mehr das gestörte Verhältnis der Geschlechter, sondern die männlichen Ängste werden zum Terrain zukünftiger Rache.

Weibliche wie männliche Protagonisten rebellieren gegen das Mutterideal. Während die Hamletfigur aus Lebensekel gegen die Mutterschaft polemisiert, setzt Herakles die Mutterliebe mit vereinnahmenden Gefühlen gleich. Die Frauenfiguren intendieren auf die Negation der Mutterschaft, weil diese nicht mit ihrer Emanzipation oder Revolte vereinbar scheint. Die Mann-Frau-Beziehungen werden aus der weiblichen Perspektive als Besitzergreifung und objekthafte Reduktion auf sexuelles Funktionieren und hausfrauliches Tätigsein geschildert. Dagegen stehen in der männlichen Perspektive Besitzansprüche und Kastrationsängste – ›Schere‹/›Messer‹, so daß aus der Dramatisierung der Mann-Frau-Konflikte kein neues und funktionierendes Liebesideal entspringen kann. Die Stücke legen die Gewaltförmigkeit der Beziehungen bloß, und diese Gewaltförmigkeit läßt den Bereich der Intimität nicht unberührt.

»In patriarchalischen Gesellschaftsformationen verkörpert die Frau die Einheit von Geburt und Tod, weil sie Gebärin ist, ist sie auch Mörderin. Der weibliche Schoß, dessen auch von Müller verwendete alltagssprachliche Bezeichnung Loch selbst schon in diesem Sinne zweideutig ist, wird in den mythischen Phantasien der Naturvölker ebenso wie in der abendländischen Literatur zum Grab, zum Haus des Todes. Diese vaginale Todesdrohung materialisiert sich in Müllers ›Medeaspiel‹ in Form von Geschlechtsakt, Geburtsakt, Tötungsakt: Die gefesselte Frau, vergewaltigt vom Mann und bei ihrer Geburt der Natur ›ausgeliefert‹, revoltiert mit der Zerstörung des Kindes. Die männlichen ›Sexualängste‹ als ›Todesängste‹ nehmen in Heiner Müllers in bestimmter Weise männlich gewalttätigen Texten breiten Raum ein; ... Müller steht zu seiner gesellschaftlich produzierten männlichen Gewalt und leidet zugleich an ihr, er äußert seine Ängste vor der aktiven ›tötenden‹ Frau und sieht in ihr als Rächerin doch zugleich die Hoffnung auf Veränderung, denn ihr gelingt es, sich mit der Kraft ihrer körperlichen Sinnlichkeit aus der Domestizierung zu befreien.« [28]

Die Verabschiedung der traditionellen Frauenrolle ist gleichbedeutend mit dem Versuch, die patriarchalischen Strukturen des Abendlandes aufzukündigen. Doch da die katastrophisch verfaßte und von männlicher Gewalt bestimmte Geschichte keine utopischen Anknüpfungspunkte aufweist, wird die Emanzipation der Frau zugleich zur Rebellion gegen den so gearteten Geschichtsverlauf. In ihrer Negation der europäisch determinierten Geschichte als apokalyptische Rächerinnen bewahren sie zugleich die Möglichkeit einer anderen Geschichte, ohne daß diese positiv formuliert werden kann. Die Emanzipation der Frau steht hier somit zugleich als Chiffre für ein konstitutiv anderes Geschichtsmodell, das die Kontinuität abendländischer Geschichte zugunsten matriarchalischer oder matrilinearer Formationen aufsprengt.

»Fanden Müllers Männer im geschichtlichen Gewaltmachen ihre Identität, so bleibt den Frauen nunmehr der Fluchtpunkt *einer Gewalt gegen alle Geschichte*. [Hervh. F.-M.R.]« [29]

Diese ›Gewalt gegen alle Geschichte‹ läßt sich geschichtsphilosophisch als Revolte gegen die patriarchalische Konzeption von Gesellschaft, die sich eben auch über Geschichte organisiert und auf Geschichte in Vergangenheit und Zukunft fixiert ist, fassen. Das Ende des Patriarchats evoziert auch das Ende von Geschichte als sinnstiftender Instanz und verweist statt dessen auf die Adaption mythischer Strukturen für eine matrilineare Utopie. Mit Medea und Elektra werden also nicht nur ästhetisch tradierte Figuren zitiert, sondern die lineare Geschichtsauffassung wird mit einem zyklisch-mythischen Weltbild konfrontiert, was eingehend anhand der Interpretation der Hamletmaschine demonstriert werden wird. Wie Müllers Votum für die Dritte Welt – »Ich sehe in Asien das Aufgehen des mütterlichen Prinzips.« (R 53), so knüpfen auch seine rächenden Frauenfiguren eher an asiatische Muttergottheiten wie die indische Göttin Kali oder wie die syrische Göttin Anath an, denn an europäische Überlieferungen.

»17. Und siehe, Anat nach ihrem Palaste sich begibt,
18. es wendet sich die Göttin nach ihrem Tempel.
19. Und nicht war sie gesättigt durch ihr Kämpfen mit Macht,
20. durch ihr Töten der Bewohner von zwei Städten. Sie zerschlägt/
21. die Stühle auf den Kriegern, zerschlägt die Tische

22. auf Soldaten, die Schemel auf den Helden.

...

25. Sie erfreut [?] ihr Inneres mit Lachen, es füllt sich
26. ihr Herz mit Freude; das Innere der Anat
27. jubelt, als sie die Knie wälzt im Blute
28. der Kämpfer, die Schenkel (?) im Blutgerinsel der Krieger.« [30]

Ohne daß hier diese Sequenz aus dem Baal-Anat-Mythos näher erläutert werden kann, ist es doch augenfällig, daß eine Vielzahl von Elementen, die Müllers
Frauen-Texte strukturieren, sich auch in den Stelen von Ras Schamra finden
lassen. Am Beginn (Mythos) und am Ende (Kunst) der patriarchalischen Geschichte stehen also äußerst gewalttätige Göttinen und Frauenfiguren, die gegen
ihre Domestikation lustvoll revoltieren. Die Emanzipation der Frau intendiert in
Müllers späten Stücken nicht eine gerechte Partizipation der Frau an der gesellschaftlichen Entwicklung wie noch im Frühwerk und bildet auch keine Zäsur in
der Geschichte des Abendlandes, sondern fällt mit dessen definitivem Ende
zusammen.

Resümierend läßt sich also festhalten, daß das autobiographische Motiv, der
Suizid Inge Müllers, die Frauenthematik des Spätwerks konstituiert, wenn nicht
als Hinwendung überhaupt zu den Quellen der subjektiven Impulse es selbst.
Die Frauenfiguren des Spätwerks kontrapunktieren das Verhalten Inge Müllers,
deren Haltung der Selbstvernichtung schon in Shakespeares Ophelia dramati-
scher Gegenstand wurde. Die weiblichen Antipoden Ophelias sind die ›grausamen‹ Frauen des griechischen Mythos: Elektra und Medea, die im historisch-
politischen Kontext der Müllerschen Stücke nicht in der (sozialistischen) Revolution aufgehen, sondern als Verkörperung einer apokalyptisch akzentuierten Revolte rebellieren sie gegen jede männliche, d.h. in der abendländisch-christlichen
Tradition stehende, Formation von Gesellschaft und Geschichte. Während die
männlichen Helden Hamlet und Tschumalow nicht aus der Geschichte des
Fortschritts ausbrechen können, proklamieren sie mit der Rache und der Todesrevolte eine Abkehr von der linearen Geschichtsauffassung hin zu einem in der
Natur verankerten Freiheitsbegriff, der mit Sasportas, dem Repräsentanten der
Dritten Welt, in ›Der Auftrag‹ thematisch wird.

3. Die Verwendung autobiographischer Motive als literarische Methode

3.1. Subjektivität als Katastrophe

Die Analyse der autobiographischen Momente ergab, daß sie die Grundlage
der drei großen Themenkomplexe des Spätwerks bilden und in ihrer dramatischen Artikulation zu Problemzusammenhängen führen, die weit über die Aus-

einandersetzung mit individuellen Erfahrungen und Dispositionen hinausrei-
chen. Sie bilden gleichsam den *Glutkern* der Produktionen, werfen neue Fragestellungen auf, denen neue Perspektiven oder Sichtweisen korrespondieren. Aus
ihnen resultiert die ungeheure Dynamik der Bearbeitungen in inhaltlicher wie
formaler Hinsicht. Ihre bewußte ästhetische Entfaltung führt zu einem *Subjektiv-
begriff*, der die Subjektivität bis in die intimsten Regungen als vermittelt zeigt;
die Individuen selbst sind Schauplatz der historischen Konflikte, *in ihnen* kollidie-
ren die Epochen, sie werden zerrissen im Kampf von Alten und Neuen bis keine
klare Subjekt- und Objekt-Trennung mehr möglich ist, weil sie sich wechselseitig durchdringen und konstituieren.

»Müllers Entwicklung von den 50er Jahren zu den 70er Jahren läßt sich besonders deutlich
an dem Vergleich der beiden Herakles-Texte zeigen. In ›Herakles 5‹ mistet der ›Held‹ – im
Gegensatz zu dem Intellektuellen Prometheus die mythische Verkörperung der Arbeiterklasse als fünfte Tat den Augias-Stall aus. Herakles befreit durch Naturbeherrschung, d.h.
die Abschaffung der Götter, die Menschen, die im Kot ihrer Geschichte begraben sind,
und gelangt während des Arbeitsprozesses zu einem neuen Bewußtsein: Er verändert die
Produktionsverhältnisse, indem er Augias enteignet und ›tötet‹, und zerbricht selbstbe-
wußt den ›Zwang‹ der Mythologie.
Ganz anders der 18 Jahre jüngere Text ›Herakles 2‹ oder die Hydra in ›Zement‹. Dort
stehen sich nicht klar getrennt Subjekt und Objekt, der arbeitende Mensch und die zu
leistende Arbeit gegenüber, die äußere Natur, der Wald, den er durchschreitet, ist die
Hydra, und diese wiederum ist sein Mutterschoß. Im Lauf der Schlacht kämpft Herakles
jedoch nicht nur mit dieser, seiner (kapitalistischen) Herkunft/Vergangenheit, in der unent-
wirrbaren Verstrickung fügt er sich auch *Schläge gegen die Eigensubstanz* zu.«[1]

Es ist der Subjektbegriff selbst bzw. die *Ich-Struktur* der Subjekte, die in Müllers
Stücken fraglich wird, die zersplittert (Hamlet) oder der eine Konzeption, in der
Subjektivität mit Landschaft verschmilzt (Sasportas), als utopischer Entwurf
entgegengehalten wird. Das Innere der Subjekte wird nicht mit ahistorischen,
und auf Universalität Anspruch erhebenden psychologischen Kategorien faßbar,
sondern es wird analog zur Außenwelt von Geschichte und gesellschaftlich
geformten Haltungen beherrscht.

Müllers späte Stücke greifen mit der Auflösung der Subjektivität eines der
großen Themen der Moderne auf. Mit einer politischen Durchdringung der
bipolaren Subjektstruktur, deren Traditionslinien im nächsten Kapitel skizziert
werden sollen, eröffnet er zugleich einen neuen Blick auf Problemstellungen der
Avantgarde. Doch zunächst soll hier die Konstruktion seines Literaturkonzepts
in Hinsicht auf literatur-theoretische Ansätze erläutert werden.

Die eingangs dargestellte These Muschgs kann, nachdem das Verhältnis der
Traumata zu den einzelnen Stücken geklärt ist, dahingehend erweitert werden,
daß die biographischen Deformationen im ›Spätwerk‹ nicht nur den Impuls zur
ästhetischen Produktion stiften, sondern sie sind als reflektierte und dem Schreib-

impuls zugrunde liegende Ursachen bewußt zum Gegenstand erhoben. Mit
der literarischen Entfaltung der historischen Bedingung der Möglichkeit indivi-
duell gegebener Traumata wird zugleich ›Individualpsychologie‹ durch Geschichte substituiert. Programmatisch formuliert, ist damit das künstlerische Bewußtsein zu sich selbst gekommen. Historisch möglich wird dies erst in einer
Situation, wo der Künstler keine Souveränität außer seiner eigenen mehr aner-
kennen muß.

»Gelegentlich überkam einige wenige Künstler die Ahnung von einem Möglichen, das
ihnen eigen wäre. Aber sie vermochten seine Bedeutung erst zu fassen, als das Gebäude
des Feudalismus heftig erschüttert war. Bis dahin hielt Gott, umgeben von seinen Heiligen, den Priestern und den Mächtigen, sie im Gefühl einer Subjektivität fest, die der ihren
überlegen war, zumindest in dem Sinne, daß ihre Subjektivität sich von dieser anderen
paralysieren ließ. Erst spät breitete die Einsamkeit sich vor dem Blick des Menschen aus,
und das Kunstwerk – die Macht des Ausdrucks – öffnete ihm den Reichtum der Subjektivität.« [2]

Indem der Künstler weder der Souveränität der Macht (Adel/Religion) noch
einer bereits definierten Objektivität verpflichtet ist, kann er, und dies bestimmte die Moderne, seine eigene Subjektivität ästhetisch objektivieren. Dem
streng entgegensetzt ist der Kunstbegriff der marxistischen Literaturtheorie, wie
sie von Georg Lukács, partiell auch gegen die Konzepte so originär sozialistischer Künstler wie Bertolt Brecht gerichtet, mit der Widerspiegelungstheorie
entwickelt worden ist. Gegenüber der künstlerischen Subjektivität wird der
rationalen Analyse der Primat eingeräumt. Die Kunst hat allein die Aufgabe, die
Erkenntnisse der marxistischen Theoretiker ästhetisch zu artikulieren, wobei die
Subjektivität, als verzerrender Faktor möglichst zu eliminieren ist.

»Und während bei dem großen Realismus der leichtere Zugang auch eine reichliche
menschliche Ausbeute ergibt, können die breiten Massen des Volkes aus der ›avantgardistischen‹ Literatur nichts lernen. Gerade weil in dieser Literatur die Wirklichkeit, das Leben
fehlt, zwingt sie (politisch gesprochen: sektiererisch) ihren Lesern eine enge und subjek-
tivistische Auffassung vom Leben auf, während der Realismus durch seine gestaltete Fülle
Antwort auf die vom Leser selbst gestellten Fragen gibt – Antworten des Lebens auf
Fragen, die das Leben selbst gestellt hat! Das schwer erkämpfbare Verständnis für die
Kunst der ›Avantgarde‹ gibt dagegen so subjektive, verzerrte und entstellte Stimmungs-
nachklänge der Wirklichkeit, die der Mann aus dem Volke niemals in die Sprache seiner
eigenen Lebenserfahrungen zurückübersetzen kann.« [3]

In der Literaturtheorie Lukács' wird also die Kunst wie im Feudalismus dem
souveränen Subjekt, hier dem Volk bzw. dem Proletariat, untergeordnet. Kunst
wird nicht wie von Bataille als autonom begriffen, sondern dient der Vermittlung von Einsichten und Erfahrungen. Diese literaturtheoretische Position basiert auf dem geschichtsphilosophischen Axiom, daß die Geschichte allein mit
der Kategorie des Fortschritts adäquat erfaßt wird.

»Das Leben des Volkes aber ist objektiv etwas Kontinuierliches. Eine Lehre wie die der
›Avantgardisten‹, die in den Revolutionen nur Risse, nur Katastrophen sieht, die alles

Vergangene vernichten, jeden Zusammenhang mit der großen und ruhmreichen Vergangenheit zerreißen will, ist die Lehre Cuviers und nicht die von Marx und Lenin. Sie ist ein anarchistisches Gegenstück zur Evolutionslehre des Reformismus. Dieser sieht nur eine Kontinuität, jene sehen nur Risse, Abgründe und Katastrophen. Die Geschichte aber ist die lebendige dialektische Einheit von Kontinuität und Diskontinuität, von Evolution und Revolution.
Es kommt also hier wie überall auf den richtig erkannten Inhalt an.« [4]

Indem Müller seine biographischen Katastrophen thematisiert, um so ihre historische Substanz freizulegen, also jenseits von Verdrängung auf die Geschichte blickt und sie so zum Gegenstand von Erkenntnis macht, kommen seinen Artefakten notwendig Momente des Utopischen zu, da die Negativität des historischen Seins, als fixiertes, zugleich die Möglichkeiten des ihm Widerständigen aufzeigt.

»So wenig wie Theorie vermag Kunst Utopie zu konkretisieren; nicht einmal negativ. Das Neue als Kryptogramm ist das Bild des Untergangs; nur durch dessen absolute Negativität spricht Kunst das Unaussprechliche aus, die Utopie. Zu jenem Bild versammeln sich all die Stigmata des Abstoßenden und Abscheulichen in der neuen Kunst. Durch unversöhnliche Absage an den Schein von Versöhnung hält sie diese fest inmitten des Unversöhnten, richtiges Bewußtsein einer Epoche, darin die reale Möglichkeit der Utopie – daß die Erde, nach dem Stand der Produktivkräfte, jetzt, hier, unmittelbar das Paradies sein könnte – auf einer äußersten Spitze mit der Möglichkeit der totalen Katastrophe sich vereint ... Das Tabu über dem geschichtlichen Telos ist die einzige Legitimation dessen, wodurch das Neue politisch-praktisch sich kompromittiert, seines Auftretens als Selbstzweck.« [5]

Die Müllerschen Artefakte können zwar mit den Kategorien Adornos beschrieben werden, stehen allerdings nicht in der Tradition des l'art pour l'art oder kompromittieren sich in irgendeiner Form gegenüber der politischen Realität und der gesellschaftlichen Praxis. Denn indem sie Geschichte selbst unter dem Aspekt der Katastrophe darstellen, ist das utopische Telos nicht notwendiges Produkt der historischen Bewegung.

Mit Th. W. Adorno und G. Lukács stehen sich die beiden exponiertesten Theoretiker autonomer und realistischer Kunst gegenüber. Während nach Lukács das Kunstwerk seinen emanzipatorischen Charakter durch die richtige Widerspiegelung der Wirklichkeit erhält, sieht Adorno allein im avancierten Formbewußtsein das kritische Potential.

»Konstruktion kann hoffen, die Zufälligkeit des bloß Individuellen immanent zu bemeistern, gegen die Lukács eifert. Er zieht nicht ganz die Konsequenz aus der Einsicht, ...: daß wider die Zufälligkeit nicht hilft, einen vermeintlich objektiveren Standpunkt entschlossen zu beziehen. Lukács sollte der Gedanke vom Schlüsselcharakter der Entfaltung der technischen Produktivkräfte wahrhaft vertraut sein. Gewiß war er auf die materielle, nicht auf die geistige Produktion gemünzt. Kann aber Lukács sich im Ernst dagegen sperren, daß auch die künstlerische Technik nach eigener Logik sich entfaltet, ...? So rechtmäßig auch Lukács in der Tradition der großen Philosophie Kunst als Gestalt von Erkenntnis begreift, nicht als schlechthin Irrationales der Wissenschaft kontrastiert, er verfängt sich dabei in eben der bloßen Unmittelbarkeit, deren er kurzsichtig die avantgardistische Produktion zeiht: der

der Feststellung, Kunst erkennt nicht dadurch die Wirklichkeit, daß sie sie, photographisch oder ›perspektivisch‹ abbildet, sondern dadurch, daß sie vermöge ihrer autonomen Konstitution ausspricht, was von der empirischen Gestalt der Wirklichkeit verschleiert wird ... Lukács vereinfacht die dialektische Einheit von Kunst und Wissenschaft zur blanken Identität, so als ob die Kunstwerke durch Perspektive bloß etwas von dem vorwegnähmen, was dann die Sozialwissenschaften brav einholen. Das Wesentliche jedoch, wodurch das Kunstwerk Erkenntnis sui generis von der wissenschaftlichen sich unterscheidet, ist eben, daß nichts Empirisches unverwandelt bleibt, daß die Sachgehalte objektiv sinnvoll erst werden als mit der subjektiven Intention verschmolzene.«[6]

Hiermit ist die Frage nach dem Verhältnis von Wahrheit und Kunst gestellt. Während Lukács darauf insistiert, daß sich das Kunstwerk bzw. der Künstler nach der Wissenschaft richte und so dem Kunstwerk erst Wahrheit zukommt, kommt nach Adorno die Objektivität als Moment der Intersubjektivität durch die Konstruktion bzw. deren Immanenz und Stimmigkeit ins ästhetische Material. Lukács siedelt damit die emanzipatorischen Momente im Inhalt an, wogegen Adorno dafür die Form reklamiert.

In dem hier (re-)konstruierten Literaturkonzept Heiner Müllers dagegen, kommt dem Subjektiven, als objektiv, d.h. hier historisch-politisch vermitteltem, das Moment von Intersubjektivität zu. Das traumatische Material ist nicht kontingent, sondern Artikulation von Geschichte bzw. von Politik und ihren Bedingungen. Es ist damit zugleich subjektiver und politischer Natur bzw. vermitteln sich *im Trauma*, als individuelle Bedingung künstlerischer Produktivität, *Subjektivität und Geschichte*. Im Trauma schlägt Geschichte in Subjektivität um und konstituiert sie zugleich. Dem Trauma, als katastrophischen Einschnitt ist aber technisch allein das Arsenal der Avantgarde und ihrer Formsprache der »Dissonanz, Signum aller Moderne«[7] angemessen. Damit aber stehen sich politische und autonome Kunst nicht mehr disjunktiv gegenüber, sondern beide Traditionslinien lassen sich in diesem Konzept vereinigen, ohne sie synkretistisch zu vermengen.

In der Rückbeziehung auf die Prägungen der eigenen Subjektivität ist ein Maß von Verbindlichkeit angelegt, daß das Dilemma von Beliebigkeit, dem sich autonome Kunst seit ihrer Emanzipation ausgeliefert sieht, überwindet, ohne daß die subjektiven Intentionen zugunsten objektiver Vorgaben eingeschränkt werden müssen.

»Zur Selbstverständlichkeit wurde, daß nichts, was die Kunst betrifft, mehr selbstverständlich ist, weder in ihr noch in ihrem Verhältnis zum Ganzen, nicht einmal ihr Existenzrecht. Die Einbuße an reflexionslos oder unproblematisch zu Tuendem wird nicht kompensiert durch die offene Unendlichkeit des möglich gewordenen, der die Reflexion sich gegenübersieht. Erweiterung zeigt in vielen Dimensionen sich als Schrumpfung. Das Meer des nie Geahnten, auf das die revolutionären Kunstbewegungen um 1910 sich hinauswagten, hat nicht das verheißene abenteuerliche Glück beschieden. Statt dessen hat der damals ausgelöste Prozeß die Kategorien angefressen, in deren Namen er begonnen wurde, mehr stets wurde in den Strudel des neu tabuierten hineingerissen; allerorten freuten die

Künstler weniger sich des neugewonnenen Reiches der Freiheit, als das sie sogleich wieder nach vorgeblicher, kaum je tragfähiger Ordnung trachteten.«[8]

Die Verbindlichkeit des Müllerschen Literaturkonzepts entsteht, wie gezeigt, durch die ästhetische Entfaltung des historischen Kerns der subjektiven Regungen des Künstlers. Damit wohnen den Artefakten zugleich die Momente des authentisch-subjektiven und von Intersubjektivität inne, ohne daß das Subjektive zugunsten des Objektiven oder umgekehrt relativiert werden muß. Mit der ästhetischen Objektivierung des historischen Gehalts der Konstituenten der künstlerischen Identität ist eine Form der Vermittlung des Besonderen mit dem Allgemeinen gefunden, die in sich schlüssig auf die Entgegensetzung von Objektivität und Subjektivität antwortet. Keineswegs lassen sich die individuellen Katastrophen als marginal oder verzerrend bestimmen (Lukács), denn sie eröffnen in diesem Literaturkonzept allererst den Zugang zur Objektivität. Noch kompromittieren sich diese Werke angesichts der gesellschaftlichen Praxis oder inhäriert ihnen ein Moment von Beliebigkeit (Adorno), da die historisch-gesellschaftliche Dimension der Subjektivität zur Darstellung gelangt. Die ästhetischen Positionen Lukács wie Adornos sind von einer Geschichtsphilosophie geprägt, denen der Begriff des Fortschritts und nicht der der Katastrophe wesentlich ist. Wird aber das utopische Moment, wie bei Müller, vorrangig durch die Negativität des Geschichtlichen gewonnen, so kann, wie in der Geschichtsphilosophie Benjamins, Geschichte durchaus mit der Kategorie der Katastrophe gefaßt werden, ohne daß dadurch das geschichtliche Telos der Utopie aufgegeben werden muß. Im zweiten, interpretatorischen Teil dieser Arbeit wird gezeigt werden, daß in Müllers Spätwerk die Naturhaftigkeit des Menschen, Leiblichkeit und Tod, die Dritte Welt und die Emanzipation der Frau zu den eigentlich widerständigen Potentialen werden.

Während Lukács den Begriff des Fortschritts aus der Entwicklung der Produktionsmittel ableitet, und Adorno ihn − viel gebrochener − als Resultat der Dialektik von Natur und Naturbeherrschung begreift, setzen sie gemeinsam die abendländische Geschichte als prototypisch für die Gattungsgeschichte voraus, womit ihrer jeweiligen Geschichtsauffassung eurozentristische Theoreme vorausgesetzt sind. Dagegen wird in Müllers Produktionen viel stärker der patriarchalische − abendländische Zivilisationstypus selbst als Bewegung des Katastrophischen bestimmt, wodurch das gesellschaftlich Verdrängte selbst als das historische Material, das Emanzipation verhindert, zum dramatischen Gegenstand wird.

Mit der Entfaltung des gesellschaftlichen und historischen Gehalts subjektiver Erfahrungen ist eine inhaltliche Kategorie gegeben, die allerdings nicht als Widerspiegelung naturalistisch begriffener Wirklichkeit verstanden werden kann, sondern gerade auf die Freilegung von Strukturen und Mechanismen zielt, die dem Bewußtsein verborgen sind.

»Auch das Bewußtsein ist stets in die Perspektive eines bestimmten Gesichtswinkels gebunden ... Aber dem menschlichen Geist ist die Möglichkeit erschlossen, auch das was im Rücken des Bewußtseins liegt ..., zum Vorschein zu bringen. Er baut sich Spiegel, auf deren Fläche er Reflexe dessen, was dem Bewußtsein verborgen ist, auffängt. Solche Formen sind die Kunstwerke ...« [9]

Dadurch, daß Müller sich durch seine traumatischen Erfahrungen der Realität und Geschichte nähert und die (biographischen) Katastrophen gerade nicht verdrängt, richtet sich seine Wahrnehmung zwangsläufig auf gesellschaftlich tabuiertes oder im psychoanalytischen Sinne rationalisiertes Material. Seine Idionsynkrasien prädestinieren ihn damit für die Artikulation des historischen Schreckens und stiften zugleich die Affinität zu ästhetischen Formen, deren Charakteristik die Dissonanz bzw. die Unversöhnlichkeit ist. Das Verhältnis von Trauma und Form in Beziehung zur literarischen Tradition bildet den Gegenstand des nächsten Kapitels.

3.2. Das Trauma und die Avantgarde

Wurde das Literaturkonzept des Müllerschen Spätwerks im vorhergehenden Kapitel im Kontext der Kunsttheorie bestimmt, so wird damit nicht die Erfahrung des ästhetischen Produzenten gefaßt, sondern versucht, diese in tradierten Kategorien der Ästhetik zu spiegeln, um so die Bedingungen und Implikate dieses Literaturkonzepts dem diskursiven Denken zugänglich zu machen. Der Rekurs auf die Bedingungen der eigenen Produktivität, der, wovon hier hypothetisch ausgegangen wird, durch die faktische und emotionale Konfrontation mit dem Suizid seiner Frau, der Lyrikerin Inge Müller, initiiert wurde und den Dramatiker zu seinen ›Ur-szenen‹ zurückführte, stiftet über die stringente Adaption geschichtsphilosophischer Positionen mit gleicher Plausibilität die Beziehung zu bestimmten ästhetischen Techniken.

Zwischen Februar und Juli 1939 verfaßte Walter Benjamin den Text ›Über einige Motive bei Baudelaire‹, der später mit den zwischen 1937 und 1939 entstandenen Teilen ›Das Paris des Second Empire‹ und ›Zentralpark‹ unter dem Titel ›Charles Baudelaire — Ein Lyriker im Zeitalter des Hochkapitalismus‹ veröffentlicht zu einer grundlegenden Schrift über die klassische Moderne wurde. In ›Über einige Motive bei Baudelaire‹ bezieht sich Benjamin auf Freuds 1920 entstandene Analyse ›Jenseits des Lustprinzips‹, die später im Mittelpunkt der Freud-Rezeption Jacques Lacans stand, um so durch den Rekurs auf die psychoanalytische Theorie die Kategorie des Schocks für die Literatur zu gewinnen. Der Begriff des ›Choks‹ dient dazu »den poetologischen Mechanismus des Baudelairschen ›Schreckens‹ zu erklären« [10], und zu zeigen, daß im Zentrum avantgardistischer Literatur der Schrecken steht, wobei sich Benjamin neben Baudelaire auf Edgar Allan Poe, Paul Valery und Marcel Proust bezieht. In der

modernen Welt wird, wie die Erfahrung der Großstadt zeigt, das Bewußtsein
ständig mit Reizen konfrontiert, ja überflutet, so daß es zur Selektion gezwungen nicht mehr in der Reizaufnahme, sondern Reizabwehr seine zentrale Funktion sieht.

»Für den lebenden Organismus ist der Reizschutz eine beinahe wichtigere Aufgabe als die
Reizaufnahme; er ist mit einem eigenen Energievorrat ausgestattet und muß vor allem
bestrebt sein, die besonderen Formen der Energieumsetzung, die in ihm spielen, vor dem
gleichmachenden, also zerstörenden Einfluß der übergroßen, draußen arbeitenden Energien zu bewahren.«[11]

Der traumatische Schock entsteht, wenn dieser Reizschutz plötzlich, d.h. ohne
daß bereits Angst eingetreten war, durchbrochen wird. Freud stieß auf diese
Überlegungen bei der Behandlung von Unfallopfern und ihren Träumen, denn
in diesen wird »die Katastrophe, von der sie betroffen wurden«[12], reproduziert,
wobei der Traum, nach Freud, die Funktion hat, »die Reizbewältigung unter
Angstentwicklung nachzuholen, deren Unterlassung die Ursache der traumatischen Neurose geworden ist«[13].

  Es läßt sich nach dem bisher Gezeigten konstatieren, daß Müller die Katastrophen, die ihn heimsuchten — Gewalt, Verrat, Suizid — *bewußt* im Spätwerk
reproduziert, wobei die Analogie zu der Angstbereitschaft im Traum darin
besteht, daß im Spätwerk auf Techniken rekurriert und sprachliche Formen
entwickelt werden, die der zerstörerischen Intensität der traumatischen Erfahrungen gemäß sind. Diese Nähe zum Traum ist von den Rezensenten auch
durchaus bemerkt worden.

»Müller entwirft surreale Phantasmagorien, steigert seine Stücke zu schockierenden, ana-
chronistischen Alpträumen... Seine Schreckensvisionen sind genau kalkuliert und ziehen
gleichsam die Summe auf jahrhundertelangem Greuel, um sie zu deuten und vielleicht zu
bannen.«[14]

›Schock‹, ›Alptraum‹/›Schrecken(svisionen)‹ und Kalkulation, dies sind genau die
Kriterien, die Benjamin mit Hilfe Freuds gewinnt, um die grundlegende Konstruktion der klassischen Moderne zu beschreiben.

»Die Frage meldet sich an, wie lyrische Dichtung in einer Erfahrung fundiert sein könnte,
der das Chockerlebnis zur Norm geworden ist. Eine solche Dichtung müßte ein hohes
Maß von Bewußtheit erwarten lassen; sie würde die Vorstellung eines Plans wachrufen,
der bei ihrer Ausarbeitung im Werke war. Das trifft auf die Dichtung von Baudelaire
durchaus zu. Es verbindet ihn, unter seinen Vorgängern, mit Poe; unter seinen Nachfolgern
wieder mit Valéry... Es hat etwas Befremdliches, beim Dichter von einer Staatsraison zu
reden. Es beinhaltet etwas Bemerkenswertes: die Emanzipation von Erlebnissen.
Baudelaires poetische Produktion ist einer Aufgabe zugeordnet... Sein Werk läßt sich
nicht nur als ein geschichtliches bestimmen wie jedes andere, sondern es wollte und es
verstand sich so.«[15]

Nichts anderes wurde hier über die Konstruktion des dramatischen Spätwerks
Heiner Müllers festgestellt, wobei für ihn im Unterschied zu Baudelaire nicht die

Metropole, die Schocks verursachte, sondern die *Politik* und damit deren historische Voraussetzungen.

Bei der Analyse der poetologischen Struktur des Schreckens gewinnt Karl-Heinz Bohrer als zentrale Kategorie die der Plötzlichkeit, die er bis zu der Prosa von Heinrich von Kleist zurückverfolgt und die sich insofern mit Freuds und auch Benjamins Schocktheorie decken, als diese ja den Schock als unvorbereitetes, also plötzliches, Durchschlagen des Reizschutzschirms definieren. Aber die Kategorie des Plötzlichen ergibt im Drama bzw. in der Tragödie, die sich durch die kontinuierliche Anwesenheit des Schreckens oder des auf eine Katastrophe tendierenden Konflikts konstituiert, keinen Sinn, da die dramatischen Kollisionen nicht vom Überraschungseffekt abhängen.

»Es gehört zu dieser Struktur [der des ästhetischen Scheins/F.-M.R.], daß Nietzsche auch die überlieferte Definition der Tragödie als ›Handlung‹ verwirft und dafür nur das ›Pathos‹ zuläßt. Er kritisiert damit nicht nur die erzählerische Auflösung durch Euripides, sondern jeden Versuch, einen ›schmerzlosen Zustand‹ durch den Faktor *reflektierter Zeit* zu erreichen. Nietzsche denkt die pathetische ›Situation‹ im Gegensatz zu Hegel, der sie als ›Kollision‹ verstanden hatte, die jeweils schon wieder ein neues Handlungsmoment einleitet, wodurch das reine Moment des ›Pathos‹ aufgehoben ist in der Abfolge von Zeit. Nietzsche denkt den Gesamtablauf der Tragödie als eine Erscheinung, in der Zeit eliminiert ist.«[16]

Statt dessen werden Müllers Protagonisten von den Konflikten überfordert, zerrissen und gespalten. Dieser Terminus verweist auf die zentrale Bedeutung des Dionysosmythos für den Philosophen Nietzsche und den Dramatiker Müller, wie die weibliche Rache auf den der Medea oder das Versteinern auf den der Medusa verweist.

Poetologisch jedoch wird damit die Tadition des Anderen, der als Doppelgänger, Spiegelbild, Schatten oder Dämon unabdingbares Sujet der Kunst seit der Frühromantik ist, als Struktur bipolarer Subjektivität adaptiert. Heinrich Vormweg beschreibt seine Leseerfahrung der ›Hamletmaschine‹ mit einer der Ästhetik des Alptraums (vgl. Wittstock) verwandten Metaphorik.

»Die Botschaft kommt in bedrängenden neuen und erschreckenden Bildern. Wüste Räume, wie aus Fetzen aus Wahngestalten des kollektiven Unbewußten zusammengeschnitten, bedrängen in ihr unablässig eine schüttere, verschwimmende Hoffnung.«[17]

Steht am Anfang der Moderne Arthur Rimbauds programmatischer Satz: »Je suis un autre«, so hält Müller Rimbaud eine ähnlich programmatische Konstruktion entgegen. »Ich bin der eine und der andre ich« (S 8), wobei das Verhältnis zum Anderen immer als agonales gedacht wird. Mit dieser poetologischen Struktur des Schreckens aber steht Müller in der Tradition der *Literatur des Bösen*.

»... sie [die DDR/F.-M.R.] ist aber auch der Ort, an dem Müller sein eigenes Schreiben reflektiert: prekär im doppelten Kontext der Kultur(politik) der SED/DDR und zugleich der internationalen avantgardistischen Kunst. Zwei anscheinend unvereinbare Positionen, wo es auf der einen Seite ums ›Erbe‹ geht, auf der anderen gerade dieses Erbe ausgeschlagen wird – in der Tradition der poêtes maudits der subversiven Literaturproduktion, für die Antonin Artaud und Lautréamont Müllers privilegierte Kronzeugen sind.«[18]

Dies verleiht Müller in der Tat seine einzigartige Stellung in der modernen Literatur und ist zugleich das Problem, das hier gelöst werden soll. Denn die Erfahrung der Zerrissenheit oder der bipolaren Verfaßtheit des Subjekts ist die Grunderfahrung des dämonologischen Universums.

»Was das Ich ist, weiß ich nicht. Das Bewußtsein? eine grauenhafte Verstoßung des Namenlosen, des ungenügend Verflochtenen, denn das ICH erscheint, wenn das Herz es endlich geknüpft, aus diesem und jenem, gegen dieses und für jenes auserwählt, herausge- löst hat, durch das ewige Kalkül des Grauens hindurch, dessen sämtliche Nicht-Ichs, Dämonen mein zukünftiges Wesen anfallen, jenes Wesen, das unablässig vor meinen Augen scheitert, solange Gott mein Herz nicht mit seinem Schlüssel aufgetan hat.«[19]

Der Kampf zwischen Ich und Nicht-Ich, dem Anderen, dem Dämon – »Zwischen Ich und Nicht-Ich herrscht ein Krieg, den die Jahrhunderte bis heute noch nicht geschlichtet haben.« – ist nicht nur religiöse oder magische Erfahrung, sie wird vielmehr in den avanciertesten theoretischen Überlegungen aus den sich in dieser Tradition befindlichen Künstlern zur Bedingung der Produktion erhoben.

»Damit der Künstler zu seinen Zielen gelangt, muß er an der These eines dämonologi- schen Universums analog zu den ihn bewohnenden Kräften festhalten und jede Bewegung seiner Seele als Entsprechung einer dämonischen Bewegung behandeln...«[20]

Diese Äußerungen Pierre Klossowskis überschneiden sich insofern mit den Thesen Muschgs, als daß in der Kunst der Dämon exorziert bzw. das Trauma therapiert werden soll. Das Problem besteht darin, daß für den avantgardisti- schen Künstler sich seine Obsession zunächst als wahnhaft oder irrational dar- stellt und erst, indem er ihr einen Ort gibt, wie Müller die Theaterbühne, und entsprechende Ausdrucksmöglichkeiten gefunden hat, und so in der Lage ist, mit den ungefragt auf ihn zukommenden Bildern und Sequenzen umzugehen bzw. sie zu bannen, sich von ihnen lösen kann. Unter diesem Aspekt sind demnach Exorzist und Künstler vergleichbar. Indem andererseits diese Eindrücke manifestiert werden, werden sie auch möglicher Gegenstand der Reflexion.

»Es ist nötig, daß ich die Mächte, die mich zum Sprechen bringen, identifiziere. Der Exorzist spricht eine Realität, eine wirksame Aktion Mächten zu, die mit einer autonomen Existenz ausgestattet sind, welche derjenigen des Subjekts äußerlich sind, das sie zu besitzen sucht... Hier gibt es keine Innerlichkeit im modernen Sinn. Der Exorzist stellt sich auf den Gesichtspunkt dieser fremden Mächte. Die Seele ist für ihn ein den Mächten äußerer Ort, wie diese Mächte ihr gegenüber äußerlich sind.«[21]

Die Substanz des Traumas wird in diesen kunsttheoretischen Überlegungen als Kommunikation mit dem Dämon zum Sprechen gebracht. Daß der Andere oder der Dämon wesentlich an der Genese des Kunstwerks beteiligt ist, wird von Oskar Panizza sogar dahingehend interpretiert, daß es die eigentliche Aufgabe oder Mission des Künstlers ist, dem Dämon zur Artikulation zu verhelfen.

»Und nur dann darfst du am Schluß deines Lebens deine Mission erfüllt sehen, wenn du dir sagen kannst, du hast deinen Dämon in der Welt zum Ausdruck gebracht ... Du gehst vielleicht zugrund. Aber Zugrundegehen in der Welt der Erscheinungen ist ja das Los von uns allen.« [22]

Im Gegensatz zur Sichtweise der Psychoanalyse, die wohlgemerkt vorrangig nicht die Kunst zum Gegenstand hat, und sieht man einmal von dem Häretiker Jaques Lacan ab, zielen diese von Künstlern selbst konzipierten kunsttheoretischen Überlegungen darauf, den Ort des *poetologischen Bewußtseins* außerhalb ihrer selbst anzusiedeln.

Der Künstler Müller hat, wie es Klossowski und Panizza verlangen, die Mächte, die ihn motivieren und treiben, identifiziert und zum Ausdruck gebracht. Die ›Wahngestalten des kollektiven Unbewußten‹ (Vormweg) oder die ›Dämonen‹, die Müllers Seele besetzen und ihn zu seinen phantasmagorischen Bildern des Grauens bewegen, sind in ihrer Substanz historischer und damit politischer Natur. Es ist die abendländisch-patriarchalische Geschichte, wie sie sich bereits im Mythos artikuliert und Gestalt gibt, die nicht nur dem Körper, sondern auch der Seele unheilbare Wunden zufügt und auch den inneren Kern, der die Traumata auslösenden autobiographischen Erlebnisse, bildet.

Die extremsten Ausformungen der Moderne und die ihr zugrunde liegende Erfahrung des Schreckens, die sich nach Benjamin durch den Schock definiert und die sich selbst wie der Satanist Baudelaire oder die Dämonisten Artaud, Panizza und Klossowski in der Spiritualität des Bösen wiederzuerkennen glauben, lassen sich demnach weder der bloßen Irrationalität zuschlagen noch als Äußerungen bloßer psychischer Deformationen begreifen oder gar, nach Georg Lukács, als pure Dekadenz. Es ist Müllers besonderes Verdienst, daß er als Materialist und als politischer Autor in die Zentren avantgardistischer Kunsttheorie und -produktion vorgedrungen ist.

Es ist die Geschichte und es sind ihre Toten, die das gespenstische Unbewußte der (weißen) Kollektive bilden und bevölkern und die in Müllers kalkulierten Alpträumen unter dem Kunstlicht der Scheinwerfer zur Entäußerung gebracht werden.

Dies aber setzt eine Konzeption von Geschichte voraus, in der das Grauen, der Schrecken und die Katastrophen weder als marginal relativiert werden, noch als individuelle Abirrung verdrängt. Indem Müller Benjamins Geschichtsphilosophie der Katastrophe adaptiert, können Geschichte und Schrecken überhaupt erst koinzidieren. Indem Geschichte andererseits als Subjekt des Grauens bestimmt wird, wird das avantgardistische Konzept der Notwendigkeit enthoben, sich bei der Artikulation menschlicher Grenzerfahrungen auf religiöse oder spirituell-mystische Erfahrungsmuster zu berufen. Aus dem Kunstkonzept der *Besessenheit* wird das der *Obsession*.

»LOTRINGER: Ihr Verhältnis zu Ihrer eigenen Geschichte – wird das von Ihrem Schreiben beeinflußt?

MÜLLER: Mein Hauptinteresse beim Stückeschreiben ist es, Dinge zu zerstören. Dreißig Jahre lang war Hamlet eine Obsession für mich, also schrieb ich einen kurzen Text Hamletmaschine, mit der ich versuchte Hamlet zu zerstören. Die deutsche Geschichte war eine andere Obsession, und ich habe versucht, diese Obsession zu zerstören, diesen ganzen Komplex. Ich glaube, mein stärkster Impuls ist der, Dinge bis auf ihr Skelett zu reduzieren, ihr Fleisch und ihre Oberfläche herunterzureißen. Dann ist man mit ihnen fertig.« (R 81)

Das Verhältnis von Subjektivität und Geschichte wird durch die Obsession gestiftet, deren Impuls zugleich darauf zielt, den thematischen Gegenstand der Obsession zu zerstören und damit handelt es sich um die schon von Benjamin diagnostizierte: ›Emanzipation von Erlebnissen‹.

Indem das Dämonische sich als Geschichtliches offenbart, wird zugleich die Dimension seiner Veränderbarkeit bzw. die Möglichkeit seiner Destruktion freigelegt, worin sich der politische Charakter der Müllerschen Texte und Stücke begründet. Ernst Jünger dagegen wurde zum Beispiel von den Schreckenserfahrungen des Ersten Weltkriegs geprägt, an denen er auch authentisch festhielt, bezahlte dies aber, wie Karl-Heinz Bohrer zeigte, mit einem Rückfall hinter den Stand möglicher politischer Reflexion. Diese mögliche politische Reflexion beinhaltet allerdings nichts Geringeres, als Emanzipation ohne das Fortschrittsaxiom und damit europäische Zivilisation als Irrweg zu denken, ohne den Wunsch nach Utopie aufzugeben.

Da in diesem Literaturkonzept der Obsession das Dämonische mit dem Geschichtlichen verschmilzt, womit die Künstler den Erklärungsmustern einer überkommenen Spiritualität enthoben sind, während diese ihnen zugleich zugänglich bleibt, verliert ihr Ansatz damit auch den notwendigen Zug – »Die Malerei ist eine Pathologie...‹ (Klossowski)«[23] – ins Pathologische.

»MÜLLER:... Du kennst die Positionen Genets in der Frage, ob er links ist? Seine Existenz als Autor, sagt er, bestreitet er daraus, daß die Welt so ist, wie sie ist. Wenn sie seinen Träumen oder Utopien entsprechend eingerichtet würden, dann hätte er keine Existenz mehr. Darauf zielt die Lust an den Katastrophen. Wir leben davon, daß die Welt so katastrophal und konfliktreich ist. Ich finde es langweilig sich ständig auf eine mögliche Welt zu fixieren. Da entsteht keine Kunst. Kunst kann ja eine Krankheit sein. Das ist möglich, aber das ist die Krankheit, mit der wir leben. In unserer Lebenszeit ist keine Gefahr, daß wir gesund werden. Wir müssen mit dieser Krankheit und der Paradoxie, daß wir Parasiten in der Welt sind, indem wir sie ausbeuten, leben.

LAUBE: Wahnhafte Zustände. Ist für Dich, wenn diese Krankheit die Schreibmaschine bewegt, das Wort Revolution eigentlich das Hauptwort? Oder ist es austauschbar mit Wörtern wie ›Ich‹ oder ›Sexualität‹ zum Beispiel?

MÜLLER: Ich glaube schon, daß das austauschbar ist, daß auch der Begriff Krankheit, wenn Du ihn aussprichst, mit Moral besetzt ist. Wenn Du aber so einen Wahn, so eine Obsession nicht mehr hast, dann kannst Du nur noch Konversation machen. Das ist von tödlicher Langeweile. Deswegen kann die Obsession Revolution oder Sexualität heißen, aber man braucht sie. Es geht dabei gar nicht so sehr um Themen oder Inhalte, sondern um Haltung. Nicht nur zu reagieren oder zu beschreiben, sondern andere Wirklichkeiten zu entwerfen, das ist die einzige Legitimation für das Privileg, vom Schreiben so ungefähr zu leben. Diese Wirklichkeiten müssen auch gar nicht nachprüfbar sein.« (R 181–182)

Indem Müller die dämonische Grunderfahrung der Zerrissenheit in den Einen und den Anderen literatur-geschichtlich in eine politisch bedingte transformiert, ergibt sich die Möglichkeit, die Kluft zwischen avantgardistischer Literatur und Kunst auf der einen und politischer Theorie und der ihr nachgebildeten Kunstwerke auf der anderen Seite zu schließen. Während die marxistische Literaturtheorie (Lukács) zwangsläufig, d.h. im Gefolge des Fortschrittstheorems von einem normalen Seelenleben bzw. vom humanistisch-aufklärerischen Menschenbild ausgehen muß, hat gerade das Bewußtsein derjenigen, die am intensivsten vom ›Falschen‹ betroffen wurden und dies dennoch produktiv wenden können, die Kraft den kollektiven Verblendungszusammenhang zu durchschlagen. Während allerdings die Surrealisten das Unbewußte und das Durchbrechen der inneren Zensur emanzipatorisch besetzten, da sie den Ersten Weltkrieg und die systematische Anwendung technisch-rationalen Denkens zur Massenvernichtung als einen Kulminationspunkt der Rationalität und der Tradition der Aufklärung ansahen, gilt es gerade für Müller die Kräfte des Unbewußten, die als historisch geformte auch von den Zwangs- und Herrschaftsverhältnissen geformt wurden, zu emanzipieren. Der Negativität der unbewußten Impulse, die sich als Regression ins Animalische, als überbordender Todestrieb oder als Resultat der Verfemung und Disziplinierung des Leiblichen fassen lassen, korrespondiert eine instrumentelle und gegenüber den ˊHerrschaftsverhältnissen affirmative Vernunft, gegen die vorrangig ein versöhntes Verhältnis mit dem eigenen Tod und eine Befreiung des Körpers gesetzt wird. Die Emanzipation des Unbewußten besteht in dessen Humanisierung, die nicht mit dessen Unterdrückung verwechselt werden darf. Weder wird also die Existenz von Energien jenseits des Bewußtseins geleugnet, noch werden diese als Quell allen Heils phantasmagoriert, sondern mit der diesen Kräften konzedierten Geschichtsmächtigkeit geht zugleich die Gestaltung ihrer politischen Intentionen einher. Diese politische und gesellschaftskritische Reflexion der (vermeintlich) irrationalen Antriebe macht die Spezifik der neuen Qualität aus, die Müllers späte Stücke mit der in dieser Form gedachten Synthesis von politisch engagierter und avantgardistischer Kunst in die Geschichte der Literatur einbringt.

II. VON DER GESELLSCHAFTS- ZUR ZIVILISATIONSKRITIK

1. Der Deutschlandkomplex

1.1. Das Deutschlandbild Heiner Müllers

Aus einer jahrzehntelangen Beschäftigung mit Deutschland resultiert einer der gewichtigsten Themenkomplexe der 70er Jahre. ›Die Schlacht‹ (1951/74), ›Germania Tod in Berlin‹ (1956/71) und ›Leben Gundlings Friedrich von Preußen Lessings Schlaf Traum Schrei‹ (1977) lassen ein Deutschlandbild entstehen, das eine Landschaft des Todes präsentiert, in dem ein sich über Generationen gestaltender Wahn, der vor den Extremen der Brutalität nicht schreckt, seine blutigen Orgien feiert.

Sieht man von der Montage einer von Tacitus überlieferten Anekdote über die Cherusker sowie der äußerst eigenwilligen Bearbeitung eines Nibelungenmotivs ab, so beginnt dieses Panorama des Grauens mit dem Preußen Friedrich Wilhelm I. und reicht − maßgebliche Stationen der politischen und geistigen Entwicklung Deutschlands aufsuchend − bis in die jüngste Gegenwart.

Müllers Augenmerk gilt der *inneren Zerrissenheit* der deutschen Nation, die alle Versuche seit Herder und Gottsched, ihr emanzipatorische Momente abzugewinnen, ins Reich der Fabel verweist. Sie gibt auch den Boden für das ungeheure *Gewaltpotential*, welches diese europäische Kulturnation historisch gegen äußere und innere Gegner bereit war anzuwenden. Die dauernde Eskalation der Gewalt, die Müller vornehmlich als ›Konfliktlösung‹ innerhalb tradierter sozialer Bindungen dramatisiert, ist mit dem marxistischen Modell der ökonomischen Widersprüche und Klassenantagonismen nicht mehr beschreib- und erklärbar. Die Destruktion eines wie auch immer gearteten positiven Deutschlandbildes führt zu einer kritischen Haltung gegenüber der Aneignung vermeintlich progressiver Strömungen innerhalb der deutschen Geschichte und Kultur, schließlich zu einer Abkehr von den Traditionen des Humanismus und der Aufklärung überhaupt. In dieser Auseinandersetzung mit der nationalen Identität und dem deutschen Erbe entsteht das Psychogramm eines ständig von Regression bedrohten kollektiven Subjekts mit ausgeprägt pathologischen Zügen, dem Müller mit der Lektüre Panizzas − »wer kein Deutscher werden will, sollte ihn lesen« (R 130) − sarkastisch ein Therapeutikum empfiehlt. Bei der Darstellung der inneren Zerrissenheit und der daraus entspringenden Gewaltförmigkeit des deutschen »Volkscharakters« kann sich Müller auf früheste Zeugnisse über die Germanen berufen. So wird in ›Germania‹ ein Bericht von Tacitus über die Unterredung der Brüder Flavus und Arminius zitiert. Deren Meinungsverschiedenheit schlägt, nachdem der Vorwurf des Verrats gefallen ist, in die Proklamation einer gewalttätigen Konfrontation um. Im selben Stück verbindet Müller, einem Bezug von Goebbels folgend, die Nibelungen mit dem Kessel von Stalingrad, wodurch ein Circulus vitiosus der Selbstzerfleischung in Gang gesetzt wird.

Dies galt es kurz zu skizzieren, um die Beziehung zu den traumatischen Erfahrungen des Autors einsichtig zu machen. Die Erfahrung des Verrats ist eine zweifache. So empfindet das Kind sein Verhalten bei der Verhaftung des Vaters als Verrat, aber auch das pragmatische Verhalten gegenüber den Nationalsozialisten wird als Verrat wahrgenommen. Im Kontext Deutschland wird vor allem die erste Erfahrung virulent, die zugleich eine der *Gewalt* ist. Verrat ist der thematische Topos, der zur inneren Zerrissenheit bzw. zur Gespaltenheit führt, die poetologisch mit der Metapher des Anderen gefaßt wird.

Unter den Aspekten Verrat, Gewalt und innere Zerrissenheit (z. B. Bruderzwist) wird auch die deutsche Geschichte rezipiert und dramatisiert, also die individuelle Erfahrung hinsichtlich ihrer historischen Relevanz hinterfragt.

»GERNOT: Ich weiß immer noch nicht, warum wir uns hier mit den Hunnen herumschlagen.
VOLKER: Bist du ein Hunne, daß du zum kämpfen einen Grund brauchst.
HAGEN: Weil wir aus dem Kessel nicht herauskommen, darum schlagen wir uns hier mit den Hunnen herum.
GERNOT: Aber wir brauchen doch nur aufzuhören, und es gibt keinen Kessel mehr.
GUNTHER: Hat er aufhören gesagt.
VOLKER: Er hat es immer noch nicht gelernt.
HAGEN: Der lernt es nie.
GUNTHER: Wir dürfen die Hoffnung nicht aufgeben. Er ist kein Hunne.
VOLKER: Wir werden ihn schon hinbiegen.
HAGEN: Jedenfalls müssen wir jetzt anfangen. Zeit ist Geld.
Die drei stehen auf, bewaffnen sich und gehen auf Gernot zu. Der springt auf.
…
Die drei Nibelungen schlagen in einem längeren Kampf den vierten in Stücke.« (GTB 50)

Diese Sequenz aus der Szene ›HOMMAGE A STALIN 1‹, bei der es sich um eine Weiterentwicklung der zweiten Szene der ›Schlacht – ICH HATT EINEN KAMERADEN‹ – handelt, macht deutlich, daß zwischen der Bedrohung von außen (Hunnen) und innen (Nibelungen, Kameraden) kein genereller Unterschied besteht, ja die tabuisierte Fiktion eines äußeren Feindes stabilisiert das Kollektiv und dient der Verdeckung der Konflikte im Innern, auf die mindestens so erbarmungslos reagiert wird wie auf das Fremde oder den Fremden.

Zu ähnlichen Resultaten gelangten Oskar Negt und Alexander Kluge bei dem

Vergleich des kollektivgeschichtlichen Gehalts griechischer Mythen und deutscher Märchen.

»Für diese (die griechischen Helden/F.-M.R.) ist der Gegner stets eindeutig, vieldeutig sind einzig die Wege, ihn zu überlisten. Für den Kontinent [...] liegt [im Gegensatz zu den Seefahrern/F.-M.R.] das Problem nicht in den Listen, Umwegen, sondern in der Unterscheidung zwischen dem Geliebten und dem Feind. Diese Unterscheidung ist schwierig ... Dies lenkt den Sinn keinesfalls auf Abenteuer, Neugier, sondern auf die entscheidende Frage: Woran erkenne ich überhaupt den Feind, wo liegt exakt die Grenze zwischen Innen und Außen, zwischen sicher und überhaupt nicht sicher? Alle deutschen Mythen, als Bericht über historische Erfahrung, verarbeiten die Frage nach dem Wie der Wünsche, erzählen von dieser zentralen Unsicherheit: Wie kann man von Innen nach Außen überhaupt erkennen?« [2]

Diese Analyse von Negt/Kluge basiert auf dem deutschen Märchen ›Der Wolf und die sieben Geißlein‹. Mag auch dessen Vergleich mit dem Erlebnis des Kindes Heiner Müller etwas überzogen erscheinen, so ist das Bild doch stimmig.

Nachdem SA/Wolf in das Haus eingedrungen sind und den Sippenmitgliedern Gewalt angetan wird, überlebt das Jüngste im Versteck, sei es nun Bett oder Uhrenkasten.

Ihre Virulenz gewinnt diese Überlegung hinsichtlich der von Negt/Kluge attestierten Differenz individual- und kollektivgeschichtlicher Reaktionsweisen, denn dies hieße nichts weniger, als daß die Handlung des Kindes mit tradierten kollektiven Verhaltensmustern übereinstimmt, womit Bilder und Sentenzen des Müllerschen Werks in einen genetischen Zusammenhang mit dem kollektiven Unbewußtsein gestellt wären.

Mit dem Topoi ›*Verrat*‹ und ›*Gewalt*‹ ist der Grundriß bzw. die poetologische Struktur, die als entfaltetes autobiographisches Material die tektonische Spannung der Deutschlandstücke erzeugt, noch nicht hinlänglich bestimmt. Angesicht eines Szenarios der Gewalt übt der Verrat seine spaltende Kraft, welches zum Fiasko der ›inneren Zerrissenheit‹ führt; denn gespalten, zerrissen wird eine Einheit, sei es die deutsche Nation, die deutsche Arbeiterklasse, eine Familie, ein Brüderpaar, irgendein sonstiges Kollektiv oder ein *Individuum*. Diese Spaltungen sind irreversibel, und die geteilten Lager stehen sich unversöhnlich gegenüber, selbst dann, wenn eine ›bipolare Subjektivität‹ entstehen sollte, kann dieser Konflikt nur durch einen inneren Zweikampf auf Leben und Tod, wobei Dritte die Exekution ausführen (vgl. ›DIE NACHT DER LANGEN MESSER‹/Die SCHLACHT oder ›MAUSER‹), gelöst werden.

An dieser Rekonstruktion der *dramatischen Grundfigur* des Müllerschen Theaters ergibt sich, daß die traumatische Erfahrung nicht nur die Affinität zu bestimmten Themata und Konfigurationen stiftet, sondern auf die Persönlichkeit des Autors selbst spaltend wirkte.

»Das Wort schizoid bezieht sich auf ein Individuum, dessen Totalität der Erfahrung in zweierlei Hinsicht gespalten ist: an erster Stelle ist da ein Riß in der Beziehung zu seiner

Welt und an zweiter Stelle ein Bruch in der Beziehung zu sich selbst. Ein solcher Mensch kann sich selbst nicht als ›zusammen mit‹ anderen oder als ›zu Hause in‹ erfahren, sondern erfährt sich im Gegenteil in verzweifeltem Alleinsein und Isolation; mehr noch, er erfährt sich nicht als eine vollständige Person, sondern vielmehr auf verschiedene Arten ›gespalten‹, vielleicht als eine Seele, die mehr oder weniger dürftig einem Körper verbunden ist, als zwei oder mehr Ichs, und so weiter.«[3]

Diese Definition des Mitbegründers der Anti-Psychiatrie, Ronald D. Laing, ist aus mehreren Gründen für die in diesem Abschnitt aufgeworfenen Problemstellungen von Interesse. Denn sie konvergiert in zentralen Aspekten mit der als Paradigma gewählten Nibelungensequenz sowie mit der Analyse historischer Ängste und Erfahrungen des deutschen Kollektivbewußtseins durch Negt/Kluge. Die tradierten sozialen Bindungen bilden eine ständige Quelle der Gefahr, in denen der sich abweichend Verhaltende (Gernot) unverzüglich seine Isolation erfährt; man kann sich nicht im emphatischen Sinn als ›zu Hause‹ empfinden, denn das »Problem des Hauses ist, daß man es nicht vollständig verrammeln kann.«[4]

Diese strukturellen Analogien zwischen R. Laings Definition der Schizophrenie, dem Aufbau der Müllerschen Traumata, dem sozialen Gehalt der deutsche Märchen und Mythen und dramatischen Sequenzen aus Müllers Werk, die das Deutsche thematisieren, lassen den Schluß zu, daß neben der Verfahrensweise, die autobiographischen Motive objektiv, d.h. auf der Höhe der technischen und sprachlichen Standards, als historische zu entfalten, die Qualität des Müllerschen Spätwerks sich darüber hinaus über formale Entsprechungen bzw. Kongruenzen zum kollektiven Unbewußten bestimmt. Das würde aber auch bedeuten, daß dem ›deutschen Wesen‹, also den Verhaltensmustern, die den Nationalcharakter und damit das geschichtliche Handeln konstituieren, eine schizoide Struktur innewohnt wie sie sich z.B. in der Spaltung der deutschen Arbeiterklasse während der Weimarer Republik oder in der gegenwärtigen Teilung der Nation artikuliert. Durch den Bezug auf diese Definition des Schizoiden, was in der poetologischen Analyse unter dem Topos des ›Anderen‹ gefaßt wird, kennzeichnet sich das Müllersche Trauma ebenso wie der deutsche Nationalcharakter, wobei die Interpretation der deutschen Märchen und Mythen sowie der Müllerschen Bearbeitung des Nibelungenmotivs diesen Sachverhalt verifizieren.

In dem Satz »Ich bin ein Neger« faßt Müller die Erfahrung ständiger Fremdheit während des Nationalsozialismus zusammen, beschreibt damit aber auch eine Prägung im Kontinuum überbordender Isolation, wie sie die Beschreibung Laings anspricht. Diese wurde nicht zufällig gewählt, denn Müller zitiert in einer ironischen Verkehrung den Titel des Hauptwerks der ›antipsychiatrischen Schule‹: ›Das geteilte Selbst‹ nach einer Passage, die eine Ich-Spaltung angesichts eines Aufstandes in einem sozialistischen Land zum Inhalt hat.

»Mein Platz, wenn mein Drama noch stattfinden würde, wäre auf beiden Seiten der Front. Ich stehe im Schweißgeruch der Menge und werfe Steine auf Polizisten Soldaten Panzer Panzerglas. Ich blicke durch die Flügeltür aus Panzerglas auf die andrängende Menge und rieche meinen Angstschweiß. Ich schüttle, von Brechreiz gewürgt, meine Faust gegen mich, der hinter dem Panzerglas steht. Ich sehe, geschüttelt von Furcht und Verachtung in der andrängenden Menge mich, Schaum vor meinem Mund, meine Faust gegen mich schütteln... Meine Rollen sind Speichel und Spucknapf Messer und Wunde Zahn und Gurgel Hals und Strick. Blutend in der Menge. Aufatmend hinter der Flügeltür. ...Mein Drama hat nicht stattgefunden... Ich gehe nach Hause und schlage die Zeit tot, einig/Mit meinem ungeteilten Selbst.« (HM 94f.)

Hieran zeigt sich sowohl die selbstreflexive Position dieser Stücke als auch ihre Manifestation in den literarischen Texten selbst, somit sind die Stücke keinesfalls der Ort einer *naiven* Spiegelung der inneren Gebrochenheit des Autors. Vielmehr ist durch diesen Riß eine Haltung der Versteinerung oder Verdinglichung aufgebrochen und der Zugang zu Erfahrungen jenseits des universalen Verblendungszusammenhangs gestiftet, ohne daß dieser durch den Rekurs auf die gleichsam hermetische Sphäre der Identität, bzw. des Begriffs durchbrochen wurde. Statt dessen konstituieren sich diese Texte durch die bewußte Auseinandersetzung mit den eigenen Quellen der literarischen Produktivität *und* den Resultaten dieses Erkenntnisprozesses, die gleichsam in ästhetisches Material transformiert, Bestandteil der Artefakte werden.

Die Koinzidenz des Müllerschen Traumas mit kollektivgeschichtlichen Erfahrungen (Negt/Kluge) bereichert die eingangs referierten Erwägungen über die subjektiven Voraussetzungen künstlerischer Produktivität insofern, als daß die bloße traumatische Erfahrung nicht zureichende Bedingung ästhetischer Qualität sein kann, sondern — sieht man einmal von der technischen Virtuosität und dem Standard der Verfahrensweisen ab — die Produkte ihre Relevanz aus der spezifischen Konstellation der subjektiven Traumata zum kollektiven Unbewußten erhielten. Diese Verbindung von Zerrissenheit und einem beängstigenden kollektiven Unbewußten wurde auch in den Rezensionen schon wahrgenommen.

»Es [das Nachfolge-Verhältnis zu Brecht/F.-M.R.] gilt herausfordernd insbesondere für Müllers späteres Theater der deutschen Alpträume... Gegen die Realität des Bestehenden, sie zugleich registrierend in ihrer ganzen Bedeutung, setzt Heiner Müller seine Botschaft:... Die Botschaft kommt in bedrängend neuen und erschreckenden Bildern. Wüste Räume, wie aus Fetzen von Wahngestalten des kollektiven Unbewußten zusammengeschnitten, bedrängen in ihr unablässig eine schüttere, verschwimmende Hoffnung.«[5]

Heinrich Vormwegs ästhetische Erfahrung artikuliert den von mir gewählten Terminus der ›inneren Zerrissenheit‹ in Kategorien der Form — ›Fetzen‹, ›zusammengeschnitten‹ —, und stellt zugleich einen Bezug zum kollektiven Unbewußten her.

Hiermit stellt sich gerade bei dem autobiographischen Ansatz dieser Arbeit

nachdrücklich die Frage, wie Kunstwerke an der Objektivität partizipieren können bzw. woraus sich ihr Moment von Intersubjektivität herleitet. Th.W.
Adorno, der jeden Versuch einer psychologisch gearteten Kunstinterpretation
mit dem Verweis auf die Intentionen des Materials und der nicht zu unterschät-
zenden Rolle der ästhetischen Rationalität abschmetterte, nimmt zuliebe der
Plausibilität Unzulänglichkeiten in seiner eigenen Theorie in Kauf, wenn er
dieses Problem unter Zuhilfenahme einer kollektiven Verfaßtheit der mimetischen Kräfte löst.

»Die Bedingung der Möglichkeit der Konvergenz von Philosophie und Kunst ist aufzusu-
chen in dem Moment von Allgemeinheit, das sie in ihrer Spezifikation – als Sprache sui
generis – besitzt. Diese Allgemeinheit ist kollektiv, so wie die philosophische Allgemeinheit, für welche einmal das transzendentale Subjekt das Signum war, auf kollektive zurück-
deutet. Aber an den ästhetischen Bildern ist gerade was dem Ich sich entzieht, ihr
Kollektives: damit wohnt Gesellschaft dem Wahrheitsgehalt inne. Das Erscheinende, wodurch das Kunstwerk das bloße Subjekt hoch überragt, ist der Durchbruch seines kollektiven Wesens. Die Erinnerungsspur der Mimesis, die jedes Kunstwerk sucht, ist stets auch
Antezipation eines Zustandes jenseits der Spaltung zwischen dem einzelnen und den
anderen…; in seiner idiosynkratischen Regung zeigt die kollektive Reaktionsform sich
an… Kraft ihres subjektiv mimetischen, ausdruckshaften Moments münden die Kunstwerke in ihre Objektivität…« [6]

Daß dem ästhetischen Produzenten der kollektive Kern seiner spezifischen Idiosynkrasien grundsätzlich verborgen bleibt, ist zu bezweifeln, denn warum sollte
er sich nicht als Reflektierender auf der Höhe der Theorie befinden. Seinen Sinn
gewinnt dieser Passus, angesichts der Überlegung, daß es sich bei ästhetischen
Artefakten ja nicht um bloße Allegorisierungen oder Verschlüsselungen der
Vorgänge im kollektiven Unbewußtsein handeln kann. Die spezifische Idiosyn-
krasie oder die traumatisch bedingte Affinität zu bestimmten Themata gewährt
allein Zugang zu den kollektiven Kräften, wodurch die Authentizität der Erfahrung gestiftet wird, aber nicht ihr Begriff, während die Dignität des Kunstwerks
von der Durchformung derselben abhängt.

Daß es dem Künstler freisteht, sich des Ursprungs seiner Produktivität von
Idiosynkrasien zu bemächtigen, ist explizite Voraussetzung des Müllerschen
Literaturkonzepts nach den Antikenbearbeitungen, wobei die geradezu exzes-
sive Bearbeitung bestimmter Konstellationen ohne *bewußte* Hinwendung auf die
eigenen Ursprünge nicht denkbar ist, ›dem Ich‹ ›sich sein Kollektives‹ und seine
historische Vermitteltheit also keineswegs ›entzieht‹, aber auch nicht – und darum
muß es Adorno gegangen sein – etwa vollständig erschließt.

Hiermit wäre das Trauma von Verrat und Gewalt dreifach bestimmt. Erstens
stiftet es die Grundlage der ästhetischen Produktivität, zweitens wird es als
solches reflektiert zum künstlerischen Material und schafft die Affinität zu bestimmten Themen und Techniken. Drittens kongruiert es mit (literarisch) tradierten kollektiven Erfahrungen und stiftet so den Zugang zu kollektiven Kräften,

was gerade im Fall ›Deutschland‹ und dessen leidvoller und bizarrer Geschichte und in einer Situation nationaler Identitätslosigkeit den Stücken eine eigentümliche Brisanz verleiht.

Bei der folgenden Analyse der drei Deutschlandstücke unter den hier vorgestellten Prämissen wird sich zeigen, daß der innere Zusammenhang dieser drei Deutschlandstücke auf einer ungemein dynamischen, aber in sich konsequenten Entfaltung objektiver Probleme basiert und es sich trotz aller formalen und inhaltlichen Unterschiede um eine in sich geschlossene Entwicklung thematischer und ästhetischer Fragestellungen handelt. Ausgehend von seinen Erfahrungen während des Nationalsozialismus sucht Müller die Bedingungen und Ursachen der Genese des Unmenschlichen in den Subjekten zu lokalisieren und stößt hierbei auf Preußen und die Geschichte des Körpers, dessen Emanzipation – wie auch die der Frau – für ihn zum eigentlichen Hoffnungsträger werden.

In ›Die Schlacht‹ und ›Germania‹ sind Vorarbeiten aus den fünfziger Jahren eingegangen. Dies bezeugt zum einen die Intensität der Auseinandersetzung und zeigt andererseits, daß Müller erst mit dem ›Literaturkonzept der Obsession‹ in der Lage war, den Stoff seinen Intentionen gemäß befriedigend zu gestalten. Quer- und Rückverweise zwischen beiden Werken, die Wiederaufnahme und Weiterführung zentraler Sujets und Motive, lassen sich dahingehend deuten, daß die ihnen innewohnenden Probleme unter dem Gesichtspunkt ästhetischer Rationalität noch nicht als endgültig erledigt betrachtet werden können. Hier wird sich zeigen, daß die Dramatisierung der selben Grundfiguren vor dem Hintergrund der Revolutionsthematik dem Autor zu vollkommen neuen Sichtweisen verhilft.

Müllers Anfang der siebziger Jahre unternommener Rekurs auf seine frühesten literarischen Produktionen materialisiert zugleich die hier vertretene These, daß das ›Spätwerk‹ mit einer Aneignung der eigenen Quellen der ästhetischen Produktivität anhebt. In einer zweiten Phase, die wesentlich durch eine originäre Adaption der Theoretiker der französischen Postmoderne initiiert ist, kommt die – in den beiden oben genannten Stücken schon latent vorhandene – rationalitätskritische Perspektive auch zu dezidiert inhaltlicher Objektivation, und das Thema ›Deutschland‹ verliert seine drängende Kraft. Mit ›Leben Gundlings‹ ist eine Gestaltung gefunden, die man ohne jede Rancune auch als Bewältigung begreifen kann; ›Müller-Deutschland‹ verliert im Alter von 48 Jahren jäh das Interesse an seiner Obsession, ohne daß wie es in der Bücherpreisrede von 1985 anklingt und die Entwicklung in der Realität zeigt, das Problem aus der Welt bzw. aus dem ›Europäischen Haus‹ ist.

1.2. ›Die Schlacht‹ und Müllers Position zum Faschismus

1974 wurde in der DDR ›Die Schlacht‹ zusammen mit ›Traktor‹ als Doppelstück
uraufgeführt. Der in der ›Schlacht‹ dargestellte Reigen des Tötens wird durch die
Thematisierung des historischen Neubeginns in der DDR positiv kontrapunktiert, wobei das 1955/61 entstandene Produktionsstück chronologisch an die
›Schlacht‹ anschließt und die Beseitigung des faschistischen Erbes, in Form ver-
minter Äcker, für den erfolgreichen Aufbau des Sozialismus zum Gegenstand
hat. Doch der 1974 in den Text montierte pessimistische Kommentar deutet
eine gewisse Kraftlosigkeit der Produktionsstücke und ihrer Fabeln an.

»Das Gefühl des Scheiterns, das Bewußtsein der Niederlage beim Wiederlesen der alten
Texte ist gründlich. Versuchung, das Scheitern dem Stoff anzulasten, dem Material (ein
kannibalisches Vokabular – ›We are such stuff as dreams are made of‹), der Geschichte des
amputierten Helden: sie kann jedem passieren, sie bedeutet nichts; bei dem einen genügt
eine Blutvergiftung, der andre hat mehr Glück: er braucht einen Krieg.« (Traktor 14)

Der Traktorist riskiert beim Pflügen der verminten Äcker sein Leben und verliert
dabei ein Bein. Wie auch in ›Lohndrücker‹ erfordert die Optimierung der Produktion individuelle Opferbereitschaft und den dazu gehörenden Mut. Damit
klingt aber schon in den fünfziger Jahren eines der großen Motive des Müllerschen Theaters nach den Antikenbearbeitungen an: das Verhältnis von Emanzipation und Todesbewußtsein. Mit der freien Verfügung über das eigene Leben
und der Überwindung der Todesfurcht führt ›Traktor‹ die erste Szene der
›Schlacht‹ fort, wobei hier, wie in ›Die Nacht der langen Messer‹, ein souveränes
Todesbewußtsein gestaltet wird [7]. Das Primat der Selbsterhaltung, das in den
vier restlichen Szenen der ›Schlacht‹ den Faschismus ermöglicht und trägt, soll
zugunsten einer am Kollektiv orientierten Lebensform substituiert werden.

»Er sagte: sagt dem Bolschewiken, weil mir
Sein Bart gefällt, erlaub ich ihm, daß er
Sein letztes Loch auf seinem eigenen Feld schippt.
Wir fragen, wo sein Feld ist. Sagt der Alte:
HierallesmeinFeld. Wir: wo sein Feld war
Eh alles kollektiv war. Der zeigt bloß
Wie ein Großgrundbesitzer ins Gelände
Wo kilometerbreit und brusthoch der Mais stand.
Der hatte wo sein Feld war glatt vergessen.«
(Traktor 24)

In dieser Schlußsequenz von ›Traktor‹ wird die Überwindung der individuellen
Todesfurcht durch die Abschaffung des Privateigentums antizipiert [8].

Heftige Ablehnung, Unverständnis und Verstörung rief dagegen ›Die
Schlacht‹ hervor. Formal ungewohnt kam das Stück nicht der gängigen moralischen Faschismuskritik entgegen und bietet weder Indentifikationsmöglichkei-
ten noch orientiert es den Zuschauer in der Tradition des pädagogischen oder

didaktischen Theaters. Als Gegenentwurf zu Brechts ›Furcht und Elend des Dritten Reiches‹ geschrieben, negiert ›Die Schlacht‹ eindimensionale Faschismuserklärungen und fordert durch die Technik des synthetischen Fragments den Rezipienten zu erneuter Reflexion heraus.

»Kunst legitimiert sich durch Neuheit = ist parasitär, wenn mit Kategorien gegebner Ästhetik beschreibbar. Sie fragen nach der ›aktuellen Relevanz‹ von SCHLACHT/TRAKTOR. Daß Sie die Frage für notwendig halten, verweist auf die Antwort: die Aushöhlung von Geschichtsbewußtsein durch einen platten Begriff von Aktualität. Das Thema Faschismus ist aktuell und wird es, fürchte ich, in unsrer Lebenszeit bleiben ... Was die Relation zu FURCHT UND ELEND angeht: Brecht war auf Dokumente und Berichte angewiesen, sozusagen auf Sekundärmaterial. Das ergab ein Faschismusbild nach der Schnur der (damals notwendig unkompletten) marxistischen Analyse, eine Art Idealkonstruktion. Erst das ANTIGONE-VORSPIEL, später in einer andern Stücktechnik geschrieben, faßt die konkrete deutsche Erscheinungsform. Heute ist der gewöhnliche Faschismus interessant: wir leben auch mit Leuten, für die er das Normale war, wenn nicht die Norm, Unschuld ein Glücksfall.
Formal ist SCHLACHT/TRAKTOR eine Bearbeitung von eigenen 20 und mehr Jahre alten Texten bzw. der Versuch, ein Fragment synthetisch herzustellen ... Übrigens handelt der Text von Situationen, in denen Individuelles nur partikulär zur Wirkung kommt, zersprengt von Zwangslagen (die natürlich, unter bestimmten Bedingungen, von Individuen herbeigeführt worden sind).« (BaL 124–125).

Die fünf kurzen Szenen der ›Schlacht‹ spielen ausschließlich während der Ära des Nationalsozialismus; sie beginnen mit einer Erinnerung an den Reichstagsbrand am 27. 2. 1933 und enden mit der Einnahme Berlins durch die sowjetischen Truppen, also zwischen dem 23. 4. und 2. 5. 1945.

In drei Szenen greift Müller auf schon veröffentlichte Vorarbeiten aus den fünfziger und sechziger Jahren zurück. Der Prosatext ›Das Eiserne Kreuz‹ wird in dramatisierter Fassung zur dritten Szene der ›Schlacht‹ mit dem Titel ›Kleinbürgerhochzeit‹. Es ist die Geschichte eines Papierhändlers, der anläßlich des Selbstmords von Adolf Hitler und Eva Braun seine Frau und seine Tochter erschießt, selber aber – von Todesangst ergriffen – das Weite sucht. Er geht, wie auch der Text ›Fleischer und Frau‹, – beide erschienen 1956 unter dem Oberbegriff ›Lektionen‹ – auf eine Zeitungsnotiz zurück. In der vierten Szene gleichen Titels bringt eine Frau gegen Kriegsende ihren Mann um, da sie wegen eines von ihm begangenen Kriegsverbrechens Repressalien befürchtet. In der frühen Fassung bestand dieser Text aus einer lyrischen und einer prosaischen Passage. Die fünfte Szene ›Das Laken oder Die unbefleckte Empfängnis‹ geht auf die 1966 inszenierte Szene ›Das Laken‹ zurück. Es handelt sich hierbei um die Bearbeitung des Vorspiels der ›Antigone des Sophokles‹ und zeigt, daß die von Krieg und Nationalsozialismus auf ihre primitivsten Impulse zurückgeworfene deutsche Bevölkerung zum Sozialismus kam wie die Jungfrau zum Kind. Die zweite Szene des Stücks weist strukturelle Analogien zu einer Sequenz aus dem Werk Edgar Allan Poes auf, während die erste ›Die Nacht der langen Messer‹ auf das mythische Motiv des Brudermordes rekurriert. Alle fünf Szenen reproduzieren das gleiche Grundmodell. Angesichts historischer Gewalt – Reichstagsbrand/ Krieg – versagen aus unterschiedlichen Gründen geschichtlich tradierte Formen des Sozialen bzw. der Gemeinschaft, wie familiäre Bindungen, Kameradschaft oder Notgemeinschaften. Dabei führt die Spaltung und Auseinandersetzung innerhalb der Kollektive zum Tod von mindestens einem der Beteiligten. Bis auf die beiden Brüder aus der ersten Szene wird das Verhalten der Protagonisten letztendlich durch das Primat der Selbsterhaltung und des eigenen Vorteils bestimmt, so daß es sich bei der ›Schlacht‹ auch um einen Gegenentwurf zum traditionellen Drama und zur klassischen Tragödie handelt, wo derjenige Protagonist zum Helden avanciert, der den Gefahren für das eigene Leben trotzend, mehr oder minder zielstrebig seine sittlich integeren Zwecke verfolgt.

»Den wahrhaften Inhalt des tragischen Handelns liefert für die Zwecke, welche die tragischen Individuen ergreifen, der Kreis der im menschlichen Wollen, für sich selbst berechtigten Mächte: die Familienliebe der Gatten, der Eltern, Kinder, Geschwister; ebenso das Staatsleben, der Patriotismus der Bürger, der Wille der Herrscher…«[9]

Genau diese sittlichen Ideale sind es, die Müller auf der Bühne als Ideologie entlarvt und zerstört. Auch ist den handelnden Individuen kein tragisches Ende »als Folge ihrer… Tat«[10] vergönnt, sondern sie werden schlichtweg ermordet. Daß sich innerhalb dieser Konfiguration für das ›Walten eines versöhnenden Prinzips‹ kein Ort mehr findet, ist unmittelbar einsichtig. Damit setzt Müller die Intentionen von ›Furcht und Elend im Dritten Reich‹ fort, denn auch Brecht zeigte, daß der faschistische Staat auf die Zerstörung der sittlichen Substanz der Bevölkerung zielt.

»In den Szenen von *Furcht und Elend des Dritten Reiches* entlarvt Brecht die Verlogenheit und Zwielichtigkeit, von der das gesamte gesellschaftliche und private Leben der Bürger des faschistischen Staates durchdrungen war.«[11]

Der ›Schlacht‹ zufolge gelang es dem faschistischen Staat, die anti-humanen und anti-zivilisatorischen Impulse der Deutschen zu verstärken, worauf schließlich seine Geschichtsmäßigkeit zurückzuführen ist.

Betrachtet man das Stück auf der Folie des autobiographischen Motivs – der Verhaftung des Vaters durch die SA –, so lassen sich relativ umstandslos Entsprechungen finden. In einer Szenerie der Gewalt (Verhaftung) offenbart sich, daß emotional-soziale Bindungen unter dem Druck der Gefahr nicht standhalten – das Kind stellt sich schlafend. Statt daß aufgrund der gemeinsamen Geschichte und Situation das Kollektiv – die Familie – Formen von Widerstand und Solidarität entwickelt, spaltet es sich – der Sohn ›verrät‹ den Vater. Diese Analogien beweisen ihm Rahmen des hier Möglichen den Zusammenhang zwischen individuellem Trauma und der dramatischen Gestaltung des faschistischen Alltags in Deutschland.

Das Artefakt selbst läßt sich aber nicht qua Rückschluß wiederum in Subjektivität auflösen. Denn zwei der fünf Szenen beruhen auf empirisch gegebenen, eine dritte auf der Vorarbeit Brechts und mithin auf dessen Faschismusbild. Müller hat dieses Material zwar selektiert, aber nicht geschaffen, somit wohnt dem dramatischen Geschehen neben der individuellen Erfahrung auch empirisch-gesellschaftliche Realität inne.

In der naturalistisch orientierten Kritik wurde angesichts der ›Schlacht‹ vor allem die Frage diskutiert, ob in dem Stück überhaupt der deutsche Faschismus thematisiert wird und sich somit Erkenntnisse über dessen Struktur und Bewegungsgesetz gewinnen lassen, oder ob eher projektiv anhand des Faschismus Gewaltzusammenhänge sichtbar gemacht würden. Und tatsächlich neigen die Rezensionen zu letzterem. So kritisiert Jost Hermand, daß nur die Brutalität des Faschismus und nicht seine Totalität – angefangen vom Massenenthusiasmus bis hin zu Rassismus und Holocaust – dargestellt wird; wobei als selbstverständlich vorausgesetzt wird, daß der dramatischen Abbildung dieser Elemente auch eine transzendierende Potenz innewohnt. Insbesondere aber können keine widerständigen Haltungen wahrgenommen werden.

»Eine solche Vereinseitigung wirkt zugleich wie ein Hohn auf jene Deutschen, die entweder ins Exil gegangen sind oder im Untergrund gegen den Nazi-Staat Widerstand geübt haben ... So betrachtet stellt seine Schlacht, die sich im Untertitel ›Szenen aus Deutschland‹ nennt, keine wirkliche Faschismusanalyse dar, sondern wirkt eher wie ein Rückfall in den nur allzu bekannten Topos der ›Deutschen Misere‹.« [12]

Ähnlich wie Jost Hermand begreift auch Georg Wieghaus, daß Müllers Stück eher das Kernstück der politischen Theorie Thomas Hobbes‹ – Homo homini lupus – bestätigt, als speziell »die konkrete deutsche Erscheinungsform« (BaL 125) des Faschismus freizulegen.

»Denn, so die Quintessenz aus Müllers Stück, es ist der rücksichtslose Überlebenswille, ein auch über Leichen gehender Selbsterhaltungstrieb, der damals aus klassenbewußten Arbeitern Opportunisten, aus braven Bürgern Mörder, aus Soldaten Kannibalen machte. Ein archaisches Wolfsgesetz, das unter den Bedingungen der extrem brutalisierten Gesellschaft des Faschismus in zugespitzten Entscheidungssituationen freigelegt wurde.
[...]
Der brutale Konkurrenzkampf jeder gegen jeden geht weiter ohne Rücksicht und Besinnung auf die Opfer, die er gerade eben erst gekostet hat. Ein Kampf, der nach Müller im Zeitraum zwischen 1933 und 1945 zwar besonders brutale und entmenschlichte Formen annahm, von ihm jedoch nicht unbedingt als originär faschistisch gedeutet wird.« [13]

Auch Genia Schulz zieht in ihrer ›Schlacht‹-Interpretation ein ähnliches Fazit, wenn sie in dem Stück die Kontinuität archaischer Verhaltensmuster entdeckt.

»All diesen ›Szenen aus Deutschland‹ ist gemein, daß gegenseitiges Abschlachten als selbstverständliche Bedingung des eigenen Überlebens erscheint. Es gibt keine Instanz, die über Unmoral und Ungerechtigkeit richtete. Alle Überlebenden sind selbst Mörder: Leben heißt Töten. Müller fragt nicht, wie alles so hat kommen können, sondern: wie es endet. Nationalsozialismus, Weltkrieg und Auschwitz sind für ihn keine absoluten Zäsuren, sondern bei aller politisch-historischen Analyse, auch die Fortschreibung der mythischen

Gewalt, von der sich die Menschen noch immer nicht befreit haben. Das zwingt sie wieder zur Selbstzerfleischung, zu einer Verwicklung von Zerstörung und Selbstzerstörung ...«[14]

Die Kritik gipfelt also in der Erkenntnis, daß das Stück das Theorem des ›bellum omnium contra omnes‹ als universales Gesetz bloßlegt, womit die Einwände, daß ›Die Schlacht‹ keinerlei eindeutige oder prägnante Deutschland- bzw. Faschismusbezüge aufweist und ihren Gegenstand mithin nicht transzendiert, zu Recht erhoben würden. Hobbes selber hatte mit den von ihm imaginierten Verhältnissen im Naturzustand allerdings das genaue Gegenteil bezweckt, nämlich die Legitimation des frühbürgerlichen Staates und der Zivilisation. Denn nach ihm ist es gerade die bürgerliche Staatsmacht, die den Krieg aller gegen alle unterbindet.

»Daraus ergibt sich klar, daß die Menschen während der Zeit, in der sie ohne eine allgemeine, sie alle im Zaum haltende Macht leben, sich in einem Zustand befinden, der Krieg genannt wird, und zwar in einem *Krieg* eines jeden gegen jeden. Denn Krieg besteht nicht nur in Schlachten oder Kampfhandlungen, ... sondern in der bekannten Bereitschaft dazu während der ganzen Zeit, in der man sich des Gegenteils nicht sicher sein kann. Jede andere Zeit ist *Frieden*.«[15]

Wenn in der ›Schlacht‹ der faschistische Staat mittelbar oder direkt präsent wird, agiert er ausschließlich als Gewalttäter, d.h. er entfesselt die Gewalt im Innern geradezu, statt sie zu bannen. Es zeigt sich also, daß die Kritik – und das sollte hier exemplarisch demonstriert werden –, wenn sie sich an der Oberfläche der Texte orientiert, in theoretische Widersprüche verwickelt, die dem Stück nicht anzulasten sind. Sein geschichtsphilosophischer Gehalt ist vielmehr allein durch eine akribische Textanalyse zu gewinnen.

Müllers Einschätzung des Faschismus scheint obige Interpretationen zumindest in Ansätzen zu stützen, wenn er den Spielfilm ›Hitler, ein Film aus Deutschland‹ von Hans-Jürgen Syberberg, wie folgt, kommentiert.

»Syberbergs Hitler ist ein Exorzismus. Die Ent-Teufelung des wild gewordenen Handlangers, indem seine Macht auf die Verführung, sein Verbrechen auf einen Irrtum in der Geographie zurückgeführt wird, ordnet das Tausendjährige Reich als weißglühende Episode in den Kontext der Kolonialgeschichte des vielhundertjährigen kapitalistischen Weltkriegs ein.« (R 105)

Der Zweite Weltkrieg wird als imperialistischer Krieg im Innern Europas begriffen, der deutsche Nationalsozialismus unterscheidet nicht mehr zwischen zivilisierten weißen Nationen und primitiven Andershäutigen, sondern zwischen Herrenmenschen und Untermenschen. – Läßt sich über diese Relativierung des deutschen Faschismus auch streiten, so ist es doch sicherlich richtig, daß der deutsche Faschismus sich mit seinen völkisch-rassistischen Ideologemen das propagandistische Instrumentarium verschaffte, die von den anderen Kulturna-

tionen bereits praktizierte Kolonisation der Dritten Welt auch auf europäischen
Boden zu legitimieren.

Die Heranziehung des ersten autobiographischen Motivs ergab, daß sich
darüber die Kontur der Szenen fassen läßt und thematisch sich als Brüchigkeit
emotional-sozialer Bindungen angesichts der Gewaltförmigkeit des faschistischen Alltags wiederfinden läßt. Aber auch das zweite Motiv – die Erfahrung
des ›Verrats‹ als Opportunismus – geht in das Stück ein. Denn alle fünf Szenen
kreisen um dasselbe thematische Zentrum: dem Abbau traditioneller moralischer
Hemmungen.

Über die Sujets von Kindsmord, Gattenmord, Brudermord und Kannibalismus wird jeweils ein und dieselbe Frage, die ohne den Anklang von Angst und
Verzweifelung nicht vorstellbar ist, transportiert: Gibt es ein moralisches Tabu,
das die faschistische Gesellschaft prinzipiell nicht bereit ist zu brechen?

Die Erfahrung des ›Verrats‹ durch den Vater wird im Drama insofern radikalisiert, als der pragmatisch bedingte Opportunismus in der Kollision von Selbsterhaltung und moralischen Tabus zu Ende gedacht wird. Dabei wird die schmerz-
hafte Erfahrung demonstriert, daß in der brutalisierten faschistischen Gesellschaft dem Selbsterhaltungstrieb keine ›natürlichen‹ Grenzen gesetzt sind.
Hiermit beantwortet sich auch die Frage von Jost Hermand:

»Bestand denn der Faschismus lediglich darin, daß Deutsche von Deutschen gefressen
wurden? Hat sich nicht die Brutalität des Faschismus vor allem gegen andere Völker und
›Rassen‹, gegen Russen, Polen, Juden usw. gerichtet?« [16]

Nicht durch die naturalistische Reproduktion der Ereignisse wird der deutsche
Faschismus faßbar, sondern durch die Gestaltung faschistoider Haltungen. D.h.
in diesem Fall, wenn sich wie in der zweiten Szene die Landser nicht mehr
wechselseitig den Status des Menschlichen zubilligen, macht dies den Kern
rassistischer Haltungen transparenter als empirische Ausbreitungen des Themas.
Dem Abbau traditioneller moralischer Hemmungen korrespondiert die Frage,
ob sich prinzipiell unter der faschistischen Gewaltherrschaft, also bei allgegen-
wärtiger Todesdrohung, die moralische Integrität durch anpassendes Verhalten
aufrecht erhalten läßt. Dabei zeigt sich in den Szenen vier und fünf, daß opportunistische Überlebensstrategien mit dem Tod der Mitmenschen kalkulieren
müssen. Die Szenen zwei, drei und vier zeigen, daß die faschistische Herrschaft
zu einer Dehumanisierung und zum Abbau von moralischen Skrupeln führt.
Allein die erste Szene konfiguriert ein tragisches Geschehen und kontrapunktiert
durch B's Freitod die folgenden Haltungen der Entmenschlichung.

Im Gegensatz zu den hier vorgestellten Kritiken soll in der Textanalyse
gezeigt werden, daß ›Die Schlacht‹ durchaus auf einer Faschismustheorie basiert
– der staatlichen Entfesselung deformierter menschlicher Natur –, und daß
durch die ästhetische Konstruktion der deutsche Faschismus als Zäsur in der
Geschichte des Schreckens gewertet wird.

1.2.1. ›Die Nacht der Langen Messer‹

›Die Schlacht‹ thematisiert den deutschen Faschismus bzw. das Leben in
Deutschland unter der Herrschaft des Nationalsozialismus während des II. Weltkrieges durch die dramatische Explikation des Verhältnisses, in dem die Protagonisten zu ihrem eigenen und zum Tod ihrer Mitmenschen stehen. Hierbei
unterscheidet sich die erste Szene, ›Die Nacht der Langen Messer‹ von den vier
folgenden, durch die Antezipation eines *souveränen Todesbewußtseins*. Damit
kontrapunktiert diese Szene die restlichen ›Fallstudien‹, denn in denen bestimmt
allein die *Angst* vor Sanktion und Tod — bei gleichzeitigem Verstoß gegenüber
jeglichem moralischen oder humanitären Standard — den Kodex des Verhaltens.

›Die Nacht der Langen Messer‹ spielt nicht, wie es vielfach in den Rezensionen
anklingt, in der Nacht des Reichtagsbrandes, also am 27. 2. 1933, sondern der
Protagonist A schildert an einem nicht weiter datierten bzw. datierbaren Zeitpunkt einen Vorfall aus besagter Nacht. Mit Hilfe der analog zum Film entwik-
kelten Erzähltechnik der Retrospektive wechselt das Geschehen zwischen der
erinnerten Darstellung und dem Geschehen selbst, ohne anders als durch die
veränderten Tempi und das (bruchlose) Changieren zwischen direkter und indi-
rekter Rede gekennzeichnet zu sein. Der klassenbewußte Arbeiter A wird von
seinem Bruder, dem Arbeiter und SA-Mann B, mit der Bitte ihn zu erschießen,
aufgesucht. A jedoch weigert sich, obwohl er B mehrmals den Tod wünscht,
weil er meint, daß der ehemalige Kommunist B durch die körperliche Folter der
Nazis zum Verräter wurde. Schließlich aber kann B ihn überzeugen, daß er
vorrangig durch die unsolidarische und nur am eigenen Überleben orientierte
Politik der emanzipatorischen Kräfte gebrochen wurde, A also in seiner Schuld
steht.

Dieser Szene, ohne deren stimmige Interpretation der gesamte Gehalt der
›Schlacht‹ verborgen bleibt, konnten die Rezensenten bisher keine Plausibilität
abgewinnen.

»Schlacht‹...‹, entwirft Konstellationen, in denen Schuld kaum noch eindeutig zugeteilt
werden kann, Täter und Opfer in ein und derselben Person vereint sind, wie im Fall des
SA-Mannes in der ersten Szene. Und dennoch zieht der eine Konsequenz, die heroisch
anmutet und eigentlich übertrieben scheint. Hätte er nicht allen Grund, um Verständnis zu
bitten, anstatt um seinen Tod, da er doch aus immerhin nachvollziehbaren Motiven zum
›Verräter‹ wurde. Statt dessen nimmt er die eigene Vernichtung in Kauf, um mit dieser
Vergangenheit zu brechen. Ist das eine Lösung, die Müller befürwortet?«[17]

Indem Wieghaus die offensichtliche Intention des Textes: die Radikalisierung
von *Schuld* und *politischer Integrität*, banalisiert, bezieht er sich auf dieselbe
Selbsterhaltungs- und Nützlichkeitsmoral, die der ›Schlacht‹ zufolge den Faschismus ermöglichte und die Protagonisten immer tiefer in Schuld und Inhumanität

verstrickt. Denn es geht B nicht um die Korrektur eines Fehlschritts, sondern um die Wiederherstellung seiner persönlichen Würde (Mann).

»Nimm den Revolver, tu was ich nicht kann
Daß ich kein Hund mehr bin, sondern ein toter Mann.«
(S. 8).

Auch Genia Schluz, die sich dieser Szene ausführlich widmet, kann nur durch äußerst vage Konstruktionen Sinn in sie bringen, ohne dabei überhaupt B's Todeswunsch zu hinterfragen.

»B kann sich ohne Identität nicht töten. Die Reflexivität auf ein Subjekt funktioniert nicht mehr... Der kommunistische Bruder als der eine Teil seiner ehemaligen Identität soll nun ›den Strich ziehen‹ durch den ›Hund‹ im Fell des Braunhemds. B will im Tod wieder (wie) A werden, wieder Opfer, jetzt aber auf der richtigen Seite: Töte mich, weil ich der bin, der ich geworden bin!« [18]

Genia Schulz, die in ihrer weiteren Interpretation, auf das mythische Bild des Brudermordes rekurrierend, vor allem die politische und moralische Integrität A's gefährdet sieht, kann die von ihr aufgeworfene Frage, warum B sich nicht eigenhändig tötet, mit obiger Argumentation nicht einleuchtend lösen. Denn B hat keineswegs die Fähigkeit der Selbstreflexion verloren, vielmehr konstituiert diese gerade seinen Entschluß.

»...Ich hab mir auf den Grund gesehn.
Die Nacht der Langen Messer fragt wer wen.
Ich bin der eine und der andre ich.
Einer zu viel. Wer zieht durch wen den Strich.«
(S. 8)

Die Widersprüche, in die sich beide Interpreten (zwangsläufig) verwickeln, zeigen, daß B's Verhalten nicht in den Kategorien des Zweckrationalen erfaßt werden kann. Vielmehr wird in der ›Schlacht‹ (vgl. ICH HATT EINEN KAMERADEN) gerade die von der idealistisch-aufklärerischen Moralphilosophie tradierte These, einer Koinzidenz von Rationalität und Humanität und damit auch von Emanzipation und vernunftorientiertem Handeln, widerlegt.

»Die Unmöglichkeit, aus der Vernunft ein grundsätzliches Argument gegen den Mord vorzubringen, nicht vertuscht, sondern in alle Welt geschrieen zu haben, hat den Haß entzündet, mit dem gerade die Progressiven Sade und Nietzsche heute noch verfolgen.« [19]

Die Divergenz von Moral und Vernunft evoziert die Frage, woraus sich denn das, der Inhumanität, Widerständige, überhaupt herleiten soll, und macht zugleich die Virulenz des Versuches, das souveräne Todesbewußtsein als genuin antifaschistisches Potential zu begreifen, einsichtig.

Die Szene selbst beginnt mit dem Vorwurf des Verrats, der darin terminiert, daß A seinem Bruder den Tod wünscht. Als dieser jedoch darum bittet, verweigert sich A, hält aber trotzdem an seinem Wunsch fest, was dem Dialog eine gewisse Absurdität verleiht.

»B: Ich bin dein Bruder.
A: Bist du der.
...
Wärst du dreimal tot.
B: Das will ich, Bruder, darum komm ich her.
...
Gib mir was ich dich bitte meinen Tod.
A:...
Machs selber.
B: Könnt ich's, Bruder, wär's getan.
Ich bin nicht der ich war.
A: Was geht's mich an.
B: Wir sind aus einer Mutter.
Kriech zurück.
B: Mein Platz war neben deinem in der Fabrik.
A: Ich wollt der Drehstahl *hätte* dich zerrissen.«
(S 7 / Hervhb. F.-M.R.)

Der Gebrauch des Konditionals sowie der situativ unangemessene Appell ›Kriech zurück‹ zeigen, daß für A der Brudermord nur als abstrakte Möglichkeit existiert, während er ihm in der Realität mit Hilflosigkeit begegnet. Dies unterscheidet A vom Kleinbürger aus der dritten Szene, der seine Frau und seine Tochter, letztere gegen ihren erklärten Willen, aus rein ideologischen Gründen tötet.

A, der B die Qualität des Bruders abspricht und in ihm nur noch den Verräter und damit den politischen Feind sieht, *verändert* seine Haltung erst, nachdem B ihn überzeugt hat, daß er, B, nicht aus Angst vor Schmerz und Folter zum Verräter wurde, sondern dadurch, daß die Genossen, als prophylaktische Maßnahme, ihm seine ›Proletarierehre‹ und damit seine Menschlichkeit aberkannt haben.

»Ich hab geschwiegen im Gestapokeller.
Als ich heraus kam war der Tag nicht heller.
Ihr seid an mir vorbeigegangen fremd
Mein Blut war noch nicht trocken unterm Hemd.
Für euch hat ich den Buckel hingehalten, jetzt
War für mich der Schrottplatz da und der war besetzt
Beim zweiten Einstand nach drei Wochen Pause
War ich im Keller beinah schon zu Hause.
Den Händedruck ersetzt der Stiefeltritt.
Wenn einer hochging nahmen sie mich mit
In Schale. Als ob ich der Spitzel wäre.
Jetzt kauf dir was für deine Proletarierehre.
Zieht das Braunhemd an.
Mein Kauf war, wo ein Hund ist ist ein Fell

Das Braunhemd, rechtsrum dreht das Karussell
Und Stiefel sind was, du bist nicht allein
Du schwingst den Knüppel und die andern schrein.«
(S 8)

Die Politik der fortschrittlichen Kräfte zu Beginn und während der Ära des Nationalsozialismus zielt also primär auf *Selbsterhaltung*, um Logistik, Zusammenhänge etc. vor dem Zugriff der Gestapo zu schützen. Sie erreichen damit das genaue Gegenteil, B wird zum Verräter und wechselt die Fronten. Diese unbarmherzige Logik der Selbsterhaltung, auch und gerade als *politische Doktrin*, ist der eigentliche Gegenstand der Kritik in der ›Schlacht‹. In den vier folgenden Szenen trägt der Primat der Selbsterhaltung, auch gegen die primären Intentionen der Protagonisten (vgl. ›Fleischer und Frau‹), immer den Sieg davon, ohne daß ihm antizipatorische Momente innewohnen. Mit seinem Freitod durchbricht und eignet sich durch die kollektive Überwindung der Todesfurcht, also mit Hilfe von Bruder A, den Status des souveränen Subjekts (vgl. Abschnitt 2.: Die Revolutionsthematik) an.

»Ja, ich meine, die Szenen setzen alle ein an einem Punkt, wo eine bestimmte Lage entstanden ist. Es wird nicht untersucht, wie es dahin gekommen ist. Und da ist eine Zwangslage da und Leute müssen sich verhalten. Und es ist fast immer eine Lage, in der eine Haltung, die wir als positiv empfinden würden, selbstmörderisch ist. Man kann aber von keinem Menschen verlangen, daß er Selbstmord begeht. Das wäre der moralische Appell und der bringt nichts ein. Und insofern ist es eine Polemik gegen die moralische Verurteilung des Faschismus, die nichts einbringt.« (R 109)

Trotzdem begeht B Selbstmord, um mit seiner faschistischen Identität zu brechen. A's Verhalten gegenüber dem Verräter ist durchaus moralisch-abstrakter Natur. Er rekurriert auf einen Wahrheitsbegriff sinnlicher Unmittelbarkeit – ›Dein Hemd ist braun, das ist die Wahrheit jetzt und hier‹ (S 7) – und verschließt sich einer analytischen oder emotionalen Auseinandersetzung. A's politische Integrität erweist sich als dogmatisch-unhistorisches Verhalten, welches allein darauf zielt, das (sozialistische) Ideal zu bewahren, ohne es in dialektische und somit korrigierende Beziehung zur sinnlichen Konkretion bzw. historischen Realität zu setzen.

»B: Wir sind aus einer Mutter.
A: Kriech zurück.
B: Mein Platz war neben deinem in der Fabrik.
A: Ich wollt der Drehstahl hätte dich zerrissen
Was aus dir wird ich hätt es wissen müssen.
B: Beim Generalstreik war ich auch dabei.
Am Brandenburger Tor im Heilgeschrei
Die Wahrheit unterm Hemd stand ich mit dir.
A: Dein Hemd ist braun, das ist die Wahrheit jetzt
und hier.« (S 7)

A's moralische Überlegenheit entbindet ihn subjektiv von einer Aufarbeitung der gemeinsamen Geschichte bzw. der historischen Analyse. Da er die Entwicklung seines Bruders vom Ergebnis her denkt, dieses Telos aber nicht durch sich selbst (A) vermittelt begreift, verliert Geschichte für A ihren hermeneutischen Charakter. Geschichte ist demnach nicht länger der Ort verpaßter Möglichkeiten, sondern durch den Gebrauch des Konditionals wird ihr der Bezug auf Gegenwart und damit konkrete Realität genommen; sie verkommt zur moralischen Richtstätte.

»Die moralische Faschismusbewältigung, wie sie besonders in der Bundesrepublik betrieben worden ist, hat ja zu nichts geführt. Weil, man kommt überhaupt nicht auf die eigentlichen Mechanismen, auf die Struktur. Gut, man kann die Moral nicht wegwerfen, aber man kann Politik nicht machen, ohne gelegentlich moralische Kategorien außer Kraft zu setzen... Die Verdrängung macht die Katastrophen. Die zynischsten Praktiker haben die idealsten Theorien.« (Was gebraucht wird 1205)

Der Standpunkt bloßer moralischer Integrität erweist sich als starr und unlebendig gegenüber den Erfordernissen der konkreten Situation. Der Verzicht auf Erkenntnis und Empathie legt den dogmatischen Charakter dieser Haltung frei. Damit aber enthält die politische Parabel dieser Szene auch eine grundsätzliche Kritik an den historisch virulenten Emanzipationsstrategemen während der Weimarer Republik.

»Er [der Gedankengang/F.-M.R.] beabsichtigt in einem Augenblick, da die Politiker, auf die die Gegner des Faschismus gehofft hatten, am Boden liegen und ihre Niederlage mit dem Verrat an der eigenen Sache bekräftigen, das politische Weltkind aus den Netzen zu lösen, mit denen sie es umgarnt hatten. Die Betrachtung geht davon aus, daß der sture Fortschrittsglaube dieser Politiker, ihr Vertrauen in ihre ›Massenbasis‹ und schließlich ihre servile Einordnung in einen unkontrollierbaren Apparat drei Seiten derselben Sache gewesen sind.« [20]

Benjamins Faschismusanalyse, die hauptsächlich die unangemessenen politisch-philosophischen Axiome der Theoretiker der Arbeiterbewegung zum Gegenstand hat, kritisiert hier den dogmatischen − ›sturen‹ − Fortschrittsglauben, der die ›Machtergreifung‹ des deutschen Faschismus überhaupt möglich machte. Damit ist aber auch die Position des Protagonisten A bezeichnet. Denn dessen moralische Überlegenheit leitet sich nicht aus der Praxis her, sondern aus seiner ›Unschuld‹.

Wie die Selbsterhaltungsmoral das Leben, macht der Fortschrittsglaube die Geschichte zum Zweck, dessen Ziel unbestimmt oder in ferner Zukunft (Utopie) liegt, womit zugleich die unmittelbare Gegenwart relativiert und entwertet wird. Diese Politik, die sich durch eine *abstrakte* Beziehung zu Realität, Körper und Tod kennzeichnet, ist es auch, die B zum Verräter werden läßt und nicht die Folter der Nazis. Der Verrat läßt sich somit nicht länger in den Kategorien der

Moral begreifen, als von Angst vor körperlichen Schmerzen oder Tod geleitetes Handeln, sondern er gründet in dem Verlust des Selbstwertgefühls, der persönlichen Würde.

B interpretiert sein Verhalten als Versagen gegenüber den Ansprüchen der historischen Notwendigkeit und fordert – Brechts in den Lehrstücken entwikkelte ›Lehre vom Einverständnis‹ forcierend – seinen eigenen Tod. Das politische Fehlverhalten von B ist dabei durchaus korrigierbar oder entschuldbar, dagegen ist der Verlust der *Würde* irreversibel.

»A: ...
So oder so, ich mach euch nicht den *Hund*.
B: Soll ich dir sagen, wie man aus einem *Mann*
einen *Hund* macht.
A: *Kriech* in dein *Fell, Hund*, draußen *bellt die*
Meute
Und *beiß* dir deinen Anteil aus der Beute.
...
B Jetzt kauf dir was für deine *Proletarierehre*.
...
Mein Kauf war, wo ein *Hund* ist ist ein *Fell*
...
Daß ich kein *Hund* mehr bin sondern ein toter Mann.«
(Hervhb. F.-M.R./S 8)

Der Freitod hat nicht die Funktion zu strafen oder Schuldgefühle zu kompensieren, sondern er bietet den alleinigen Schutz vor dem Rückfall, der Regression, in die Animalität. Damit wird der an Aufklärung orientierten Theorie der Arbeiterbewegung ein schwergewichtiges *anthropologisches* Argument entgegengehalten. Während die ›Schlacht‹-Szenen das Versagen von Moral und rationalen politischen Strategien angesichts des deutschen Nationalsozialismus demonstrieren, und somit die historische Faktizität reproduzieren, kommt allein dem Rekurs auf die menschliche Freiheit, als der Möglichkeit sich im Gegensatz zu den Tieren über das eigene Leben zu erheben, emanzipatorische Bedeutung zu.

»Die Verbote haben die Art und Weise verändert, in der der Mensch seine animalischen Bedürfnisse befriedigte, ..., aber sie haben sich vor allem auf zwei Bereiche erstreckt: auf den des Todes einerseits und auf den der Fortpflanzung andererseits ...
Es war die Einhaltung der Verbote und nicht der Gebrauch der Vernunft, der dem Menschen das Gefühl vermittelte, kein Tier zu sein ...: der Mensch grenzt sich gegenüber den Tieren ab, so fern er die Verbote einhält: er substituiert der animalischen Allmacht des Wunsches die Form der Reflexion und des Aufschubs.
... Das Verbot behält wesentlich die Möglichkeit der Überschreitung vor und ebenso behält die Überschreitung die Strenge des Verbotes bei. Der in gewisser Weise regelmäßige Charakter der Überschreitung (des Verbotes zu töten im Krieg beispielsweise) wie andererseits das dauernde Ineinander von Tier und Mensch können uns aber nicht hindern zu sehen, in welchem Maß der Mensch an die menschliche Würde gebunden ist, die aus der Einhaltung der Verbote entspringt.« [21]

Indem sich die faschistische Identität dadurch definiert, daß sie die Grenzen zur Animalität aufhebt (Hund), und somit die, den Menschen erst zum Menschen machende, Souveränität und Würde negiert, kommt B's Todeswunsch, als nicht vom Primat der Selbsterhaltung bestimmt und gegen die Impulse der Animalität gerichteten, *antizipatorischer Charakter* zu. Damit wird die Inhumanität des Faschismus nicht moralisch verworfen, sondern ihr wird mit B's Tod der höchste Ausdruck menschlicher Freiheit entgegengehalten.

Auch in den Szenen ›Kleinbürgerhochzeit‹ und ›Fleischer und Frau‹ sind die Protagonisten nicht in der Lage, ihren Tod selbst herbeizuführen. Der autoritär strukturierte Veteran aus ›Kleinbürgerhochzeit‹ will samt Familie dem Führer in den Tod folgen. Angesichts aber seines eigenen Todes, nachdem er Frau und Tochter erschossen hat, offenbart sich sein infantiler Charakter.

»Mein Führer. Er ist es. Mir werden die Knie
schwach.
Versteckt den Revolver vor Hitler. Hitler droht
mit dem Finger.
Wo ist mein Revolver. – Ich weiß wie ich's mach.
Dreht das Hitlerbild um. Hilter verschwindet.
Wo ein Ende war wird ein Anfang sein.
Der Starke ist am mächtigsten allein.« (S 11)

Der Kleinbürger und damit die nationalsozialistische Ideologie erweist sich als moralisch korrumpiert, bar aller Autonomie den Impulsen des Egoismus und der Selbsterhaltung ausgeliefert. In ›Fleischer und Frau‹ tritt der Fleischer Sabest aus Opportunismus und Berechnung in die SA ein, tötet einen wehrlosen amerikanischen Piloten und geht kurz vor Kriegsende aus Angst vor der Verurteilung durch ein Kriegsgericht ins Wasser, wo er von seiner Frau, die ihn eigentlich retten wollte, schließlich ertränkt wird.

»Ich hab ihn umgebracht. Er oder ich.
Das Wasser wär's gewesen ohne mich auch.
Und jetzt bin ich's die ihm den Weg gezeigt hat.
Wenn mir der Mann den Hals abreißt, muß ich
Stillhalten. Die Kinder sind auch da. Tot ist tot.«
(S 14)

Die humanen Intentionen verkehren sich in ihr Gegenteil. Nach zwölf Jahren Faschismus ist das moralische Bewußtsein auch in den Teilen der Zivilbevölkerung, die im Gegensatz zu obigem Veteran keine überzeugten Anhänger des Nationalsozialismus waren, dermaßen brüchig geworden, daß die Subjekte ihren bloß egoistischen Motiven nichts mehr entgegenzusetzen haben. Soziales Verhalten (vgl. auch ›Ich hatt einen Kameraden‹ und ›Das Laken oder die unbefleckte Empfängnis‹) steht unter der alleinigen Prämisse des Kalküls. Dabei verlängert der Zynismus der Verhältnisse die Mentalität von Anpassung und Selbsterhaltung durchweg ins Verbrecherische.

B's Tod, so fragwürdig er auch letztlich bleiben mag, kommt als einzigem eine heroische Qualität zu; durch seine (Selbst-) Negation durchbricht er die Haltungen des Opportunismus und der Anpassung und löst bei A, was in der retrospektiven Struktur als Ausdruck erinnernder Trauer bewahrt wird, einen Lernprozeß aus: der Verräter ist nicht nur mehr Feind, sondern auch wieder Bruder.

»A: Und als die unsern in den Kellern schrien
Die Langen Messer schnitten durch Berlin
Hab ich getötet den Verräter, meinen Bruder, ihn.«
(S 8)

Die eigentliche Tragik des Stücks besteht darin, daß mit dem Protagonisten B das sittlich stärkste und auf Sinnlichkeit und Konkretion der Erfahrung insistierende Individuum zum Verräter wird; daß der Faschismus das theoretische Defizit der Arbeiterbewegung gegenüber dem Tod und konkreter sinnlicher Erfahrung für seine Zwecke nutzen konnte.

Das allein durch Rationalität bestimmte Verhältnis der Arbeiterbewegung zu innerer und äußerer Natur macht auch W. Benjamin für ihr Scheitern in der Weimarer Republik verantwortlich.

»Der Konformismus, der von Anfang an in der Sozialdemokratie heimisch gewesen ist, haftet nicht nur an ihrer politischen Taktik, sondern auch an ihren ökonomischen Vorstellungen. Er ist eine Ursache des späteren Zusammenbruchs. Es gibt nichts, was die deutsche Arbeiterschaft in dem Grade korrumpiert hat wie die Meinung, sie schwimme mit dem Strom. Die technische Entwicklung galt ihr als Gefälle des Stromes, mit dem sie zu schwimmen meinte... Er [dieser vulgärmarxistische Begriff von Arbeit/F.-M.R.] will nur die Fortschritte der Naturbeherrschung, nicht die Rückschritte der Gesellschaft wahrhaben... Die Arbeit, wie sie nunmehr verstanden wird, läuft auf die Ausbeutung der Natur hinaus, welche man mit naiver Genugtuung der Ausbeutung des Proletariats gegenüber stellt.« [22]

Der Ausbeutung der Natur und dem ungerechtfertigten Vertrauen in den historischen Fortschritt, als selbsttätigem gesellschaftlichen Mechanismus, stellt die ›Schlacht‹ ein Todesbewußtsein und einen Begriff menschlicher Souveränität entgegen, der die emanzipatorische Bewegung tendenziell aus ihrer Synthesis mit dem Rationalismus löst und den Antifaschismus damit Traditionen jenseits der Aufklärung eröffnet.

B ist der eigentliche Held der ›Schlacht‹, der, indem er seinen eigenen Tod fordert, um sich seine menschliche Würde zu bewahren, die Haltungen der Inhumanität und der Regression negiert. Andererseits, und hiermit erschließt sich die Parabel der ›Schlacht‹, basiert die historische Möglichkeit des deutschen Faschismus nicht zuletzt auf ›extremer Todesfurcht‹ und einer historisch tradierten Ideologie der Selbsterhaltung als *Maß aller Dinge* in der deutschen Geschichte.

»Die extreme Todesfurcht ist insofern Resultat der kapitalistischen Produktionsverhältnisse und deren Ideologie vom Besitz, als das entfremdete menschliche Leben, reduziert auf den Besitztrieb, ein ständiger Kampf gegen den Besitzverlust auch des Lebens selbst ist. Diese Haltung des Menschen in der Warengesellschaft greift Brecht in seinen Lehrstücken auf und kontrastiert sie mit der Einsicht, daß nicht der Tod, sondern die kapitalistische Entfremdung das Leben zerstört. Allein in der Überwindung der Todesfurcht qua Einverständnis in die Kleinste Größe, wie es im ›Badener Lehrstück‹ heißt, liegt die Möglichkeit für radikale Umwälzungen; der Tod als Metapher für das Aufgeben des verdinglichten Lebens ist die Voraussetzung für bewußte Veränderungen, für die Antizipation des gesellschaftlichen Neuen.«[23]

Das im autobiographischen Bereich angelegte Motiv des Verrats wird also weder verschlüsselt noch gespiegelt, sondern in seinem historischen Kontext, als den Faschismus ermöglichende, Haltung kritisiert. Hierbei wird die vom ›klassischen‹ Brecht vertretene Position der vordergründigen Anpassung negiert, indem auf dessen ›Lehre vom Einverständnis‹ rekurriert wird. Die Verhaltensmuster des, einzig an der Selbsterhaltung orientierten, Opportunismus zeigen sich der Herrschaft der Inhumanität nicht gewachsen und können die Protagonisten nicht vor innerer Deformation schützen.

Müllers explizit *politischer Todesbegriff* hat sein antizipatorisches Moment in der Bejahung des eigenen Todes, womit, neben der Negation der Selbsterhaltungsmoral, das bürgerliche Nützlichkeitsprinzip Gegenstand der Kritik wird. Der von Brecht in den Lehrstücken entwickelten Todesproblematik inhärieren somit schon die antirationalistischen Impulse, deren ästhetische Artikulation die Dignität der folgenden Werke Müllers bestimmen. Müller begegnet seinen Gewalt- und Verratserfahrungen also nicht mit einer Proklamation pazifistischer Haltungen, sondern — und hieran zeigen sich Müllers Qualitäten als Dialektiker — er entwickelt einen Todesbegriff, der diesen Erfahrungen gewachsen ist.

1.2.2. ›Ich hatt einen Kameraden‹

Die zweite Szene ›ICH HATT EINEN KAMERADEN‹ schildert vier Soldaten, die kurz vorm Verhungern den Schwächsten der Gruppe ermorden, um ihn zu essen. Dieses kannibalistische Motiv soll hier kurz erläutert werden, weil ihm erstens im Gesamtwerk eine relativ große Bedeutung zukommt, obwohl die Rezensenten mit dieser Szene bisher allzuwenig anfangen konnten.

»So interpretiert etwa Müllers 2. Szene [...] – in der drei deutsche Soldaten in russischer Winternacht den vierten ihrer Gruppe, einfach umlegen und auffressen, glatt am Faschismus vorbei. Mit solchen Soldaten hätte Hitler den Zweiten Weltkrieg bereits nach vierzehn Tagen verloren. Wenn die drei Landser ihren zu Tode erschöpften Kameraden für ›Führer, Volk und Vaterland‹ noch 200 Kilometer auf den Schultern mitgeschleppt hätten, so wäre das eine bessere Analyse des Faschismus gewesen.«[24]

Sieht man einmal von Hermands Mißverständnis ab, daß es sich bei der ›Schlacht‹ um naturalistisches Theater handelt, so zeigt diese Rezension doch, vor welche schier unlösbare Aufgabe auch versierte Kenner politischen Theaters bei der Interpretation der ›Schlacht‹-Szenen gestellt werden. Denn im Gegensatz zur ersten Szene enthält ›ICH HATT EINEN KAMERADEN‹ keine zentrale Metaphorik, die das Geschehen über das unmittelbar Dargestellte hinaus transzendiert. – Erst im Kontrast mit einer analogen Situation aus ›Umständlicher Bericht des Arthur Gordon Pym von Nantucket‹ wird das spezifisch Faschistoide dieser Szene deutlich.

Vier Schiffbrüchige, darunter zwei Meuterer und Piraten und ein Verletzter, einigen sich, um nicht vor Hunger zu sterben, einen zu opfern, den sie durch Los ermitteln.

»...denn es war von uns vereinbart worden, daß Wer von den vier Splittern in meiner Hand den kürzesten zöge, sterben müsse zur Erhaltung der Übrigen. Bevor man sich ob meiner scheinbaren Herzlosigkeit verdammt, möge der Betreffende erst einmal in genau die entsprechende Situation versetzt gewesen sein.

... – wo ich denn sofort am Gesichtsausdruck Parkers erkannte, daß ich gerettet & er Derjenige war, den das Gericht ereilt hatte. Ich rang nach Luft; und fiel besinnungslos zu Boden.

Ich erwachte aus meiner Betäubung noch rechtzeitig, um Zeuge des Vollzugs der Tragödie zu sein; des Todes desjenigen, der das meiste dazu beigetragen hatte, sie in Gang zu bringen. Er leistete aber auch keinerlei Widerstand; und wurde von Peters rücklings so erdolcht, daß er auf der Stelle tot zusammenbrach.« [25]

Die Ausgangslage der beiden Sequenzen ist identisch, doch bestehen beträchtliche Unterschiede in der Art und Weise, wie sie gelöst werden. Während sich die vier schiffbrüchigen Abenteurer, in Absehung ihrer durchaus differenzierenden körperlichen Kräfte, auf ein mehr oder minder demokratisches Verfahren einigen, wird das Problem, wer zu töten sei, in Einklang mit der faschistischen Ideologie, sozialdarwinistisch geregelt.

»SOLDAT 4: Besser drei volle Mägen als vier leere
Die Treue ist das Mark der Ehre.
SOLDAT 3: *nickt*: Einer für alle.
SOLDAT 2: Bleibt die Frage: wer.
Soldat 2, 3, 4, zielen aufeinander.
SOLDAT 1: Kameraden, ich kann das Gewehr nicht mehr
halten.
*Soldat 2, 3, 4 setzen die Gewehre ab und sehen
einander an. Pause.*
SOLDAT 4: Gib her
Ich halt es für dich, Kamerad.
Nimmt ihm das Gewehr ab und erschießt ihn.
Er war
Unser schwächstes Glied und eine Gefahr
Für den Endsieg. Jetzt aus Kameradschaft
Verstärkt er unsre Feuerkraft.
Soldat 2, 3, 4 essen 1 auf.
Lied ICH HATT EINEN KAMERADEN:« (S 9)

Während die Schiffbrüchigen auch in der extremen Notlage noch Würde und
Humanität bewahren, – weder wird der Verletzte, Augustus, noch der ohnmäch-
tige Arthur Gordon Pym getötet, indem man, wie in Müllers Szene, die Schwä-
che des Wehrlosen ansnutzt – richtet sich das, von den Landsern vertretene,
Prinzip totaler Zweckmäßigkeit gegen die Menschlichkeit selbst – ›Er war …
Feuerkraft‹. Das ›Barbarische‹ ihres Verhaltens liegt also nicht in dem Akt des
Kannibalismus, sondern in der Demontage jeglichen humankollektiven Wertes.

»In diesem Augenblick zog alle Wut des Tigers in meinem Busen ein und ich empfand
gegen meine arme Mitkreatur, gegen Parker, den allergiftigsten diabolischen Haß. Aber
das Gefühl war nicht von Dauer; und am Ende, unter convulsivischen Schaudern & mit
geschlossenen Augen, hielt ich ihm die zwei verbleibenden Splitter hin:!« [26]

Arthur Gordon Pym ringt seine animalisch-egoistischen Impulse (Tiger) nieder,
indem er Parker als Mensch anerkennt, d.h. ihm dasselbe Recht auf Leben
(Mitkreatur) zugesteht, wie sich selbst. Das Prinzip gegenseitiger Anerkennung
als Mensch, das sich nicht (zweck-) rational begründen läßt, schafft also erst den
Menschen, während die bloße Vernunft der Inhumanität keine Schranken setzt.

Der ersten und der zweiten Szene inhäriert also dasselbe anthropologische
Problem, daß die Divergenz von Moral und Rationalität, wenn sie durch das
Primat der Vernunft gelöst wird, zu einem Rückfall in das Animalische führt,
ohne daß dies der Zweckmäßigkeit, also Rationalität des Verhaltens bzw. der
gesellschaftlichen Praxis widerspricht.

1.2.3. Die Struktur des Faschismus in der ›Schlacht‹

Wie oben gezeigt (vgl. 2. Die Schlacht) ist es der Sekundärliteratur bisher noch
nicht gelungen, die Frage zu entscheiden, ob die ›Schlacht‹, wie von Müller
avisiert (vgl. ›BaL‹), eine Faschismusanalyse enthält oder ob nur auf der Folie des
Faschismus eine Philosophie des homo homini lupus bestätigt wird.

»Bei Müller gibt es weder Widerstand noch Exil, weder Konzentrationslager noch Strafba-
taillone. Was bei ihm dargestellt wird, ist ein allgemeiner Brutalisierungsprozeß, durch den
sich ganz Deutschland in ein einziges Schlachthaus verwandelt habe, in dem es nur noch
Schlächter und Geschlachtete gab. In seiner *Schlacht* bedeutet ›Schlacht‹ nicht mehr Klas-
senschlacht, sondern nur noch Schlachten im Sinne von zwanghaften Abschlachten.
Und das erscheint mir als Analyse des Faschismus wesentlich kurzschlüssiger als das
Faschismusbild, das Brecht in *Furcht und Elend* entwirft. Denn das ›Massenhafte‹ des
Faschismus äußerte sich eben nicht nur als Massenenthusiasmus, ja als Massenidealisie-
rung, den die Nazis im deutschen Volke zu entwickeln wußten.« [27]

Diesen legitimen Überlegungen ist insofern zu widersprechen, als die ›Schlacht‹
durchaus die Elemente, die dem Faschismus seine Faszination verliehen, benennt.

»Und Stiefel sind was, du bist nicht allein
Du schwingst den Knüppel und die andern schrein.«

(S 8)

»FLEISCHERS TRAUM

Das Innere eines Tieres/Menschen. (Wald aus Eingeweiden.) Blutregen. An einem Fallschirm hängt überlebensgroß eine Puppe, die mit dem Sternenbanner bekleidet ist. Ebermasken in SA-Uniform schießen auf die Puppe, erst nacheinander, dann gleichzeitig. Aus
den Einschußlöchern rieselt Sägemehl. (Die Schüsse ohne Laut bzw. mit Schalldämpfer.)
Wenn die Puppenhülle leer ist, wird sie vom Fallschirm gerissen und zerfetzt. Tanz der
Ebermasken. Sie stampfen die Fetzen in das Sägemehl.« (S 12–13)

Die faschistische Gewalt wird von den Protagonisten durchaus lustvoll ausgeübt
und als Befreiung vom zivilisatorischen Druck empfunden. Das Töten wird
jensetis der Rationalität, im ›Traum‹, zur kultischen Handlung degenerierter
Subjekte (Ebermasken), und die primär politische Auseinandersetzung (Sternenbanner) wird im Blutrausch (Blutregen) zur Feier (Tanz) deformierter menschlicher Natur. Die Geschichtsmächtigkeit des Faschismus leitet sich demnach,
folgt man diesen Bildern der ›Schlacht‹, daraus her, daß er die regressiven
Tendenzen der Massen verstärkt und der inneren Natur der Menschen, gerade
als deformierter, zur Realisation verhilft.

»Roheit gegen die Menschen reproduziert sich in ihnen; die Geschundenen werden nicht
erzogen, sondern zurückgestaut, rebarbarisiert. Nicht mehr auszulöschen ist die Einsicht
der Psychoanalyse, daß die zivilisatorischen Mechanismen der Repression die Libido in
antizivilisatorische Aggression verwandeln. Der mit Gewalt Erzogene kanalisiert die eigene Aggression, indem er mit der Gewalt sich identifiziert, um sie weiterzugeben und
loszuwerden, ... Kultur, die keine ist, will von sich aus gar nicht, daß die, welche in ihre
Mühle geraten, kultiviert werden.« [28]

Der Faschismus beruht gerade auf der Entfesselung dieser zurückgestauten
antizivilisatorischen Impulse, die zugleich als Bewegung der Regression, als
Rückfall in die Animalität, gefaßt werden kann. Wobei diese Animalität aber im
Zuge innerer Naturbeherrschung selbst von Zivilisation geprägt wurde, sich
also die innere Natur, als *entstellte*, in den Orgien der Gewalt Ausdruck verleiht.
Wenn in der ersten Szene für die faschistische Identität die Metaphorik des
›Hundes‹ gebraucht wurde, so verweist dies nicht nur auf Animalität, sondern
auch auf die *Domestikation* der inneren Natur. Denn der faschistischen Entfesselung innerer Natur kommt statt des anarchischen Moments, welches in den auch
zur Gewaltförmigkeit neigenden Fiestas Mexikos (vgl. Oktavio Paz, ›Labyrinth
der Einsamkeit‹) vorwiegt, das autoritäre Prinzip zu. Der deutsche Faschismus
bestimmt sich als *regressive Revolte*, die sich gegen den zivilisatorischen Zwang
und die gesellschaftliche Repression auflehnt, ohne Herrschaft in Frage zu stellen.

Während in den Revolutionsstücken der Beziehung zum Körper und dem
Todesrausch durchaus emanzipatorische Momente innewohnen, zeigt sich die
innere Natur der Deutschen als deformiert und von autoritären Verhaltensmustern überlagert. Hiermit wird zwangsläufig die Frage nach einer spezifischen

Geschichte des Körpers in Deutschland aufgeworfen. Mit der Thematisierung von Gewalt und Körperdressur im Militärstaat Preußen stellt sich Müller diesem Problem und verleiht damit seinen Bildern über den Faschismus historische Kohärenz.

Die Erfahrung von Faschismus und Gewalt wird also keineswegs moralisch negiert, sondern die Beziehung zu Gewalt und Tod wird selbst ins Zentrum der Auseinandersetzung mit dem deutschen Faschismus gestellt, so daß Fragmente eines Psychogramms des Nationalsozialismus entstehen und darüber hinaus den so gewonnenen Bildern Fragestellungen innewohnen, die zu weiteren vertiefenden Produktionen führen.

1.2.4. Zur Ästhetik der ›Schlacht‹

Müller selbst bezeichnet ›Die Schlacht‹ als Produkt des Versuches, »ein Fragment synthetisch herzustellen« (BaL 125). Im Gespräch mit Gerd Umbrecht verwahrt er sich dagegen, daß es sich bei der ›Schlacht‹ um ein Stück handelt und bezeichnet sie als Collage (vgl. Rotwelsch 109).

Es handelt sich um fünf, in sich geschlossene, Szenen, die durch analoge Thematik, sich überschneidende Motive, den gemeinsamen historischen Rahmen und, bis auf Fleischers Traum, traditionelle Gesprächs- und Dialogformen zusammengehalten werden.

Der kurze Text knüpft an verschiedene historische Daten an, zitiert Brecht, Schlegel, Strindberg und andere, manche Szenen stehen in direktem Kontrast zu Sequenzen von Brecht oder Poe. Diese Vernetzung in ein Dickicht literarischer und historischer Faktizitäten gibt ihm seine Spannung und nimmt ihm, trotz seiner Knappheit, das Moment des Beliebigen, ohne daß die Rezensenten und Zuschauer über ein umfangreiches Wissen verfügen müssen, wenn sie dem einzelnen Geschehen folgen wollen. Während er sich dem Literaturwissenschaftler als hochartifizielles Produkt darstellt, konfrontiert er den nicht weiter vorgebildeten Zuschauer mit einer Reihe von Handlungen, die insofern an den Alltag anknüpfen, als daß jeder während des Dritten Reiches in diese oder analoge Situationen geraten konnte. Seine ästhetische Besonderheit liegt darin, daß er die gängige moralische Faschismusrezeption verweigert, keine Identifizierungsmöglichkeiten bietet und sich somit den Klischees, die den Betrachter oder Leser in den Stand der Unschuld versetzen, verweigert. Zielen die anderen synthetischen Fragmente Müllers auf die Initiierung der Phantasietätigkeit im Rezeptionsvorgang, so wird hier das mimetische Vermögen in Form menschlicher Anteilnahme gefordert, weil in diesem Reich der Finsternis zwischen Gut und Böse nicht Lichtjahre, sondern Wimpernschläge liegen. Dadurch, daß der Faschismus, als die Spirale des Schlimmeren, durch das Böse (Brudermord) kontrapunktiert wird, und so dem seit Jahrtausenden tradierten Schrecken sein

Humanum abgewonnen wird, dechiffriert sich der deutsche Faschismus entgegen Müllers theoretischer Einschätzung (vgl. 2. Das Faschismusbild) als historische Zäsur in der Geschichte des europäischen Imperialismus. Hier, wo sich dem Brudermord und dem Kannibalismus (Poe) noch antizipatorische Momente abgewinnen lassen, das Menschliche selbst auf dem Spiel steht und das Böse emanzipatorisches Potential ist, hat die Zivilisation die absolute Grenze ihrer Negativität erreicht, womit ihr Untergang nicht nur legitimiert, sondern auch notwendig wird.

Die ästhetische Verfahrensweise der ›Schlacht‹ läßt sich nicht mit dem Terminus der Verknappung bestimmen; es handelt sich im Gegenteil um äußerste *Verdichtung* des historischen und ästhetischen Materials. Dies zeigt sich auch daran, daß Motive und Konfigurationen der ›Schlacht‹ immer wieder aufgenommen werden und in andere historische Kontexte versetzt, neu bearbeitet und entfaltet zum wesentlichen Stoff der Deutschland-Stücke werden.

Brudermord und Bruderzwist werden sowohl in ›Zement‹ als auch in ›Germania‹ thematisch, ohne jedoch zu ähnlich komplexer Problematik zu führen, da zwischen den Brüdern klare ideologische Grenzen gezogen sind und die Differenz emotionaler Zusammengehörigkeit und politischer Aversion durch das Primat des letzteren unmittelbar einleuchtend gelöst wird.

Diese Divergenz von Emotion und Rationalität, Sympathie und politischen Standpunkten gehört zu den Grundfiguren von Müllers Theater; sie findet sich in Lohndrücker (Balke) zwischen Dascha und Glemb in ›Zement‹, in der mythischen Figur der Medea, sowie in ›Mauser‹ und der ›Russischen Eröffnung‹. Geopfert werden die Gefühle, Kinder, Genossen (Mauser) zugunsten der politischen Einsicht. Das Erreichen des politischen Ziels (Utopie/Rache) bedarf der Eiszeit der Gefühle.

Auch das Sujet der Ich-Spaltung aus ›Die Nacht der Langen Messer‹ wird von Müller wiederholt aufgegriffen und entfaltet. Es findet sich in ›Mauser‹, der ›Hamletmaschine‹, bis es schließlich in der ›Auftrag‹ seine (vorläufige?) Endfassung findet. Daß es sich bei der auch in dieser Szene relevanten Metapher des Verrats um einen zentralen Topoi Müllerschen Theaters handelt, wurde schon oben hinlänglich dargestellt.

Das Motiv des Kannibalismus aus ›Ich hatt' einen Kameraden‹ findet sich in ›Germania‹ und der ›Hamletmaschine‹, wobei die Figurenkonstellation dieser Szene in ›Germania‹ zum Konstruktionsprinzip avanciert. Das Motiv körperlicher Repression aus ›Kleinbürgerhochzeit‹ wird in ›Leben Gundlings‹ explizit wiederaufgenommen und bildet einen wesentlichen Gegenstand der Auseinandersetzung im gesamten Werk des Autors. In der ›Schlacht‹ sind also auf kürzestem Raum zentrale Motive, Stoffe und Metaphern versammelt, die ihre Entfaltung, Bearbeitung und (ästhetischen) Lösungen in immer neuen Varietäten erfahren; ja es läßt sich konstatieren, daß ihre ästhetische und theoretische

Entwicklung an der Genese aller folgenden Müllerschen Produktionen entscheidenden Anteil hat.

1.3 ›Germania‹ als Verabschiedung des Fortschrittsaxioms

Bei ›Germania Tod in Berlin‹ handelt es sich um das historisch weitestreichende Deutschlandstück Müllers. Es zitiert mit Arminius dem Cherusker den Beginn der deutschen Geschichte und mit den Nibelungen den deutschen Mythos. Die deutschen Revolutionen von 1848 und 1918 werden ebenso dramatisiert wie der Faschismus und die deutsche Teilung. – In dieser Geschichtscollage sind vier Szenen narrativ aufeinander bezogen; sie stellen anhand der Liebe eines jungen Maurers zu einer Prostituierten die Emanzipation der Arbeiterklasse in der DDR dar. Thematisierte ›Die Schlacht‹ den deutschen Faschismus unter dem Aspekt deformierter innerer Natur, so setzt ›Germania‹ diese Problematik durch die Verschränkung von politischer Geschichte und menschlichen Triebschicksal fort. Durch die Verwendung realistischer Techniken bei der Gestaltung emanzipatorischer Inhalte und Sujets wird die Geschichte eines, wenn auch mühsamen, Fortschritts von Feudalismus und Faschismus abgesetzt, die mittels des avantgardistischen Formarsenals inszeniert werden.

Durch die Wiederaufnahme und Neubearbeitung der ersten drei Szenen der ›Schlacht‹ in ›Germania‹ zeigt sich das Müllersche Verfahren als mit dem Wuchern von Kristallen um einen festen Kern – den traumatisch bedingten Urbildern – vergleichbar. ›Die Nacht der Langen Messer‹ wird mit der Szene ›Die Brüder 2‹, ästhetisch völlig anders konstruiert, fortgesetzt und mit einem Tacituszitat historisch kontrapunktiert. ›Ich hatt' einen Kameraden‹ gibt die Grundlage für die Nibelungensequenz ›Hommage à Stalin 1‹ und wird auch in der dramatischen Konfiguration von ›Die Brüder 2‹ und ›Das Arbeiterdenkmal‹ reproduziert. ›Die Kleinbürgerhochzeit‹ steht durch die Verwendung analoger Psychogramme in Beziehung zu ›Die heilige Familie‹ – Goebbels, von Hitler geschwängert, gebärt einen Conterganwolf: die BRD.

»Das *Germania*-Stück Heiner Müllers, 1956 entworfen, wurde 1971 in einer politischen Situation abgeschlossen, die manche Hoffnungen für Deutschland in der DDR und in der Bundesrepublik aufkeimen ließen. Damals begann die neue Ära Honnecker, zwischen den beiden deutschen Staaten wurden Vereinbarungen und Verträge abgeschlossen, und der Bundeskanzler Willy Brandt erhielt den Friedensnobelpreis. Erschienen ist das Stück freilich erst im Jahre 1977 ... Zu diesem Zeitpunkt waren zwar viele Erwartungen der Deutschland- und Entspannungspolitik schon enttäuscht worden, aber das düstere Germania-Bild Müllers mit dem dominierenden Todesmotiv schockierte den Leser und das Theaterpublikum dennoch sowohl durch die inhaltliche Schärfe als auch durch die ungewohnte Form.« [29]

Obwohl in dem Stück anders als in der ›Schlacht‹ und ›Leben Gundlings‹ viele ›positive‹ Figuren vorkommen, wie die klassenbewußten Arbeiter: Alter, Hilse,

Junger Maurer, Kommunist, die für den Aufbau des Sozialismus votieren, die Antifaschisten Mann 1, Mann 2 und Hure 1, die sich zum Mädchen der letzten Szene wandelt und von Hilse mit Rosa Luxemburg verwechselt wird –, so wirkte doch der dramatisierte Schrecken sowie die ›häßliche Verzeichnung historischer Figuren‹ weit nachhaltiger auf Rezensenten und Publikum. Dies hing nicht zuletzt mit dem Durchbrechen eines auf unbedingten Fortschritt fixierten Geschichtsmodells zusammen, wobei die Freilegung der Verdrängung auch innerhalb des historischen Bewußtseins schockhaft wirkte. Müller zog – von einem politischen Autor der Linken bislang nicht für möglich gehalten – Parallelen zwischen Etzels Saal und Stalingrad, der Konfrontation der Cheruskerbrüder Arminius und Flavus und der deutschen Teilung. Die Demaskierung historischer Persönlichkeiten als regressiv-infantile Monstren steht ebenso kontrovers zu jeder parteilich-aufklärerischen Geschichtsdarstellung wie die Gestaltung der bürgerlichen Revolution von 1848 als Zirkusnummer. Geschichte ist in diesem Stück nicht länger Schauplatz objektiver Tendenzen, antagonistischer Klasseninteressen oder moralisch-ethischer Auseinandersetzungen, sondern Spielfeld oder schlimmer Spielplatz deformierter blutrünstiger Individuen, die als Vampire oder Menschenfresser ihre Herrschaft ausüben. Statt von einer zunehmenden Menschlichwerdung des Menschen wird Geschichte überwiegend von jahrtausendealten Verhaltensmustern bestimmt.

Damit stellen sich auch die hier zu untersuchenden Probleme.

Neben der Art der Verschränkung von politischer und Triebgeschichte soll der geschichtsphilosophische Gehalt samt seiner theoretischen Herleitung dieser Collage analysiert werden, wobei sich die Frage stellt, inwiefern die ästhetischen Innovationen, die dieses Stück kennzeichnen, durch diesen bedingt sind.

Wenn sich aus der Analyse der ›Schlacht‹ unter den autobiographischen Aspekten der ›Gewalt‹ und des ›Verrats‹ ergab, daß die Überwindung der ›eigenen Todesfurcht‹, also eine Adaption von Brechts Lehre vom Einverständnis, den positiven Kontrapunkt zu der staatlichen Entfesselung gewalttätiger und asozial-egoistischer Momente bildet, so zeigt sich in ›Germania‹, daß der Verratsthematik hier keine weitere Bedeutung zukommt und sie statt dessen im Revolutionskomplex weiterentwickelt wird. Vielmehr bewiesen Hilse und der Kommunist (Bruder A aus der ›Schlacht‹) in der neuen gesellschaftlichen Ordnung ihre *Standfestigkeit* gegenüber faschistischer Repression, die auch durch Todesangst nicht zu brechen ist.

Unter dem Gesichtspunkt der Gewalt erscheint Geschichte weiterhin als ein einziger Zusammenhang des Tötens und praktizierter Unmenschlichkeit. Die technischen Errungenschaften, die den unaufhaltbaren Sieg des Fortschritts augenscheinlich verifizieren sollten, haben die Gewaltmechanismen nicht abgebaut, sondern nur modifiziert.

»Das Wissen, das Macht ist, kennt keine Schranken, weder in der Versklavung der Kreatur noch in der Willfährigkeit gegen die Herren der Welt. Wie allen Zwecken der bürgerlichen Wirtschaft in der Fabrik und auf dem Schlachtfeld, so steht es dem Unternehmenden ohne Ansehen der Herkunft zu Gebot. Die Könige verfügen über die Technik nicht unmittelbarer als die Kaufleute:... Technik ist das Wesen dieses Wissens. Es zielt nicht auf Begriffe und Bilder, nicht auf das Glück der Einsicht, sondern auf Methode, Ausnutzung der Arbeit anderer, Kapital. Die vielen Dinge, die es nach Bacon noch aufbewahrt, sind selbst wieder nur Instrumente: Das Radio als sublimierte Druckerpresse, das Sturzkampfflugzeug als wirksamere Artillerie, die Fernsteuerung als der verläßlichere Kompaß. Was die Menschen von der Natur lernen wollen, ist, sie anzuwenden, um sie und die Menschen vollends zu beherrschen. Nichts anderes gilt. Rücksichtslos gegen sich selbst hat die Aufklärung noch den letzten Rest ihres eigenen Selbstbewußtseins ausgebrannt. Nur solches Denken ist hart genug, die Mythen zu zerbrechen, das sich selbst Gewalt antut.«[30]

Adornos und Horkheimers Aufklärungs- bzw. Fortschrittskritik hält zwar (ohnmächtig) an der Rationalität fest, indem sie der instrumentellen Vernunft ein kontemplatives Ideal entgegenhält – diese scheint die einzige Alternative, da in der Frankfurter Schule die Tradition europäischer Rationalität als universale begriffen wird und sie somit anders als Müller im Naturbegriff bzw. in der dritten Welt kein qualitativ anderes ›wahrzunehmen‹ vermögen –, aber sie koinzidiert insofern mit der ästhetischen Verfahrensweise Müllers, als die Gewalt seit Anbeginn der patriarchalischen Geschichte diese bis in die Gegenwart bestimmt.

Es ist gerade die Gewaltförmigkeit der Geschichte und des historischen Handelns, dessen ästhetische Artikulation Müllers Stücken ihre spezifische Qualität verleiht. Geprägt von seinen Erfahrungen im Faschismus gelten Müllers Idiosynkrasien den Gewaltzusammenhängen, auf denen die modernen, zivilisierten Gesellschaften ebenso beruhen wie ihre historischen Vorläufer. Seine Szenen machen dies verschüttete historische Konstituens wieder sicht- und damit erlebbar, während die Formsprache der surrealen Phantasmagorien den grotesken Stumpfsinn, der diesen verselbständigten Mustern innewohnt, zum Vorschein bringt.

1.3.1. Triebkonflikt und Weltgeschichte

In den Szenen ›Brandenburgisches Konzert 1‹ und ›2‹ sowie in ›Die heilige Familie‹ bedient Müller sich des Stilmittels der Karikatur bei der Darstellung der historischen Persönlichkeiten: Friedrich II., Hitler und Goebbels. Diese bewußt antiautoritäre Handhabung geschichtlicher Größen und Ereignisse mit Mitteln der Kleinkunst und in »chaplinesker Parodie«[31] (G. Schulz) trägt angesichts einer naturalistisch geprägten Gestaltung des Historischen eindeutig subversive Züge. Dieser anarchische Zugriff auf Knotenpunkte deutscher Geschichte relativiert einerseits Geschichte als Medium von Erkenntnis und zeigt sie andererseits als chaotisches Produkt emotional unterentwickelter und blind ihren Impulsen ausgelieferter Individuen.

In der Szene ›Kleinbürgerhochzeit‹ offenbarte sich die infantile Kehrseite des autoritären Charakters angesichts der Möglichkeit des eigenen Todes. Daß der Faschismus die autoritäre Charakterstruktur nicht erst erzeugte, sondern voraussetzt, ist unmittelbar evident. In der Clowneske ›Brandenburgisches Konzert 1‹ wird dieses Verhaltensmuster vor dem Hintergrund der bürgerlichen deutschen Revolution von 1848 als wesentlich für die weitere Entwicklung der deutschen Geschichte dramatisiert.

>CLOWN 2: Ich bin der Müller von Potsdam. *Seine Knie fangen an zu schlottern. Er versucht sie mit den Händen festzuhalten.* Ich bin ein deutscher Mann. *Fällt um, steht wieder auf vor dem drohenden Krückstock, fällt wieder um.*

CLOWN 1 *mit erhobener Krücke:* Wenn du jetzt nicht deine Rolle spielst, sage ich dem Direktor, daß du den Löwen kaputt gemacht hast. Ich kenne dich. Das machst du nur, weil du mich vor den Leuten blamieren willst, aus Bosheit.

CLOWN 2 *steht wieder auf und fällt wieder um. Auf Händen und Knien.* Bestimmt nicht. Ich gebe mir wirklich Mühe. Siehst du, wie ich schwitze. Es kommt einfach über mich. Ich kann nichts dagegen tun. Es kommt von innen. Es ist eine Naturgewalt.

CLOWN 1 *böse:* Ich werde dir zeigen, was eine Naturgewalt ist. *Schlagt ihn.* Ich bin der erste Diener meines Staates.

CLOWN 2 *leckt an dem Krückstock und fängt an, ihn aufzuessen. Den Stock essend, richtet er sich an ihm auf, bis er stocksteif dasteht. Marschmusik, die in Schlachtendonner übergeht. Der Bühnenhintergrund öffnet sich vor einem Feuer, aus dem Sprechblasen aufsteigen:* JEDER SCHUSS EIN RUSS JEDER TRITT EIN BRITT JEDER STOSS EIN FRANZOS *und in das Clown 2 im Paradeschritt hineinmarschiert.*« (GTB 45/46)

Die Unterwerfung des Clown 2 repräsentierten deutschen Bürgertums ist nicht das Resultat eines blutigen Niederschlagens der Revolution, sondern gegen den Willen des Betroffenen entfalten die internalisierten Muster des Gehorsams ihre Macht — ›Es kommt von innen. Es ist wie eine Naturgewalt‹. Danach bestimmen die autoritären Strukturen, als verinnerlichte historische Erfahrung, Geschichte in einem Maße, die jegliches Postulat von Willensfreiheit und Autonomie der Vernunft, unter dem sich das europäische Bürgertum emanzipierte, als puren Hohn erscheinen läßt. Die mißglückte Emanzipation des deutschen Bürgertums, die aus Angst vor dem Proletariat und Bauernschaft (Löwe) mit dem Adel paktiert, führt zu einer masochistischen Unterwerfung unter die Werte des preußischen Adels, zu Militarismus und Kriegsbegeisterung. Schon 1851 diagnostizierte Friedrich Engels, daß die deutsche Bourgeoisie ›erniedrigende Demütigungen‹ werde hinnehmen müssen, weil sie ihren einzigen Bundespartner, Bauernschaft und Proletariat verraten habe, ohne zuvor die Positionen des Adels entscheidend zu schwächen.

»Hier aber wandte sich die Bourgeoisie,..., sofort gegen die Bauernschaft, ihren ältesten, unentbehrlichsten Verbündeten. Die Demokraten, denen die sogenannten Angriffe auf das Privateigentum den gleichen Schrecken einjagten wie der Bourgeoisie, ließen sie ebenfalls im Stich; so kam es, daß nach einer Emanzipation von drei Monaten … der Feudalismus durch die gestern noch antifeudale Bourgeoisie wiederhergestellt wurde … Niemals im Lauf der Geschichte hat eine Partei an ihrem besten Bundesgenossen, ja an sich selbst, einen solchen Verrat geübt, und was dieser Bourgeoispartei an erniedrigenden Demütigungen noch bevorstehen mag, sie hat sie schon durch diese eine Tat vollauf verdient.« [32]

Der Vergleich der historischen Analyse Engels mit der Müllerschen Bearbeitung ergibt wesentliche Übereinstimmungen. Das Bündnis von Adel und Bürgertum »aus Angst vor dem Löwen«/›um den privaten Besitz der Produktionsmittel‹ gibt den Boden für ›erniedrigende Demütigungen‹ — ›leckt an dem Krückstock und fängt an ihn aufzuessen‹. Während Engels dies aus der Konstellation der Klassen ableitet, verweist Müllers Sequenz auf die *psychische Gebrochenheit* der bürgerlichen Schichten in Deutschland; die objektive Klassenlage stellt sich zugleich als *Psychogramm* dar. Die historische Erfahrung schlägt sich im Innern der Subjekte als Reaktionsbildung nieder; zum psychischen Zwangsverhalten geronnen strukturiert es wiederum die geschichtliche Praxis.

»Wenn man die Ansicht, daß der Charakter aus dem völlig isolierten Individuum zu erklären sei, seit mehr als hundert Jahren fallenließ und den Menschen als je schon vergesellschaftetes Wesen begreift, so heißt dies zugleich, daß die Triebe und Leidenschaften, die charaktermäßigen Dispositionen und Reaktionsweisen von dem jeweiligen Herrschaftsverhältnis geprägt sind, in dem der gesellschaftliche Lebensprozeß sich abspielt. Nicht bloß im Geist, in den Vorstellungen, grundlegenden Begriffen und Urteilen, sondern auch im Innern des einzelnen, in seinen Vorlieben und Wünschen spiegelt sich die Klassenordnung wider, in der sein äußeres Schicksal verläuft. Autorität ist daher eine zentrale geschichtliche Kategorie … Weil das Handeln, welches die Gesellschaft am Leben erhielt und in dessen Vollzug die Menschen daher geformt wurden, in der Unterwerfung unter eine fremde Instanz geschah, standen alle Verhältnisse und Reaktionsweisen im Zeichen der Autorität.« [33]

Indem Horkheimer die Autorität zugleich als historische und psychologische Kategorie bestimmt, wird der Abbau autoritärer Strukturen — als Ausdruck von Herrschaft im Innern der Subjekte — zur vorrangig politischen Aufgabe. In der nächsten Szene ›Brandenburgisches Konzept 2‹ trifft ein Maurer und Held der Arbeit auf Friedrich II. Doch diesmal gelingt die Unterwerfung nicht.

»MAURER: Das ist der richtige Stuhl für meinen
Hintern.
Friedrich der Zweite von Preußen als Vampir.
FRIEDRICH 2: Will Er nicht aufstehn, Kerl, vor seinem König.
MAURER: Ich hab' gedacht, der paßt auf keinen Stuhl mehr.
Ich zeig dir, wo Gott wohnt.
Geht auf Friedrich 2. los. Der schlägt ihn mit der Krücke.
He. Das ist mein Kreuz.
Zerbricht die Krücke überm Knie. Friedrich der
Zweite geht ihn von hinten an.
Bei mir bist du verkehrt. Fick deinen Hund.
Schüttelt ihn ab. Friedrich der Zweite geht ihm an die Kehle.

Hast du noch Durst, du Vieh. Geh Wasser saufen.
Kampf. Auftritt Genosse mit Tablett. Friedrich der Zweite verschwindet.« (GTB 47)

Aus der Perspektive des Neuen, d.h. der sozialistischen Gesellschaftsordnung
der DDR, werden die autoritären Strukturen, als historisch überholte, erkannt
und ihre Überwindung intendiert. Es gilt also für die Arbeiterklasse in der DDR,
das verinnerlichte preußische Erbe abzuschütteln und den ihr gemäßen Platz –
›Empire-Stuhl‹ – einzunehmen. Wie auch in seinem Literaturkonzept gezeigt,
interpretiert Müller Subjektivität als Manifestation historisch-gesellschaftlicher
Konstellationen, womit ein Emanzipationsbegriff evoziert ist, der auf Befreiung
auch *in* den Subjekten zielt.

Schon 1964 in ›Die Bauern‹ hatte Müller diese Überlagerung der Protagonisten von Haltungen, die historisch überwundenen Epochen angehören, aber erst
durch das individuelle Niederringen geschichtlich verabschiedet werden, dargestellt.

*»Flint hebt die Bücher auf und geht mit Fahrrad, Fahne, Schild und Büchern. Auftreten Hitler mit
Eva-Braun-Brüsten, angebissenem Teppich und Benzinkanister, und Friedrich II. von Preußen, der
ihn verfolgt, zwischen den Beinen seinen Krückstock. Hitler springt auf den Rücken, Friedrich II.
springt Hitler auf den Rücken. Wiederholte Versuche Flints, sie abzuschütteln.«* (DB 25)

Trotz radikaler ökonomischer Umwälzungen bleibt die ›Vorgeschichte‹ anwesend, indem sie die Verhaltensmechanismen und subjektiven Möglichkeiten der
Protagonisten bestimmt. Dies ist ein Problem, daß Müller von Beginn seiner
dramatischen Arbeit an bis in die Gegenwart interessiert und zu der Wiederaufnahme des Lehrstückmodells in seinen Texten ›Wolokolamsker Chaussee‹ in den
achtziger Jahren führte.

»An den LOHNDRÜCKER-Proben, damals am Maxim Gorki Theater, nahm auch ein
Philosophiestudent aus Hamburg teil... Und sehr viel später hat er mir dann erklärt, was
ihn damals interessiert hat: Daß da etwas gemacht wurde, was man dem Brecht aufgrund
seiner Biographie nicht mehr abverlangen durfte. Er sagte das in einem Satz: die Darstellung, wie die durch den Faschismus disziplinierte deutsche Arbeiterklasse für den Aufbau
des Sozialismus produktiv gemacht wird. Das war zunächst negativ, dieses Benutzen, also
einfach ein Gebrauchen von etwas Vorhandenem. Das Problem der DDR-Entwicklung war
dann, aus diesem Benutzen herauszukommen und die Arbeiterklasse zu emanzipieren für
die nächste Phase der Entwicklung. Denn auf einem bestimmten Standard von industriel-
ler Entwicklung kann man nicht einfach mit Disziplinierung auskommen, da braucht man
Kreativität.« (GI 189)

Die Überwindung autoritärer Strukturen und historisch überholter Haltungen
gehört zu den Grundanliegen des Müllerschen Theaters und wird auch schon in
den Produktionsstücken intendiert. In ›Germania‹ wird durch das provozierende
Stilmittel, historische Autoritäten sexuell zu denunzieren, die Möglichkeit antiautoritärer Rezeptionserfahrungen von Geschichte geschaffen.

»CLOWN 2 *läßt die Hosen herunter:* Mein Staat ist größer als deiner. Machst du es mit der
rechten oder linken Hand:

CLOWN 1 Das geht dich gar nichts an. Zieh deine Hosen wieder hoch oder ich hole den Sprechstallmeister.« (GTB 41/42)

»*Friedrich der Zweite geht ihn von hinten an.*
MAURER: Bei mir bist du verkehrt. Fick deinen Hund.« (GTB 47)

»HITLER . . . *Kichernd und zappelnd.* Pimmel ausreißen.
GOEBBELS *droht mit dem Finger:* Man sagt nicht Pimmel.
HITLER *wirft sich auf den Boden, strampelt:* Du hast Pimmel gesagt. Gib zu, daß du Pimmel gesagt hast. Verräter. Du bist auch ein Verräter.
GOEBBELS *schnell:* Ich habe Pimmel gesagt. Ich gebe es zu. Gnade, mein Führer.
HITLER *steht auf, nimmt die Pose Napoleons ein:* Siehst du. Dafür mußt du mir jetzt die Stiefel lecken.
Goebbels stürzt sich auf Hitlers linken Stiefel.« (GTB 59)

Die Demontage des historischen Pathos ist aber selber nicht ohne geschichtsphilosophische Relevanz. Denn indem die geschichtlichen Persönlichkeiten karikiert werden, stellt sich Geschichte durch diese Formgebung als absurdes Spektakel dar, dem nicht länger Wahrheit und Fortschritt, sondern Irrsinn und Idiotie inhäriert. Dies aber stellt das Geschichtliche als Garant von Wahrheit und damit auch die Autorität der Geschichte und ihre Verbindlichkeit in Frage.

»... dafür hat er [Hegel/F.-M.R.] in die von im durchsäuerten Generationen jene Bewunderung von der ›Macht der Geschichte‹ gepflanzt, die praktisch alle Augenblicke zum Götzendienst des Tatsächlichen führt: ... Wer aber erst gelernt hat, vor der ›Macht der Geschichte‹ den Rücken zu krümmen und den Kopf zu beugen, der nickt zuletzt chinesenhaft-mechanisch zu jeder Macht, ... Enthält jeder Erfolg in sich eine vernünftige Notwendigkeit, ist jedes Ereignis der Sieg des Logischen oder der ›Idee‹ – dann nur hurtig nieder auf die Knie und nun die ganze Stufenleiter der ›Erfolge‹ abgekniet! ... Ist es nicht Großmut, ..., daß man in jeder Gewalt die Gewalt an sich anbetet?« [34]

Die Gestaltung historischer Ereignisse als Zirkusnummer oder Groteske kritisiert das Theorem der Notwendigkeit geschichtlicher Abläufe und distanziert sich implizit von Geschichtsmodellen, die in der Kontinuität von Kriegen und gesellschaftlich verursachten Leiden Folgerichtigkeit und Rationalität am Werke sehen. Analysiert man ›Brandenburgisches Konzert 1‹ unter diesem Formaspekt, so zeigt sich, daß G. Schulz' Interpretation zu kurz greift.

»›Brandenburgisches Konzert 1‹ führt zwei Clowns in die Manage vor. Sie spielen Friedrich II. und den Müller von Potsdam. Allegorisch wird hier die deutsche Misere durchgespielt: Der Feudalabsolutismus in Kontrast/Bündnis/Sieg über das Bürgertum, das sich zunächst als gleichberechtigter Partner wähnt, mitspielen will, die die Aristokratie nachahmt und zuletzt unter dem Kommando des Feudalismus als Militarismus, sich masochistisch unterwirft, am Krückstock aufgerichtet, den es gegessen (verinnerlicht) hat, ›Haltung annimmt‹ und in den Krieg mitmarschiert. Die bürgerliche Kunst der Produktion (Müllers Mühle) konnte vor der feudalen Repräsentationskunst nicht bestehen. Nur als beide Clowns vor dem plötzlich auftauchenden Löwen (dem kämpferischen Proletariat) auf ein Seil flüchten – die Zirkusnummern überkreuzen sich, die Geschichte (der Ablauf) scheint für einen Augenblick gestört –, da halten sie für kurze Zeit zusammen, um dann, aus Mangel an Selbstdisziplin das rettende Seil nach oben loszulassen. Sie fallen auf den

Löwen, der sich als kraftlose Maskerade erweist, sich spaltet und nach zwei Seiten (der Geschichte) abgeht.«[35]

Zwar allegorisiert diese Szene die ›deutsche Misere‹ und gibt durch die dramatische Artikuluation der historischen Substanz psychischer Formationen und Wechselwirkungen den Blick auf die Entwicklung zu deutschem Militarismus und Faschismus frei, aber sie relativiert durch die Formgebung zugleich den Ernst (Clowns) oder die Verbindlichkeit von geschichtstheoretischen Modellen, die Geschichte als ›Heilsgeschichte‹ rekonstruieren und ihren Kategorienapparat nicht in lebendige Beziehung zur historischen Realität setzen.

»DIREKTOR: Was habt ihr mit dem Löwen gemacht.
CLOWN 2 *stellt sich hinter Clown 1.*
CLOWN 1 + 2: Es gibt keine Löwen.
Dem Direktor fällt die Kinnlade herunter. Er hebt sie auf und geht, sich scheu umblickend, ab.«
(GTB 42)

Das emanzipatorische Moment dieser Szenen liegt gegenüber dem Aspekt der historischen Analyse eindeutig in der Formgebung. Dadurch, daß die Kritik der zugleich historischen und psychologischen Kategorie der Autorität (Horkheimer) ästhetisch umgesetzt wird, läßt sich dieser theoretische Ansatz überhaupt ernst als antiautoritärer erfahren. Damit ist über die hier zu diskutierenden Problemstellungen hinaus die Frage nach einer antiautoritären bzw. ›fröhlichen‹ (Geschichts-)Wissenschaft aufgeworfen.

1.3.2. Das Totenreich

Müllers explizit politischer Todesbegriff findet seine ästhetische Artikulation auch in der Gestaltung eines von Geschichte beherrschten Totenreiches. Sein Versuch, Brechts Fragment ›Die Reisen des Glücksgotts‹ zu Ende zu schreiben, spielt in einem vom Krieg verwüsteten Totenreich.

»Ein toter Soldat mit Stelzbein steigt aus
dem Bombentrichter.
GG: Wer bist du, Fleisch, durch das die Sonne
scheint
Und woher kommst du mit dem Bein aus Holz?
. . .
Ein toter Soldat mit Gasmaske steigt aus
dem Bombentrichter.

. . .
GG: Blind?
Der zweite Soldat nimmt die Gasmaske ab.
Er hat kein Gesicht.
S 2: Du siehst es.
Der GG bedeckt die Augen mit der Hand und
wendet sich weg. Der Soldat mit dem Stelzbein lacht

s 1: *noch lachend:* Geh, schüttle ihm die Hand.
Sie ist aus Eisen.
Der blinde Soldat steckt seine Hand aus und
geht auf den GG zu. Der weicht zurück.«
(GG 9/10)

Ohnmächtig steht der Glücksgott vor den verstümmelten Toten, die nichts aus dem Krieg gelernt haben und der ihnen, obwohl das Land, um das sie kämpften, zerstört ist, noch genauso legitim erscheint wie als Lebende.

Zwar steht Müllers Version des Totenreiches in der Tradition des griechischen Hades und Dantes literarischer Explikation des Schattenreiches – ›Fleisch, durch das die Sonne scheint‹ –, doch ist dieses Totenreich nicht mehr *ahistorischer* Kontrapunkt zum Reich der Lebenden, sondern in ihm setzen sich die geschichtlichen Konflikte katastrophal fort. Diese Konstruktion ist insofern frappierend, als sie das materielle Motiv der realen gesellschaftlichen Auseinandersetzungen relativiert. Es kennzeichnet Müllers Tote, daß sie durch die Geschichte ihr Leben verloren haben, und sein Totenreich ist von der Geschichte nicht mehr unterscheidbar.

Die Verbindung der ›Schlachtfeld-Szene‹ aus ›Glücksgott‹ mit ›Ich hatt' einen Kameraden‹ (Die Schlacht) ergibt die Anfangssequenz von ›Hommage A Stalin 1‹.

»SOLDAT 1: Da kommt Nachschub.
SOLDAT 2: Er hat noch alles.
SOLDAT 3: Wer ist dran.
SOLDAT 1: Ich.
SOLDAT 2: Woher, Kamerad?
JUNGER SOLDAT: Aus der Schlacht.
SOLDAT 3: Wohin, Kamerad?
JUNGER SOLDAT: Wo keine Schlacht ist.
SOLDAT 1: Deine Hand, Kamerad.
Reißt ihm den Arm aus. Der junge Soldat
schreit. Die Toten lachen und fangen an,
den Arm abzunagen.
SOLDAT 3 *den Arm anbieten:* Hast du keinen Hunger?
Der junge Soldat verdeckt sein Gesicht mit der
verbliebenen Hand.
SOLDAT 1: Das nächste Mal bist du dran. Der Kessel
hat für alle Fleisch.« (GTB 48)

Müllers Tote sind nicht befreit, sondern sie konstituieren einen Opferzusammenhang, der immer neue Opfer erfordert. Durch ihr kannibalisches Verhalten überleben die Toten, d.h. die historisch entstandenen Zwänge und Konstellationen, die sie mit ihrem Tod schufen, dauern an und führen zur Reproduktion der Verhaltensmuster längst vergangener Epochen in der Gegenwart. Die ›Heillosigkeit‹ des Totenreiches korrespondiert der Heillosigkeit der (Vor-)Ge-

schichte. Da die Geschichte nicht von Fortschritt bestimmt ist, ist jeder Bezug auf sie auf ein Bezug auf ihre Negativität. Es gilt, ohne hinter den Stand der historischen Erkenntnis zurückzufallen oder sich gegenüber der Abhängigkeit der Gegenwart von der Geschichte naiv zu stellen, sie zu verabschieden.

»SOLDAT 1: Das ist Napoleon. Er kommt jede dritte Nacht.
Napoleon geht vorbei. Er ist bleich und dick. Er schleift einen Soldaten seiner Großen Armee an den Füßen hinter sich her.
Das geht in Ordnung. Es sind seine Leichen. Ohne ihn wären sie nicht hier. Und er zählt nach, er ist filzig. Kameradschaft gibt es nur bei uns. Willst du wirklich nichts essen?
Hinter Napoleon ist Cäsar aufgetaucht, grünes Gesicht, die Toga blutig und durchlöchert.
Der Grüne hinter ihm ist Cäsar. Der hat sein Fett, dreiundzwanzig Löcher.« (GTB 48)

Unter dem Aspekt großer imperialer Kriege in Europa überlagern sich die historischen Epochen und verschmelzen – unabhängig von der jeweils spezifischen Zielsetzung – zu einer einzigen historischen Katastrophe. Diese apokalyptische Geschichtsbetrachtung hatte bereits W. Benjamin mit dem Engel der Geschichte entworfen.

»Er hat das Antlitz der Vergangenheit zugewendet. Wo eine Kette von Begebenheiten vor uns erscheint, da sieht er eine einzige Katastrophe, die unabhängig Trümmer auf Trümmer häuft und sie ihm vor die Füße schleudert.«[36]

Das Bild der Geschichte als Katastrophe kündigt sowohl der linearen Geschichtsauffassung als auch dem Theorem des Fortschritts. Dies beinhaltet zugleich die Möglichkeit, die Konstellationen der historischen Ereignisse – ›Trümmer‹ – neu zu bestimmen, das Vergangene als Gegenwärtiges oder Andauerndes darzustellen.

»Die Geschichte ist Gegenstand einer Konstruktion, deren Ort nicht die homogene und leere Zeit sondern die von Jetztzeit erfüllte bildet. So war für Robespierre das antike Rom eine mit Jetztzeit geladene Vergangenheit, die er aus dem Kontinuum der Geschichte heraussprengte. Die französische Revolution verstand sich als wiedergekehrtes Rom. Sie zitiert das alte Rom so wie die Mode eine vergangene Tracht zitiert.«[37]

»Der Tigersprung unter den freien Himmel der Geschichte«[38], als den Benjamin die Revolution auch begreift, steht also in der Kontinuität des Bruches, die verschiedenen Revolutionen zitieren einander wie die kriegerischen Epochen in Müllers Szenario. Aber diese Korrespondenz des Diskontinuierlichen zeigt, und darum ging es Benjamin, auch seine Lebendigkeit und auch in Zeiten der Verfinsterung latente Anwesenheit an. – Auch Karl Marx kannte das von Benjamin beschriebene Phänomen, doch es fand in ihm einen strengen Kritiker, denn der Rekurs auf das Vergangene unterschlägt offensichtlich das qualitativ Neue der Situation und verfälscht das Bild des historischen Wendepunkts, an dem man sich gerade befindet.

»Hegel bemerkt irgendwo, daß alle großen weltgeschichtlichen Tatsachen und Personen sich sozusagen zweimal ereignen. Er hat vergessen hinzuzufügen: Das eine Mal als Tragödie, das andere Mal als Farce ...

Die Menschen machen ihre eigene Geschichte, aber sie machen sie nicht aus freien Stücken, nicht unter selbstgewählten, sondern unter unmittelbar vorgefundenen, gegebenen und überlieferten Umständen. Die Tradition aller toten Geschlechter lastet wie ein Alp auf dem Gehirne der Lebenden. Und wenn sie eben damit beschäftigt scheinen, sich und die Dinge umzuwälzen, noch nicht Dagewesenes zu schaffen, gerade in solchen Epochen revolutionärer Krisen beschwören sie ängstlich die Geister der Vergangenheit zu ihrem Dienste heraus, entlehnen ihnen Namen, Schlachtparolen, Kostüm, um in dieser altehrwürdigen Verkleidung und mit dieser erborgten Sprache die neue Weltgeschichtsszene aufzuführen. So maskierte sich Luther als Apostel Paulus, die Revolution von 1789—1814 drapierte sich abwechselnd als römische Republik und als römisches Kaisertum, und die Revolution wußte nichts besseres zu tun, als hier 1789, dort die revolutionäre Überlieferung von 1793—1795 zu parodieren. So übersetzt der Anfänger, der eine neue Sprache erlernt hat, sie immer zurück in seine Muttersprache, aber den Geist der neuen Sprache hat er sich nur angeeignet, und frei in ihr zu produzieren vermag er nur, sobald er sich ohne Rückerinnerung in ihr bewegt und die ihm angestammte Sprache in ihr vergißt.« [39]

Historisch bleibt zu ergänzen, daß auch die russische Oktoberrevolution sich trotz des Verdikts von Marx auf die von 1789 berief.

Dadurch, daß Müller die Überlagerungen der historischen Katastrophen im ›Totenreich‹ ansiedelt, entwickelt er die dargestellten Thesen Benjamins insofern weiter, als daß die Kontinuität des Falschen ›tot‹, d.h. verlassen ist. Allerdings stimmen Marx und Müller darin überein, daß die Tradition der Toten weiter wirken und somit die Realisation des Neuen und dessen Entfaltung prinzipiell gefährden kann. Die so dämonisierte Geschichte konstituiert demnach nicht das Neue, aber das Neue ist den Angriffen des Alten, der Toten weiterhin ausgesetzt. Geschichte ist nicht durch ihre Geschichtlichkeit vorbei (tot), sondern muß erst noch, wie Friedrich II. vom Maurer, überwunden werden.

Wie die Revolutionen so beziehen sich auch die Feldherren aufeinander; ist Napoleons Kaiserkrönung eine Reminiszens ans Cäsarentum, so ist die Analogie zwischen dem Rußlandfeldzug der Großen Armee und der deutschen Wehrmacht unübersehbar.

»SOLDAT 1: Er lebt vom Fechten, Seine Leichen hat er auf Sperrkonto: Die Schlachtfelder liegen zu tief.
SOLDAT 3: Warum hat er sich nicht eingeteilt, der Makkaroni.
SOLDAT 1: Manchmal läßt Napoleon ihm ein Bein ab. *Lacht.* Oder einen Arm. *Wirft Cäsar den abgenagten Arm zu.* Bei uns braucht keiner zu hungern. *Cäsar nimmt den Arm auf und verschwindet im Schneetreiben.«* (GTB 48/49)

Faßte Marx die Duplizität historischer Ereignisse mit den Kategorien ›Farce‹ und ›Tragödie‹, so greift allein letztere angesichts des Versuchs Rußland bzw. die Sowjetunion vom Westen her anzugreifen. Nicht der Fortschritt regiert die Geschichte, sondern die imperiale Struktur. Waren Benjamins Überlegungen gegen den Historismus und die lineare Geschichtsauffassung gerichtet, so dechiffriert sich Geschichte aus dieser Perspektive als katastrophale Korrespondenz des Falschen.

Die Totalität imperial bestimmter abendländischer Geschichte wird durch ihre Verlegung ins Totenreich zugleich aufgebrochen. Mit der Revolution von 1918 ist das prinzipiell andere gesetzt, womit die Geschichte allererst zur Vorgeschichte (Totenreich) wird. Geschichtsphilosophisch bestimmt sich Müllers Dramatik allein hieraus als genuin sozialistische. Denn erst in einem Gesellschaftssystem, das zwischen sich und der abendländischen Geschichte eine prinzipiellen Bruch ansiedelt, kann das Verhältnis zwischen Geschichte und Vorgeschichte überhaupt so zugespitzt gedacht werden.

Die Fragestellung dieser Ästhetik lautet also nicht, wie kann das Neue, die Utopie erreicht werden, sondern die Thematik in ›Germania‹ läßt sich eher mit der Überlegung fassen, wie kann das Neue von Überformungen durch das Alte und seine Traditionen (auch als verinnerlichte Haltungen) geschützt werden. (Vor-)Geschichte wird demnach nicht primär unter dem Aspekt der Beerbung und der Verlängerung von Traditionen relevant, sondern aus der Position des Neuen steht vielmehr ihre *Destruktion* zur Debatte.

Das kannibalische Motiv entlarvt die Inhumanität, die der Weltgeschichte und ihren Größen anhaftet; ihr Ruhm konstituiert sich durch namenlose Opfer und wird durch deren verflossenes Blut am Leben erhalten.

Die Geschichte und die historischen Katastrophen prägen das Unbewußte und aus der sakralen Handlung des symbolischen Kannibalismus (vgl. christliches Abendmahl) entsteht in der Wunschproduktion des kollektiv Verdrängten das Bedürfnis nach weiteren kriegerischen Auseinandersetzungen. Denn diese begründen sich nicht (nur) rational, sondern auch aus der spezifisch dualen Verfaßtheit der abendländischen Subjekte.

»TÖTEN BESITZEN VERZEIHEN – unser ganzes individuelles Unbewußtes organisiert sich um diese Terme und um die Phantasmen, die sie im Zeichen der Verdrängung umschließen.« [40]

Die historischen Protagonisten sind Brennpunkte kollektiver Intentionen, die, wie unter Wiederholungszwang, die Kontinuität der Katastrophen garantieren und jahrtausendealte Verhaltensweisen als Wiederkehr des ewig Gleichen reproduzieren.

Die Darstellung von Cäsar, den Nibelungen, Friedrich II., Napoleon und Hitler als Monstren und Vampire erklärt sich gerade aus ihrer Stellung zur Gegenwart, der Beharrlichkeit der von ihnen geschaffenen Verhältnisse und exerzierten Verhaltensweisen.

Daß dies zugleich eine Kritik an der fortschrittsorientierten und äußersten traditionsbewußten Geschichts- und Literaturauffassung in der DDR bedeutet, ist evident, aber zugleich ist dieses inhaltlich und theoretisch zutiefst auf die DDR bezogene Stück Zeugnis eines kaum zu erschütternden Glaubens an den Sozialismus und seine Möglichkeiten, der hier der gesamten abendländischen

Geschichte entgegengesetzt wird. Einer Geschichte allerdings, die nicht bewahrt, sondern schleunigst abgesprengt werden müßte.

1.3.3. Das Verhältnis von Alten und Neuen als dramatische Figuration

In der zweiten Szene der ›Schlacht‹ − ›Ich hatt' einen Kameraden‹ wurde die dramatische Figuration, daß drei Protagonisten einen vierten überwältigen und töten, durch den Vergleich mit einer strukturell verwandten Sequenz von Edgar Allan Poe als Grundmuster der Inhumanität bestimmt. Diese dramatische Figuration wird in ›Germania‹ insgesamt viermal verwandt und sie erhält als Signum des Alten bzw. der Geschichte der Inhumanität zentrale Bedeutung. Im vorigen Abschnitt 3.2. wurde die Anfangspassage von ›Hommage à Stalin 1‹ zitiert, drei tote Landser reißen einem vierten, gerade verstorbenen Soldaten den Arm aus, um ihn zu verzehren. Die Verwertung des Menschen hält auch im Totenreich an; die Geschichte reklamiert die Gefallenen für ihre Zwecke und schafft damit die Kontinuität des Immergleichen. In derselben Szene wird diese dramatische Grundfigur nochmals aufgenommen und sie leitet den Krieg aller gegen alle bei den Nibelungen ein.

»GERNOT: Immer dasselbe.
Die andern sehen ihn an, empört.
Ich sage nicht, daß ich nicht mehr mitmachen will. Aber worum geht es eigentlich.
…
Aber wir brauchen doch nur aufzuhören und es gibt keinen Kessel mehr.
GUNTHER: Hat er aufhören gesagt.
VOLKER: Er hat es immer noch nicht gelernt.
HAGEN: Er lernt es nie.
GUNTHER: Wir dürfen die Hoffnung nicht aufgeben. Er ist kein Hunne.
VOLKER: Wir werden ihn schon hinbiegen.
HAGEN: Jedenfalls müssen wir jetzt anfangen. Zeit ist Geld.
GERNOT: Ich will nicht jede Nacht sterben. Ich finde das langweilig. Es macht mir keinen Spaß. Ich möchte auch mal etwas anderes machen. Das mit den Frauen zum Beispiel. Ich habe vergessen wie es heißt.
…
VOLKER: Das ist die Jugend von heute. Sie hat keine Ideale mehr.
GUNTHER: Was meinst du, wozu deine Mutter dich geboren hat. Wir werden es solange üben bis du es im Schlaf kannst.
Die drei Nibelungen schlagen in einem längeren Kampf den vierten in Stücke, dann masturbieren sie gemeinsam.« (GTB 49/50)

In diesem Bild koinzidieren die mythische und die historische Dimension des Nibelungen-Epos. Durch den real-geschichtlichen Bezugspunkt Stalingrad wird dem Epos die mythische Funktion der Ursprungshandlung (Etzels Saal) attestiert, die durch die Betonung des Immergleichen − ›Immer dasselbe‹, ›Ich will nicht jede Nacht sterben. Ich finde das langweilig‹ − zugleich als sinnentleert dargestellt wird.

Aber selbst diese Revolte Gernots ist schon integraler und damit wirkungs-
loser Bestandteil einer blinden politischen Praxis, die durch den Rekurs auf den
Krieg als Selbstzweck – ›Bist du ein Hunne, daß du zum Kämpfen einen Grund
brauchst‹ (GTB 50) – ihn als mythische Handlung *rituell* zelebriert. [41] Gernot
repräsentiert damit insofern einen entscheidenden Aspekt der deutschen Geschichte, die Kontinuität der Niederlagen der an Utopie – ›Es macht mir keinen
Spaß. Ich möchte auch mal etwas anderes machen.‹ – orientierten Bewegungen
in Deutschland.

»Mit dem Bauernkrieg, dem größten Unglück der deutschen Geschichte wurde der Reformation der Reißzahn gezogen … Die Bauernkriege sind die früheste Revolution in Europa
gewesen und wurden deshalb am massivsten niedergewalzt. Davon hat sich dieses Volk
nicht erholt. Dann kam der Dreißigjährige Krieg, der den Volkscharakter wiederum
niedergewalzt hat. Auch davon hat sich Deutschland nie erholt. Dann hatten wir 1848
eine letzte Chance, den Anschluß an Europa zu gewinnen. Doch die bürgerliche Revolution ist auch niedergebügelt worden. So hat Deutschland nie den Anschluß an Europa
gefunden. Und nun hängt das Land immer zwischen Ost und West, und immer hat es
Angst keine Identität zu haben. Und aus der Angst, keine Identität zu haben, entsteht der
Todestrieb. Also der Wunsch auszulöschen und ausgelöscht zu werden.« (GI 180)

Nachdem Gernots Revolte niedergeschlagen wurde, beginnen die Nibelungen
einander gegenseitig umzubringen. Sie finden wie in Müllers Darlegung des
deutschen Volkscharakters ihre Identität in einer zum Selbstzweck stilisierten
Anwendung historischer Gewalt. Hiernach geht aus dem geschichtlich geformten Charakter der Nation der Hang zu irrationaler Gewalttätigkeit und zur
Unfähigkeit der Realisation utopischer Zielsetzungen hervor. Wie in der Welt
des Mythos gibt es aus dem so vorgestellten psychischen Kreislauf kein Ent-
kommen mehr, weil die auf Veränderung drängenden Kräfte gegenüber den
beharrenden hoffnungslos in der Minderheit sind.

Die Szenen ›Brüder 2‹ und ›Das Arbeiterdenkmal‹ setzen den durch Destruktivität bestimmten Volkscharakter in Beziehung zum Aufstand vom 17. Juni
1956, indem die dramatische Figuration der Szene ›Hommage à Stalin 1‹ wiederaufgenommen wird und den Handlungsablauf produziert. So versuchen drei
Jugendliche, den klassenbewußten Arbeiter Hilse zu steinigen, weil dieser sich
weigert am Streik gegen die Regierung des deutschen Arbeiter- und Bauernstaa-
tes teilzunehmen.

»*Alle drei werfen im Rockrhythmus Steine*
auf den Maurer.
DRITTER: Opa schafft alles.
ERSTER: Opa ist ein Stier.
in Marathon.
ZWEITER: Opa ist eine Wolke.
Steinhagel und Finale. Der Maurer bricht
zusammen.« (GTB 67)

Die dramatische Konstellation fungiert als Chiffre für die Fortexistenz des historisch Überholten, das sich gleichzeitig als das Neue (Rockrhythmus) darstellt. Die gesellschaftspolitische Interpretation der Ursachen des Ostberliner Aufstands ist damit eindeutig. Er wird vermittels der ästhetischen Konstruktion in Zusammenhang mit den imperialen Kriegen seit Cäsar einschließlich des Zweiten Weltkrieges gebracht. Die deutsche Geschichte hat den Charakter der Nation deformiert und er kann ohne Hilfe von außen nicht geheilt werden.

»NAZI:
Hörst du sie gern, die Internationale
Wenn sie gesungen wird mit Panzerketten.
KOMMUNIST: So gern wie heute hab ich sie nie gehört
Gesungen von den Panzerketten, Spitzel.
BRÜCKENSPRENGER: Und gleich kannst du die Engel
singen hör'n.
Wenigstens einer soll dran glauben heute.
GANDHI: Der will's nicht anders. Seinen Kommunismus
Erlebt er sowieso nicht.
KOMMUNIST: Wer bin ich.
Die drei stürzen sich auf ihn.« (GTB 74)

Allein durch die sowjetische Unterstützung (Internationale) kann der Aufstand niedergeschlagen werden, womit sich nach der Logik des Stücks historisch überhaupt erst die Möglichkeit der Veränderung des destruktiven Volkscharakters ergibt. Diese Szene ›Die Brüder 2‹ reproduziert die Vorgänge im Totenreich/im Kessel von Stalingrad, die militärische Niederlage des deutschen Faschismus bildet demnach keinen wirklichen Einschnitt in der deutschen Geschichte. Vielmehr überleben die Verhaltensweisen und die Mentalität, die den Nationalsozialismus überhaupt erst möglich machte.

Der Kessel von Stalingrad ist ›Germania‹ zufolge das historische Ereignis, in dem sich der deutsche Volkscharakter am reinsten offenbarte als irrationaler Lust an der Zerstörung wie am eigenen Untergang.

Die dramatische Grundkonstellation, die Müller in ›Germania‹ benutzt, um die Kontinuität des Falschen zu zeigen, ist zugleich die Figuration der ersten traumatischen Erfahrung des Autors.

»Durch den Türspalt sah ich, wie ein Mann meinen Vater ins Gesicht schlug … In der Tür stand mein Vater, hinter ihm die Fremden, groß, in braunen Uniformen. Sie waren zu dritt.« (V 20)

Diese Situation wird in den ersten beiden Deutschlandstücken mehrmals reproduziert und ihre dramatische Überformung fungiert gleichsam als Chiffre für den deutschen Volkscharakter, der in der Schlacht um Stalingrad seinen historischen Ausdruck fand. Die Konfiguration selbst, der Kampf einer gegen drei, bildet formal die zentrale religiöse Struktur der indoeuropäischen Kultur nach und steht als Mythologem oder Element des kollektiven Unbewußten gleichwertig

neben dem brüderlichen Zweikampf, in dem meist um die vater- oder mutterrechtliche Ausrichtung der Gesellschaft gestritten wurde.

»So bestand die wichtigste Initiationsprüfung sehr wahrscheinlich in einem Kampf des
jungen Kriegers gegen drei Gegner oder ein dreiköpfiges Ungeheuer (dargestellt von
einer Gliederpuppe?). Tatsächlich läßt sich ein ähnliches Schauspiel aus der Geschichte
vom siegreichen Kampf des irischen Helden Cuchulainn gegen drei Brüder und dem
Kampf der Horatier gegen die drei Curatier herauslesen, ebenso auch aus den Mythen von
Indra und dem iranischen Helden Thraetoana, die jeweils ein dreiköpfiges Ungeheuer
töten.« [42]

Dieser indoeuropäische Archetypus, der sich auch in Grimms Märchen finden
läßt bspl., wenn der Held drei Aufgaben lösen muß, soll hier nicht in Beziehung
zur kindlichen Gewalterfahrung und deren späteren ästhetischen Gestaltung
gesetzt werden, wobei wohl auch dem Autor dieser Bezug kaum bekannt sein
dürfte. Doch läßt sich aus den autobiographisch bedingten Idiosynkrasien ein
Zugang zu den tiefsten Schichten des kollektiven Unbewußten (re-)konstruieren.
– Die Müllersche Ästhetik des Spätwerks, die sich durch einen bewußten Einsatz
von Mythologemen, Barbarismen (z. B. Steinigung) und archaisch-antiken Vorstellungen (Totenreich) kennzeichnet, zitiert daneben auch *unwillkürlich* Archetypen, deren politischer Gehalt nicht im mindesten von dem der konkret bezeichneten mythischen Sujets abweicht: Erst eine antizipatorische Haltung gegenüber dem kollektiven Unbewußten und seiner Elemente eröffnet den
Menschen die Möglichkeit einer utopischen Zukunft, wie sie allein eine soziale
Veränderung nicht leisten kann.

1.3.4. Die psychologische Struktur des Faschismus in ›Germania‹

Die Analyse der psychologischen Strukturen der Protagonisten ergibt, daß sie
vorwiegend einen nekrophilen Charakter besitzen. Die Lust an der Zerstörung
ist mit äußerst ambivalenten Gefühlen gegenüber der Frau und dem Weiblichen
verbunden. Im Alltagsverhalten der Figuren treten die Züge zutage, die in ihrer
Summe auch den geschichtlichen Verlauf bestimmen. Der deutsche »Volkscharakter« findet in dem deutschen Massenmörder Haarmann seinen prototypi-
schen Ausdruck, der die Kehrseite des Volkes der Dichter und Denker verkörpert, als einzelner asozial die Regungen realisiert, die im Nationalsozialismus
Geschichte machen. Hierbei wird in der Interpretation davon ausgegangen,

»daß der Charakter die ›zweite Natur‹ des Menschen ist, der Ersatz für seine nur schwach
entwickelten Instinkte; daß die menschlichen Leidenschaften Antworten auf ›existentielle
Bedürfnisse‹ sind, die ihrerseits in den spezifischen Bedingungen der menschlichen Existenz begründet sind. Kurz, daß *Instinkte* Antworten auf die physiologischen Bedürfnisse
des Menschen sind, daß aber seine im Charakter verwurzelten Leidenschaften (...), Antworten auf seine *existentiellen* Bedürfnisse und *spezifisch menschlich* sind. Während die
existentiellen *Bedürfnisse* die gleichen für alle Menschen sind, unterscheiden sich Individuen und Gruppen in bezug auf die in ihnen jeweils vorherrschenden Leidenschaften.« [43]

Durch die geographischen und sozioökonomischen Bedingungen sowie den historischen Erfahrungen bildet sich der Charakter eines Volkes bzw. einer Nation und erhält seine spezifische Formung, die sich dann in der Geschichte und deren ›Irrationalismen‹ realisiert.

Ein in das Stück montiertes Tacitus-Zitat zeigt schon im germanischen Bewußtsein die spezifischen Konflikte auf, die später das Schicksal der deutschen Nation bestimmen werden. Mit der Glorifikation der politischen und militärischen Macht (Flavus) und dem Einklagen mütterlicher Werte (Arminius) erweist sich das germanische Kollektiv schon bei seinem Eintritt in die Geschichte als gespaltenes – Mutterrecht (Blutsverwandtschaft) und Staatsrecht prallen unvereinbar aufeinander. [44]

»Der Weserstrom trennte Römer und Cherusker. An dessen Ufer trat Arminius..., und... bat um Erlaubnis, sich mit seinem Bruder zu unterreden. Dieser war... Flavus...; er war ein Mann, der sich durch seine Ergebenheit und den Verlust eines Auges bemerklich machte... Er ging hin mit Erlaubnis, trat vor und wurde von Arminius begrüßt, welcher nach Entfernung seines Gefolges bat, daß man die an unserm Ufer aufgestellten Bogenschützen zurückziehen möchte. Nachdem die sich entfernt hatten, fragte er seinen Bruder, woher er den Schaden im Gesichte habe? Und da dieser den Ort und das Treffen nannte, fragte er weiter welcher Lohn ihm dafür geworden sei? Flavus gab Erhöhung des Soldes, ein Halsband, einen Kranz und andere militärische Ehrengeschenke an. Arminius spottet über so schlechten Lohn seines Sklavendienstes.
Da begannen sie dann wider einander zu reden, der eine von der Größe Roms, von des Cäsars Macht und dem schweren Strafgerichte über die Besiegten, von der Gnade, die seiner warte, wenn er sich unterwerfe, auch daß seine Gattin und sein Sohn nicht als Feinde behandelt würden, der andere dagegen von der Verpflichtung fürs Vaterland, von dem alten Erbe der Freiheit, den heimatlich deutschen Göttern, der Mutter gleichem Flehen: daß er doch nicht seine Blutsfreunde und Verwandten, ja des ganzen Stammes Ausreißer und Verräter, statt sein Haupt sein wolle.« (GTB 68)

Dem Konflikt zwischen Flavus und Arminius inhäriert der Streit um die vater- oder mutterrechtliche Ausrichtung der Brüderhorde. So verursacht auch der zu den Nazis übergelaufene Bruder B in ›Die Schlacht‹, das Interesse seines Bruders zu gewinnen, indem er sich auf das Mutterrecht bezieht – »Wir sind aus einer Mutter.« (S 8)

Diese Form der Dramatisierung der politischen Konflikte der Gegenwart samt dem Erstellen historischer Bezüge durch die Montagetechnik geht also weit über eine rein rationalistische Interpretation der geschichtlichen Konfrontationen hinaus, wenn im Mythos oder der germanischen Frühgeschichte sich die Strukturen auch heute noch historisch relevanter Probleme auffinden lassen.

In der Szene ›Die heilige Familie‹ wird Germania als übergroße Mutter dargestellt, die schließlich von Hitler getötet wird.

»Goebbels greift sich an den Bauch, schreit, wälzt sich schreiend am Boden.
HITLER: Eine deutsche Mutter schreit nicht. Wache!
Wache.

HITLER: Die Hebamme soll geholt werden. Es ist soweit.

...

Germania, riesig, mit Hebammentasche
GERMANIA *boxt Hitler vor den Bauch, rüttelt an seinen Zähnen usw.*
Wie geht's dir, mein Junge, Trinkst du dein Benzin? Ißt deine Männer? Brav.
Sie greift ihm an die Hoden.
GERMANIA: Immer noch dein Ödipuskomplex? *Lacht*
HITLER: Das ist eine jüdische Schweinerei.
GERMANIA: Davon will ich nichts mehr hören. Ich habe genug Ärger gehabt mit deinen
Judengeschichten.
Es gibt Leute, die zeigen mit den Fingern auf mich. Heute noch.
Manche grüßen nicht einmal.
HITLER: Der Jude –
Germania haut ihm eine Ohrfeige. Hitler heult.
...

GERMANIA zu den Heiligen Drei: Sagten Sie etwas?
*Der Wolf zerreißt die Negerpuppe. Hitler foltert Germania, die von der Ehrenkompanie festgehal-
ten wird. Goebbels tanzt einen Veitstanz.*
GERMANIA *schreit.*
...

HITLER *lädt die Kanone. Germania wird von der Ehrenkompanie vor die Kanone gebunden. Mit
der Detonation fällt der Vorhang.*«
(GTB 60/61/63)

Anhand des Mutter-Sohn-Konfliktes und homosexueller Motive werden die
deutsche Geschichte, der deutsche Faschismus und die Entstehung der Bundesrepublik miteinander assoziiert. Es handelt sich also um die Verschränkung
historischer und triebgeschichtlicher Aspekte. Die übergroße dominierende
Mutter, die eine Dissoziation von ihr aufgrund ihres autoritären Charakters
nicht zuläßt, wird am Ende gefoltert und getötet, weil sie nicht unterworfen
werden kann. ›Der gehemmte und sadistisch gewendete Trieb der Brüderhorde
gegenüber der Mutter‹ (Kurnitzky)[45] konstituiert demnach deutsche Geschichte und verweist zugleich auf eine ödipal bedingte Neurosenbildung des
deutschen Nationalsubjekts, was auf schwere traumatische Schäden bei der
(patriarchalischen) Konstitution der deutschen Nation verweist.

»Hier schießen die ganzen Elemente der Ödipussituation zusammen: als gehemmter und
sadistisch gewendeter Trieb der Brüderhorde gegenüber der Mutter, die auch für den
Faschismus eine fundamentale Rolle spielen ... Es ist die Funktionalisierung der Sexualität
der Frau, die entweder Mutter – also Madonna oder Gebärmaschine – oder Prostituierte
zu sein hat. Sie ist den Männern nicht gleichberechtigt, sondern Idol und darin Opfer. Als
hybride Steigerung des längst herrschenden ökonomischen Opferkults und als zwang-
hafte Rückführung auf seine archaischen Wurzeln, hat der Faschismus Millionen Menschen
auf dem völkischen Altar geopfert. Es waren Opfer jenes zerstörerischen Mutter-Sohn-
Verhältnisses, das als Grundlage auch des Faschismus nicht hoch genug eingeschätzt
werden kann.«[46]

Dem deutschen Faschismus kommen demnach auch Momente der Revolte
gegen die Mutter zu. Diese Überlegungen konvergieren auch mit auf die Person
Hitlers bezogenen psychoanalytischen Erkenntnissen.

»Jedoch, trotz seiner Kälte mag Hitler symbiotisch an die Mutter und ihre Symbolisatio-
nen gebunden gewesen sein, eine Bindung, deren letztes Ziel die Vereinigung mit der
Mutter im Tode ist. (Eine nicht seltene, perverse Form der unio mystica.)
... Deutschland wurde zum wichtigsten Muttersymbol. Seine Fixierung an die Mutter (=
Deutschland) war die Grundlage seines Hasses gegen das ›Gift‹ (Syphilis und Juden), vor
dem er sie zu retten hatte; in einer tieferen und unbewußten Schicht aber war diese
Bindung die Basis seines lang verdrängten Wunsches, die Mutter (= Deutschland) zu
zerstören. In seinem Verhalten von 1942, als er schon wußte, daß der Krieg verloren war,
bis zum Befehl der Gesamtzerstörung aller vom Feinde eroberten Gebiete 1945 setzte sich
dieser Wunsch – obgleich als solcher unbewußt – in die Tat um. Gerade diese Entwicklung
verstärkt die Hypothese seiner bösartigen Mutterbindung.« [47]

Der deutsche Faschismus macht den Mythos und das Symbolische zum Feld des
explizit politischen, ohne sich dessen genuinen Gehalt zu versichern. Der
deutsche Drang zur Selbstzerstörung scheint sich demnach durch eine äußerst
ambivalente Einstellung gegenüber der Frau zu begründen, wie sie der nekrophilen Charakterstruktur eigen ist.

   In der Szene ›Hommage à Stalin 2‹ wird der Alltag in einer Ostberliner
Kneipe am Todestag Stalins dargestellt. Dabei wird der Kessel von Stalingrad in
engen Zusammenhang zu nekrophilen Tendenzen des deutschen Charakters
gerückt.

»BETRUNKENER . . .
In Stalingrad im Kessel
Haben sie mich ausgekocht. Das war kein Krieg mehr.
Wir hätten Gras gefressen, aber ich hab
Kein Gras gesehn. Wir haben keinen Knochen
Gefragt, ob er vom Pferd ist oder ICH
HATT' EINEN KAMERADEN.
Aber der Mensch gewöhnt sich. Wer sitzt hier.
. . .
Ja. Grad heut hab ich
Einen getroffen: Sitzt im Ministerium.
. . .
Und er: Komm, wir machen
Ein Faß auf. Ich mit. Seine Frau war giftig
Als wir mit Bier auf dem Parkett den Kessel
Rekonstruieren wollten, unsern Kessel.
Er hat sie eingeschlossen in der Küche.
Dann haben wir den Kessel rekonstruiert.
Dich interessierts nicht, was
Der Krieg ist nicht zu Ende. Das fängt erst an.«
(GTB 55)

Die Erfahrungen von Stalingrad sind durch die veränderte Situation nicht ausgelöscht, sie konstituieren die Haltungen der Protagonisten und werden von ihnen
modell- (zwang-?)haft wiederholt. »Unterirdisch« (Adorno/Horkheimer) wird
auch die Gegenwart des Sozialismus weiterhin durch die Geschichte bestimmt,
durch ein Totenreich, in dem die Toten noch nicht befreit sind, denn es »fällt erst
der erlösten Menschheit ihre Vergangenheit vollauf zu«. [48] Während sich die
Lebenden von den Toten nähren, dauern die Kriege in der Welt der Toten oder
des Symbolischen fort. Die Grenze zwischen dem Reich der Lebenden und der
Toten ist porös (geworden), kontinuierlich formen historische Zwänge und
Gewalten die Subjekte und deren Handlungen.

>HURE 3: Haarmann kann's nicht sein. Der sieht anders aus, mehr rundlich. Ich hab' ihn
gesehn. Am Dienstag war's. Er hatte das Messer von draußen. Mensch, hab ich gebrüllt.
Und weg war er, wie ein Schatten.
KLEINBÜRGER 1: Sie haben ein Gespenst gesehn, meine Dame. Haarmann ist im Himmel.
HURE 2: Der ist taubstumm.« (GBT 49)

Die nekrophile Charakterstruktur als Kehrseite der anal hortenden richtet sich
obsessiv gegen die sozial Abweichenden (Huren/Haarmann: Strichjungen). Es
ist »Leidenschaft lebendige Zusammenhänge zu zerstückeln.«[49], dem Toten
Primat gegenüber dem Lebenden einzuräumen, die sich in dieser Gestaltung
Müllers als Physiognomie des Kleinbürgertums und verkleinbürgerlichter
Schichten des Proletariats – »Ich war/im KJV seit 24.« (GTB 55) auch politisch
und damit geschichtlich Ausdruck gibt. Es handelt sich also nicht nur um ein
individual-pathologisches Phänomen, sondern um eine sozialpathologische
Triebkraft der deutschen Geschichte.

»Bei unserer Analyse des an deutsche Arbeiter und Angestellte gerichteten Fragebogens
(...) sind wir auf viele Beispiele einer nekrophilen Ausdrucksweise gestoßen. Eine Illustra-
tion dazu sind die Antworten auf die Frage: ›Was denken Sie über Frauen, die Lippenstift
und Make-up benutzen?‹ Viele antworten: ›Das ist bürgerlich‹ oder ›Das ist unnatürlich‹
oder ›nicht hygienisch‹. Aber eine Minderheit gab Antworten wie ›das ist giftig‹ oder:
›Solche Frauen sehen wie Huren aus‹... Es möge die Feststellung genügen, daß die
Analyse folgendes erbrachte: 1. das Vorhandensein eines nekrophilen Syndroms, das
unser theoretisches Modell bestätigt; 2. daß biophile und nekrophile Tendenzen meßbar
sind; 3. daß diese Tendenzen tatsächlich auf signifikante Weise mit soziopolitischen
Belangen korrelieren.«[50]

Stalingrad läßt sich somit als Ausdruck einer soziopatholischen Reaktionsform
begreifen. Sie gründet auf einer dezidiert anti-weiblichen Haltung, was Müllers
Szene auch expliziert – ›Huren: Haarmann/Seine Frau war giftig/... Er hat sie
eingeschlossen in der Küche‹ (GTB 55). ›Hure‹ und ›giftig‹ geben also die nekrophile Wahrnehmung bis ins Detail wieder.

  Historische Ereignisse wie Stalingrad gehen demnach nicht in Kriegsökologie
auf, sondern sind triebgeschichtlich bestimmt. Damit aber unvergänglich, d.h.

die wirkliche Schlacht gegen den Faschismus muß im Innern der Subjekte gewonnen werden und dieser ›Krieg ist nicht zu Ende. Das fängt erst an.‹ Solange das Tote über das Lebende herrscht, also die geschichtlich geformten Haltungen der Menschen nicht Gegenstand der politischen Auseinandersetzung sind, die Lebenden nicht das Totenreich erobern, müssen die historischen Katastrophen zwangsweise wiederholt werden. Die Auseinandersetzung zwischen den Lebenden und den Toten ist die Konfrontation von Sozialismus und Kapitalismus.

»Für Marx waren Kapital und Arbeit nicht nur ökonomische Kategorien. Das Kapital war für ihn die Manifestation der Vergangenheit, der in Dinge umgewandelten und in ihnen angesammelten Arbeit; die Arbeit war die des Lebens, der menschlichen Energie, auf die Natur angewandt im Prozeß, sie zu verändern. Die Wahl zwischen Kapitalismus und Sozialismus (wie er sie verstanden hat) lief darauf hinaus, wer (was) über was (wen) herrschen sollte, das Tote über das Lebendige oder das Lebendige über das Tote.«[51]

Dies wird dramatisch von Müller in der von Aktivist/Junger Maurer auf der einen Seite und Betrunkener/Schädelverkäufer auf der anderen gestaltet. Während der Betrunkene die Kontinuität des Krieges prognostiziert, behauptet der Schädelverkäufer das Utopische als das Vergangene, indem er Vergils Adaption von Hesiods Lehre der Koinzidenz von historischem Ursprung und Goldenem Zeitalter gegen die antizipatorischen Intentionen des Verfassers wendet. Der Schädelverkäufer repräsentiert damit die konservative Geschichtsphilosophie, die den Fortschritt als Möglichkeit von Utopie negiert, indem sie sie als bereits gewesen und unwiederbringlich verloren proklamiert.

»Seit mich die Geschichte an die Friedhöfe verwiesen hat, sozusagen auf ihren theologischen Aspekt, bin ich immun gegen das Leichengift der zeitlichen Verheißung. Das goldene Zeitalter liegt hinter uns. Jesus ist die Nachgeburt der Toten. Kennen Sie Vergil. SCHON ENTSTEIGT EIN NEUES GESCHLECHT DEM ERHABENEN HIMMEL SCHLIESST DIE EISERNE ZEIT UND BEFREIT VOM SCHRECKEN DIE LÄNDER.« (GTB 57)

Dies aber bedeutet den Sieg der Geschichte über die Utopie und damit des Todes — Schädelverkäufer — über das Lebendige. Geschichtsphilosophisch gesehen wird zwar der Kategorie des Fortschritts gekündigt, aber die Linearität beibehalten. Triebökonomisch gesehen erweist sich diese Position ebenfalls als nekrophil strukturiert, was auch literarisch — Schädelverkäufer, Leichengift und die Angst der Huren — hinlänglich umgesetzt wird.

»Eine weitere Dimension nekrophiler Reaktionen ist die Einstellung zur Vergangenheit und zum Besitz. Der nekrophile Charakter erlebt nur die Vergangenheit und nicht die Zukunft als ganz real. Das, was gewesen ist, das heißt, was tot ist, beherrscht sein Leben:... Kurz gesagt,..., das Tote beherrscht das Lebendige. Im persönlichen, philosophischen und politischen Denken des Nekrophilen ist die Vergangenheit heilig, nichts Neues von Wert...«[52]

Der faschistische Todesrausch, der in Stalingrad zu seinem bizarren Höhepunkt ansetzt, basiert dieser ›Germania‹-Analyse zufolge auf der nekrophilen, von einem übermächtigen Todestrieb beherrschten, Charakterstruktur der Deutschen. – Wurde die faschistische Gewalt in ›Die Schlacht‹ im Spannungsfeld von menschlicher Würde und bloßer Selbsterhaltung vorrangig als ethisches Problem gestaltet, so inhäriert ihr in ›Germania‹ das Moment der Lust. Als Leidenschaft legitimiert sie sich nicht mehr rational, sondern offenbart sich als tief im Triebhaushalt verwurzelte Haltung. Dieser wird mit der Emanzipation der Frau ein Korrektiv gegenübergestellt, welches neben einer antizipatorischen gesellschaftlichen Wirkung auch eine Veränderung der libidinösen Ströme umfaßt.

1.3.5. Die antizipatorischen Momente in ›Germania‹

Das Psychogramm des kollektiven deutschen Unbewußten in ›Germania‹ ist von einer lustvollen Besetzung der inneren Zerrissenheit bestimmt; der eigene Untergang kann als Selbstzerfleischung rauschhaft genossen werden. Aus dieser Disposition sind keinerlei selbstheilende Kräfte zu gewinnen, so daß der deutsche Nationalsozialismus triebdynamisch auf die völlige Selbstvernichtung gezielt hat. [53]

»KOMMUNIST:
Beim dritten Halt konnt' ich vor deutschem Speichel
Die schöne deutsche Heimat nicht mehr sehn.
Gandhi und der Brückensprenger lachen.
Und mit geschlossnen Augen sah ich mehr.
Ich sah die deutschen Vögel scheißen auf
Den grünen deutschen Wald in Formation
Und ihre Scheiße explodierte und
Das Grün war Asche hinter ihrem Flug.
Die deutschen Kinder krochen aus den Bäuchen
Der deutschen Mütter, rissen mit den Zähnen
Den deutschen Vätern die deutschen Schwänze aus
Und pißten auf die Wunde mit Gesang.
Dann hängten sie sich an die Mutterbrust
Und soffen Blut, solang der Vorrat reichte.
Und dann zerfleischten sie sich eins das andre.
Zuletzt ersoffen sie im eignen Blut
Weil es der deutsche Boden nicht mehr faßte.«
(GTB 73/74)

Diese apokalyptische Vision deutscher Selbstvernichtung speist sich, wie auch die bisherige Interpretation ergab, aus einer äußerst verunglückten Mutterbeziehung – ›an die Mutterbrust/und soffen Blut‹.

Damit wird die gesellschaftliche Stellung der Frau in Deutschland thematisch.

»MANN: Das war der Krieg. Den Arm hat er behalten.
FRAU: Du bist heraus, Mann. Alles ist beim alten.

Kinder, 's gibt Brot, der Vater ist zurück.
MANN: Wenn uns das Brot gehört und die Fabrik.«
(GTB 37)

Das Scheitern der Novemberrevolution von 1918 begründet sich in der ersten Szene von ›Germania‹ durch die mangelnde Emanzipation der Frau und ihrer politischen Unmündigkeit – ›Alles ist beim alten‹. Die Frau innerhalb der patriarchalischen Kleinfamilie definiert sich durch ihre Mütterlichkeit, womit die Existenzsicherung der Kinder zum absoluten Fixum wird. Die Kinder aber, in blinder Selbsterhaltungsmoral erzogen – »Mein Hunger ist's der mitgeht, ich bin's nicht« (GTB 37) – sabotieren die Revolution, indem sie bzw. die Sorge um sie in Diskrepanz zum Klassenbewußtsein geraten. [54] Der domestizierten und wirtschaftlich abhängigen Frau wird mit der ökonomisch emanzipierten Hure, in die sich der junge Maurer verliebt, nicht nur die Kehrseite des Frauenbildes entgegengehalten, sondern diese Liebe betont die Notwendigkeit, für die Emanzipation die patriarchalische Rollenzuweisung von Mutter/Hausfrau, Madonna und Hure zu sprengen.

»JUNGER MAURER:
Was soll ich machen. Sie ist eine Hure.
Ich hab' gedacht, sie ist die Heilige Jungfrau.
. . .
– Was soll ich machen.
Sie kriegt ein Kind. Sie sagt, es ist von mir.«
(GTB 76/77)

Die Liebe, der auch Momente erotischer Obsession inhärieren – ›Wenn du ihre Beine siehst/zum Beispiel, bist du schon besoffen‹ –, wird zum überwindenden Prinzip; das patriarachalisch strukturierte Mann-Frau-Verhältnis wird durch die Antizipation einer auf Gleichberechtigung zielenden Beziehung ersetzt. Denn der Weg von der Hure zum Mädchen ist zugleich die Emanzipation vom sexuellen Tauschwert zur, wenn auch noch nicht entfalteten – Mädchen – autonomen Persönlichkeit, die sich hier durch eine *politische Identität* bestimmt.

»*Der junge Maurer kommt zurück mit dem Mädchen.*
HILSE: Die rote Rosa. So trifft man sich wieder.
Hat dir die Spree das Blut schon abgewaschen.
Bleich siehst du aus. Haben sie dir zugesetzt
Die Ratten im Landwehrkanal. Die Hunde.
. . .
Das Wasser hat dich nicht behalten, Rosa.
. . .
Wenn du noch Augen hättest
Könntest du durch meine Hände scheinen sehn
Die roten Fahnen über Rhein und Ruhr.
. . .
MÄDCHEN: Ich kann sie ohne Augen sehn –
Der junge Maurer souffliert.

MÄDCHEN: Genosse.
Die roten Fahnen – *Der junge Maurer souffliert.*
Über Rhein und Ruhr. *Der sterbende Maurer*
lächelt.« (GTB 77/78)

In dieser Vision eines gesamtdeutschen Sozialismus (Rhein und Ruhr) wird das Konzept der deutschen Arbeiterbewegung (ewiger Maurer) mit der *realen* Emanzipation der Frau verschränkt, und so entscheidend erweitert. Diese Schlußszene von ›Germania‹ steht in direktem Kontrast zur ersten Szene ›Die Straße 1‹, dem Scheitern der Revolution 1918. Die politische Emanzipation der Frau ist zwar stockend und muß vom jungen Maurer angeleitet (souffliert) werden, würde aber auch in psychodynamischer Hinsicht zu einem neuen Verhältnis der politischen Kräfte in Deutschland führen. Die Verwirklichung der Emanzipation der Frau, die primär nicht ein rationaler Prozeß im Sinne politischer Erziehung ist, sondern auf einer intensiven emotionalen Auseinandersetzung beruht und in deren Zentrum die Überwindung männlicher Besitzansprüche – ›Und ich hab' nicht gewußt/bis gestern, wie lang eine Nacht ist.‹ (GTB 77) – steht, könnte eine antizipatorische Entwicklung des deutschen Volkscharakters initiieren. Seinen destruktiven Tendenzen wird also mit der Entfaltung der Liebesfähigkeit und der politischen Aufwertung psychischer Konflikte und sexualpolitischer Konzepte geantwortet. Damit definiert sich die Emanzipation der Gefühle als primär zu lösende politische Aufgabe, die der Bewältigung ökonomischer Probleme (Maurer) überhaupt erst ihren Sin verleiht – »Jetzt kann ich nicht mehr schludern auf/dem Bau./Kann sein und ich bau an meiner eignen Wohnung.« (GTB 56) Die Erfahrung und Möglichkeit menschlichen Glücks bildet demnach die Grundlage eines bewußten Aufbaus des sozialistischen Systems, während die bloße Fixierung auf ökonomischen Reichtum – »AKTIVIST Ich trau mich schon/nicht mehr nach Hause. Jeden Tag was Neues. Gestern der Teppich. Heute das BUFFET.« (GTB 54), allein der Kompensation der zwischenmenschlichen Leere dient – »Seitdem spielt meine Frau die Dame, weil/Ich in der Zeitung steh.« (GTB 54). Die Einlösung des Utopischen kann nicht in der Produktion und ›gerechteren‹ Partizipation am gesellschaftlichen Reichtum bestehen, wenn dies nicht in zweckmäßigem Zusammenhang mit individuellen Glückerfahrungen steht.

1.3.6. Zur ästhetischen Konstruktion von ›Germania‹

Während sich die Problemkonstellationen der ›Schlacht‹ mit den Kategorien von menschlicher Würde und Selbsterhaltungsmoral interpretieren ließen, stehen in ›Germania‹ vorrangig die psychischen Intentionen der Protagonisten zur Diskussion.

›Die Schlacht‹ setzt sich wesentlich auf der Ebene des *Bewußtseins* mit dem

Verhalten der Deutschen während des Nationalismus auseinander; eine a-so-
ziale, nur im individuellen Vorteil orientierte ›Überlebens‹-Ethik bildet die Kehrseite des deutschen Faschismus als kollektiver Regression. Hierdurch konnte der
Faschismus in der Spirale des geschichtlichen Schreckens als das historische
›Schlimmere‹ bestimmt und in Beziehung zu anthropologischen Fragestellungen
gebracht werden.

›Germania‹ thematisiert den deutschen Hang zu Zerstörung und Selbstvernichtung dagegen viel stärker auf der Ebene des (kollektiven) *Un*bewußten; die
innere Gebrochenheit führt zu Todeswollust und Phantasmagorien des Hasses,
denen mit der Emanzipation der Frau und dem Forum für Liebe und Leidenschaft nicht nur moralisch, sondern auch psychodynamisch ein Gegengift ver-
abreicht wird.

Mit Bewußtsein und Unbewußtem, Moral und Wunscherfüllung, Rationalität
und Körperlichkeit sind die Kategorien bestimmt, denen bei der Analyse des
Müllerschen Werkbegriffs eine zentrale Bedeutung zukommt. Denn es gehört
zur Spezifik des Müllerschen Werkes, Probleme und ihnen verwandte Themen
unter verschiedenen durchgängigen Sichtweisen zu gestalten. So wird z.B. in
dem Stück ›Mauser‹ das revolutionäre Töten von zwei Antipoden (Mauser A/
Mauser B) mit vollkommen entgegengesetzten Auffassungen (Moral/Wunsch-
erfüllung) ausgeführt. Unter ähnlichen Aspekten steht das erste zum vierten und
das zweite zum fünften Bild in der ›Hamletmaschine‹. Ähnliches gilt für die
Konstellation der Stücke untereinander. Während ›Die Schlacht‹ nach den Vorgängen im Bewußtsein während des deutschen Faschismus fragt und damit
schließlich anthropologische Fragestellungen aufwirft, thematisiert ›Germania‹
das Verhalten hinsichtlich seiner Voraussetzungen im Unbewußten, wodurch
psychodynamische Aspekte hinsichtlich ihrer Relevanz für die gesellschaftliche
Praxis ästhetisch problematisiert werden. Mit diesen, bei dem allgemeinen Stand
der Analyse des Müllerschen Gesamtwerks, notwendig fragilen Kategorien ist
die Eigenart der Müllerschen Konstruktion, sich einem Problem gleichsam von
zwei Gravitationszentren her zu nähern, denselben Vorgang auf der Tag- und
Nachtseite des Geistes zu gestalten, vorerst bestimmt, ohne daß diesen Überlegungen zur Konstitution des Gesamtwerks hier noch weiter nachgegangen
werden kann. Die mit avantgardistischen Mitteln verfaßten Szenen ›Brandenburgisches Konzept 1‹, ›Hommage à Stalin 1‹ und ›Die heilige Familie‹ haben,
wie gezeigt, antiautoritäre Intentionen. Das historische Material wird aus dem
Kontinuum der Geschichte herausgebrochen und durch die groteske und slap-
stickartige Bearbeitung anarchisch zertrümmert. Geschichte kann demnach nicht
länger mit den Kategorien Linearität und Fortschritt bestimmt werden, sondern
stellt sich wie in ›Hommage à Stalin 1‹ als eine einzige sich wiederholende
Katastrophe dar. Als solche aber ist sie für die gesellschaftliche Realität der
Gegenwart, also für die mit realistischen Mitteln gestaltete Geschichte der DDR

und ihrem historischen Bezugspunkt der gescheiterten sozialistischen Revolution von 1918, nicht traditionsstiftend und muß vielmehr überwunden werden.
Denn sie ist weiterhin in den subjektiven Haltungen und psychischen Formationen der Subjekte anwesend. Dies aber bedeutet, daß das gesellschaftliche Handeln der Subjekte nicht durchgäng von Rationalität bestimmt ist, sondern vom
kollektiven Unbewußten determiniert wird.

So ist der Szene ›Die Brüder 2‹ der Konflikt der Cheruskerbrüder Arminius
und Flavus assoziiert und sie ist über die dramatische Konfiguration mit der
Phantasmagorie des Totenreiches, das sich unter diesem Aspekt als ästhetische
Artikulation des ästhetischen deutschen Unbewußten dechiffriert, verbunden.
Die historischen Ereignisse formieren die Triebgeschichte – das Scheitern der
bürgerlichen Revolution von 1848 führte zu einer mangelnden Entfaltung bürgerlichen Selbstbewußtseins, zu Militarismus und Untertanengeist. Aus dieser
verunglückten deutschen Geschichte, die nach Müller mit dem Bauernkrieg und
dem Dreißigjährigen Krieg beginnt, resultieren nekrophile – auf Zerstörung und
Selbstvernichtung gerichtete Charakterstrukturen, die sich im deutschen Faschismus und in Stalingrad historisch manifestieren. Diesen Tendenzen des kollektiven Unbewußten wird mit dem Votum für Eros und Liebe auf psychodynamischer Ebene begegnet. Die in der Geschichte der DDR und ihre Tradition
einmontierten Szenen haben also eine doppelte Funktion. Sie signalisieren zum
einen den ›objektiven‹ Bruch mit der Geschichte des Imperialismus (Cäsar/Na-
poleon), der Ausbeutung – »Ich bin der ewige Maurer./ ... Und immer war es für
die Kapitalisten/Zehntausend Jahre lang. Aber in Moskau/War ich zum erstenmal mein eigener Chef«: (GTB 78) und der deutschen Geschichte (Cherusker/
Nibelungen/Preußentum/Stalingrad). Andererseits zeigen sie aber, daß ein deformiertes kollektives Unbewußtes die subjektiven Haltungen und psychischen
Formationen der Subjekte weiterhin bestimmt, so daß der Triebhaushalt und das
Unbewußte zum vorrangig zu emanzipierenden Gegenstand werden. Durch die
Verwendung der Tiermetaphorik in der ›Schlacht‹ ließ sich die Lust an der
Zerstörung als Regression ins Animalische bestimmen. In ›Germania‹ handelt es
sich hierbei um eine psychische Tendenz, die, kollektivgeschichtlich angelegt,
das Verhalten strukturiert. Diese Gestaltung der historischen Verfaßtheit des
Unbewußten mündet in die Kritik an der Bewegung der Aufklärung und damit
auch der abendländischen Rationalität, die in Müllers nächstem Deutschlandstück tragend wird.

1.4. ›Leben Gundlings‹ – von der Fortschritts- zur Rationalitätskritik

Mit ›Leben Gundlings‹ erreicht Heiner Müllers Auseinandersetzung mit den
Ursachen und Bedingungen des ›deutschen Hanges zur Gewalttätigkeit‹ eine
neue Qualität. Zeigte sich in ›Die Schlacht‹ das deutsche Kollektivsubjekt als

besonders anfällig für regressive Tendenzen und die Übernahme asozialer Verhaltensmuster, so läßt sich in ›Germania‹ die Genesis dieser Affinität aus der Spezifik der deutschen Geschichte und ihrer Ursprünge herleiten.

Die historischen Katastrophen und Niederlagen strukturieren nicht nur das gesellschaftliche Sein, sondern sie haben auch prägende Wirkung auf das kollektive Unbewußte und bestimmen die kollektiven Ängste und Wünsche. Dadurch entsteht im Falle ›Deutschlands‹ eine vom Todestrieb dominierte politische Praxis, so daß erst durch eine kollektive Selbstüberwindung der deutschen Nation – in Form einer bewußten Negation der nationalen deutsch-preußischen Traditionen, die psychischen Formationen revidiert werden können, die die Geschichtsmächtigkeit einer selbstbestimmten und an Emanzipation orientierten deutschen Politik im zwanzigsten Jahrhundert bislang verhindert haben. Hiermit sind also aus der Niederlage der Arbeiterbewegung und der historischen Existenz des Dritten Reiches weitreichende Konsequenzen gezogen. Damit ist einerseits die Geltung der geschichtsphilosophischen Kategorie des Fortschritts negiert und andererseits wird damit die These einer ›progressiven‹ Ausrichtung der bürgerlichen Aufklärung problematisch, die die Humanisierung des Menschen de facto mit seiner Denaturalisierung gleichsetzte. Ist aber das ›Unbewußte‹, wie die innere Natur des Menschen, maßgeblich an der Gestaltung des individuellen wie kollektiven Schicksals beteiligt, so deformiert das aufklärerische Programm einer Rationalisierung aller Lebensverhältnisse gerade diejenigen Kräfte, deren Antizipation und Humanisierung ausschlaggebend bei der Realisation utopischer Zielsetzung sind. Statt den menschlichen Leib und dessen Intentionen von – durch Arbeitszwang und Gewaltherrschaft verursachten – Schmerzen und Leiden zu befreien, zielen die Strategeme der Aufklärung nicht auf die Realisation der durch die Naturhaftigkeit des Menschen gegebenen Glücksansprüche, sondern auf möglichst zweckmäßige und kalkulierbare Disposition der menschlichen Körper. In ›Leben Gundlings‹ erweitert sich die in ›Der Schlacht‹ angelegte und in ›Germania‹ dramatisch explizierte Fortschrittskritik zur Rationalitäts- und damit auch Zivilisationskritik.

»In ihrer tödlichen ›Verkörperung‹ läßt Heiner Müller vor unseren Augen die verdrängte bzw. uneingelöste Vergangenheit wiedererstehen; speziell die deutsche Entwicklung, Preußen und der deutsche Faschismus, als ›innere‹ Geschichte in ihren sozial-psychologischen Dispositionen und als Körper-Geschichte.« [55]

Wird in ›Germania‹ die Verschränkung von Geschichte und Triebgeschichte thematisch, so wird in ›Leben Gundlings‹ durch die Dramatisierung der Geschichte des Körpers im Preußen der Aufklärung der eingeschlagene Weg konsequent fortgesetzt und die materielle Basis der psychischen Deformationen in der preußischen Ausformung des Zivilisationsprozesses gefunden. Die Domestizierung des Körpers in der bürgerlichen Primärsozialisation bringt die Formcharaktere innerer Natur hervor, die nach obiger Interpretation der ›Schlacht‹ den deutschen Faschismus konstituierten.

Ähnlich wie in den beiden anderen Deutschland-Stücken, in denen Zeitungs-meldungen, Anekdoten und historische Daten sich zu einem Tag- und Nachtsei-ten umfassenden Psychogramm des deutschen Kollektivsubjekt verdichten, hat das empirische Material auch in ›Leben Gundlings‹ mannigfaltigen Charakter.

»Das Stück ist inhaltlich und ästhetisch aus mehreren Schichten geformt, die im Text selbst und seiner Wirkung ineinandergreifen, analytisch aber durchaus zu trennen sind. *Inhaltlich* setzt sich das Stück zunächst in beträchtlichem Ausmaß konkret mit der *preußisch-deutschen Geschichte* auseinander, und man merkt, daß der Autor über so umfassende wie subtile Kenntnisse auf diesem Gebiet verfügt. Die Figuren, Konstellationen und Situationen, die Müller ausgewählt hat, sind in der Mehrzahl historisch verbürgt oder doch jedenfalls so im realen Geschichtsprozeß, wie ihn die Quellen überliefern, vorstellbar. Aber nichts lag weniger in Müllers Absicht, als ein Historiendrama zu schreiben. Der Vorgang der Verpreußung Deutschlands ist etwas, das ihn auf der vordergründig politisch, ›objektiven‹ Ebene (der Staatsbildung, der politischen Ökonomie) nur mäßig interessiert. Was ihn interessiert, ist die geschichtlich sich realisierende Zurichtung der Subjekte zu zwanghaf-ten, gewaltbereiten, zerstörerischen, dabei gut funktionierenden Maschinen, die *historische Modellierung der Triebstruktur*, die Genealogie einer spezifisch preußischen Moral.« [56]

Die intellektuellen Protagonisten erweisen sich gegenüber den feudalen und absolutistischen Machtstrukturen nicht als widerständig; vielmehr verlängern sie – mit subjektiv anderer Intention – den historischen Prozeß, dessen Legiti-mation und Organisationsformen sie als irrational kritisieren. Angesichts der historischen Realität kommen ihnen keinerlei heroische Qualitäten zu; ohnmäch-tig stehen sie der Gewaltförmigkeit des historischen Alltags gegenüber und die Sinnhaftigkeit ihres Denkens desavouiert sich durch den Verlust der persön-lichen Würde, Konstituens jeglicher Souveränität.

»Speziell die deutsche Geschichte als Geschichte verpaßter Gelegenheiten ist geprägt von der Misere der Intellektuellen. Diese desolate Lage hängt für Müller mit dem wissen-schaftlichen Objektivismus, mit dem aufklärerischen Modell von Veränderung zusammen, unzureichend für die Aufhebung von Verdrängungen (z.B. des Faschismus) und zur Erfül-lung von Wünschen.« [57]

Mit ›Leben Gundlings‹ wird eine Geschichtsbetrachtung evoziert, die jenseits des Fortschrittstheorems zu einem Begriff oder Bild von (nationaler) Geschichte kommt, der oder das in einem *antizipatorischen* Verhältnis zu den Mythen und Träumen der Kollektive steht. Wie das Leben des einzelnen Subjekts ist auch die Geschichte eines Volkes wesentlich von verdrängten und unbewußten Disposi-tionen geprägt und allein gesellschaftskritische Positionen, die diese politische Substanz des Irrationalen erkannt haben, dürfen hoffen von so katastrophalen Erfahrungen, wie sie die emanzipatorische Bewegung in Deutschland in unse-rem Jahrhundert erlebte, verschont zu bleiben.

»Unter der bekannten Geschichte Europas läuft eine unterirdische. Sie besteht im Schicksal der durch Zivilisation verdrängten und entstellten menschlichen Instinkte und Leiden-

schaften. Von der faschistischen Gegenwart aus, in der das Verborgene ans Licht tritt, erscheint auch die manifeste Geschichte in ihrem Zusammenhang mit jener Nachtseite, die in der offiziellen Geschichte der Nationalstaaten und nicht weniger in ihrer progressiven Kritik übergangen wird.
Von der Verstümmelung betroffen ist vor allem das Verhältnis zum Körper.«[58]

Die Bevölkerung Preußens wird einer in der Welt einmaligen Körperdressur und Disziplinierungskampagne unterworfen, womit sich der Militärstaat Preußen aber nicht in Gegensatz zur europäischen Aufklärung bringt, sondern nur das von Francis Bacon formulierte Programm der Naturbeherrschung rücksichtslos, aber konsequent auf den Menschen anwendet. Der Sieg über die Natur, der den eigentlichen Inhalt des Emanzipationsbegriffes der rationalistisch-philosophischen Konzepte des Abendlandes bildet, verwüstet nicht nur die äußere Natur, sondern ebenso den Menschen als Teil dieser Natur.

»Noch in jedem Territorium, das die Aufklärung besetzt hat, haben sich ›unversehens‹ unbekannte Dunkelzonen aufgetan. Immer neu hat die Allianz mit dem Rationalismus der Linken den Rücken entblößt für die Dolche der Reaktion, die in diesen Dunkelzonen geschmiedet wurden.« (R 42)

Das vorrangige Interesse der abendländischen Theorie, der Aufklärung des Rationalismus gilt innerer und äußerer Naturbeherrschung und nicht gesellschaftlicher Emanzipation. Ziel antizipatorischer Politik kann jedoch allein die Humanisierung innerer Natur sein, aber nicht deren Unterwerfung, denn nicht nur das Bewußtsein macht die Geschichte, sondern ebenso das ›andere der Vernunft‹ und dessen Glücksansprüche. Die Formierung der inneren Natur im preußischen Militärstaat und die Funktion bzw. Rolle der Aufklärung und ihrer Repräsentanten bilden den zentralen Aspekt dieser Darlegung.

1.4.1. Körperdressur und Aufklärung

Das Stück ›Leben Gundlings Friedrich von Preußen Lessings Schlaf Traum Schrei‹ beginnt mit einer fiktiven Szene im Tabakkollegium Friedrich Wilhelm I. und zeigt, indem mehrere Stationen und Erlebnisse aus dem Leben Jacob Paul Gundlings, des Präsidenten der Akademie der Wissenschaften, verdichtet werden, Spezifica der Genese des bürgerlichen Intellektuellen in Deutschland, wo sich das schwache und im Gegensatz zu Frankreich und England wenig entwickelte deutsche Bürgertum kaum politische Freiräume erobern konnte.

»Stärkste geistige Bewegung in Europa seit der Reformation, brachte die Aufklärung Erhöhung und Verselbständigung der Vernunft gegenüber allen überlieferten Autoritätsgeboten. Den zunehmend offenen Widerspruch zu den herrschenden Mächten löste in Frankreich die Revolution. Trotz neuer Widersprüche fanden die Errungenschaften von Rationalismus und Materialismus dort feste Etablierung. Anders in Deutschland. Sieht man in der Aufklärung eine ›politische Elementarschule des modernen Bürgertums‹, so versäumte es das deutsche Bürgertum, diese Schule zu absolvieren. Unfähig, sein ›sittliches

Recht auf Revolution‹ wahrzunehmen, verfiel es auf die Idee vom ›ewigen Staat‹ und brachte schließlich jene Untertanenmoral hervor, deren Ideale bedingungslose Loyalität und Treue sind.« [59]

Anders als ihre französischen und englischen Kollegen räsonierten die deutschen Theoretiker nicht über Funktion und Sinn des Staates oder etwaige Gesellschaftsverträge zwischen den Bürgern und dem Staat, sondern vielmehr, wie man sich vor ihm schützen könne. Das Verhältnis zwischen Bürgertum und Staat wurde als moralisches bestimmt. Es stellte sich die Frage, wie man auf der einen Seite Untertan sein und die Gesetze erfüllen kann und andererseits Mensch, d.h. autonom.

»Mendelssohn macht deutlich, daß von den Wegen, die er erwähnt – Heuchelei, Resignation und Heldentum –, ihm der erstere noch als der gangbarste erscheint.
Im Denken kaum weniger repräsentativ für seine Zeit als Mendelssohn, sucht auch Kant, der Mann des ›kategorischen Imperativs‹ für das Problem eine Lösung zu finden. Sein Vorschlag: man solle einen Unterschied machen zwischen ›Privatgebrauch‹ der Vernunft und deren ›öffentlichem Gebrauch‹. Hatte Mendelssohn in seinen Ausführungen noch an der ›Einheit der Person‹ festgehalten, …, so empfiehlt der Pflicht-Ethiker Kant, …, bewußt die Flucht ins Doppelleben, taktischen Rückgriff auf eine doppelte Moral. Die Unterscheidung zwischen Mensch und Bürger impliziert die Trennung von Gesinnung und Verhalten…
Ihren Vorschlag dürfen Mendelssohn wie Kant als die unter den Umständen optimale Lösung verstanden haben, Pragmatische Haltung erfährt ihre Rechtfertigung aus dem Nutzen für das Leben.« [60]

Die moralischen Doppelstrategien des deutschen Bürgertums im 18. Jahrhundert formieren demnach die gesellschaftlichen Haltungen des Pragmatismus und Opportunismus, die im Spannungsgefüge der ›Schlacht‹ als virulent gezeigt wurden und sich gegenüber autoritär-totalitären Herrschaftsgebilden nicht als widerständig erwiesen.

Best führt im weiteren Brechts am Pragmatismus orientierte Protagonisten wie Keuner, Me-ti, Galilei und Schwejk auf diese moralphilosophische Tradition und deren Kernsatz: »Es ist das Recht, es koste was es wolle, sein Sein zu erhalten« [61], zurück und legitimiert damit genau die Selbsterhaltungsmoral, die in Müllers Stücken als für die Emanzipation untauglich (vgl. ›Die Schlacht‹, ›Mauser‹, ›Der Auftrag‹) kritisiert wird. Rechtfertigte sich die Position Kants und Mendelssohns durch die Erwartung, daß durch zunehmende Aufklärung generell andere Verhältnisse eintreten würden, so zeigt der Nationalsozialismus, daß sich die Gewaltherrschaft auch in einer völlig aufgeklärten Epoche wiederholen kann, womit die in Preußen entwickelten, moralischen Doppelstrategien hinsichtlich ihres emanzipatorischen Charakters falsifiziert sind.

»GUNDLING:… und erhellt die Weisheit der von Majestät verfügten Maßnahme, das Verbot der ausländischen Zeitungen auf dem Territorium Ihrer Majestät betreffend, schon allein aus dem Umstande, daß die Welt, als von einem Gott geschaffen, nach Vernunftgründen nur einen Mittelpunkt haben kann, als welcher in Preußen befindlich, sozusagen

mit Verlaub unter dem Königlichen Hintern Seiner Allergnädigsten Majestät, von Gottes Gnaden Friedrich Wilhlelm. *Friedrich Wilhelm furzt. Friedrich hält sich demonstrativ die Nase zu.*
Also hat Gott die Welt erschaffen. Als welche zuerst gasförmig.« (LG 10)

In dieser kurzen Sequenz verschränken sich philosophische und politische Argumente, die von Äußerungen, die einer mehr mittelalterlichen denn neuzeitlichen Schamschwelle angehören, begleitet werden. Im Stile einer Theodizee des philosophischen Rationalismus (Descartes, Spinoza, Leibniz), legitimiert Gundling die politische Zensur, indem er den Absolutismus und die Rechtmäßigkeit seiner politischen Maßnahmen in der Tradition der Gottesbeweise deduziert und im Verweis auf das Gottesgnadentum auch religiös-ideologisch bestätigt.

Das Stück setzt also in einer – unter emanzipatorischen Gesichtspunkten betrachtet – historisch mißlungenen gesellschaftlichen Situation ein.

Anders als zu Beginn von ›Brandenburgisches Konzert 1‹ stehen sich Bürgertum und Feudaladel nicht gleichwertig gegenüber, sondern der intellektuelle Repräsentant des Bürgertums ist politisch schon unterworfen. Die vernünftige Welterklärung, durch die sich das Bürgertum seiner Freiheit versichert, ist zum Instrument von Herrschaft, mit dem die realen Machtverhältnisse eine rein ideologische Legitimation erfahren, heruntergekommen.

»Schon vor mehr als 250 Jahren, zu einer Zeit also, als ›bürgerliche Gesellschaft‹ noch nicht einmal *begonnen* hatte sich zu entfalten, setzt Müller ein prinzipiell deformiertes – weil instrumentales Verhältnis, zum Staatszweck unterworfenes – Verhältnis zwischen Volk, Intellektuellen und denen, die die Richtlinien der Politik bestimmen, an; . . .« [62]

Hält man sich die reale soziale Stellung der deutschen Intelligenz im 18. Jahrhundert vor Augen, so zeigt sich, daß die ökonomische Abhängigkeit vom Feudaladel, bei mangelnder Herausbildung einer Zentralgewalt in Deutschland, es mit sich brachte, daß die deutschen Intellektuellen schon vor der Ausbildung ihrer historischen Identität lernten, die Macht des Adels zu fürchten.

»Eine Hofmeister-Existenz, weiß man aus vielen Zeugnissen des 18. Jahrhunderts, ist nicht viel anders als Sklaverei. Die Blüte der jugendlichen bürgerlichen Intelligenz mußte fast durchweg Jahre der Demütigung und des oft aussichtslosen Wartens auf eine ihren Kompetenzen angemessene Stelle verbringen: Schulen der Erniedrigung und des Selbstzwangs, des Wartens und Schweigens, des verschluckten Zorns und der depressiven Perspektivlosigkeit.« [63]

Die Charakteristika deutschen Geistes: ›Schwermut‹ und ‹Tiefsinn‹ dürften sich nicht zu unwesentlichen Teilen aus einer Erfahrung sozialer Realität begründen, in der jede revoltierende gesellschaftliche Praxis aussichtslos und der eigene gesellschaftliche Stellenwert als marginal erscheint. Die geistige Produktion setzte in Deutschland ein, bevor das Bürgertum den Adel mit seiner ökonomischen Macht ernsthaft gefährden konnte. Die Aufklärer – die Lehrer der Nation – mußten sich bei ihren ›historischen‹ Feinden verdingen, wobei sie, wie Gund-

ling, den erniedrigsten Demütigungen ausgesetzt waren, bis sie schließlich eine
fatale Neigung zur Unterwerfung entwickelten, der auch den theoretischen
Gehalt ihrer Werke nicht unberührt läßt. Damit unterscheidet sich die Genese
des deutschen Bürgertums und der deutschen Intelligenz wesentlich von der in
Frankreich und England. Die Gründe dieser unterschiedlichen Entwicklung da-
tieren bis ins Mittelalter und den Übergang zur Neuzeit zurück.

»Hatten sich ehemals in vielen deutschen Gebieten spezifisch bürgerlich-mittelständische
Traditionen in besonders reiner Form herausgebildet, weil städtische Formen so reich und
selbständig waren, so bildeten sie sich nun als spezifisch bürgerliche Traditionen fort, weil
ihre Träger besonders arm und sozial ohnmächtig waren. Und erst sehr spät kam es
dementsprechend auch zu einer größeren Durchdringung von Bürger- und Adelskrei-
sen,...; lange Zeit bestanden die Gebots- und Verbotstafeln beider kaum verbunden
nebeneinander fort; und da in dieser ganzen Zeit auch die Schlüsselstellungen des Steuer-
monopols ebenso, wie die Polizei- und Heeresverwaltung mehr oder weniger ausgespro-
chene Monopole des Adels waren, so prägte sich dem Bürgertum die Gewöhnung an eine
starke, äußere Staatsautorität tief ein. Während etwa in England... weder das Landheer,
noch eine zentralisierte Polizeigewalt als Prägeinstrument seiner Bewohner irgendeine
größere Rolle spielten, war und blieb in Preußen-Deutschland mit seinen ausgedehnten
und leicht gefährdeten Landgrenzen das vom Adel, von privilegierten Schichten geleitete
Landheer ebenso, wie die mächtige Polizeigewalt für das Gepräge seiner Bewohner von
größter Bedeutung. Dieser Aufbau des Gewaltmonopols aber..., gewöhnte die einzelnen
von klein auf in höherem Maße an eine Unterordnung unter andre, an den Befehl von
außen... So blieb die Triebregulierung des einzelnen hier in besonders hohem Maße auf
das Vorhandensein einer starken, äußeren Staatsgewalt abgestimmt...; es bildete sich von
Generation zu Generation immer von neuem in den bürgerlichen Massen ein Über-Ich
heraus, das darauf abgestellt war, die spezifische Langsicht, die die Herrschaft und Organisation der ganzen Gesellschaft erforderte, einem abgesonderten und sozial höher rangie-
renden Kreise zu überlassen.« [64]

Aus der sozialen Depravierung der bürgerlichen Schichten im Gefolge des
Dreißigjährigen Krieges erklärt sich zum einen die Affinität zu autoritären
Strukturen und zum anderen die politische Unmündigkeit, die darin zum Aus-
druck kommt.

Darüber hinaus verweist diese Eingangssequenz von ›Leben Gundlings‹ auch
auf die materielle Basis der Genese psychischer Formationen. Denn das ›Furzen‹
Friedrich Wilhelm I. sowie die folgende Mißhandlung Gundlings durch dessen
Offiziere bedingt sich aber nicht nur durch einen zynischen Umgang mit Macht,
sondern es ist auch die Konfrontation zweier unterschiedlicher Traditionen der
Triebregulierung und Affektorganisation. Dagegen verweist die Haltung Friedrich II., der sich demonstrativ die Nase zuhält und daraufhin von seinem Vater
entsprechend gemaßregelt wird, auf den Übergang zum aufgeklärten Absolutismus.

»FRIEDRICH WILHELM: Untersteh Er sich, Flegel. Ich werd ihm Manieren beibringen,
Französling. Die Nase rümpfen vor den Fürzen seines Vaters! Hat er keinen Familiensinn.
Er ist nicht in Versailles, wo alles drunter und drüber geht. Hab ich die Nase aufgehoben,

wenn Er in seiner Scheiße lag? Ein Preuße hält seine Familie in Ehren, dick oder dünn. Halt er sich gerade. Und die Hände auf den Tisch. Spielt er wieder am Beinkleid. Die Hände des Soldaten sind an der Hosennaht befindlich, bei Tafel auf dem Tisch. *Reiß Friedrich die Flöte aus dem Uniformrock, zerbricht sie überm Knie.*« (LG 10)

Waren »Rülpsen und Furzen, bekanntlich im Mittelalter Zeichen des Genießens und Wohlbehagens« [65], so besteht gerade in der subtilsten Verfeinerung der ›Manieren‹ bis in die Selbststilisation das höfische Zeremoniell.

»Ferner ist die Selbststilisierung primär eine Sache derjenigen Klasse, die kollektiv bzw. in ihrer Spitze, dem König, über die Zentralmacht verfügt: die höfischen Kreise. Soziologisch gesehen dient die Selbststilisierung einer Distanzierung der herrschenden Kreise, der ›Gesellschaft‹ vom Volk.« [66]

Während also Gundling schon psychisch und ideologisch gebrochen ist, stoßen mit Friedrich I. und seinem Sohn zwei Formationen feudaler Herrschaft aufeinander, denen zwei unterschiedliche Organisationen der Triebregulation eigen sind. Im Gegensatz zum französischen Absolutismus, der sich den bürgerlichen Kreisen öffnen mußte, wobei es »zu einer Amalgamierung von Verhaltensweisen beider« [67] Klassen kam, insistiert Friedrich Wilhelm I. auch aus machtpolitischen Gründen auf explizit antibürgerliche und rohe Verhaltensweisen. Es geht ihm nicht um die Hebung des kulturellen Standards, um geistige oder sinnliche Genüsse, sondern um die Etablierung des soldatischen Ideals durch die Zerstörung sensibler und humaner Impulse. Das primäre politische Ziel besteht in der Domestizierung und nicht in der Entfaltung des Individuums, das als entwürdigtes zum kalkulierbaren Objekt der Macht wird.

»Ein Bär tritt auf. Seine Pfoten sind verkürzt, die Zähne ausgebrochen. Gundling rennt eine Runde um den Tisch, der Bär verfolgt ihn. Die Offiziere halten Gundling mit dem Degen auf. Der Bär umarmt Gundling.
OFFIZIER 2: Die Braut hat Feuer.
OFFIZIER 3: Eine Haut wie Milch und Blut.
OFFIZIER 4: Schmeckt ihm die Umarmung?
FRIEDRICH *hoffnungsvoll:* Wird er ihn zerreißen, Papa?
FRIEDRICH WILHELM *lacht:* Nehm er es als ein Exempel was von den Gelehrten zu halten. Und für die Regierungskunst, die Er lernen muß, wenn ich zu meinem Gott eingehe, wie der Hofprediger sagt, oder in mein Nichts. Dem Volk die Pfoten gekürzt der Bestie, und die Zähne ausgebrochen. Die Intelligenz zum Narren gemacht, daß der Pöbel nicht auf Ideen kommt. Merk Er sich's, er Stubenhocker, mit Seinem Puderquasten- und Tragödienkram. Ich will, daß er ein Mann wird. Kaut Er wieder seine Nägel? Ich werd Ihm.« (LG 12)

»Mann« ist also keine biologische, sondern eine politische Kategorie; sie definiert sich durch eine antiintellektuelle Stoßrichtung, Menschenverachtung und Gewaltanwendung nach innen. Die Glorifizierung des ›Mannes‹, des soldatischen Ideals ist hier also Ausdruck einer bestimmten Form politischer Herrschaft. Diese Macht aber beruht in Preußen-Deutschland nicht auf einer entwickelten Ökonomie, denn dann brauchte man wie im Frankreich des 18. Jahrhunderts das

Bürgertum, und auch nicht auf besonderen Ressourcen, sondern allein auf der körperlichen Domestizierung seiner Einwohner. Friedrich Wilhelm I. repräsentiert dabei zwei verschiedene Strategien der Unterwerfung: Zum einen die der öffentlichen Anwendung von Gewalt, die auf die Demütigung und Entwürdigung – »Offiziere pissen auf Gundling« (LG 14) des politischen Gegners zielt, und zum anderen die der Körperdressur. In beiden Fällen ist der menschliche Körper Feld des Politischen. Im ersten soll er als rohe und blinde Naturkraft möglichst nah an seine animalische Abstammung (Bär/pissen) gebunden bleiben, im zweiten Fall soll er maschinisiert und damit dem Willen unterworfen werden. Verhindert werden soll die Humanisierung und Kultivierung des Leibes.

»FRIEDRICH WILHELM:... Die Hände des Soldaten sind an der Hosennaht befindlich, bei Tafel auf dem Tisch.« (LG 10)

Manieren und Disziplinierung der Eßgewohnheiten dienen hier eindeutig der Dressur und nicht der Hebung des kulturellen Standards. Der Körper ist nicht länger Medium des Subjekts und seiner Empfindungen, sondern als den psychischen Dispositionen entfremdet und den gesellschaftlichen Ritualen unterworfen soll über den so instrumentalisierten Körper jederzeit verfügt werden können.

Dieses in ›Leben Gundlings‹ zentrale Thema der Körperdressur war schon Motiv der ›Schlacht‹-Szene ›Kleinbürgerhochzeit‹, als der die preußische Tradition verkörpernde Veteran des Ersten Weltkrieges seine Familie liquidieren will.

»MANN:
...
Denn morgen steht der Feind in unserer Stadt
Und wer will in der Schande leben.
TOCHTER: Ich.
...
MANN: Und jetzt zu dir:
Hast du mir etwas zu sagen.
TOCHTER: Ja.
Bitte austreten zu dürfen, Papa.
MANN: Man muß sich beherrschen können, der Mensch
ist kein Tier.
Es wird nicht ausgetreten. Nicht bei mir.
Was sollen unsere tapferen Feldgrauen sagen.
Die müssen sich noch ganz anderer Dinge entschlagen.« (S 10)

Die Konfigurationen wiederholen sich: Die Vater-Kindbeziehung bzw. die Erziehung steht unter dem Aspekt der Körperkontrolle – die menschliche Natur ist integraler Bestandteil des Politischen. Betont Friedrich Wilhelm I. die Beziehung zwischen Mensch und Tier, so zielt die Erziehung seines Sohnes auf die Instrumentalisierung des Körpers. Das Vorbild dieser Pädagogik ist der Soldat der modernen Militärmaschinen.

»In der zweiten Hälfte des 18. Jahrhunderts ist der Soldat etwas geworden, was man fabriziert. Aus einem formlosen Teig, aus einem untauglichen Körper macht man die Maschine, deren man bedarf; Schritt für Schritt hat man die Haltungen zurechtgerichtet, bis ein kalkulierter Zwang jeden Körperteil durchzieht und bemeistert, den gesamten Körper zusammenhält und verfügbar macht und sich insgeheim bis in die Automatik der Gewohnheiten durchsetzt. Man hat also den Bauern ›vertrieben‹ und ihm die ›Art des Soldaten‹ gegeben.« [68]

Die Macht des Militärstaates Preußen stützt sich auf die Enteignung der Leiblichkeit seiner männlichen Bewohner. Der ›Maschinen-Soldat‹ wird auch im Alltagsleben zum Vorbild und erzieherischen Ideal. Die innere Natur und ihre spontanen Regungen bilden den eigentlichen Hauptfeind der Zivilisation als Kriegsmaschine. Nicht die Aufklärer sind das Leitbild der Nation, sondern ein bestimmter soldatischer Prototyp.

Nachdem Friedrich II. von seinem Vater seelisch gebrochen und domestiziert wurde, führt er die Staatsgeschäfte im Sinne seines Vaters fort und überflügelt ihn sogar in der rationalen Handhabung der Macht. So wie er der Exekution seines Freundes Katte zusehen mußte, so läßt er selbst zum Wohle Preußens Exekutionen durchführen. Die Identifikation mit dem Aggressor führt zu einer dezidiert antikörperlichen Einstellung, der Krieg wird zur sinnstiftenden Instanz sämtlicher menschlichen Intentionen.

»FRIEDRICH:
...
Der Mensch hat einen Fehler:
Preußisch wäre die Welt, wenn meine Preußen
Nicht fressen, saufen, huren, scheißen würden.«
(LG 21)
»FRIEDRICH *mit Adlermaske:*
Meine Kanonen brauchen Futter, Weib.
Wozu sonst hat sie ein Geschlecht im Leib.«
(LG 23)

Diese Sequenzen aus ›Herzkönig Schwarze Witwe‹ sind nicht mehr Ausdruck roher Domestikation, sondern sind bewußte Reflexionen über Ungenügen und Sinn des neuen Territoriums der politischen Macht: den menschlichen Körper.

»Im Laufe des klassischen Zeitalters spiegelte sich eine Entdeckung des Körpers als Gegenstand und Zielscheibe der Macht ab ... Die Aufmerksamkeit galt dem Körper, den man manipuliert, formiert und dressiert, der gehorcht, antwortet, gewandt wird und dessen Kräfte sich mehren. Das große Buch vom Menschen als Maschine wurde gleichzeitig auf zwei Registern geschrieben: auf dem anatomisch-metaphysischen Register, dessen erste Seiten von Descartes stammen und das von den Medizinern und Philosophen fortgeschrieben wurde; und auf dem technisch-politischen Register, das sich aus einer Masse von Militär-, Schul- und Spitalreglements sowie aus empirisch und rationalen Prozeduren zur Kontrolle oder Korrektur der Körpertätigkeiten angehäuft hatte. Die beiden Register sind wohl unterschieden, da es hier um Unterwerfung und Nutzbarmachung, dort um Funktion und Erklärung ging ausnutzbarer Körper und durchschaubarer Körper. Gleichwohl gibt es Überschneidungen. Der *Homme-machine* von La Mettrie ist sowohl eine materialistische

Reduktion der Seele wie eine allgemeine Theorie der Dressur, zwischen denen der Begriff der Gelehrigkeit herrscht, der den analysierbaren Körper mit dem manipulierbaren Körper vergleicht. Gelehrig ist ein Körper, der unterworfen weren kann, der ausgenutzt werden kann, der umgeformt und vervollkommnet werden kann. Die berühmten Automaten waren nicht bloß Illustrationen des Organismus; sie waren die Obsession Friedrich II., des pendantischen Königs der kleinen Maschinen, der gutgedrillten Regimenter und der langen Übungen.« [69]

Das eigentliche Bedauern Friedrichs gilt also der Unmöglichkeit, die Menschen vollkommen zu automatisieren. Diese Analyse Foucaults erklärt zugleich den Zusammenhang zwischen dem 4. und dem 5. Bild. Denn neben der militärischen Strategie der Körperdressur gibt es auch eine zivile, die von Foucault angesprochene philosophisch-medizinische, deren Resultate fortan unter dem Namen Pädagogik firmierend die Interessen des Staates nicht erst im Militärdienst, sondern schon im Kindesalter in die Körper verlegen.

Der Professor im Irrenhaus läßt sich – »die von mir entwickelte Masturbationsbandage«. (LG 25) – als Daniel Gottlob Moritz Schreber (1806–1881), der zu seiner Zeit einer der bekanntesten Ärzte und Pädagogen war und dessen Einfluß auf die Erziehung und Disziplinierung von deutschen Kindern nur unterschätzt werden kann, identifizieren. Seine populärwissenschaftlich gehaltenen Leitfäden zur Kindererziehung gehörten zu den weitverbreitesten im deutschsprachigen Raum. Die zentralen Kategorien, die über Erfolg oder Mißlingen der Erziehung entschieden, heißen bei ihm Gehorsam und Disziplin, so daß seine Werke durchaus ›als Anleitung zur Abrichtung von Kindern‹ angesehen werden können. Diese setzt nicht in der ›Trotzphase‹ ein, sondern schon kurz nach der Geburt.

»Als die ersten Proben, an denen sich die geistig-erzieherischen Grundsätze bewähren sollen, sind die durch grundloses Schreien und Weinen sich kundgebenden Launen der Kleinen zu betrachten... Hat man sich überzeugt, daß kein richtiges Bedürfnis, kein lästiger schmerzhafter Zustand, kein Kranksein vorhanden ist, so kann man sicher sein, daß das Schreien nur eben der Ausdruck einer Laune, einer Grille, das erste Auftauchen des Eigensinns ist. Man darf sich jetzt nicht mehr wie anfangs ausschließlich abwartend dabei verhalten, sondern muß schon in etwas positiver Weise entgegentreten: Durch schnelle Ablenkung der Aufmerksamkeit, ernste Worte, drohende Gebärden, Klopfen ans Bett..., oder wenn dies alles nichts hilft – durch natürlich entsprechend milde, aber in kleinen Pausen bis zur Beruhigung oder zum Einschlafen des Kindes beharrlich wiederholte körperlich fühlbare Ermahnungen...
Eine solche Prozedur ist nur ein- oder höchstens zweimal nötig und – man ist *Herr* des Kindes *für immer*. Von nun an genügt ein Blick, ein Wort, eine einzige drohende Gebärde, um das Kind zu regieren.« [70]

Die politische Metaphorik dieser Pädagogik – ›Eigensinn‹, ›Herr‹, ›regieren‹ –, bestätigt die Analyse Foucaults in bezug auf die Ausdehnung der politischen Machtansprüche in die Körper und psychischen Strukturen der Untertanen. Hatte Foucault die Anfänge dieser Ent-Leibung des Menschen, also die *systema-*

tische Entfremdung von seiner eigenen Natur, bis zu Descartes zurückverfolgt, so wird sie durch Jean-Jacques Rousseau zur Pädagogik, in dessen Erziehungroman ›Emile‹ die Erziehung als systematisches Training der Sinne der eigentliche Ausgangspunkt der Produktion des bürgerlichen Menschen bildet. Der Unterwerfung des Körpers und des kindlichen Eigensinns ging im 18. Jahrhundert die Domestikation der Sinne voraus.

»Ganz ähnlich ist die Erziehung der Sinnlichkeit strukturiert. Hier geht es nicht, wie man vielleicht meinen sollte, um eine Ausbildung qua Verfeinerung der menschlichen Sinne – im Gegenteil, Rousseau betont, daß das Kind ›ebenso oder fast so gut‹ sieht und hört wie der Erwachsene. Es geht überhaupt gar nicht darum, Empfänglichkeit zu erhöhen, sondern eher um das Gegenteil, nämlich zu lernen, nur noch in bestimmter Weise wahrzunehmen. Diese Weise ist keineswegs natürlich...«[71]

Zwischen dem 17. und dem 19. Jahrhundert kommt es also in Europa zur Überschneidung philosophischer, pädagogischer und militär-politischer Strategien, die ein gemeinsames Ziel verfolgen: Die Entnaturalisierung des menschlichen Leibes zugunsten von ökonomischer und machtpolitischer Produktivität. Ein weiteres Mittel, das in diesem Zusammenhang auch die Funktion der Ärzte klärt, ist die Diätetik – das Programm der Lehre von der Gesundheit – welches ebenfalls darauf zielt, den menschlichen Leib unter die Kontrolle der Rationalität zu bringen.

»Nun ist die Diätetik an sich ja ein durchaus vernünftiges Unterfangen. Auffällig ist nur, daß im 18. Jahrhundert Gesundheit zu einem rationalen Programm gemacht wird, daß man sich offenbar nicht mehr darauf verlassen kann, daß elementare Lebensvollzüge des Leibes im wesentlichen von selbst und von selbst auch richtig verlaufen. So wird die Ernährung und der Stuhlgang, der Schlaf und der Beischlaf, die Luft, die man atmet, die Temperatur der Atmosphäre, so wird das ganze unmittelbare Dasein zu einem Bereich, in dem man Regeln zu beachten hat, und den man einer beständigen kontrollierenden Aufmerksamkeit unterwerfen muß. Der Leib, das eigene natürliche Dasein wird als etwas Fremdes empfunden, das zugleich bedrohlich und gefährdet ist und dem Zugriff bewußten Lebens letztlich entzogen bleibt. Gerade deshalb wird versucht, durch immer größere Anstrengungen den Leib unter die Kontrolle des Bewußtseins zu bringen. Ein unmittelbares Sichausleben gibt es nicht mehr. Dieses Sichausleben wird als größte Bedrohung empfunden. Die Diätetik, die versucht leibliches Dasein zu rationalisieren, verstärkt durch ihr Programm das, was sie nötig macht, nämlich die Fremdheit des eigenen Leibes.«[72]

In dieser Tradition befindet sich also der Arzt und Pädagoge Daniel G. Schreber, der zugleich als der Erfinder der nach ihm benannten Schrebergärten noch gegenwärtig eine gewisse Popularität besitzt. Doch er empfahl den Eltern nicht nur durch körperliche Drangsalisierung des Kleinkindes Herr über dessen Leib und Seele zu werden und z.B. zur Verstärkung der Sehkraft kalte Bäder und kaltes Abreiben zu verabreichen, sondern, und dies hebt diesen preußischen Erzieher besonders von seinen europäischen Kollegen hervor, er war zugleich Konstrukteur von Gerätschaften, die als direkt physischer Zwang die Körper der Kinder und Jugendlichen normieren sollten. So schuf er ein Schulterband mit

Metallfedern, das das Vorfallen der Schultern verhüten sollten, den ›Gürtel für das schlafende Kind‹, der die Aufgabe hatte dafür zu sorgen, daß der Körper im Schlaf in der Rückenlage ausgestreckt blieb, das Eisenkreuz, das beim Essen oder beim Lesen am Tisch befestigt wurde und aus ›gewissen delikaten Gründen‹ mit einer Stützstrebe versehen war, die verhinderte, daß die Beine übereinanderge-schlagen werden konnten, um nur einiges zu nennen. Diese Instrumente zur Domestizierung des Körpers richten sich *grundsätzlich* gegen die innere Natur des Menschen und ihre spontanen Äußerungen, explizit aber gegen die Sexuali-tät, wie es auch der Irrenarzt in ›Lieber Gott mach mich fromm weil ich aus der Hölle komm‹ den Studenten erläutert.

»Ich bitte mir eine mehr wissenschaftliche Haltung aus, meine Herren. Sehn Sie diesen Knaben, Idiot geworden durch Masturbation. Die Ruine einer blühenden Kindheit.
Knabe steckt die Zunge heraus.
Und den Triumph der Wissenschaft: die von mir entwickelte Masturbationsbandage. Eine, wie Sie sehen, so einfache wie sinnreiche Konstruktion, die bei konsequenter Anwendung auf die Dauer auch den härtesten kleinen Sünder mürbe macht.
Knabe spuckt. Wärter verbinden ihm den Mund.
Sie ist nach Größen verstellbar und ich darf anmerken, meine Herren, wenn Sie mir die patriotische Abschweifung erlauben: ich meinerseits halte es nicht für einen Zufall, daß diese meine bescheidene Erfindung gerade im aufgeklärten Preußen unseres tugendhaften Monarchen zur Anwendung kommt. Ein Sieg der Vernunft über den rohen Naturtrieb. Gegen den sogar der tägliche Gebrauch der Ruthe nichts vermochte: Kaum daß er sie nicht mehr auf dem Rücken spürte, einmal erlahmt die strafende Hand des besten Pädagogen, der Mensch, leider, ist keine Maschine, wiederholte der Verstockte, ohne die Vernarbung seiner Striemen abzuwarten, den schändlichen Handgriff nach dem Werkzeug, das der Schöpfer der Fortpflanzung, in christlicher Ehe versteht sich, vorbehalten hat, Gottes Ebenbild auch er, nach Seinem Bilde schuf er ihn, mit einem gewissen Theologen zu sprechen.
...
PROFESSOR *lacht*
Nach vier Wochen in der Bandage, die sozusagen als ein verlängerter und, weil mecha-nisch, unermüdender Arm der Pädagogik fungiert, vergißt der ärgste Wüstling sein Geschlecht. Ich darf demonstrieren.
Wärter lösen die Bandage. Knabe, sein Gesicht vom Schmerz verzerrt, reibt seine tauben Arme, reißt sich die Maulbinde ab, greift nach seinen Genitalien.
Studenten lachen.
Wütend.
Ein Idiot. – Krummschließen. – Die Bandage war zu locker. Eine Nachlässigkeit.
Knabe wird krummgeschlossen, heult.« (LG 26 f.)

Damit hat der das Stück tragende Konflikt eine neue Kontur angenommen. Standen sich in der ersten Szene bürgerliche Intelligenz und feudale Staatsmacht noch in dem Sinne feindlich entgegen, daß Gundling gegen seine eigentliche Intention, aufgrund ökonomischer Abhängigkeit und psychischer Gebrochen-heit die politischen Repressionen Friedrich Wilhelms rational legitimiert, so stehen sich jetzt Rationalität und innere Natur gegenüber. Die Vertreter der

Rationalität tendieren nicht mehr zur politischen Emanzipation, sondern die Vernunft dient allein dazu sich von der Natur zu befreien bzw. sie zu beherrschen. Die Naturbeherrschung am Körper aber kommt seiner Domestizierung gleich, Rationalität verschmilzt mit Herrschaft – (innerer) Natur mit Freiheit. Nicht länger kann Vernunft als Wissenschaft emanzipatives Potential sein, sondern emanzipativ wäre hiernach allein eine Wiederaneignung des Leiblichen.

Geschichte wird somit in ›Leben Gundlings‹ nicht mehr als Fortschritt begriffen. Statt dessen zeigt sich Rationalität als gegen den Leib gerichtete Strategie, deren Freiheitspostulat im Deutschen Idealismus nur – wie z.B. bei Hegel, der Preußen-Deutschland als Endpunkt der Geschichte definierte, weil sich in ihm das Reich der Freiheit bereits verwirklicht hat –, ideologisch-verschleiernder Charakter zukommt.

»Bis hierher ist das Bewußtsein gekommen, und dies sind die Hauptmomente der Form, in welcher das Prinzip der Freiheit sich verwirklicht hat, denn die Weltgeschichte ist nichts als die Entwicklung des Begriffes der Freiheit. Die objektive Freiheit aber, die Gesetze der reellen Freiheit, fordern die Unterwerfung des zufälligen Willens, denn dieser ist überhaupt formell. Wenn das Objektive an sich vernünftig ist, so muß die Einsicht dieser Vernunft entsprechend sein, und dann ist auch das wesentliche Moment der subjektiven Freiheit vorhanden... Aus dem Überdruß an den Bewegungen der unmittelbaren Leidenschaften in der Wirklichkeit zur Betrachtung heraus; ihr Interesse ist, den Entwicklungsgang der sich verwirklichenden Idee zu erkennen, und zwar der Idee der Freiheit, welche nur ist als Bewußtsein der Freiheit.« [73]

Doch wenn der Profesor im Irrenhaus angesichts von Zwangsjacke und den deformierten menschlichen Produkten preußischen Geistes Hegel paraphrasiert und die Pazifizierung der Bevölkerung durch die systematische Anwendung von Zwang, Gefängnissen und der Pathologisierung der verzweifelnden Subjekte in Einklang mit Platons Konzeption vom ›idealen Staat‹ und Kants Schrift ›Vom ewigen Frieden‹ stellt, so ist dies nicht nur die Negation des Fortschrittglaubens, sondern zugleich die Verabschiedung der Tradition europäischer Rationalität seit ihrer Genese in Griechenland.

»PROFESSOR: ... Die Zwangsjacke. Ein Instrument der Dialektik, wie mein Kollege von der philosophischen Fakultät schließen würde. Eine Schule der Freiheit in der Tat. Sie brauchen nur hinzusehen, als Einsicht in die Notwendigkeit verstanden. Je mehr der Patient sich bewegt, desto enger schnürt er sich selbst wohlgemerkt, in seine Bestimmung. Jeder ist sein eigener Preuße, populär gesprochen. Darin liegt der erzieherische Wert, das Humanum sozusagen, der Zwangsjacke, die ebensogut Freiheitsjacke genannt werden kann. Der Philosoph würde schließen, daß die wahre Freiheit in der Katanonie beruht, als dem vollendeten Ausdruck der Disziplin, die Preußen groß gemacht hat. Die Konsequenz ist reizvoll: der ideale Staat gründet auf dem Stupor seiner Bevölkerung, der ewige Frieden auf dem globalen Darmverschluß. Der Mediziner weiß: die Staaten ruhn auf dem Schweiß ihrer Völker; auf Kotsäulen der Tempel der Vernunft.« (LG 26)

Der Freiheitsbegriff, dessen Zweck in der Emanzipation von sozialen Zwängen terminiert, kennzeichnet sich in dieser Sequenz durch seinen affirmativen Charakter; die Staatsphilosophie dient nicht der politischen Emanzipation, sondern legitimiert die Entfremdung von der menschlichen Naturhaftigkeit. Die Subjekte sind in keiner Form mündig geworden, vielmehr dient die philosophische Rationalität ihrer Enteignung und Entmündigung.

Indem Müllers Protagonist die Dialektik mit der Zwangsjacke gleichsetzt und sie demnach Freiheitsjacke heißen kann, wird nicht nur ein Urteil über die Aufklärung als Körperdressur und Nivellisationsprozeß gefällt. Denn diese ästhetische Argumentation, die Fortschritt und den Wahrheitscharakter der Geschichtlichen bezweifelt, wartet implizit mit einem Freiheitsbegriff auf, der die Notwendigkeit des Staates selber als übergeordneter politischer Macht in Frage stellt.

»Und das ist das Entscheidende: die riesige Progreßanlage in der Reichsstadt, dem Weltreich Hegelscher Philosophie, ist Hegels schöpferisch gebliebene Wahrheit. Die Erledigung Hegels von seiner isoliert, gar absolut gemachten Reaktionsseite her ist, wie Stalin betont hat, anarchistisch, nicht marxistisch. Die Anarchisten ›wissen, daß Hegel ein konservativer Denker war, und da benutzen sie die Gelegenheit, um Hegel als Anhänger der Restauration aus Leibeskräften zu beschimpfen und mit großem Eifer zu beweisen, daß Hegel der Philosoph der Restauration ist, daß er den bürokratischen Konstitutionalismus in seiner absoluten Form lobpreist, daß die Gesamtidee seiner Geschichtsphilosophie der philosophischen Richtung der Restaurationsepoche untergeordnet ist und ihr dient und so weiter und dergleichen mehr... Auf diese Weise wollen die Anarchisten die dialektische Methode widerlegen. Wir erklären, daß sie auf diesen Wege nichts beweisen als ihre eigene Unwissenheit‹ (Stalin, Werke I, S. 264f.).« [74]

Ausgehend von einer kurzen Skizze der politischen Doppelstrategie des deutschen Bürgertums im 18. Jahrhundert ließ sich das Phänomen Gundling als Produkt des Geschichtsverlaufs in Deutschland sowie als typischer Repräsentant der deutschen Intelligenz und Aufklärer bestimmen. Es zeigte sich anhand der ausgewählten Textbeispiele, daß diesem Stück kritische Analysen der Geschichte der Zivilisation und des Körpers in der Neuzeit inhärieren, wobei die Begriffe Aufklärung sowie Preußen als philosophisch-pädagogische und militärisch-politische Strategie in der Technik der Körperdressur terminieren. Die Körperdressur, als durchgesetztes Primat der Rationalität über die innere Natur, wird in ›Leben Gundlings‹ in ihren deformierenden Aspekten dargestellt und so die Rationalität selber als potentielle emanzipatorische Strategie negiert.

Wurde in der Interpretation der ›Schlacht‹ festgestellt, daß die innere Natur der Deutschen in der Wiederkehr des Verdrängten Merkmale des Autoritären behält, so ist durch diese Analyse von Preußen-Deutschland zugleich eine wichtige Möglichkeit zur Erklärung der Virulenz des deutschen Faschismus gefunden. Der Körper ist im Militärstaat Preußen besonders harten Formen der Domestikation ausgeliefert, wobei diese Domestizierung bzw. Dressur von der deutschen Philosophie und Pädagogik nicht nur wie die preußische Staatsmacht legitimiert werden, sondern die flankierenden Maßnahmen sogar soweit gehen, die Organisationformen des Militärapparates in die Primärsozialisation, d.h. in die Familie, zu verlegen. Mit Friedrich II. beginnt also in Deutschland bzw. in Preußen eine im Gegensatz zu den westlichen Nachbarstaaten verschärfte Form der Körperdressur und Denaturalisierung des Menschen, wobei die militärischen und bürgerlichen Interessen hinsichtlich eines möglichst hohen Organisationsniveaus in der ökonomischen Produktion oder in der Kriegsführung übereinstimmten.

Bisher wurde also der geschichtsphilosophische Ort ›Leben Gundlings‹ herausgearbeitet und die in ›Germania‹ thematisierte deutsche Triebgeschichte nicht nur ergänzt, sondern in ihrer Genesis auch historisch begründet. Nachdem die Körperdressur und Triebgeschichte als Determinanten deutscher Geschichte fixiert sind, wobei die Rationalität als Philosophie und Wissenschaft der Aufklärung den dadurch evozierten Geschichtsprozeß eher beschleunigen denn regulieren, stellt sich notwendig die Frage, in welchem Verhältnis die Kunst bzw. die Künstler zu diesem vorwärtsdrängenden Spannungsgefüge stehen.

1.4.2. Zur Spezifikation preußischer Machtstruktur

Durchgängig wird in ›Leben Gundlings‹ die Vorliebe Friedrich II. für die französische Kultur, Literatur und Philosophie thematisiert. Dies kulminiert im 6. Bild ›ET IN ARCADIA EGO: DIE INSPEKTION‹, wenn Friedrich mit Voltaire einer Bauernfamilie bei der Feldarbeit zuschaut, während der Bildhauer Schadow einen Marmorblock bearbeitet und Schiller im Hintergrund den ›Spaziergang‹ rezitiert, bis ihm Beamte einen Rübensack überstülpen.

Die ›Aufgeklärtheit‹ Friedrich II. besteht in einer unbestreitbaren geistigen Neigung. Sie ist aber sehr speziell und führt keineswegs zu einem Interesse an den deutschen Dichtern und Denkern, eher, und das zeigt die Szene rein optisch, ist er sich mit Voltaire über die Irrelevanz oder Nichtigkeit der deutschen Intelligenz einig. Dies läßt sich im Stück psychologisch durch seine Erlebnisse mit dem domestizierten Gundling erklären. Doch darüber hinaus verweist diese Vorliebe für die französische Kultur auf den *sozialen Charakter* geistiger Produktivität. Denn dieses geistige Interesse ist zugleich eine Partizipation an der höfischen Gesellschaft in ihrer durchgebildetsten Form, dem französichen Absolutismus.

Während sich die deutsche Intelligenz aus der bürgerlichen Mittelschicht rekrutierte und kaum politischen Einfluß auf und Umgang mit dem Adel hatte, pflegte der französische Adel schon seit Heinrich IV. den Verkehr mit den reflektiertesten Vertretern des Bürgertums. Im Zeitalter von Kant, Goethe, Schiller und Lessing galten die Produkte des deutschen Geistes für Friedrich II. ebenso wie für Voltaire als minderen Ranges als »Unterhaltungsformen der ›basses classes‹, der unteren Schichten des Volkes.« [75] Friedrich II. hat

»für die politische und ökonomische Entwicklung Preußens und mittelbar vielleicht für die politische Entwicklung Deutschlands mehr getan (hat) als irgendein anderer einzelner seiner Zeitgenossen. Aber die geistige Tradition der ›guten Gesellschaft‹ Europas ist die aristokratische Tradition der vornationalen, höfischen Gesellschaft. Diese Sprache spricht er: das Französische. An deren Geschmack mißt er das deutsche Geistesleben... Ganz ähnlich, wie er, sprechen seit langem andere Menschen aus dieser Gesellschaft über Shakespeare, Voltaire z.B. hat in seinem ›Discours sur la Tragédie‹... bereits im Jahre 1730 ganz verwandten Gedanken Ausdruck gegeben.

Die Eigentümlichkeit dieser Lage hat in der Jugend Friedrichs des Großen gelegentlich innere Konflikte ausgelöst, als er langsam gewahr wurde, daß sich die Interessen des preußischen Herrschers mit der Verehrung für Frankreich und der Bindung an die höfische Gesittung nicht immer in Einklang bringen ließen...«[76]

Dieser Konflikt zwischen preußischem Herrscher und absolutistischer Gesinnung, die eben, wie Elias zeigt, notwendig zu einer Rezeption der französischen Kultur, als Verkehrsform der adligen Oberschicht Europas, führt, löst den in ›Leben Gundlings‹ dramatisierten Widerspruch zwischen preußischem König und den musischen Interessen Friedrichs. Die eingehenden Kenntnisse der französischen Literatur und Philosophie sind nicht Ausdruck einer humanistischen Gesinnung, sondern zeigen Friedrich als besonders eloquentes Mitglied des europäischen Hochadels. Andererseits ist es die machtpolitische Instabilität des Gebildes Preußen, die es erzwingt, die Staatsraison auch über die persönlichen Intentionen des Souveräns zu stellen.

»FRIEDRICH:
...
Der Glücklichste unter den Preußen, wenn
Ein andrer Preußens König wär, wär ich.
Wie neid ich meinen Opfern ihren Tod
Sie dürfen sterben, aber ich muß töten.«
(LG 20)

Die gemeinsame Ablehnung Shakespeares von Voltaire und Friedrich II., die in krassen Gegensatz zu der sich entfaltenden literarischen Produktion von Sturm und Drang steht, begründet sich in einem grundsätzlich anderen Verhältnis zum Volk. Während die deutschsprechende bürgerliche Intelligenz auf das Volk als Bündnispartner angewiesen war, ist es für Friedrich, wie er selbst, bloßes Material des preußischen Staates.

»FRIEDRICH *mit Megaphon, zum Bauern:*
Die Orangen sind heuer gut geraten, wie.
BAUER *steht stramm, mit ihm seine Familie:*
Zu Befehl, Majestät, es sind Rüben.
FRIEDRICH: Hat Er Rüben gesagt.
...
FRIEDRICH: Wir werden sehen. Probier Er.
Wirft dem Bauern eine Rübe zu. Der Bauer ißt die Rübe.
FRIEDRICH: Schmecken ihm Seine Orangen, Kerl?
BAUER *spuckt Zähne:* Die Orangen schmecken mir jawohl, Majestät.

Voltaire kotzt an der Rampe.
FRIEDRICH:
ET IN ARCADIA EGO. *Zeigt in den Zuschauerraum.* Sehn Sie das Rindvieh, friedlich
grasend. Preußen, eine Heimat für Volk und Vieh. Und Sie können sagen, Sie sind dabei
gewesen, mein lieber Voltaire.
VOLTAIRE *nimmt eine Rübe:* Ein Souvenir. Die preußische Orange.« (LG 30–31)

Die Bauern zeigen sich, patriarchalisch und autoritär strukturiert, nicht weniger
entselbstet als Friedrich II., der in zynischer Distanz seine Erfahrungen weitergibt.
Ähnlich wie Voltaire, der mit Ekel auf die ›Mißhandlung‹ der Bauern reagiert,
wehrt sich der ausgebildete Geschmackssinn gegen die Geschichte, die ihn zum
bloßen Objekt gemacht hat.

»FRIEDRICH *prügelt Soldaten in die Schlacht zurück:*
Hunde. Wollt ihr ewig leben.
SOLDATEN: Unser Fritz
Vivat Fridericus Rex Hurrah.
Es wird gestorben.
FRIEDRICH: Ich wollte, ich wär mein Vater. –
Roter Schnee.
Friedrich kotzt.« (LG 16)

Friedrich II. kompensiert seinen Ekel, indem er sich der Literatur, als Verklärung
der historischen Wirklichkeit, zuwendet und so der Kunst bzw. der Literatur eine
narkotisierende Wirkung zukommen läßt.

»FRIEDRICH: Les Er mir vor, Catt.
Catt stellt einen Klappstuhl auf, Friedrich
setzt sich, Rücken zur Schlacht, Gesicht
zum Publikum.
CATT: Den Plutarch?
FRIEDRICH: Racine.
Catt, während die Schlacht fortdauert, liest
Racine Britannicus VI.« (LG 16)

Gehört es zum Stilprinzip des Greuelmärchens ›Leben Gundlings‹, historisch
verbürgte Anekdoten und Ereignisse dramatisch zu entfalten und zu verdichten,
so geht diese Thematisierung eines bestimmten Abschnitts deutscher Geschichte insofern über die Kategorie des Geschichtsdramas hinaus, als es auf
unterschiedlichen Ebenen historische Prozesse zur Sprache bringt. Wie das Verhältnis von Kunst und Geschichte, so wird auch das Verhältnis von Souveränität
und Macht in Preußen-Deutschland als *diskjunktives* dargestellt. Die Konstitution eines protestantischen deutschen Machtzentrums erfordert zum einen einen
höchst rationalen Umgang mit der Religion – »FRIEDRICH WILHELM: Und für
die Regierungskunst, wenn ich zu meinem Gott eingehe, wie der Hofprediger
sagt, oder in mein Nichts.« (LG 12) – anderseits kann der Objektstatus historisch nur durch radikale Selbstnegation verlassen werden, die gewaltsam gegenüber den Subjekten durchgesetzt werden muß. Der Riß oder die Spaltung,

anhand deren Friedrich II. zur dramatischen Figur wird, wird durch den Widerspruch zwischen seiner Subjektivität und den Erfordernissen politischer Rationalität in Preußen verursacht. Während die Weltmächte Frankreich und England die Welt aufteilten, konnte das sich historisch auf nichts als seinen durchrationalisierten Militärapparat stützende Preußen allein durch innere Domestikation und schärftste Disziplinierung seine politische Macht behaupten und ausbauen.

>FRIEDRICH: Auf Wiesen grün
Viel Blumen blühn
Die gelben den Toten
Die blauen den Kleinen
Der Liebsten die roten
Die weißen den Toten
Auf der anderen Seite teilen überlebensgroß John Bull und Marianne die Welt, indem sie mit Messern, die sie aus toten Indianern und Negern herausziehn, an einem Globus Messerstechen spielen. Bei jedem Treffer schneidet der Sieger eine Scheibe heraus und verleibt sie sich ein. Satt sehen beide, sich (manchmal einander) den Bauch reibend, rülpsend und furzend dem kleinen Friedrich zu, der mit seinen Soldatenpuppen Krieg spielt.« (LG 17)

>Puppen< verweist hier, wie schon ausgeführt, auf die Mechanisierung und Automatisierung der Körper. Unter der Perspektive des Imperialismus bieten weder die englische noch die französische Kultur Alternativen zur deutschen Entwicklung. Aber während diese Nationen durch die Kolonisation anderer Rassen ihr Imperium ausbauen, stellt sich dagegen die preußische Geschichte als Kolonisation der eigenen Bevölkerung dar.

Die Geschichte und Entwicklung Preußens zeigt in Friedrich II., als Repräsentant dieser Geschichte, einen gebrochenen und entselbsteten Mann — »FRIEDRICH WILHELM: Das war Katte./FRIEDRICH: Sire, das war ich.« (LG 16)

Die Geschichte Preußen-Deutschlands ist damit schon in ihren Anfängen als ein gegen sich selbst bzw. gegen die innere Natur gerichtetes System von Zwang und Unterdrückung charakterisiert. Preußen ist somit nicht zwangsläufiges Produkt der ökonomischen Entwicklung, sondern ein Staat, der seine Existenz alleine durch eine gegen alle lebendigen Zusammenhänge durchgesetzte Rationalität und Disziplinierung behaupten kann. Auch hier steht Müller der Geschichtsbetrachtung von Engels näher als der von Marx, der die Genese Preußens vorwiegend durch Bestechung bestimmt sah und als >kleinliche Löffeldiebstähle< (vgl. MEW, Bd. 29, S. 89) abtat.

»Nach materialistischer Geschichtsauffassung ist das in letzter Instanz bestimmende Moment in der Geschichte die Produktion und Reproduktion des wirklichen Lebens... Der preußische Staat ist auch durch historische, in letzter Instanz ökonomische Ursachen entstanden und fortentwickelt. Es wird sich aber kaum ohne Pedanterie behaupten lassen, daß unter den vielen Kleinstaaten Norddeutschlands gerade Brandenburg durch ökonomische Notwendigkeit und nicht durch andere Momente (...) dazu bestimmt war, die Großmacht zu werden, in der sich die ökonomische, sprachliche und seit der Reformation auch religiöse Unterschied des Nordens vom Süden verkörperte.« [77]

Diese machtpolitische Labilität führt schließlich zu einem Staat, in dem selbst den Herrschenden bzw. dem Souverän Merkmale der Knechtschaft anhaften. Hiermit ist das eigentliche Rätsel der gesamten modernen deutschen Geschichte berührt, »weshalb nämlich die nationale Vereinigung Deutschlands zur Zeit der industriellen Revolution schließlich unter der politischen Ägide der preußischen Landjunker zustandegebracht wurde.«[78]

In Friedrich II. überlagern sich protestantisch-calvinistische Nützlichkeitsideale als Staatsphilosophie mit den Motiven der Repräsentation und der Souveränität, wie sie G. Bataille für Frankreich untersuchte.

»Sie [die moderne Bourgeoisie/F.-M.R.] hat sich von der Aristokratie dadurch abgesetzt, daß sie beschlossen hat, nur für sich zu verschwenden, innerhalb der eigenen Klasse, ... Diese besondere Form hat ihren Ursprung darin, daß sie ihren Reichtum im Schatten einer Adelsklasse entwickelte, die mächtiger war als sie. Diese kleinlichen Auffassungen einer beschränkten Verausgabung haben rationalistische Konzepte entsprochen, die sie seit dem 17. Jahrhundert formulierte und die nichts anderes sind als eine Darstellung der strikt ökonomischen Welt, im vulgären, im bürgerlichen Sinn des Wortes. Der Haß auf die Verschwendung ist der Daseinsgrund und die Rechtfertigung der Bourgeoisie...«[79]

Im Haß Friedrich Wilhelms gegenüber (unproduktiver) Wissenschaft, wie sie Gundling repräsentiert, und gegen die Neigung seines Sohnes zur französischen Kultur, sind also schon bürgerlich-protestantische Motive eingegangen. Folgt man dem Müllerschen Preußenbild, als einer umfassenden Staatsapparatur, die ihren Souverän ähnlich verstümmelt wie ihre Untertanen, so entspringt diese Haltung der Selbstverneinung der protestantisch-calvinistischen Ethik, die in der Unterwerfung sämtlicher Zwecke menschlichen Seins unter die Herrschaft der Dinge, also der Produktion, terminiert und auch die Philosophie und Kunst nicht unberührt ließ.

»Die Selbstverneinung, die im Calvinismus die Affirmation Gottes war, war in gewisser Weise ein unerreichbares Ideal: ... Man bedurfte nicht mehr der reinsten – und armseligsten – Geistigkeit, die anfangs allein streng genug war, die Unterwerfung des ganzen Körpers und die Tätigkeit unter das Ding aufzuwiegen. Denn hatte sich das Prinzip dieser Unterwerfung erst einmal durchgesetzt, konnte sich die Welt der Dinge [...] von selbst entwickeln, ohne sich weiter um den abwesenden Gott zu kümmern ... Die Herrschaft der Dinge wurde außerdem noch durch die natürliche Neigung zur Knechtschaft gefördert. Sie entsprach zugleich jenem Willen zu reiner Macht (zu Wachstum nur um des Wachstums willen), der scheinbar der Untertänigkeit entgegengesetzt, im Grunde nur deren Ergänzung ist.«[80]

Es kann hier keine Theorie der Entstehung und der Strukturen des preußischen Absolutismus geliefert werden; aber zumindest kann hypothetisch die Konfiguration des Müllerschen Preußenbildes – Domestikation der Intelligenz, die fürderhin mit wissenschaftlichen Mitteln die Zivilbevölkerung diszipliniert (Gundling/Schreber), die Unterwerfung des Souveräns unter einen vergleichsweise puritanischen Lebensstil, das Versagen deutscher Philosophie und aufklärerischer

Kunst – aus dieser Haltung der *Selbstverneinung*, die Bataille vom Calvinismus ableitet, erklärt und synthetisiert werden.

Diese Haltung der Selbstverneinung wird in ›Leben Gundlings‹ vom ästhetisch durchgebildeten Ausdruck radikaler Subjektivität, dem artifiziellen Mythos kontrapunktiert. Im Rekurs auf Sujets und Techniken der französischen Avantgarde, die die Subjektivität und ihren Ausdruck in Traumbildern und irrationalen Phantasien zum Gegenstand der ästhetsichen Rationalität machten und so gleichsam ›objektivierten‹, wird der Aufklärung und explizit dem aufklärerischen Literaturkonzept der artizifielle Mythos entgegengesetzt, der durch die radikale Negation des Bestehenden auf die Möglichkeit von Utopie verweist.

1.4.3. Der artifizielle Mythos als Statthalter

Der deformierte (preußisch-deutsche) Geschichtsprozeß wird in ›Leben Gundlings‹ von zwei artifiziellen Mythenbildern konterkariert, denen in ihrer apokalyptischen Akzentuierung Momente des Utopischen inhärieren. In der Szene ›Lieber Gott mach mich fromm weil ich aus der Hölle komm‹ ist es ein ehemaliger Schulmeister, der die mythische Sequenz artikuliert. Sein Lieblingsschüler Jesus wurde von seinen Mitschülern erschlagen, weil oder obwohl er sich als Sühneopfer für seine Schulkameraden freiwillig zur Verfügung gestellt hat. Es handelt sich hierbei offensichtlich um eine Parodie der christlichen Religion und des Kreuzestodes Jesu.

»ZEBAHL *flüstert:* Ja, ich habe die Welt erschaffen. Ich bin der Narr, ich bin der Verbrecher. Ich kann mir die Augen ausreißen und sehe euch doch. Wenn ich sterben könnte. Ich habe meinen Sohn geschlachtet. Ich Kot meiner Schöpfung Erbrechen meiner Engel Eiterkorn in meinen Harmonien. Ich bin die Fleischbank. Ich bin das Erdbeben. Ich bin das Tier. Der Krieg. Ich bin die Wüste. *Schwarze Engel bevölkern den Zuschauerraum und fallen lautlos über das Publikum her.*« (LG 28)

Dem korrespondiert die letzte sprachliche Artikulation der Schlußszene ›Lessing Schlaf Traum Schrei‹, eine sich nicht ausdrücklich auf die Religion, sondern auf die Kunst der Moderne beziehende apokalyptische Genesis.

»STIMME + PROJEKTION:
STUNDE DER WEISSGLUT TOTE BÜFFEL AUS DEN CANYONS GESCHWADER VON HAIEN ZÄHNE AUS SCHWARZEN LICHT DIE ALLIGATOREN MEINE FREUNDE GRAMMATIK DER ERDBEBEN HOCHZEIT VON FEUER UND WASSER MENSCHEN AUS NEUEM FLEISCH LAUTREAMONTMALDOROR FÜRST VON ATLANTIS SOHN DER TOTEN« (LG 36)

Augenfällig sind die Übereinstimmungen in beiden Passagen: ›Ich bin das Erdbeben‹ – ›*GRAMMATIK DER ERDBEBEN*‹; ›Ich bin das Tier‹ – ›*TOTE BÜFFEL, GESCHWADER VON HAIEN, DIE ALLIGATOREN MEINE FREUNDE*‹ – dem »Zebahl, Zebaoth, auch der blutige Baal genannt« (LG S. 27), wird ›*LAUTREA-*

MONTMALDOROR FÜRST VON ATLANTIS SOHN DER TOTEN‹ gegenüberge-
stellt. Während Gott ›Zebahl‹ in die preußische Geschichte – ›Korporal im
Siebenjährigen Krieg‹ (LG 27) – selbst eingebunden ist, steht ihm mit Lautrea-
montmaldoror das qualitativ *Neue* gegenüber. Die *Konnotation* als *autoritärer
Kriegsgott* – Zebaoth ist der Gott der Heerscharen – verbindet den preußischen
Staat mit dem Alten Testament, wobei die transzendente Instanz Gottes auf den
Staat übergegangen ist, also Gott selber bzw. die Religion irrelevant geworden
ist, was durchaus auch dem preußischen Staatsphilosophen Hegel bewußt war.

»Durch die Beschäftigung mit dem Wahren als dem absoluten Gegenstande des Bewußtseins gehört nun auch die Kunst der absoluten Sphäre des Geistes an und steht deshalb
mit der Religion im spezielleren Sinne des Wortes wie mit der Philosophie ihrem Inhalte
nach auf ein und demselben Boden. Denn auch die Philosophie hat keinen anderen
Gegenstand als Gott und ist wesentlich rationelle Theologie und als im Dienst der
Wahrheit fortdauernder Gottesdienst.« [81]

Ist der Gegenstand von Kunst, Religion und Philosophie die Wahrheit bzw. das
Allgemeine, so stehen sich diese ›drei Reiche des Absoluten‹ doch nicht gleich-
berechtigt gegenüber, sondern werden von Hegel hierarchisch bzw. mit dem
Begriff des Fortschritts verbunden gedacht.

»Uns gilt die Kunst nicht mehr als die höchste Weise, in welcher die Wahrheit sich Existenz
verschafft. Im ganzen hat sich der Gedanke früh schon gegen die Kunst als versinnlichende
Vorstellung des Göttlichen gerichtet, bei denen Juden und Mohammedaner z.B., ja selbst
bei den Griechen, wie schon Platon sich stark genug gegen die Götter des Homer und
Hesiod opponierte...
Das nächste Gebiet nun, welches das Reich der Kunst überragt, ist die Religion... Diesen
Fortschritt von der Kunst zur Religion kann man so bezeichnen, daß man sagt, die Kunst
sei für das religiöse Bewußtsein nur die eine Seite. Wenn nämlich das Kunstwerk die
Wahrheit, den Geist als Objekt in sinnlicher Form hinstellt und diese Form des Absoluten
als die gemäße ergreift, so bringt die Religion die Andacht des zu dem absoluten
Gegenstande sich verhaltenden Innern hinzu...
3. Die dritte Form endlich des absoluten Geistes ist die Philosophie. Denn die Religion, in
welcher Gott zunächst dem Bewußtsein ein äußerer Gegenstand ist, indem erst gelehrt
werden muß, was Gott sei und wie er sich geoffenbart habe, versiert sodann zwar im
Elemente des Innern, treibt und erfüllt die Gemeinde; aber die Innerlichkeit der Andacht
des Gemüts und der Vorstellung ist nicht die höchste Form der Innerlichkeit. Als diese
reinste Form des Wissens ist das freie Denken anzuerkennen, in welchem die Wissenschaft
sich den gleichen Inhalt zum Bewußtsein bringt und dadurch zu jenem geistigen Kultus
wird, der sich durch systematisches Denken dasjenige aneignet und begreift, was sonst nur
Inhalt subjektiver Empfindung oder Vorstellung ist. In solcher Weise sind in der Philosophie die beiden Seiten der Kunst und Philosophie vereinigt:... Denn das Denken einerseits ist die innerste eigenste Subjektivität, und der wahre Gedanke, die Idee, (ist) zugleich
die sachlichste und objektivste Allgemeinheit, welche erst im Denken sich in der Form
ihrer selbst erfassen kann.« [82]

In der Konfrontation von Professor und Patient Zebahl stehen sich zugleich
Religion und Wissenschaft gegenüber, nach Hegel zwei Formen des Absoluten.

Wie die Wissenschaft der Religion so ist auch der Arzt dem Patienten über-
geordnet. Wie die Juden ihrem strafenden Gott so sind die preußischen Untertanen ihrem Staat nicht vorrangig durch Erkenntnis, sondern durch Gehorsam
verbunden. An die Stelle Gottes tritt der preußische Staat als transzendente
Instanz, dem sich, wie gezeigt, auch der Souverän beugen muß, denn erst im
preußischen Staat sind Religion und Wissenschaft vereint und aufgehoben bzw.
zu ihrer Wirklichkeit an und für sich gebracht.

»...die Gegenwart hat ihre Barbarei und unrechte Willkür und die Wahrheit hat ihr
Jenseits und ihre zufällige Gewalt abgestreift, so daß die wahrhafte Versöhnung objektiv
geworden, welche den *Staat* zum Bilde und zur Wirklichkeit der Vernunft entfaltet, worin
das Selbstbewußtsein die Wirklichkeit seines substantiellen Wissens und Wollens in orga-
nischer Entwicklung, wie in der *Religion* das Gefühl der Vorstellung dieser seiner Wahrheit
als idealer Wesenheit, in der *Wissenschaft* aber die freie begriffene Erkenntnis dieser
Wahrheit als einer und derselben in ihren sich ergänzenden Manifestationen, dem Staate,
der *Natur* und der *ideellen Welt*, findet.« [83]

Hieraus ließe sich nicht nur folgern, wie es der Professor demonstrierte, daß »die
Zwangsjacke... ebensogut Freiheitsjacke genannt werden kann« (LG 25), sondern auch daß Kriegsdienst Gottesdienst ist – ›populär gesprochen‹. Der Primat
der Vernunft bzw. die Verabsolutierung der Rationalität, von dem der preußische Staat beherrscht wird, zeigt sich unter diesem Aspekt zugleich als der
absolute Verzicht auf das jeder Religion notwendig inhärierende utopische Moment.

Indem Zebahl die historische Wirklichkeit Preußens als Verwirklichung des
durch ihn repräsentierten, jüdisch-christlichen Monotheismus begreift – »Ja, ich
habe die Welt erschaffen. Ich bin der Narr, ich bin der Verbrecher.« (LG 28) –,
wird die jüdisch-christliche Tradition, die zugleich die Tradition der Rationalität
(seit Parmenides) ist, in Verantwortung für die katastrophale Verfaßtheit der
modernen abendländischen Geschichte genommen. Damit aber sind nicht nur
Preußen und deutsche Aufklärung, als mögliche Träger von Fortschritt oder
Utopie, sondern zugleich Monotheismus bzw. das Allgemeine und somit traditionelle Philosophie und Wissenschaft für die menschliche Emanzipation im
umfassenden Sinn als untauglich bestimmt – »Ich Kot meiner Schöpfung Erbrechen meiner Engel Eiterkorn in meinen Harmonien. Ich bin die Fleischbank. Ich
bin das Erdbeben. Ich bin das Tier. Der Krieg.« (LG 28)

Dem wird in der Kontrapunktion durch den artifiziellen Mythos die Tradition
der Moderne mit ausdrücklichen Verweisen auf die französische Avantgarde, als
das Refugium befreiter Subjektivität und eines anderen gesellschaftlichen Naturverhältnisses, entgegengehalten.

Der Literaturwissenschaftler Hans Domdey, der die bisher eingehendste
Interpretation dieser Sequenz erstellt hat, führt diesen artifiziellen Mythos formal auf den tradierten des Dionysos zurück.

»Die Organisation dieses Bildmaterials entspricht dem klassischen Muster des Dionysos-mythos. Von den Titanen zerrissen und von Rhea zu neuem Leben erweckt, symbolisiert Dionysos im Wechsel von Paarung/Tod/Geburt (Sommer/Winter/Frühling) das Leben. Tod und Leben seien nicht getrennt, sondern Elemente einer übergreifenden Einheit. Tod sei Verwandlung zu neuem Leben, Prinzip des Schöpferischen, nicht Ende, sondern die Mitte zwischen Paarung und Geburt.«[84]

Domdey bezieht sich mit dieser Interpretation nicht nur auf die oben zitierte, Zebaoth kontrastierende Sequenz, sondern auf den Gesamtaufbau der Ab-schlußszene. Lessing begegnet auf einem Autofriedhof in Dakota dem letzten Präsidenten der USA, einem Roboter. Hiermit wird zum einen auf die Verwirk-lichung des bürgerlichen Freiheitsideals in der amerikanischen Verfassung vom 17. 9. 1787 angespielt, zum anderen konstatiert, daß damit zugleich die Produk-tion eines maschinenhaften Menschen initiiert wurde. Angesichts dieser End-zeitszenerie rezitieren zwei Protagonisten Lessings, nämlich Emilia Galotti und Nathan der Weise, nochmals ihre Texte.

»EMILIA GALOTTI *rezitiert:*
Gewalt! Gewalt! Wer kann der Gewalt nicht trotzen? Was Gewalt heißt ist nichts: Verfüh-rung ist die wahre Gewalt! Ich habe Blut, mein Vater, so jugendliches, so warmes Blut als eine. Auch meine Sinne sind Sinne. Ich stehe für nichts. Ich bin für nichts gut ... Geben Sie mir, mein Vater, geben Sie mir diesen Dolch ...
NATHAN *rezitiert, gleichzeitig, den Schluß der Ringparabel:*
Wohlan ...
Polizeisirene. Emilia und Nathan vertauschen ihre Köpfe, entkleiden umarmen töten einander. Weißes Licht. Tod der Maschine auf dem elektrischen Stuhl. Bühne wird schwarz.« (LG 36)

Den Zusammenhang zwischen diesen Rezitationen und der darauffolgenden Projektion sieht Domdey durch ein Steigerungsverhältnis gegeben, wobei Emi-lia und Nathan als durch Feuer und Wasser symbolisiertes Götterpaar wieder-auferstehen.

»Das Textmaterial der Schlußszene in *Leben Gundling* entwirft eine Revolutionsutopie in dionysischen Lebensbildern. Kern der Bildaussage ist die Vorstellung, daß im Zeugen/Ge-bären Altes zerrissen wird, Tod schöpferisches Prinzip des Lebens sei. Der schöpferische Tod wird einem anderen, maschinenhaften Tod entgegengesetzt ... Das Utopiebild be-hauptet die Überwindung einer Maschinenwelt durch das Dionysische.«[85]

Die mythische Struktur der Szene, der Aufklärung und ihrem Resultat der Maschinenwelt entgegengesetzt, impliziert den Rekurs auf eine von der abend-ländisch-christlichen Kultur verfemte Tradition, die des dionysischen und deren alternierenden Begriff des *Heiligen.*

»Denn erst in den dionysischen Mysterien, in der Psychologie des dionysischen Zustands, spricht sich die Grundtatsache des hellenischen Instinkts aus – sein ›Wille zum Leben‹. Was verbürgte sich der Hellene mit diesen Mysterien? Das ewige Leben, die ewige Wiederkehr des Lebens, die Zukunft in der Vergangenheit verheißen und geweiht; das triumphierende Ja zum Leben über Tod und Wandel hinaus; das wahre Leben als das Gesamt/Fortleben durch die Zeugung, durch die Mysterien der Geschlechtlichkeit. Den Griechen war deshalb das geschlechtliche Symbol das ehrwürdige Symbol an sich, der eigentliche Tiefsinn innerhalb der ganzen antiken Frömmigkeit. Als einzelne im Akte der Zeugung, der Schwangerschaft, der Geburt erweckte die höchsten und feierlichsten Gefühle. In der Mysterienlehre ist der Schmerz heiliggesprochen: die ›Wehen der Gebärerin‹ heiligen den Schmerz überhaupt, – alles Werden und Wachsen, alles Zukunft/Verbürgende bedingt den Schmerz… Damit es die ewige Lust des Schaffens gibt, damit der Wille zum Leben sich ewig selbst bejaht, muß es auch ewig die ›Qual der Gebärerin‹ geben…

Dies alles bedeutet das Wort Dionysos: Ich kenne keine höhere Symbolik als diese griechische Symbolik, die der Dionysien. In ihnen ist der tiefste Instinkt des Lebens, der zur Zukunft des Lebens, zur Ewigkeit des Lebens, religiös empfunden, – der Weg selbst zum Leben, die Zeugung, als der heilige Weg… Erst das Christentum mit seinem Ressentiment gegen das Leben auf dem Grunde, hat aus der Geschlechtlichkeit etwas Unreines gemacht; es warf Kot auf den Anfang, auf die Voraussetzung unsres Lebens…« [86]

Das Dionysische steht in dieser Interpretation von Friedrich Nietzsche für die unbedingte Bejahung des Lebens, die Eros wie Thanatos und damit die menschliche Naturhaftigkeit heiligt. ›Zeugen‹ und ›gebären‹ werden zu sakralen Momenten menschlicher Existenz, womit implizit auch eine andere gesellschaftliche Stellung der Frau als im Christentum vorausgesetzt wird. In diesen matriarchalischen Strukturen und ihrem Kult koinzidieren die menschlichen Grenzerfahrungen – Geburt, Tod und Schmerz – mit dem Heiligen. Das Heilige ist nicht wie im Christentum ein transzendentales und abstraktes Prinzip, vielmehr ist das Leben in seinen Extremen selber Gegenstand des Religiösen; der Tod wird nicht geleugnet und ist auch nicht Gegenteil des Lebens, sondern konstituiert es selbst.

Damit ist im Gesamtkontext von ›Leben Gundlings‹ der europäischen Aufklärung und ihrer deutschen Variante, sichtlich auch in bezug zur Körperdressur, ein alternierendes Geschichtskonzept gegenübergestellt. Mit ›STUNDE DER WEISSGLUT‹ wird die Projektion nicht durch ein allgemeines Theophaniesymbol eingeleitet, sondern mit einem Topos von Zivilsations- und Aufklärungskritik, wie sie Johann Georg Hamann und im Gefolge von Nietzsche durch G. Bataille und M. Foucault vertreten wird.

»Vor Bataille hatte bereits Hamann als zeitgenössischer Kritiker der Aufklärung, die Möglichkeit einer nicht reduzierten Form der Aufklärung, die die Aufklärung von Mysteriengehalten miteinschlösse, eher geahnt als erkannt. Wie Bataille sieht Hamann diese Möglichkeit in der Erkenntnis des Nicht-Wissens, das Existenz und somit absolute Grenze der Erkenntnis meint. Bataille wie Hamann verstehen unter Nicht-Wissen nicht etwa Vorstellungsformen, die der Erkenntnis vorauslägen, unzureichende oder falsche Formen des Denkens, die es zu negieren oder aufzuheben gälte, sondern etwas, was nicht aufzuheben ist, was alle mögliche Erkenntnis übersteigt. Auch Hamann spricht angesichts des Nicht-Wissens von der Welt des Wunderbaren, den Augenblicken der Souveränität, in denen der Mensch sich der Wahrheit seines Seins nähert.

Das Verhältnis von Wissen und Nicht-Wissen sieht Hamann folgendermaßen: Für ihn ist Nicht-Wissen die Weißglut des Wissens, wie der Tod die Weißglut des Lebens ist. Wie für Bataille ist auch für Hamann die Erfahrung des Wunderbaren dem Menschen primär der

Tod gegeben, oder genauer noch in der Triebdualität von Eros und Thanatos. Der Tod ist der negative Aspekt des Wunders, dessen allgemeine Form Nicht-Wissen ist. In seiner positiven Bedeutung ist das Wunderbare die Koinzidenz der Gegensätze oder besser, der Augenblick der Verwandlung eines Dinges in ein anderes.«[87]

›STUNDE DER WEISSGLUT‹ verheißt demnach die Zeit, in der der ›souveräne Augenblick‹ geschichtsmächtig wird, womit nicht mehr die Rationalität des Begriffs, sondern Wissen als Grenzerfahrung der menschlichen Existenz im Zentrum des kulturellen Zusammenhangs stände. Daß sich in diesem nichtbegrifflichen Wissen zugleich das Geheimnis des dionysischen Mysteriums aktualisiert, verbindet Müllers artifiziellen Mythos mit dem Bereich des Sakralen, ohne daß dies notwendig oder gar intendiert mit der Auffassung vom Heiligen in der jüdisch-christlichen Religion konvergiert, deren historische Manifestation die abendländische Zivilisation ist. Somit steht ›der Wissenscahft als Gottesdienst‹ (Hegel) eine Art des Denkens entgegen, das die Voraussetzung des menschlichen Lebens – die Natur – selbst heiligt. Diese Todesversöhnung, die dem Tod zugleich den Schrecken nimmt, indem sie ihn als notwendiges Moment der Einheit menschlichen oder natürlichen Lebens überhaupt denkt, ist Bedingung eines naturversöhnenden Verhaltens. Die Sentenz ›TOTE BÜFFEL AUS DEN CANYONS GESCHWADER VON HAIEN AUS SCHWARZEM LICHT DIE ALLIGATOREN MEINE FREUNDE‹ bricht mit der sich historisch schon durchgesetzten Haltung der Naturverneinung, indem Natur auch in den dem Menschen feindlichen Geschöpfen akzeptiert wird, womit darüber hinaus die Extermination von Gattungen oder Rassen (TOTE BÜFFEL) als reversibel erscheint. Die Tradition des Sakralen, das Natur unumschränkt bejaht, aber, und das ist die crux von Müllers Mythos, hat die Kunst der Moderne übernommen.

»Der Text ist so als Dokument einer tiefen Enttäuschung und Hoffnungslosigkeit zu lesen, allenfalls in Lessings ›Traum‹ und seinem ›Schrei‹ [...] offenbart sich etwas von einer revolutionären, subversiven Kraft dieser Verzweiflung, die sich nicht aus den Quellen herkömmlicher, wissenschaftlicher und philosophischer Systeme (Aufklärung und Dialektik) speist, sondern aus den existentiellen Randerfahrungen, dem Wahnsinn, den Alpträumen und den Folterungen der Kreatur. Eine Ahnung des Autors, die sich nicht in einem neuen politischen Programm artikuliert, sich nicht artikulieren kann, sondern in der Metapher (...), in der Vision: ›STUNDE DER WEISSGLUT TOTE BÜFFEL AUS DEN CANYONS...‹ Diese Apokalypse trägt den Namen und Symbole der Revolte unterdrückter ethnischer Minderheiten (die ›BÜFFEL‹ z.B. sind ein Zeichen der Indianerbewegung der USA), das Pathos militanter, anarchischer Befreiungs- und Untergrundbewegungen der sogenannten dritten Welt, die Anzeichen der Naturkatastrophe (›GRAMMATIK DER ERDBEBEN) und Zitate aus der avantgardistischen, antibürgerlichen Literatur eines Rimbaud und eines Lautréamont (Mit ›HOCHZEIT VON FEUER UND WASSER‹ wird Rimbaud zitiert, und mit ›LAUTREAMONTMALDOROR‹ sind Dichter und Protagonist der ›Gesänge des Maldoror‹ bezeichnet.«[88]

Die Verbindung zur französischen Avantgarde konstituiert somit diesen Text, was auch von Domdey angeführt wird.

«Fürst von Atlantis‹ ist Anspielung auf Artauds Text Der Ritus der Könige von Atlantis, ... Das Atlantismotiv evoziert den Utopieaspekt, verstärkt durch den Topos MEN-
SCHEN AUS NEUEM FLEISCH.« [89]

Antonin Artaud und dessen Theater als »Wissenschaft vom Körper und des ihm
Möglichen« [90] konzipierte das Theater als Ort radikaler Körperutopien, in der
gleichsam als mythische Handlung die Körper neu erschaffen werden, und damit
als Ausgangspunkt einer Revolution, die im Gegensatz zu wissenschaftlichen
Revolutionsmodellen *utopisch* erscheinen muß.

»Die Handlung, von der ich spreche, zielt ab auf die wahre organische und psychische
Transformierung des menschlichen Körpers.
Warum?
Weil das Theater nicht dieser szenische Aufmarsch ist, wo man virtuell und symbolisch
einen Mythos entwickelt,
sondern dieser Schmelztiegel aus Feuer und wirklichem Fleisch,
wo sich anatomisch,
durch das Stampfen von Knochen, Gliedern und Silben, die Körper erneuern,
und sich physisch und unverfälscht die mythische Handlung,
einen Körper zu verschaffen, darstellt.
...
Einst existierte eine Operation weniger magischer denn wissenschaftlicher Art,
und die das Theater nur gestreift hat,
durch die der menschliche Körper,
als er als schlecht erkannt war,
physisch und materiell,
objektiv und gleichsam wie molekular
von einem Körper zum anderen,
von einem vergangenen und verlorenen Zustand
des Körpers zu einem verstärkten und erhöhten Zustand des Körpers übergeleitet,
befördert wurde.
Und es genügte hierfür, sich an alle dramatischen, verdrängten und vergessenen Kräfte
des menschlichen Körpers zu wenden.
Es geht also dort wirklich um eine Revolution, und jedermann ruft nach einer notwendigen Revolution,
aber ich weiß nicht, ob viele Leute bedacht haben, daß diese Revolution nicht wahr wäre,
solange sie nicht physisch und materiell vollkommen wäre, solange sie sich nicht dem
Menschen zuwenden würde, dem Körper des Menschen selbst,
und sich nicht schließlich dazu entschließen würde, von ihm zu verlangen, sich zu verändern.« [91]

Mit ›MENSCHEN AUS NEUEM FLEISCH‹ intendiert dieser artifizielle Mythos
einen *qualitativ neuen Utopiebegriff*; dies ist insofern stringent, als ›Leben Gundlings‹ zeigt, daß Aufklärung und abendländische Rationalität als Potentiale von
Utopie versagen, weil sie als Rationalisierung von Welt oder menschlichen Seins
gerade auf die *Körperdressur* als Kehrseite der *Naturbeherrschung* zielen. Damit
aber ist ein Revolutionsbegriff antizipiert, in dem der Kunst, als Ausdruck des
Sakralen und des nicht von Rationalität zu Okkupierenden, die *wesentliche* Rolle
zufällt. In dieser Utopie, für die die Chiffre Atlantis steht, herrschen nicht wie in

Platons idealem Staat die Philosophen, mithin Begriff und Rationalität, sondern die explizit aus ihm verbannten Künstler, wie z. B. Lautreamont als FÜRST VON ATLANTIS.

Dem steht das an Moral, Pädagogik und Vernunft orientierte Theaterkonzept der Aufklärung gegenüber, welches sich in dieser Konstellation als ohnmächtig und entfremdet erweist.

»Mein Name ist Gotthold Ephraim Lessing. Ich bin 47 Jahre alt. Ich habe ein/zwei Dutzend Puppen mit Sägemehl gestopft das mein Blut war, einen Traum vom Theater in Deutschland geträumt und öffentlich über Dinge nachgedacht, die mich nicht interessierten. Das ist nun vorbei. Gestern habe ich auf meiner Haut einen toten Fleck gesehen, ein Stück Wüste: das Sterben beginnt. Beziehungsweise es wird schneller. Übrigens bin ich damit einverstanden. Ein Leben ist genug. Ich habe ein neues Zeitalter nach dem andern heraufkommen sehn, aus allen Poren Blut Kot Schweiß triefend jedes. Die Geschichte reitet auf toten Gäulen ins Ziel. Ich habe die Hölle der Frauen von unten gesehen ... 30 Jahre lang habe ich versucht, mit Worten mich aus dem Abgrund zu halten, brustkrank vom Staub der Archive und von der Asche, die aus den Büchern weht, gewürgt von meinem wachsenden Ekel an der Literatur, verbrannt von meiner immer heftigeren Sehnsucht nach Schweigen. Ich habe die Taubstummen um ihre Stille beneidet im Geschwätz der Akademien.« (LG 34–35)

Verschiedentlich wurde versucht, diese Passage als persönliche Bilanz Heiner Müllers zu lesen. Anlaß dafür war, als er ›Leben Gundlings‹ verfaßte, ebenfalls 47 Jahre alt war, sowie die in den Text hineingearbeitete Sentenz über die Selbstmordversuche und den Suizid Inge Müllers. Dem steht entgegen, daß sich in Müllers späten Stücken ein Literaturkonzept der Obsession verwirklicht, dem ein überbordendes Interesse zugrunde liegen muß und nicht die Distanz innewohnen kann, wie sie im dritten Satz dieser Sequenz zur Sprache kommt.

Auf jeden Fall wird hier künstlerische oder literarische Produktivität unter dem Aspekt von *Entfremdung* gedacht – »öffentlich über Dinge nachgedacht, die mich nicht interessierten/brustkrank vom Staub der Archive/gewürgt von meinem wachsenden Ekel an der Literatur«. Dagegen steht die Erfahrung des sich abzeichnenden individuellen Todes, dem kein produktives Moment abgewonnen wird, sondern der angesichts der als sinnlos begriffenen (literarischen) Produktivität fatalistisch begrüßt wird. Damit ist aber ein zentrales Thema Müllers, das auch schon in den Produktionsstücken angelegt ist, berührt: Das Verhältnis von an gesellschaftlichem Fortschritt orientierter Arbeit und individuellem Tod.

»Brechts Kritik an der gesellschaftlichen produzierten Ideologie der bürgerlichen Individualität wird für Müller in zweierlei Hinsicht problematisch. Zum einen wenn der Mensch zum austauschbaren Rollenträger funktionalisiert wird, zum anderern wenn das Kollektiv in seinen Aufgaben und Zielsetzungen selbst fragwürdig wird, ...
Für den einzelnen – auf seine Funktion innerhalb eines problematischen Kollektivs reduziert – stellt sich dann die Frage nach dem Sinn seines Opfers besonders radikal: die subjektiv-existentielle Sicht des Todes läßt sich nicht länger verdrängen.

Wird das Ganze unglaubwürdig, wird letztlich auch die Weltrevolution als Legitimation der Opfer unzureichend, so wehrt sich das Individuum gegen Anpassung und erkennt in diesen Forderungen einen falschen Moralismus.«[92]

Diese Kritik trifft auch für Lessing bzw. des von ihm repräsentierten Literatur-konzepts zu, dem mit Lautréamont ein Künstler gegenübergestellt wird, bei dem die subjektiven Intentionen des Autors mit denen seines Protagonisten unauf-lösbar verschmelzen – ›LAUTREAMONTMALDOROR‹ –. Zwar rebelliert Les-sing angesichts seines Todes nicht, doch zieht er ein Fazit der Selbstentfrem-dung, was auch die Geltung bzw. den Stellenwert seiner literarischen und theoretischen Produkte nicht unberührt läßt. Die Lessing-Kritik, die dieser Szene implizit innewohnt, wurde zum erstenmal von den deutschen Romantikern formuliert.

»Zu seinen Lebzeiten galt Lessing auch als Dichter und als der bedeutendste Dramatiker seiner Zeit. Dies ist auch das Urteil von Herder, Goethe und Schiller. Erst die Romantik stellte Lessing als Dichter in Frage. Für den jungen Friedrich Schlegel war an Lessings Wirken und Werk das Wesentliche nur die Manifestation von Lessing selbst. So feierte Schlegel Lessings *Anti-Goeze* und auch seinen *Nathan* als eine Selbstbekundung Les-sings... Objektive Werke wie *Emilia Galotti* hingegen sind gleichsam substanzlos, weil keine Manifestation von Lessing selbst. Sie sind Produkte des Verstandes.
...
Nach antiker Meinung und noch nach der Meinung Lessings haben das Kunstwerk und das Dichtwerk einen ästhetischen, einen anschauenden Auffassungsakt zur Vorausset-zung... Die Romantiker ordnen Kunst und Dichtung dem religiösen Bereich zu. So wie Gott die Propheten inspiriert hat, so soll jetzt das absolute Sein als Geist oder als Natur Künstler und Dichter inspirieren. In ihren Werken soll beseligende Offenbarung des höheren, des göttlichen Seins geschehen.«[93]

Lessings Konfrontation mit seinem eigenen Tod, die ihm sein Lebenswerk als irrelevant erscheinen läßt, verweist in ihrer Metaphorik auf den christlichen Gottesbegriff. Wenn Zebahl sagt: »Ich bin die Wüste« (LG 28), so nimmt Lessing seinen Tod ebenso als Wüste wahr: »Gestern habe ich auf meiner Haut einen toten Fleck gesehen, ein Stück Wüste« (LG 34). Damit wird das vernunftorien-tierte Kunstkonzept der Aufklärung der gleichen Kritik unterworfen, wie die christliche Religion: Der Tod ist etwas vom Leben und Subjekt Abgespaltenes, das nicht zum Leben gehört und verdrängt werden muß. Dem gegenüber steht der Mythos des Dionysos samt dem Mysterienkult und das Kunstkonzept der Avantgarde, das sich von dem der Romantik dadurch unterscheidet, daß sein sakrales Moment (vgl. Nietzsche/Artaud) definitiv nicht christlicher Herkunft ist – programmatisch formuliert: Avantgarde ist Romantik ohne Christentum. Dies aber entspricht in letzter Instanz der Literatur- bzw. Kunsttheorie von Georges Bataille.

»Selbst wenn man sich leicht darüber täuschen mag: das Genie ist *völlig verschieden* vom Talent; aber wie keine *Schwelle* die Prosa von der Poesie trennt, so ist auch die Kunst der Lust nicht deutlich unterschieden von der Kunst, in der sich Angst manifestiert... Die profane und *sich selbst als solche begreifende* Kunst mag sogar, sooft es ihr gefällt und so gut sie kann, die Subjektivität der souveränen Formen ausdrücken, die lange Zeit die Gesellschaft beherrschten. Und doch unterscheidet sie sich von der sakralen Kunst darin, daß sie dem Ausdruck dieser bestimmten Subjektivität den Ausdruck einer menschlichen Subjektivität hinzufügt, einer Subjektivität, die von diesen herrschenden Formen unabhängig ist.«[94]

In der Verschränkung von Dionysosmythos und avantgardistischer Kunst wird Preußen-Deutschland als Kulmination von Selbstverneinung, Körperdressur und instrumenteller Vernunft sein schlechthin anderes als Ort und Möglichkeit des Utopischen entgegengehalten. Dem Objektivitätsanspruch der Vernunft wird mit der radikalen Subjektivierung geantwortet, wobei der gesellschaftliche Emanzipationsbegriff um den der Körperutopie erweitert wird.

Hiermit ist die in der ›Schlacht‹ angelegte und in ›Germania‹ explizierte Fortschrittskritik zum Ende gebracht, sie schlägt um in Rationalitätskritik, womit zugleich die abendländische Tradition verabschiedet wird. Somit stellt sich die Problematik ›Deutschland‹ – Preußen, Militarismus, Faschismus – auf dieser neugewonnenen Ebene nur als *spezifische Variante* abendländischen Geistes und seiner naturverneinenden Haltung dar. Fortan ist nicht mehr Deutschland, sondern das Abendland selbst Gegenstand der Müllerschen Bearbeitungen.

»›Leben Gundlings…‹ signalisiert einen politischen Positionswechsel Heiner Müllers. Nicht daß er jetzt abrückt von seinem Engagement für die Unterdrückten und Geknechteten und sich einrichtet in seinem intellektuellen Ekel an dieser Welt, sich zurückzieht auf eine individualistische Position; nein – es scheint hingegen so, als habe er den Glauben an eine Entwicklungsfähigkeit des ›realen Sozialismus‹ in der DDR weitgehend verloren und sehe jetzt vor allem in den Befreiungsbewegungen der dritten Welt…, ein Potential möglicher Zukunft…
Ästhetisch vollzieht sich dieser Positionswechsel in der –… – Verabschiedung des Brechtschen Theaters einer wissenschaftlichen Aufklärung und der Hinwendung zum Brecht des ›Fatzer‹-Fragments […]; in der ›Verabschiedung des Lehrstücks‹ […] und der Aneignung einer Traditionslinie von Literatur, die kraft ihrer subversiven Energie alle Versuche der Kulturapparate, sie zu vereinnahmen, zu ›vergipsen‹ […], zum autonomen Kunstwerk zu stilisieren, habe vereiteln können. Müller rechnet hierzu Namen wie: Rimbaud, Lautréamont, Kafka, Joyce, Majakowski, Artaud und Beckett, Künstler, die, seiner Ansicht nach, den Blick auf das ›Unbekannte‹ gewagt haben, die der Anstrengung, ›der Geschichte ins Weiße im Auge zu sehen‹, nicht ausgewichen seien auf das bequeme Feld der Ideologie.«[95]

Es ist in dieser Analyse versucht worden die Gründe für diesen Positionswechsel systematisch zu entfalten bzw. ihren zwingenden Charakter herauszuarbeiten. Der Rekurs auf das Dionysische und die literarische Avantgarde seit Rimbaud und ihre Techniken ist somit nicht bloßes Stilmittel, sondern geschichtsphilosophisch *stringent*, als Versuch, das Unterdrückte, Verdrängte und Verfemte gegen eine Politik des Katastrophalen zu mobilisieren. Die zwischen Regression auf das Animalische und totale Maschinisierung gestellten menschlichen Körper sind damit auf das *andere*, den *Leib*, den *Mythos* und die *Avantgarde*, der radikalsten

ästhetischen Artikulation des dem Bewußtsein Jenseitigen in der Neuzeit verwiesen. Der artifizielle Mythos in ›Leben Gundlings‹ gewinnt seine schöpferische Kraft durch die Adaption zentraler Vorstellungen ›primitiver‹ oder nicht-
zivilisierter Kulturen wie die der *Auferstehung,* der *Initiation* und *Wiedergeburt*
(›tote Büffel‹, ›Sohn des Toten‹, ›Atlantis‹).

Es handelt sich also um ein Plädoyer für eine generell anders verfaßte Kultur,
in der nicht die begriffliche Objektivität, sondern explizit nicht auf Rationalität
bezogene Kunstkonzepte tragend werden. Kunst und Mythos sind hiernach als
sakrale Formationen zu interpretieren und nicht als prärationale, womit ihnen
gegenüber der abendländischen Tradition widerständige Momente konzediert
wären. – Der emanzipatorische Gehalt des dionysischen Mythos evoziert kollektive Formen der Identität, die zugleich ein versöhnteres Verhältnis zu *äußerer*
und *innerer* Natur umfassen.

1.5. Das Gewaltmotiv in den drei Deutschlandstücken

Die Analyse und Interpretation der drei Deutschlandstücke ergibt, daß trotz
unterschiedlicher historischer Stoffe und differierender ästhetischer Mittel Ge-
meinsamkeiten in der Problemstellung und Analogien im ästhetischen Aufbau
die drei Texte verbinden. Antipodisch stehen sich jeweils die Regression in eine
domestizierte Animalität und das souveräne Todesbewußtsein, ein durch geschichtliche Niederlagen überbordender Todestrieb und die Liebe, als libidinös-
affektive Affinität, die Körperdressur in der Zivilisation und Aufklärung und der
dionysische Mythos gegenüber. Das Gewaltpotential ist zwar historisch geformt, aber es konstituiert auch die Subjekte und bestimmt deren bewußte
politische Willensbildung. Die crux der Müllerschen Ästhetik besteht nun darin,
einerseits das geschichtliche Handeln als wesentlich von unbewußten Prozessen
determiniert anzusehen, andererseits ist das dem Bewußtsein Jenseitige nicht
unmittelbar emanzipatorisches Potential, sondern muß selbst erst antizipiert
werden.

»...die Engel des Vaterlands sind nekrophil, die Mythen der Völker leben im Kitsch, dem
Kot ihrer Wappentiere. Die linke Antwort auf die Ausbeutung der Träume war ihre
Entmündigung. Unter Kuratel gestellt verrotten sie zum Reservoir der Rechten.« (Die
Einsamkeit des Films. Für Syberberg. R 105)

Wenn das kollektive Unbewußte (Engel des Vaterlands) mit seiner Wunschproduktion wesentlich an der geschichtlichen Entwicklung einer Nation beteiligt ist,
verändert dies die Wahrnehmung und Erfahrung der Geschichte selbst, deren
Bewegung (auch) durch Reproduktion kollektiver traumatischer Erfahrungen,
wie sie Mythen, Märchen und die Kunst festhalten, bestimmt wird.

»...ich sehe die Mauer wirklich als Denkmal für Rosa Luxemburg, positiv und negativ,
und auch für die DDR-Partei, das ist ein Problem nach wie vor. Das ist eine Partei, die

selbst nie gesiegt hat, es ist eine besiegte Partei, wie Kriemhild eine besiegte Partei war, die eben dann Attila geheiratet hat, um sich zu rächen an den Mördern von Siegfried. Das ist sehr abstrus vielleicht, aber ich glaube, es gibt da eine Möglichkeit, das so zu sehen.« (Neger 11/12)

Aus der Perspektive des Körpers oder des Unbewußten lassen sich auch die Vorgänge in den modernen Industriestaaten mit den Symbolen und Metaphern fassen, die am Beginn unserer Geschichtsepoche standen und auf Archetypen der abendländischen Kultur zurückführen, ohne daß diesen damit eine universale Gültigkeit konzediert wird. Vielmehr zeigen sie allein die Kontinuität bestimmter Strukturen und psychischer Formationen an, die durch die Industrialisierung und Technisierung der Gesellschaft strukturell nicht berührt werden.

»Nietzsches und Müllers Lieblingsvokabel ›zerreißen‹ korrespondiert mit der Vorstellung, Geschichte sei ein Raubtier und heroisch sei ihm ›ins Weiße im Auge‹ zu blicken . . . Diese Bilderwelt negiert, daß Tod unter Eichmann und Stalin Verwaltungsarbeit ist. Daß Tod im 20. Jahrhundert exterminieren bedeutet, vergasen, verdampfen (Hiroshima), langsam vergiften oder ›versaften‹. Dionysos in Hiroshima, Auschwitz oder Sibirien? Der Mythos findet seine Grenzen am Völkermord als Industrieprodukt. Angesichts der technischen Entwicklung wird seine Anwendung ästhetisch fragwürdig.« [96]

Die historischen Katastrophen der Moderne basieren allesamt auf der Anwendung der Erkenntnisse von Wissenschaft und Technik. Die rohe, körperliche Gewalt tritt zugunsten maschinisierter Vernichtung — die den betroffenen Körpern deswegen nicht als weniger bestialisch erscheint —, zurück. Aber weder die begriffliche Rationalität noch der bloße Rekurs auf den Mythos können den Prozeß abendländischer Zivilisation, der zugleich einer der Extermination ist, aufhalten. Dionysos und seine Anhänger, die bocksbeinigen Satyrn, sind nicht homogener Teil des patriarchalischen-griechischen Götterhimmels, sondern verkörpern dessen anderes. Somit bietet das Dionysische und dessen Votum für Naturversöhnung und Befreiung des Leiblichen den äußersten Fluchtpunkt abendländischer Kultur, die sich explizit gegen innere und äußere Natur richtet.

»Die Natur, an der noch keine Erkenntnis gearbeitet, in der die Riegel der Natur noch unerbrochen sind — das sah der Grieche in seinem Satyr, der ihm deshalb noch nicht mit dem Affen zusammenfiel . . ., der dionysische Grieche will die Wahrheit und die Natur in ihrer höchsten Kraft — er sieht sich zum Satyr verzaubert. Unter solchen Stimmungen und Erkenntnissen jubelt die schwärmerische Schar der Dionysosdiener: deren Macht sie selbst vor ihren eigenen Augen verwandelt, so daß sie sich als wiederhergestellte Naturgenien, als Satyrn, zu erblicken wähnen.« [97]

Betrachtet man die abendländische Zivilisation als äußerst dynamische, aber gleichfalls zutiefst problematische Emanzipation von der Natur (Affe), so steht mit Dionysos und dem Bild des Satyr und der Vision des naturversöhnten Menschen am Anfang dieses Prozesses auch die utopische Chiffre, die die einzig wirkliche Alternative zu Apokalypse und Götterdämmerung bildet. Müllers

Deutschlandstücke kreisen um die Rolle und Funktion des Körpers in der Geschichte. In der Interpretation der ›Schlacht‹ ließ sich der Faschismus auf die
Entfesselung domestizierter innerer Natur zurückführen. Diese Domestikation
dechiffriert sich, ›Leben Gundlings‹ zufolge, als Resultat der, aus politisch-militä-
rischen Gründen, mit besonderer Vehemenz durchgeführten Körperdressur in
Preußen-Deutschland.

Die Emanzipation vom Tier zum Menschen schlägt durch die Maschinisierung der inneren Natur in ihr Gegenteil um und zeitigt eine neue Quelle der
Inhumanität. Hiernach bestimmt sich der deutsche Nationalismus als eine spezifische Variante des abendländischen Zivilisationsprozesses: Im Dritten Reich
macht weder die objektive Klassenlage noch das aufgeklärte Bewußtsein, sondern die von ihnen zugerichteten Körper und deren Wünsche Geschichte. Hiermit aber werden die Invarianten der europäischen Tradition selbst fraglich.
Wenn das kollektive Unbewußte, das in Deutschland vom Todestrieb bestimmt
wird (vgl. ›Germania‹ und ›Die Engel des Vaterlandes sind nekrophil‹), letztlich
über die Existenz oder Nicht-Existenz einer utopischen Verfaßtheit der Welt
entscheidet und damit zugleich über das weitere Fortbestehen der menschlichen
Gattung, so kommt der ›Befreiung der Toten‹ durch die Antizipation des kollektiv Verdrängten emanzipationsstrategisch eine eminente Bedeutung zu. Da die
Zivilisation aber im Gegensatz zu den ›primitiven Kulturen‹ auf einer radikalen
Trennung der Lebenden von den Toten beruht, woraus das kollektive Unbewußte allererst resultiert, evoziert der artifizielle Mythos in ›Leben Gundlings‹
unter dem Aspekt der Initiation eine grundlegend andere kulturelle Verfaßtheit.
Denn die »Initiation ist die Basis der Verbindung der Lebenden und Toten«. [98]
Die Wiederaufnahme der Kommunikation mit den Ahnen bricht mit der »Basis
selbst der ›Rationalität‹ unserer Kultur«: Der »Ausschließung der Toten und des
Todes«. [99] Als historisch geformtes aber muß das Unbewußte nicht nur befreit
werden, was einer Revolution auf der Ebene des Wunsches gleichkäme, sondern
durch die Adaption des »symbolischen Übereignisses der Initiation« [100], welches wesentlich von der Kunst der Moderne – ›Lautrámont Sohn der Toten
Fürst von Atlantis‹ – geleitet würde, schließlich restlos substituiert werden.
Damit wäre nicht nur die Bahn der europäischen Zivilisation verlassen, sondern
auch überwunden und eine universale Kultur der Menschheit möglich; der
abendländische Diskurs der Väter wird durch den der gleichberechtigten Brüder
und Schwestern ersetzt, während der Diskurs selber nicht durch den Begriff,
sondern durch Symbole, Mythen und Kunst gestiftet wird. Dem humanisierten
Menschen würde eine neue Geistigkeit zuteil.

»Dem Menschen sind viele Ketten angelegt worden, damit er es verlerne, sich wie ein Tier
zu gebärden ... Erst wenn auch die *Ketten-Krankheit* überwunden ist, ist das erste große
Ziel ganz erreicht: die Abtrennung des Menschen von den Tieren. – Nun stehen wir
mitten in unserer Arbeit, die Ketten abzunehmen, und haben dabei die höchste Vorsicht

nötig. Nur dem *veredelten Menschen darf die Freiheit des Geistes* gegeben werden; ihm allein naht *die Erleichterung des Lebens* und salbt seine Wunden aus; er zuerst darf sagen, daß er um der *Freudigkeit* willen lebe und um keines weiteren Zieles willen…«[101]

Die utopische Chiffre ›Menschen aus neuem Fleisch‹ bildet den direkten Gegensatz zu der Tiermetaphorik der ›Schlacht‹. Der Zivilisationsprozeß muß korrigiert werden. Die Menschwerdung des Menschen ist nicht genuines Resultat zur Aufklärung; vielmehr gewinnt der Müllersche Utopiebegriff seine Konturen angesichts der Synthese von avantgardistischer Kunst und Initiationsriten, denen ein versöhntes Verhältnis zur Natur und zum Tod zugrunde liegt. Das Verhältnis von Emanzipation und Tod bestimmt auch die thematische Spannweite der folgenden Interpretation der Revolutionsstücke, die die in der ersten Szene der ›Schlacht‹ angeschnittene Problematik eines souveränen Todesbewußtseins fortführen und vertiefen.

Die autobiographisch motivierte Auseinandersetzung mit dem Thema Deutschland läßt also unter dem Aspekt der Gewalt ein Psychogramm des deutschen Kollektivsubjekts, seiner historischen Erfahrungen und unbewußten Intentionen entstehen, dessen Antizipation eine grundlegende Veränderung des gesellschaftlichen Naturverhältnisses nötig erscheinen läßt und somit in Rationalitäts- und Zivilisationskritik mündet. Es ist die ›unterirdische‹ nationale Geschichte, die Geschichte des Körpers und seiner Artikulationen, die in Müllers Stücken Gestaltung findet und ohne deren emanzipatorische Überwindung sich kaum je Utopie realisieren werden läßt.

2. Der Revolutionskomplex

2.1. Revolution und Tod

Die Revolution als einschneidende historische Zäsur und Möglichkeit des anderen gehört zur zentralen Thematik des Müllerschen Spätwerks. Wenn hier aus methodischen Gründen die Theater-Produktionen der 70er Jahre in den Deutschland-, Revolutions- und Frauenkomplex eingeteilt wurde, so unterschlägt dies, daß das Revolutionsmotiv in allen drei Themenbereichen existent ist. So kommt in den Deutschlandstücken das Scheitern der deutschen Revolutionen von 1848 und 1918 zur Sprache, während ›Zement‹ zur Zeit der russischen Revolution von 1918 spielt und in der ›Hamletmaschine‹ Emanzipation in Zusammenhang mit dem Ungarnaufstand von 1956 und des Ostberliner Aufstands vom 17. Juni 1953 problematisiert wird.

In ›Mauser‹ (1970) und ›Der Auftrag‹ (1979) wird das Verhältnis der Revolutionäre zur Revolution, zu deren Erfordernissen, Ansprüchen, aber auch Mängeln entfaltet. Beide Stücke gruppieren sich um die Motive von Verrat, Todesbewußtsein, dem anderen und der dritten Welt, bis schließlich das europäische Revolutionsmodell selbst fraglich wird.

Das autobiographische Motiv des Verrats wird als politisches Versagen bestimmt, das sich im europäischen Revolutionskonzept und dessen Aporien und Widersprüchlichkeiten begründet. Diesen wird mit dem Rekurs auf einen Naturbegriff begegnet, der die Möglichkeit von Utopie nicht nur von einer gerechteren Verteilung der Produktionsmittel abhängig macht, sondern dem Verhältnis zu innerer und äußerer Natur im revolutionären Diskurs eine eminente Bedeutung einräumt. Der Erfahrung des Verrats beinhaltet den Widerspruch zwischen dem Glücks- bzw. Selbsterhaltungsanspruch des Individuums und der Notwendigkeit des persönlichen Opfers für die Freiheit, womit das revolutionäre Bewußtsein notwendig gezwungen ist, heroische Qualitäten herauszubilden. Dies aber verlangt eine Verankerung des emanzipativ-politischen Denkens im Bewußtsein des Todes. Der Tod ist zwar das Feld des Politischen, aber er ist keine ökonomische Größe, sondern eine der Natur. Bedarf nun die Revolution zu ihrer Verwirklichung eine Bejahung des Todes, so kann diese aber allein – soll sie nicht Ausdruck einer nekrophilen Charakterstruktur sein, die den Primat des Anorganischen über das Organische befürwortet – aus einem gesellschaftlichen Naturverhältnis resultieren, das den Tod nicht vom Leben spaltet.

»Unser Tod wurde tatsächlich im 16. Jahrhundert geboren. Seine Sense und seine Totenuhr, die Reiter der Apokalypse und die grotesken und makabren Spiele des Mittelalters hat er verloren. All das war noch Volkskunst und Fest, in denen sich der Tod noch austauschte, sicherlich nicht mehr mit der ›symbolischen Wirksamkeit‹ der Primitiven, aber zumindest als *kollektives* Phantasma am Giebel der Kathedralen oder in den Passionsspielen, die in der Hölle spielten...
Seit der Desintegration der traditionellen christlichen und feudalen Gemeinden durch die bürgerliche Vernunft und das entsprechende System der politischen Ökonomie nimmt der Tod nicht mehr am Leben teil. Der Tod existiert in der Vorstellung von materiellen Gütern, die immer weniger so wie früher im Austausch unter unzertrennlichen Partnern zirkulieren [...] und immer mehr unter dem allgemeinen Zeichen eines allgemeinen Äquivalentes zirkulieren. In der kapitalistischen Welt steht jeder allein vor dem allgemeinen Äquivalent. Ebenso findet sich jeder allein vor dem Tode wieder – und das ist keine Koinzidenz. Denn *die allgemeine Äquivalenz ist der Tod.*
Von da an wird die Obsession des Todes und der Wille, den Tod durch die Akkumulation abzuschaffen, zum Hauptmotor der Rationalität der politischen Ökonomie. Akkumulation des Wertes und insbesondere der Zeit als Wert im Phantasma einer Übertragung des Todes in den Ausdruck linearer Unendlichkeit des Wertes...
Die Akkumulation der Zeit bringt die Idee des Fortschritts hervor,... Schließlich führt die totale Objektivität der Zeit, wie die totale Akkumulation, zur totalen Unmöglichkeit des symbolischen Tausches – das ist der Tod. Daher die absolute Sackgasse der politischen Ökonomie: durch Akkumulation will sie den Tod abschaffen – aber die zur Akkumulation benötigte Zeit ist selber eine Zeit des Todes.« [1]

Indem das autobiographische Motiv zum Ausgangspunkt der revolutionstheoretischen Überlegungen genommen wird, gelangt Müller zwar in medias res, zugleich aber in ein Geflecht von Widersprüchen und Problemstellungen. Denn es ist die bürgerliche Rationalität, die sowohl die zyklischen oder reziproken Lebensverhältnisse zugunsten der Allmacht des Tauschwertes auflöst als auch den Tod als Teil des kollektiven Lebenszusammenhangs exterminiert und ihn damit individualisiert. Hieraus resultiert aber auch das Bewußtsein des Fortschritts, aus dem sich die Revolution geschichtsphilosophisch herleitet. Die Problematisierung der Revolution unter dem Aspekt des Todesbewußtseins führt zu der Aporie, daß die bürgerlich-kapitalistische Gesellschaft mit Hilfe der Rationalität im Zuge der Universalisierung der Geldwirtschaft gerade den kollektiven Todesbegriff bzw. dessen Erfahrung zerstört hat, der zur Überwindung der politischen Ökonomie bzw. des Kapitalismus notwendig wäre. Die welthistorische crux dieser Einsichten besteht darin, daß gerade die Völker und Nationen, bei denen das Tauschwertprinzip noch nicht vollständig durchgesetzt ist, die also nach Rationalität und Fortschritt *rückständig* sind, die revolutionäre Avantgarde bilden, weil sie zumindest fragmentarisch an einem kollektiven Todesbewußtsein partizipieren; demnach entschiede nicht der Stand der Produktivkräfte über das Gelingen revolutionärer Aktivitäten, sondern die Naturwüchsigkeit des gesellschaftlichen Naturverhältnisse als (noch) nicht vom Tauschwert durchdrungener Lebenszusammenhang. Hieraus folgt, um die Argumentation Baudrillards zu Ende zu führen, daß emanzipatorische Strategien den Tod in die Revolution reintegrieren müssen, womit nicht nur der Fortschrittsgedanke liquidiert ist, sondern Vernunft selbst aus dem Zentrum der Revolution gewiesen wird.

»Niemals wird die Revolution den Tod wiederentdecken, wenn sie ihn nicht auf der Stelle fordert. Ihre Sackgasse ist die, daß sie sich auf das Ende der politischen Ökonomie als Erfüllung des Fortschritts fixiert hat, während sich von jetzt an die Forderung nach einem Ende der politischen Ökonomie als Forderung nach einem unmittelbaren Leben und Tod stellt ... In Wirklichkeit gibt es dafür keine ›nächsten Tage‹: diese sind immer der Verwaltung von Dingen gewidmet. Der Tod dagegen will sofort in totaler Erblindung und Ambivalenz erfahren sein. Aber ist er revolutionär? Wenn die politische Ökonomie der rigoroseste Versuch ist, dem Tod ein Ende zu setzen, so ist klar, daß allein der Tod die politische Ökonomie beenden kann.« [2]

Nicht auf die Überwindung der unmittelbaren Todesfurcht in revolutionären und damit historischen Ausnahmesituationen zielen diese Überlegungen Baudrillards, sondern auf die Verlegung des Todes als Todesbewußtsein ins Innere der auf Emanzipation dringende Kollektive, die demnach auch als an Utopie orientierte Todesgemeinschaft begriffen werden können. Wenn also Ophelia/ Elektra in der ›Hamletmaschine‹ das Motto der faschistischen Falange ›Es lebe der Tod‹ übernimmt, antizipiert sie kollektiv-politische Formen, die sich nicht als Produkt der Aufklärung sehen, sondern sich aus explizit antirationalistischen Traditionen herleiten. Solche Kollektive bilden die ›primitiven‹ Kulturen und deren Initiationsriten, lassen sich aber auch im europäischen Mittelalter finden.

Der Individualisierung des Todes als Angst vor dem Tod ging eine Todesvorstellung voraus, die den Tod als unmittelbares emanzipatorisches Potential begriff.

»Vor dieser Wende im 16. Jahrhundert sind Vorstellung und Ikonographie des Todes im Mittelalter noch volkstümlich und vergnüglich. Es gibt ein kollektives Theater des Todes, der sich nicht in das individuelle Bewußtsein (oder später ins Unbewußte) verflüchtigt. Noch im 15. Jahrhundert nährt der Tod das große messianische Fest des Totentanzes: Könige, Bischöfe, Prinzen, Bürger und Bauernlümmel sind vor dem Tode alle gleich, eine Herausforderung an die ungleiche Ordnung nach Geburt, Reichtum und Macht. Ein letzter großer Augenblick, in dem der Tod als offensiver Mythos und kollektive Sprache erscheinen konnte. Seitdem ist der Tod bekanntlich ein individueller und tragischer Gedanke ›von Rechts‹ geworden, der im Hinblick auf Bewegungen der Revolte und sozialen Revolution ›reaktionär‹ ist.« [3]

Während mit Protestantismus und Humanismus, der Individualisierung des Gewissens, die Verinnerlichung der Todesfurcht einsetzte, war der kollektive Todesbegriff unmittelbar revolutionär, aus ihm leitete sich das Postulat nach Gleichheit ab, d.h. aber nichts anderes, als daß sich Emanzipation nicht notwendig von Vernunft und Fortschritt herleiten muß, sondern genauso gut, wenn nicht besser, aus einer Tradition *kollektiver Todeserfahrung* gewonnen werden kann.

Dem autobiographischen Verratsmotiv inhäriert aber noch ein zweites objektives Problem: Die Differenz zwischen dem Allgemeinen und dem Besonderen, zwischen Objektivität und Subjektivität. Indem der Marxismus die Revolution als durch die objektive Tendenz der Geschichte gegeben bestimmt, setzt er damit auch notwendig den Primat des Allgemeinen (der Partei), ohne daß sich die (noch) unfreien revolutionären Subjekte in der Revolution oder in der politischen Arbeit selbst befreien können (und dürfen), und sich somit die revolutionäre Politik von der Kategorie der Notwendigkeit leiten lassen muß und nicht von den subjektiven Intentionen ihrer Träger. Der Begriff der Freiheit ist damit dem Allgemeinen bzw. der (ökonomischen) Notwendigkeit untergeordnet und wird in der revolutionären Aktion bzw. Politik nicht unmittelbar verwirklicht. Dies setzt mithin ›den Glauben an die Wahrheit‹ (Nietzsche) bzw. an ein in der europäischen Geschichte angelegtes, utopisches Telos, welches universale Geltung besitzt, voraus. Die Revolution markiert zwar den Bruch auf der Ebene des Ökonomisch-Sozialen, aber dieses Neue wird wesentlich als Vollendung des Alten, der messianisch gedachten abendländisch-christlich-jüdischen Geschichtstradition, konzipiert.

»Es ging um die Vergottung der Geschichte, auch bei den atheistischen Hegelianern Marx und Engels. Der Primat der Ökonomie soll mit historischer Stringenz das glückliche Ende als ihr immanent begründen; der Wirtschaftsprozeß erzeuge die politischen Herrschaftsverhältnisse und wälze sie um bis zur zwangsläufigen Befreiung vom Zwang der Wirtschaft. Die Intransigenz der Doktrin, zumal bei Engels, war jedoch gerade ihrerseits politisch. Er und Marx wollten die Revolution als eine der wirtschaftlichen Verhältnisse in der Gesellschaft als ganzer, in der Grundschicht ihrer Selbsterhaltung, nicht als Änderung der Spiegelregeln von Herrschaft, ihrer politischen Form... Sie waren Feinde der Utopie um deren Verwirklichung willen. Ihr Imago von der Revolution prägte die von der Vorwelt; das überwältigende Gewicht der wirtschaftlichen Widersprüche im Kapitalismus schien nach seiner Ableitung aus der akkumulierten Objektivität des seit unvordenklichen Zeiten geschichtlich Stärkeren zu verlangen... Tangiert aber wird durch die Ereignisse des zwanzigsten Jahrhunderts die Idee der geschichtlichen Totalität als einer von kalkulabler ökonomischer Notwendigkeit...; wenn die Totalität gesellschaftlich notwendiger Schein als Hypostasis des aus Einzelmenschen herausgepreßten Allgemeinen, im Anspruch ihrer Absolutheit gebrochen wird, wahrt sich das kritische gesellschaftliche Bewußtsein die Freiheit des Gedankens, einmal könne es anders sein... Der heraufziehenden Katastrophe korrespondiert eher die Vermutung einer irrationalen Katastrophe in den Anfängen.«[4]

Stellt sich das Trauma des Verrats auf der Ebene gesellschaftlicher Praxis als das Verhältnis von Revolution und Tod, so impliziert es desgleichen die Frage nach der Vermittlung von Objektivität und Subjektivität. Indem Marx und Engels den Primat des objektiven bzw. des ökonomischen gegenüber dem subjektiven Faktor betonen, setzen sie dies idealistische Grundtheorem als politisches historisch fort, und sanktionieren damit die Notwendigkeit von Herrschaft. Dem kommt insofern Stringenz zu, als Geschichte andernfalls eine irrationale Folge von Ereignissen wäre und somit nicht durchschaubar. Demnach müßte aber dem europäischen Geschichtsverlauf universale Geltung konzediert werden und die nichteuropäischen und vom Imperialismus zerschlagenen Kulturen müssen notwendig unter dem Kriterium des Ungleichzeitigen eurozentrisch interpretiert werden, womit sie zugleich für die weitere Gattungsgeschichte als vorgeschichtliche marginal werden. Dies aber setzt einen rationalen Verlauf der Geschichte, insbesondere der europäischen, voraus. Stände aber am Anfang europäischer Geschichte eine ›irrationale Katastrophe‹, wie es Adorno oben vermutet, also eine kosmische oder Naturkatastrophe von unvorstellbarem Ausmaß, die spezifisch die abendländisch-christliche Geschichte in ihrer Genese determiniert, so ließe sich diese als Katastrophenreflex bestimmen und wäre eher untypisch für die Gattung. Dann wären aber die spezifischen Konstituenten abendländischer Kultur – Patriarchat, Geldwirtschaft, Privateigentum, Rationalität und ausgeprägtes Individualbewußtsein – nicht Ausdruck von Fortschritt, sondern von Panik und tiefster existentieller Verunsicherung. Damit aber stellt sich die Frage, inwiefern den Kulturen der dritten Welt Momente von Utopie innewohnen, auf die die europäische Emanzipationsbewegung in ihrer theoretischen und damit größtenteils auch faktischen Ausrichtung nicht rekurrieren konnte.

»In unseren Ländern, in unserem Block, haben wir eine Art Osmose mit der dritten Welt. Rußland ist nur ein ganz kleiner Teil der Sowjetunion. Seine Bevölkerung ist im Verhältnis zu den asiatischen Republiken, den asiatischen Regionen, geradezu minimal. In der Sowjetunion gibt es viel mehr dritte Welt als in den Vereinigten Staaten. Nirgends in der weißen Welt, nicht einmal in New York oder Los Angeles, findet man diese Art Osmose mit der

dritten Welt. Es gibt da eine Zeile von Jim Morrison: ›Leb mit uns in den Wäldern
Asiens...‹
LOTRINGER: Und Sie glauben, daß die Osmose in der Sowjetunion tatsächlich gelingt?
MÜLLER: Ich glaube, ja. Die Änderungen oder Reformen, die in unsern Ländern nötig sind,
hängen sehr von der Entwicklung der dritten Welt ab. Das ist wie ein großer Wartesaal, in
dem alles auf Geschichte wartet. Und Geschichte ist jetzt die Geschichte der dritten Welt
mit all den Problemen von Hunger und Überbevölkerung.
...
Es gibt zwei Ideen oder Konzepte von Geschichte... Das europäische Geschichtskonzept
ist erledigt.
...
Die Trennung zwischen Ideologien ist nicht sehr wichtig. Wichtig ist die Differenz der
Interessen oder Bedürfnisse. Das westliche Paradies konstituiert sich aus der Hölle für die
dritte Welt... Wenn ich von Asien spreche, klingt das vielleicht sehr poetisch, aber ich
glaube, da ist eine ganze Menge Wahrheit drin. Europäische Geschichte oder Politik fußt
auf dem Vaterprinzip, dem paternalen Prinzip. Ich sehe in Asien das Aufgeben des
mütterlichen Prinzips. Vielleicht gibt es eine Differenz zwischen Ideologien. Ideologien
sind nur Masken.« (R 50–53)

Europäischer Kapitalismus und Sozialismus stehen sich in dieser Argumentation
als zwei Varianten patriarchalischer Formationen gegenüber, während die dritte
Welt bzw. Asien auf ein *qualitativ anderes* durch seine *mutterrechtliche Verfaßtheit*
verweist. Die Verelendungstheorie wird also nicht nur dahingehend neu gedacht, daß die depravierten Massen der dritten Welt anstelle des europäischen
Proletariats zum neuen historischen Subjekt werden, sondern damit werden auch
nicht-europäische Traditionen zum Hoffnungsträger von Utopie. – Daß die
Genese des europäischen Patriarchats durch ›irrationale Katastrophen‹ bedingt
wurde, ist sicherlich nicht Konsens der Altertumswissenschaften, doch würde
damit eine plausible Antwort auf die hier aufgeworfenen geschichtsphilosophischen Probleme gegeben, und zugleich die »Entstehung von Privateigentum,
männlich dominierter Einehe und Geld« [5] geklärt, von denen »die besten Vertreter ihres Faches [...] bekennen, daß ihnen die Umstände für die Herausbildung der Polis mit ihrem männlichen Individualeigentum unbekannt, die Mono-
gamie dunkel und das Geld ein dauerndes Rätsel ist«. [6] So konstatiert Gunnar
Heinsohn in seiner sozialtheoretischen Rekonstruktion der Antike

»...daß Privateigentum und patriarchalische Familie nicht deshalb in die Welt kommen,
weil –... – eine stammesgeschichtliche oder feudale Produktion ökonomisch ausgereizt
war oder etwa weil Männer in einem matrilinearen Stamm erst reich wurden und dann
diesen Wohlstand aus Kindesliebe mit dem passenderen Überbau einer Vater-Sohn-Verer-
bung ausstatten wollten [...], sondern weil unter außergewöhnlichen katastrophalen Aus-
nahmebedingungen Männer in ihren bisherigen Lebensformen keine Existenz mehr fanden oder eine abgelehnte Existenzform gerade überwinden konnten, diese dann nicht
wiederholen wollten und erst daraufhin eine neue Gesellschaftsstruktur schufen, die ihre
besonderen Interessen zum Ausdruck brachte.
Existenzunsicherheit und Armut stehen am Beginn der neuen Privateigentumsverhält-
nisse, deren höhere reichtumschaffende Potenz von ihren Begründern auch keineswegs –

wie etwa Funktionalisten nahelegen müssen – vorab gewußt und daraufhin planvoll ins Werk gesetzt werden konnte...«[7]

Das Müllersche Werk selbst bietet nur relativ wenig Anhaltspunkte zur Klärung dieser Fragen. Die Geschichte der Gegenwart beginnt mit den Mythen der Griechen oder der Nibelungen, die selbst wiederum schon Zeugnis von patriarchal-imperialen Herrschaftsformen sind. Allein der artifizielle Mythos in ›Leben Gundlings‹ bietet in seiner Adaption dionysischer Strukturelemente bei gleichzeitigem Verweis auf den Untergang von Atlantis den Hinweis auf den katastrophalen Untergang matriarchalisch-dionysischer Lebensformen. Auch hier wird, wie in der Revolutionsthematik, Tod und Utopie als eng zusammenhängend dargestellt.

Aber ›dritte Welt‹ schließt in der Terminologie Müllers auch die Jugend- und Alternativbewegungen der ersten Welt, als einer Art linker Opposition, die in den traditionellen politischen Kriterien nicht aufgeht, mit ein.

»LOTRINGER: Glauben Sie wirklich, daß die ›Alternativszene‹ in Deutschland eine dauernde Wirkung haben kann?
MÜLLER: Die wichtigste Funktion alternativer Bewegungen im Westen ist es, in seiner Mitte Inseln der dritten Welt zu schaffen. West-Berlin ist die drittgrößte türkische Stadt der Welt.« (R 64–65)

Diese Widerstandsbewegungen von Jugendlichen Anfang der 80er Jahre, von denen aus Müller eine Brücke zur dritten Welt schlägt, zeichnen sich gerade dadurch aus, daß sie im Gegensatz zur Studentenrevolte Ende der 60er Jahre, bei der die theoretische Ableitung der Verhältnisse und die sich daraus ergebenden Konsequenzen für die gesellschaftliche Praxis eine eminente Rolle spielten, auf ein intellektuelles Durchdringen der Verhältnisse verzichten und statt dessen spontan Subjektivität und Unmittelbarkeit einklagen. Damit hat sich zu Beginn der 80er Jahre des 20. Jahrhunderts in den Metropolen Europas eine Bewegung gebildet, die auf gesellschaftliche Veränderung im Sinne emanzipativer Praxis zielt, aber nicht mehr in der Tradition aufklärerischer linker Opposition steht. Dies macht einsichtig, wie Müller sie als Verlängerung der Befreiungsbewegungen der dritten Welt begreifen kann.

Für die Analyse der ›Mauser‹ und ›Auftrag‹ leiten sich also bei diesem methodischen Ansatz das Verhältnis von Revolution und Tod sowie das von Tod un principio individuationis samt deren Implikaten als zentrale Kategorien der Interpretation her. Hiermit ist nicht nur nach dem subjektiven Verhältnis zum Tod gefragt, sondern zugleich wie differierende gesellschaftlich-kulturelle Formungen des Ereignisses ›Tod‹ Subjektivität strukturieren. Damit wird auch das Problem aufgeworfen, ob mit der Antizipation eines Revolutionsmodells der dritten Welt, die auch Symbol für die Revolte des Körpers ist, die seit Marx und Engels als irreversibel geltende Identität von Rationalität und gesellschaftlicher Emanzipation weiterhin unbedingte Geltung zukommt.

2.2. ›Mauser‹ – Die Antizipation einer revolutionären Todesidee

Formal steht ›Mauser‹ als drittes Stück in der Reihe der beiden Antikebearbeitungen ›Philoktet‹ (1958/64) und ›Der Horatier‹ (1968) und setzt die von Brecht begonnene Lehrstücktradition kritisch fort. Nach der Absage an das Lehrstück (vgl. Brief àn Reiner Steinweg) nimmt Müller mit ›Wolokolamser Chaussee‹ (1984)ff.) den nach ›Mauser‹ verlassenen Weg jedoch wieder auf und thematisiert erneut das Verhältnis von Tod und revolutionärer Disziplin.

»Der Text ›Mauser‹ ist nur ein weiterer und vielleicht vorläufiger Text einer Versuchsreihe, die mit Brechts ›Jasager‹ – ›Neinsager‹, ›Jasager 2‹ und ›Maßnahme‹ begonnen hatte. Allerdings unterscheidet sich der Text ›Mauser‹ vom vorangehenden insofern, als er eine Negation der ›Maßnahme‹ ist und die historische Entwicklung seit 1930 in der Ausbreitung des Kommunismus reflektiert. Dialektisch ist in ›Mauser‹ der allgemeine Handlungsrahmen. Der Konflikt entspringt einer unentrinnbaren Zwangssituation und ist daher schlechthin dramatisch. Ebenfalls dialektisch ist das Verhältnis der dramatis personae, Chor, Henker A (Mauser Vorgänger) und Henker B (Mauser) zueinander... Der Lehrstück-Text ›Mauser‹ ist im reimlosen Knittelrhythmus geschrieben und zitiert eine Reihe von Wendungen aus den verschiedenen Lehrstücken von Brecht.«[8]

Darüber hinaus wird in dem Text eine Szene aus Solochows Roman ›Der stille Don‹ variiert bzw. konsequent zu Ende geführt. Buntschuk, ein Frontkämpfer, wird aufgrund seiner langjährigen Parteimitgliedschaft mit der Leitung eines revolutionären Erschießungskommandos beauftragt und droht an der Tatsache, daß er auch die töten muß, die er befreien will, physisch und psychisch zu zerbrechen.

»Nicht wegen der Kerle mit den Schulterstücken tut mir das Herz weh, die handeln ebenso bewußt wie du und ich. Aber gestern waren unter neun, die ich erschießen mußte, drei Kosaken... Werktätige... Als ich einem von ihnen die Fesseln abnahm – Buntschuks Stimme wurde dumpf, unverständlich, als entfernte er sich immer weiter – berührte ich seine Hand: sie war wie eine Stiefelsohle... über und über mit Schwielen bedeckt, schwarz rissig und beulig... Nun ich muß gehen, brach er plötzlich ab und rieb sich, ohne daß Anna es bemerkte, den Hals, weil ihm ein Krampf wie eine Schlinge die Kehle zuschnürte.«[9]

Während Buntschuk im Gefolge revolutionärer Kampfhandlungen stirbt, kann Mauser A die psychische Belastung nicht mehr ertragen und läßt die drei Bauern (Kosaken) ›unbelehrt‹ frei, so daß sie sich wieder gegen die Revolution wenden und Mauser A somit zum Feind der Revolution und der von ihr geforderten Disziplin wird. Das Paradox besteht also darin, daß humanes Handeln die Inhumanität stärkt, der Revolutionär also von den ihn konstituierenden humanitären Impulsen, abstrahieren muß, um Humanität möglich zu machen. Hiermit nimmt Müller das Verratsthema als Disjunktion von moralischer und emanzipatorischer Haltung wieder auf. Mauser A rekurriert auf den Todesbegriff der Knechtschaft, indem er den Tod als das Absolute begreift, den er einerseits auf die unschuldigen weil wissenden Bauern projiziert, zum anderen

aber auch bei der Verteidigung seines eigenen Lebens als universalen voraussetzt.

»Zunächst ist für die Knechtschaft der Herr das Wesen, ... Dies Bewußtsein hat nämlich
nicht um dieses oder jenes, noch für diesen oder jenen Augenblick Angst gehabt, sondern
um sein ganzes Wesen; denn es hat die Furcht des Todes, des absoluten Herrn, empfunden. Es ist darin innerlich aufgelöst worden, hat durchaus in sich selbst erzittert, und alles
Fixe hat in ihm gebebt ...
Es ist ferner nicht nur diese allgemeine Auflösung überhaupt, sondern im Dienen voll-
bringt es sie wirklich; es hebt darin in allen einzelnen Momenten seine Anhänglichkeit an
das natürliche Dasein auf und arbeitet dasselbe hinweg.« [10]

Indem Mauser A, als Revolutionär, den Todesbegriff der Knechtschaft als allge-
meingültigen und humanen ansieht, und von dieser Position aus auch am
Schicksal der Bauern partizipiert, verlängert er unter diesem Aspekt die Geschichte der Herrschaft, die er als Revolutionär intentional brechen will, bzw. er
plädiert für eine Gesellschaft der Knechte ohne Herrn, die den Tod als absolutes
Fixum anerkennt. Indem Mauser A auf die Bauern nur in objektiven Kategorien
reflektiert und ihren subjektiven Bewußtseinsstand gegenüber ihrer Klassenlo-
sigkeit marginalisiert, fällt er hinter das dialektische Bewußtsein der Revolution
zugunsten der Logik der Identität zurück.

»Ihre Feinde sind meine Feinde, ich weiß es
Aber die vor mir stehen, Gesicht zum Steinbruch
Wissen es nicht, und ich der es weiß
Habe keine andere Belehrung für ihre Unwissenheit
Als die Kugel ...
Ich weiß es nicht mehr, ich kann nicht mehr töten.
...
Ich durchschneide die Stricke an den Händen
Unsrer Feinde, die gezeichnet sind
Mit der Spur ihrer Arbeit als meinesgleichen.
Ich sage: eure Feinde sind unsre Feinde.
Ich sage: geht zurück an eure Arbeit.« (M 58)

Seinesgleichen aber sind die Bauern nur unter der Kategorie der Knechtschaft –
›Arbeit‹, aber nicht unter dem Kriterium des Bewußtseins der Freiheit, das er als
Revolutionär ja auch repräsentiert, hier aber zugunsten einer objektiven Klassen-
analyse vernachlässigt. Das Bewußtsein der Freiheit bzw. der Souveränität tritt
hier also hinter ökonomische Kriterien zurück. Dem Insistieren auf Wider-
spruchslosigkeit hält der Chor eine dialektische Interpretation des Identischen
entgegen.

»Nämlich die Unwissenheit kann töten
So wie der Stahl töten kann oder das Fieber
Aber das Wissen genügt nicht, sondern die Unwissenheit
Muß nun aufhören ganz, und nicht genügt das Töten

Sondern das Töten ist eine Wissenschaft
Und muß gelernt werden, damit es aufhört
Denn das Natürliche ist nicht natürlich
Sondern das Gras müssen wir ausreißen
Und das Brot müssen wir ausspein
Bis die Revolution gesiegt hat endgültig
In der Stadt Witebsk wie in andern Städten
Damit das Gras grün bleibt und aufhört der Hunger.«
(M 59)

Aus der emanzipationsstrategischen Perspektive des Chors ist ›Unwissenheit‹ keine moralische Größe, sondern eine geschichtliche; da das Bewußtsein (auch als falsches) die Aktivitäten steuert, ist ein mangelhaft entfaltetes als Ausdruck des historischen Falschen zu bekämpfen, d.h. natürlich auch als geschichtlich handelndes. Hiermit wird der historischen bzw. konkreten Erscheinungsform Priorität gegenüber dem abstrakt Möglichen zugesprochen. An sich sind die Bauern zwar Verbündete und ›zu Befreiende‹ – ›Gras‹, ›natürlich‹ –, aber solange sie sich ihre objektiv geschichtliche Rolle nicht angeeignet haben, also nicht an und für sich historische Subjekte sind, müssen sie weiterhin nach ihrem subjektiven Bewußtseinsstand beurteilt werden. Die moralische Argumentation versagt gegenüber diesem revolutionstheoretischen Strategem, weil die Position der Gerechtigkeit in sich selbst absurd wird, wenn sie zur Beibehaltung des status quo, als der Herrschaft der Ungerechtigkeit, führt, während der Chor in der Lage ist, das ideelle mit dem praktischen Moment zu vermitteln.

Mit Mauser B knüpft Müller an die Verratssequenz der ersten Szene aus der ›Schlacht‹ an. Den programmatischen Satz: ›Ich bin der eine und der andre ich.‹ (S 8) verkehrend: »Du bist der eine und bist der andre.« (M 67) wird das Problem bipolarer Subjektivität als innerer Zerrissenheit in einer der Schlachtszene ähnlichen Konfiguration wiederaufgenommen. Mauser hält, wie Bruder B, den Anforderungen revolutionärer Politik nicht stand, verfällt der Haltung der Inhumanität und wird schließlich mit seinem Einverständnis liquidiert. Im Unterschied zur ›Schlacht‹ wird in ›Mauser‹ die Erfahrung zweifacher Identität und ihr Zerreißen prozeßhaft gestaltet.

»Seinesgleichen ist getötet worden
Und meinesgleichen zweitausend Jahre lang
Mit Rad Galgen Strick Halseisen Knute Kattorga
Von meines Feindes gleichen, der sein Feind ist
Und mein Revolver gerichtet auf sein Genick jetzt
Ich Rad Galgen Strick Halseisen Knute Kattorga
Ich vor meinem Revolver Gesicht zum Steinbruch
Ich mein Revolver gerichtet auf mein Genick
Wissend mit meiner Hand tötet die Revolution
Austilgend Rad Galgen Strick Halseisen Knute Kattorga
Und es nicht wissend, vor meinem Revolver ein Mensch
Ich zwischen Hand und Revolver, Finger und Abzug

Ich Lücke in meinem Bewußtsein, an unsrer Front.«
(M 62/63)

Mauser reagiert auf denselben Widerspruch wie Mauser A, indem er entgegen
der Doktrin des Chors — »Nicht Menschen zu töten ist dein Auftrag, sondern/
Feinde.« (M 63) — sich in den von ihm zu Liquidierenden erkennt. Die Grenze
zwischen Freund und Feind läßt sich nicht festlegen, Eindeutigkeit läßt sich nur
als unwahre haben. Diese Spannung hat nach der Logik des Chors, das Bewußtsein solange zu ertragen bis die Revolution gesiegt hat. Während sich Mauser A
dieser Logik mit notwendig zu kurz greifenden moralischen Argumenten zu
entziehen versucht, entledigt sich Mauser B dieser Spannung, indem er den
psychologischen Druck als Wut an seinen Opfern entläßt und somit hinter die
Maßstäbe revolutionärer Ethik zurückfällt.

> »Und ich hörte meine Stimme sagen
> An diesen Morgen wie an andern Morgen
> TOD DEN FEINDEN DER REVOLUTION und ich sah
> Ihn der ich war töten ein Etwas aus Fleisch Blut
> Und andrer Materie, nicht fragend nach Schuld oder
> Unschuld
> Nach dem Namen nicht und ob es ein Feind war
> Oder kein Feind, und es bewegte sich nicht mehr
> Aber er der ich war hörte nicht auf es zu töten.
> Er sagte:/(Chor) Ich habe meine Last abgeworfen
> In meinem Nacken die Toten beschweren mich nicht mehr
> Ein Mensch ist etwas, in das man hineinschießt
> Bis der Mensch aufsteht aus den Trümmern des Menschen./
> ...
> CHOR:
> Wir hörten sein Brüllen und sahen was er getan hatte
> Nicht mit unserm Auftrag und er hörte nicht auf zu schrein
> Mit der Stimme des Menschen der den Menschen frißt
> Da wußten wir, daß seine Arbeit ihn aufgebracht hatte
> Und seine Zeit war abgelaufen und führten ihn weg.
> ...
> Aber er hatte seine Last abgeworfen
> Die zu tragende bis die Revolution gesiegt hat
> In seinem Nacken die Toten beschwerten ihn nicht mehr
> Die beschwerlichen bis die Revolution gesiegt hat
> Sondern seine Last war seine Beute.« (M 64/65)

Mauser B regrediert also zum Tier, genauer zum Raubtier — ›Brüllen‹, ›Menschen
frißt‹, ›Beute‹. Die notwendige Verstrickung in Schuld führt also zu Regression
und Todesrausch, weil die moralische Instanz nicht in Rationalität aufgeht —
»Dein Gewissen ist die Lücke in deinem Bewußtsein/Die eine Lücke an unsrer
Front ist.« (M 62) Da die Protagonisten aber der dauernden psychischen Belastung (Gewissensqual) nicht gewachsen sind, ihnen aber die revolutionäre Dia-

lektik keinen vernünftigen Auswerk mehr läßt, redregieren sie auf das anthropologische Schema des Raubtiers.

»Raubtiere sind hungrig; der Sprung aufs Opfer ist schwierig, gefährlich. Damit das Tier ihn wagt, bedarf es wohl zusätzlicher Impulse. Diese fusionieren sich mit der Unlust des Hungers zur Wut aufs Opfer, deren Ausdruck dieses zweckmäßig wiederum schreckt und lähmt. Beim Fortschritt zur Humanität wird das rationalisiert durch Projektion. Das animal rationale, das Appetit auf seinen Gegner hat, muß, bereits glücklicher Besitzer eines Überichs, einen Grund finden. Je vollständiger, was es tut, dem Gesetz der Selbsterhaltung folgt, desto weniger darf es deren Primat sich und andern zugestehen; ... Das zu fressende Lebewesen muß böse sein.« [11]

Mit diesem anthropologischen Widerspruch zwischen Aggressivität und Humanität ist das Dilemma des europäischen Revolutionsmodells gefaßt. Die revolutionäre Praxis fällt hinter die gesellschaftstheoretischen Einsichten zurück und evoziert damit den Widerspruch, daß das anthropologische Schema und revolutionäre Dialektik nicht konverigeren. Der Chor reduziert die ihrer objektiven Möglichkeit nach sozialistischen Potentiale zu ›Feinden‹; als Feinde aber sind sie ›böse‹ bzw. gibt es einen ›Grund‹, sie zu töten, was demnach widerspruchsfrei ist. Da dieser Grund aber nicht in ihrer Objektivität (Klassenzugehörigkeit), sondern allein ihrer Subjektivität (falsches Bewußtsein) verankert ist, mangelt es ihm an Notwendigkeit bzw. wird er von seiner Zufälligkeit relativiert. Damit verlagert sich der Konflikt ins anthropologische Schema von Mauser B selbst. Er muß entweder seine Menschlichkeit überwinden, was nichts weniger wäre als seine Konstitution als Mensch selbst:

»Ich bin ein Mensch. Der Mensch ist keine Maschine.
Töten und töten, der gleiche nach jedem Tod
Konnte ich nicht. Gebt mir den Schlaf der Maschine.« (M 66)

oder er muß hinter den zivilisatorischen Standard, als seiner Emanzipation vom Raubtier, zurückfallen, womit das Töten zum animalischen Fest wird.

»Ich nehme unter den Stiefel was ich getötet habe
Ich tanze auf meinen Toten mit stampfenden Tanzschritt
Mir nicht genügt es zu töten, was sterben muß
Damit die Revolution siegt und aufhört das Töten
Sondern es soll nichts mehr da sein und ganz nichts
Für die kommenden ein reiner Tisch.« (M 64)

Mauser B löst die Aporie also, indem er die Destruktivität als emanzipatorisches Strategem bejaht. Seine Erfahrung korrespondiert der von Bruder B in der ›Schlacht‹ – »Und Stiefel sind was, du bist nicht allein/Du schwingst den Knüppel und die andern schrein.« (S 8) Unter dem eminenten Druck der politischen Erfordernisse (Zwangslagen) wird der Revolutionär zerrissen, verliert seine Menschlichkeit und somit die historische Möglichkeit von Emanzipation. Denn das Menschliche definiert sich durch:

»die Lücke im System, den immer neu bedrohten und neu zu erobernden Freiraum zwischen Tier und Maschine, in dem die Utopie einer menschlichen Gesellschaft aufscheint.« (BaR S. 102)

Während Mauser B's menschliche Struktur also mit Notwendigkeit zerbricht, ist der Mensch für den Chor: Das erst zu Schaffende.

»Nicht eh die Revolution gesiegt hat endgültig
In der Stadt Witebsk wie in andern Städten
Werden wir wissen, was das ist, ein Mensch.
Nämlich er ist unsre Arbeit, der unbekannte
Hinter den Masken, der begrabene im Kot
Seiner Geschichte, der wirkliche im Aussatz
Der lebendige in den Versteinerungen
Denn die Revolution zerreißt seine Masken, tilgt
Seinen Aussatz, wäscht aus dem steinharten Kot
Seiner Geschichte sein Bild, der Mensch, mit
Klaue und Zahn, Bajonett und Maschinengewehr
Aufstehend aus der Kette der Geschlechter
Zerreißend seine blutige Nabelschnur
Im Blitz des wirklichen Anfangs erkennend sich selber
Einer den andern nach seinem Unterschied
Mit der Wurzel gräbt aus dem Menschen den Menschen.
Was zählt ist das Beispiel, der Tod bedeutet nichts.« (M 63)

Als ›wirklicher Anfang‹ markiert die Revolution den absoluten Bruch zum Vergangenen; Geschichte steht nicht im Zeichen von Fortschritt, sondern stellt sich als eine Reihe von Deformationen dar. ›Mensch‹ ist die Chiffre des Utopischen, von ihm kann objektiv nicht gewußt werden, welches Antlitz er annimmt, wenn die Zwänge von Herrschaft und Ökonomie ihn nicht mehr formen.

»Was der Mensch sei, läßt sich nicht angeben. Der heute ist Funktion, unfrei, redigiert hinter sich alles, was als invariant ihm zugeschlagen wird, … Die Verstümmelungen, die ihm seit Jahrtausenden widerfuhren, schleppt er als gesellschaftliches Erbe mit sich. Würde aus seiner gegenwärtigen Beschaffenheit das Menschenwesen entziffert, so sabotierte das seine Möglichkeit.« [12]

Die Semantik von ›Wurzel‹ – Ursprung und Natur – intendiert einen Revolutionsbegriff, der auf einen Zustand jenseits der Dialektik von Naturbeherrschung und Emanzipation zielt, womit zugleich die utopische Chiffre des Menschen, als zu sich selbst gekommenen Naturwesen, näher bestimmt werden kann. Diese Selbstwerdung in der Naturversöhnung setzt das Reich der Freiheit in dem Sinne voraus, als erst eine Überwindung der geschichtlichen Determination und der gesellschaftlichen Zwänge die Möglichkeit des ›neuen‹ Menschen eröffnet. Von der Position real errungener Freiheit aus kann der Mensch ein Naturverhältnis gesellschaftlich realisieren, das nicht durch Ausbeutung und Unterdrückung gekennzeichnet ist, also zum Hüter der Erde werden.

Während die Entwicklung vom Tier zum Menschen sich auch zwangsläufig gegen die Impulse innerer Natur wendet, intendiert die Menschwerdung des Menschen dessen bewußte Naturversöhnung.

»Die Spirale der Geschichte ruiniert die Zentren, indem sie sich durch die Randzonen mahlt. In dieser Gangart, die sich aus dem Blickpunkt einer Generation der Sinngebung entzieht, liegt der Zweifel am Fortschritt begründet. Er ist existentiell, solange die Menschheit Gattungsbewußtsein, dessen Voraussetzung die Möglichkeit von Universalgeschichte, nicht neu entwickelt hat. Sein Verlust war der Preis, der für den Auszug aus der Tierwelt gezahlt werden mußte. Der Weg zurück ist Indianerromantik, der moderne Versuch, den Gang der Spirale in eine Kreisbahn abzubieten, zielt auf die Zerstörung des Planeten.« (BaR, S. 110)

Unter dem Aspekt der Emanzipation vom Tier legitimiert sich für Müller die abendländische Kultur samt des Imperialismus und des Fortschrittsdenkens. Aber diese Emanzipation ist zugleich auch eine deformierende Bewegung (ruiniert die Zentren), die aus dem Raubtier ›Mensch‹ das humanisierte Tier als vestümmeltes entstehen läßt und die Kulturen der dritten Welt verschlingt. Dem aus dieser Zivilisationsapologetik entstehenden Widerspruch, daß die Abtrennung vom Tier im politischen Sinn antizipatorisch und historisch irreversibel ist, zugleich aber als Geschichtsbewegung des Katastrophischen den Genozid ermöglicht, begegnet Müller mit einem Begriff von Emanzipation, dem ein nicht eurozentristisches Gattungsbewußtsein zentral ist und der der politischen Emanzipation das Primat vor der Naturversöhnung einräumt. Eine Argumentation, wie sie also auch der Chor in ›Mauser‹ vertritt, der die Revolution als Bedingung der Möglichkeit von Naturversöhnung interpretiert.

MAUSER (Chor): Ich will nicht sterben. Ich werfe mich auf den Boden
Ich halte mich an der Erde fest mit allen Händen
Ich beiße mich mit den Zähnen fest in die Erde
Die ich nicht verlassen will. Ich schreie.
CHOR (Mauser): Wir wissen, daß das Sterben eine Arbeit ist.
Deine Angst gehört dir.
MAUSER (Chor): Was kommt hinter dem Tod.
CHOR (Mauser): fragte er noch und stand schon auf dem Boden
Nicht mehr schreiend, und wir antworteten ihm:
Du weißt was wir wissen, wir wissen was du weißt
Und deine Frage hilft nicht der Revolution
Wenn das Leben eine Antwort sein wird
Mag sie erlaubt sein. Aber die Revolution braucht
Dein Ja zu seinem Tod. Und er fragte nicht mehr
Sondern ging zur Wand und sprach das Kommando
Wissend, das tägliche Brot der Revolution
Ist der Tod ihrer Feinde, wissend, das Gras noch
Müssen wir ausreißen, damit es grün bleibt.
MAUSER (Chor): TOD DEN FEINDEN DER REVOLUTION.« (M 68)

Die Integration des Todesbewußtseins in die Revolution und die Bejahung des eigenen Todes sind in diesem Stück direkt gegen die animalischen menschlichen

Anteile gerichtet, wie auch die Regression ins Animalische, als Rückfall hinter den emanzipatorischen Standard, die Notwendigkeit der Liquidation von Mauser B begründet.

Die bewußte Überwindung der Todesangst (Arbeit) ist zugleich die Negation innerer Natur und ihrer Impulse (Erde). Sie gehört somit in den Kontext der Naturbeherrschung, die ohne Vertröstung auf ein besseres Jenseits geleistet werden soll. Die Revolution fußt damit nicht auf Renaturalisierung des Menschen, sondern verstärkt im Gegenteil die Entfremdung von der inneren Natur. Telos dieses naturverneinenden Verhaltens ist aber nicht die endgültige Unterwerfung der Natur (Gras, ausreißen), vielmehr stellt sich dies als einzige Möglichkeit dar, eine politisch-gesellschaftliche Verfaßtheit zu schaffen, naturversöhnendes Verhalten einzuüben – ›damit es grün bleibt‹. Die Realisation der Freiheit ist demnach Bedingung der Naturversöhnung.

Freiheit bzw. Souveränität setzt aber die Negation des Todes als absoluten Maßstab (vgl. Hegel: Knechtschaft) voraus. Damit aber ist das Einverständnis mit dem eigenen Tod vorrangig keine moralische, sondern eine politische Entscheidung, sie dient in der Terminologie Hegels dem Aufbau einer Gesellschaft von Herren ohne Knechte. Allein durch die *bewußte* Negation der eigenen Todesangst und somit der Impulse innerer Natur gelangt das Bewußtsein in den Besitz der Freiheit.

»Und es ist allein das Daransetzen des Lebens, wodurch die Freiheit, wodurch es bewährt wird, daß dem Selbstbewußtsein nicht das *Sein*, nicht die *unmittelbare* Weise, wie es auftritt, nicht sein Versenktsein in die Ausbreitung des Lebens das Wesen, – sondern daß an ihm nichts vorhanden, was für es nicht verschwindendes Moment wäre, daß es nur reines *Fürsichsein* ist. Das Individuum, welches das Leben nicht gewagt hat, kann wohl als *Person* anerkannt werden; aber es hat die Wahrheit dieses Anerkanntseins, als eines selbständigen Selbstbewußtseins nicht erreicht... Diese Bewährung durch den Tod hebt ebenso die Wahrheit, welche daraus hervorgehen sollte, als damit auch die Gewißheit seiner selbst überhaupt auf; denn wie das Leben die *natürliche* Position des Bewußtseins, die Selbständigkeit ohne die absolute Negativität ist, so ist er die *natürliche* Negation desselben...«[13]

Da Herrschaft letztlich in der Todesdrohung fundiert ist, und sich jeder Beherrschte zwischen dem Tod und seinem Leben für letzteres entschieden hat, also die Angst der Freiheit vorzog, ist für Hegel die Geschichte der Herrschaft des Menschen über den Menschen legitimiert. Die »Lehre vom Einverständnis« wendet dieses Faktum insofern emanzipatorisch, daß das Kollektiv als Kollektiv in den ihm angehörenden einzelnen diese Erfahrung, die Erringung des Bewußtseins der Freiheit, nachvollzieht.

Während die Herrschaft auf der individuellen Bewältigung des Todes bzw. der Todesangst basiert, beruht die gesellschaftliche Freiheit in diesem Konzept auf der kollektiven Kontrolle der individuellen Todesbewältigung und somit auf einer kollektiven Überwindung der Todesangst.

Dies ist insofern naturgemäßer, als damit an die Konstitution des Menschlichen in den sogenannten primitiven Gesellschaften rekurriert wird, denn dies bildet nichts anderes nach als den *Initiationsritus*, durch den sich die ›primitiven‹ Kollektive, wie auch mit dem Inzesttabu, von einer animalischen Gemeinschaft scheiden.

»Das Leben ergibt sich dem Tod, indem es sich opfert, und durch das Opfer wird es zu wahrem Leben wiedergeboren – Leben und Tod gehen ineinander über, aber sie werden nicht ununterscheidbar.« [14]

Die Bejahung des Todes unter kollektiver Kontrolle und der Initiationsritus sind strukturell nicht unterscheidbar. In ›Mauser‹ wird also die soziale Revolution als das Ende der politischen Ökonomie (Buadrillard) mit der gesellschaftlichen Reintegration des Todes verschränkt. Damit ist ein Utopiebegriff intendiert, in dem sich Freiheit und Naturversöhnung verbinden. Mit der *Todesbejahung* ist aber zugleich eine weitere zentrale Bestimmung der utopischen Chiffre Mensch gegeben, denn durch sie verändert sich das Leben selbst. Der Tod ist nicht länger pure biologische Tatsache, sondern vorrangig eine politisch-gesellschaftliche Beziehung, mit dem qua Initiation kommuniziert werden kann.

»Die Zentralidee des symbolischen Tausches ist die *Erneuerung des Lebens aus dem Tod* – eine Wiedergeburt, die dem Übertritt in eine andere Dimension gleichkommt. Denn die Voraussetzung der Erneuerung und die Bedingung des Austausches von Leben und Tod ist, daß das Leben sich vom Überleben getrennt hat und der Tod kein Sterbenmüssen mehr ist. Das Leben ist hinfort nur das, was bereit ist, den Tod zu umarmen, anders gesagt: *Leben ist Sterbenkönnen.* . . . Die *soziale* Seite des symbolischen Tausches ist sehr viel wichtiger als die ›*politische*‹, um so mehr als sich im Sozialen die Grundbedeutung des Symbolischen ausprägt: die wechselseitige Stellvertretung als unmittelbare Form der Gemeinsamkeit. Die neue Gemeinschaft ist eine unmittelbare Kommunikation, ja Kommunion mit dem Tod, und nicht nur mit dem Tod des anderen, sondern mit dem *eigenen* Tod.« [15]

Durch die, politisch motivierte, Bejahung des (eigenen) Todes bestimmt sich das revolutionäre Kollektiv als Todesgemeinschaft, die nicht fixiert auf das individuelle ›Überlebenmüssen‹ sich *als* Kollektiv zur Souveränität erhebt. Diese Negation des ›Selbsterhaltungstriebes‹ im Innern des revolutionären Kollektivs setzt es in absoluten Gegensatz zum faschistischen Kollektiv, dessen Todesbeziehung sich vornehmlich gegen die Schwächsten richtet (vgl. Schlacht: Soldat 1, Frau, Tochter, Pilot, ein Soldat) und somit zu einer Apotheose der egoistischen und somit antisozialen Selbsterhaltung führt.

Das Prinzip wechselseitiger Stellvertretung durchzieht den gesamten Text. Wenn der Chor angesichts des Todes und der Revolution die Positionen und Fragen von Mauser A und Mauser B teilt und umgekehrt, sind ihre Rollen austauschbar bzw. doppelt besetzt.

Diese Konzeption der Revolution und des Sozialismus als Initiationsritus, die den Selbsterhaltungstrieb als geschichtlich geformten bestimmt und negiert, zielt mit der Todesbejahung nicht nur auf eine Veränderung der Struktur der

Subjekte und ihres Egoismus, sondern adaptiert damit auch für die Geschichte des Sozialismus messianisch-sakrale Momente.

»Der Kommunismus sogar, das Endbild, das immer erfrischte
Weil mit Blut gewaschen wieder und wieder,
der Alltag
Zahlt ihn aus mit kleiner Münze, unglänzend,
von Schweiß blind.« (Bilder 7)

Kann die Realität (Alltag) des Sozialismus auch nur auf der Ebene des Profanen und der Arbeit (unglänzend/Schweiß) erfahren werden, so wird dem Kommunismus doch durch seine Beziehung auf den Tod (Blut) die Qualität ständiger Erneuerung (immer erfrischte) konzediert.

Sehr früh schon lassen sich also im Werk des Autors Bilder und Denkfiguren finden, die den Sozialismus/Kommunismus als quasi religiöses Ereignis interpretieren. Dieser sozialen und politischen Beziehung des revolutionären Kollektivs auf den Tod ist dem Verhältnis ›primitiver‹ Kulturen zum Ursprungsmythos und dessen regelmäßiger Realisation vergleichbar. Der rituellen Manifestation des Heiligen/Ursprungs wohnt die Kraft der Reinigung und Erneuerung inne, die die folgende Zeit überhaupt erst zur neuen (Neujahr) und einmaligen machen. Durch seine Todesbeziehung und Bejahung des Todes verläßt das revolutionäre Kollektiv die lineare-geschichtliche Zeit und evoziert damit eine Vorstellung von Kommunismus als Naturzustand höherer Ordnung, indem *zyklische* Modelle die lineare Ausrichtung der gesellschaftlichen Zeit ersetzen. Die Umverteilung der Produktionsmittel schafft demnach im Sozialismus nur die Voraussetzung für den eigentlichen Beginn des Neuen: Der welthistorische Wendepunkt, der die sozialistische Gesellschaft *radikal* vom Kapitalismus/Imperialismus und der abendländischen Tradition trennen würde, läge in der Akzeptanz des Todes durch das Kollektiv und der daraus resultierenden Produktivität als ein explizit nicht gegen den Tod gerichtetes Leben und Arbeiten.

2.3. ›Der Auftrag‹ – Revolution und Tod in der Dritten Welt

›Der Auftrag‹ entstand 1979 und handelt von der Vorbereitung eines Sklavenaufstands in Jamaica und dessen Scheitern, denn in Frankreich hat General Bonaparte die Macht übernommen und den Revolutionären die weitere Unterstützung versagt. In den Text einmontiert ist eine Passage über einen weißen Angestellten, der ebenfalls seinen Auftrag verliert, aber schließlich im Niemandsland von Peru seine Bestimmung erfährt. Das Stück spielt auf drei verschiedenen Zeitebenen: In Paris erhält Antoine zur Zeit von Napoleons Rußlandfeldzug einen Brief von Galloudec, der den von Sasportas, Debuisson und ihm übernommenen Auftrag, die Befreiung Jamaicas, zurückgibt. Die folgende Passage schildert die Ankunft der drei Emissäre der Revolution in Jamaica und den Verrat Debuissons, und wird von einer surrealen Szene in einem Fahrstuhl unterbrochen, womit also zwischen der Gegenwart der Französischen Revolution und dem ihr folgenden Napoleonischen Kaiserreich Beziehungen hergestellt sind. Auf der vertikalen Ebene der Zeit (Fahrstuhl) wird damit die bürgerliche Revolution und ihr anschließendes Scheitern thematisch, während die Topographie (Jamaica/Peru) sie in Verbindung zur dritten Welt und deren Problemen setzt. Hiermit stehen sich aber auch ein vernunftgeleitetes europäisches Revolutionsmodell und die ›Körperrevolte‹ der dritten Welt gegenüber, die jeweils von dem weißen Arzt und Intellektuellen Debuisson und dem ehemaligen schwarzen Sklaven Sasportas repräsentiert werden.

Es handelt sich zugleich um den Konflikt zweier kultureller Formationen, denen ein unterschiedliches Verhältnis zum Tod und zum Sterben eigen ist.

»Das Theater der weißen Revolution ist zu Ende. Wir verurteilen dich zum Tode, Victor Debuisson. Weil deine Haut weiß ist. Weil deine Gedanken weiß sind unter deiner weißen Haut. Weil deine Augen die Schönheit unserer Schwestern gesehen haben. Weil deine Hände die Nacktheit unserer Schwestern berührt haben. Weil deine Gedanken ihre Brüste gegessen haben, ihren Leib, ihre Scham. Weil du ein Besitzer bist, ein Herr. Darum verurteilen wir dich zum Tode, Victor Debuisson. Die Schlangen sollen deine Scheiße fressen, deinen Arsch die Krokodile, die Piranhas deine Hoden. Debuisson schreit. Das Elend mit euch ist ihr könnt nicht sterben. Darum tötet ihr alles um euch herum. Für eure toten Ordnungen, in denen der Rausch keinen Platz hat. Für eure Revolutionen ohne Geschlecht. Liebst du diese Frau. Wir nehmen sie, damit du leichter stirbst. Wer nicht besitzt stirbt leichter. Was gehört dir noch. Sag schnell, unsre Schule ist die Zeit, sie kommt nicht wieder und kein Atem für Didaktik, wer nicht lernt stirbt auch. Deine Haut. Wem hast du sie abgezogen. Dein Fleisch unser Hunger. Dein Blut leert unsre Adern. Deine Gedanken, wie. Wer schwitzt für eure Philosophie. Noch dein Harn und deine Scheiße sind Ausbeutung und Sklaverei. Von deinem Samen nicht zu reden: Destillat aus toten Leibern. Jetzt gehört dir nichts mehr. Jetzt bist du nichts. Jetzt kannst du sterben. Grabt ihn ein.« (A 56)

Gegen das in universalen Kategorien argumentierende europäische Revolutionsmodell bezieht Sasportas eine rassistische Position und lehnt damit implizit die Synthesis von Rationalität und Revolution ab. Damit wird der Vernunft und ihrem notwendigen Anspruch auf Allgemeingültigkeit die kulturelle Identität entgegengehalten und das Revolutionskonzept selbst als kulturelles Produkt, eben der weißen Rasse, identifiziert. Andererseits bezieht sich Sasportas damit auf einen nicht-aufklärerischen Typus subversiver Geschichtsbetrachtung, deren Verbindung mit der Theorie der Macht nach Foucault die bürgerlichen Revolutionen erst möglich machte.

»Tatsächlich hat die Historie, der es um die Dechiffrierung von Geheimnissen und um die Entmystifizierung der Macht ging, mindestens ebensoviel Wissen hervorgebracht, wie diejenige, die die große ununterbrochene Rechtsprechung der Macht zu rekonstruieren suchte. Man könnte sogar sagen, daß die großen Deblockierungen, die fruchtbaren Momente in der Konstituierung des historischen Wissens in Europa, in den Augenblicken des Zusammenstoßes zwischen der Historie der Souveränität und der Historie des Rassenkrieges liegen. So am Anfang des 17. Jahrhunderts in England, als sich der Diskurs, der die Invasionen und die große Ungerechtigkeit der Normannen gegen die Sachsen erzählte, mit der Gelehrtenarbeit überlagerte, die die monarchistischen Juristen machten, um die ununterbrochene Geschichte der Macht der Könige Englands zu erzählen. Es ist die Kreuzung dieser beiden historischen Praktiken, die zu einer Wissensexplosion geführt hat... also Produktion von Wissensfeldern und -gehalten ausgehend vom Zusammenstoß zwischen der Souveränitätshistorie und der Rassenkampftheorie.«[16]

Die Rassenkampftheorie gehört zur unterirdischen Geschichte der Revolution, ihr inhäriert das Selbstbestimmungsrecht der Völker gegenüber dem Primat sozialer Identität. Mit dem Aufkommen des Marxismus verliert dieser Diskurs seine Bedeutung als subversives Terrain und gerät so in die Hand des Faschismus, der ihn zum biologisch-vitalistischen Ereignis umstilisiert.

»Die Historie des Projekts und der Praxis der Revolution ist nicht zu trennen vom Auftreten dieser Gegenhistorie, die die Historie der Rassen und der Rolle ist, welche ihre Konfrontation im Abendland gespielt hat. Mit einem Wort könnte man sagen, daß man am Ende des Mittelalters, im 16., 17. Jahrhundert eine Gesellschaft verlassen hat, ..., deren historisches Bewußtsein noch dem römischen Typ angehörte, d.h. auf das Ritual der Souveränität und ihrer Mythen ausgerichtet war, und daß man in einer Gesellschaft sagen wir des modernen Typs [...] eingetreten ist, deren historisches Bewußtsein nicht auf die Souveränität und das Problem ihrer Gründung ausgerichtet ist, sondern auf die Revolution, ihre Verheißung und Prophezeiung von der künftigen Freilassung. So versteht man glaube ich, wie und warum der Diskurs über den Rassenkampf in der Mitte des 19. Jahrhunderts in eine neue Konstellation geraten konnte. Als nämlich in der Mitte des 19. Jahrhunderts diese Rede über den Rassenkampf in eine revolutionäre Rede überging, wo der Begriff des Rassenkampfes durch den des Klassenkampfes ersetzt wurde [...]– im Moment dieser Wende also war es normal, daß man versucht hat, jene alte Gegengeschichte zu recodieren, und zwar nicht in Begriffen des Klassenkampfes, sondern in Begriffen des Rassenkampfes – jetzt im biologischen und medizinischen Sinn.«[17]

Sasportas begründet das Todesurteil über Debuisson zum einen rassistisch, zum anderen rezipiert er den Imperialismus unter dem Aspekt des Frauenraubs – ›Weil deine Augen... ihre Scham.‹ –, wobei die Konnotation von ›Schwestern‹ auf ein nicht-patriarchalisches Verhältnis zur Frau in den Kulturen der dritten Welt verweist, sowie diesem Verhältnis als Pendant von Bruder und Brüderlichkeit die Momente von Gleichberechtigung und Herzlichkeit innewohnen. Der Imperialismus wird also als Zerstörung kultureller Identität und als totale Reduktion auf die Arbeitskraft und der Verdinglichung der Frau zur sexuellen Ware definiert. Diese Differenz zwischen der abendländischen und den Kulturen der dritten Welt wird ökonomisch begründet, weil erstere vorrangig durch das Privateigentum als gesellschaftlicher Struktur bestimmt ist – ›Weil du ein Besitzer bist, ein Herr‹.

Hiermit aber erhält der Diskurs des Rassenkampfes eine materialistische Basis. Denn die weiße Kultur bildet sich unter den Konstituenten des Privateigentums und des Patriarchats heraus. Dies wiederum bedingt die Genese der Rationalität, wodurch das Abendland sich in Form der Technik erst praktisch die Möglichkeit erschloß, den Rest der Welt zu unterwerfen oder zu exterminieren. Demnach dechiffriert sich der Satz: ›Weil deine Gedanken weiß sind unter deiner weißen Haut‹ – unter der Kategorie der Denkform, als Konstitution theoretischer Subjektivität durch die gesellschaftliche Form des Privateigentums, wodurch sich schon die antiken europäischen Gesellschaften (Griechenland/Rom) von ihren asiatischen und afrikanischen Nachbarn unterschieden.

»Im Gelde ist der menschliche Charakter vom natürlichen der Lebewesen unterschieden, der gesellschaftliche Zusammenhang zwischen Menschen als Gegensatz zum materiellen Stoffwechsel mit der Natur, in Produktion und Konsumtion gekennzeichnet. Das Geld gilt nur zwischen Mensch und Mensch, nicht zwischen Mensch und Natur, und die Beziehung zwischen Mensch und Mensch hat im Geld unreduzierbar gegensätzlichen Charakter zur Beziehung der Menschen zur Natur angenommen. In der Verausgabung und Vereinnahmung von Geld handelt der Mensch nicht mehr als Naturwesen. Unsere Behauptung geht dahin, daß die Formung und das Aufkommen des begrifflichen oder diskursiven Denkens mit dieser Abhebung der gesellschaftlichen Äquivalenzbeziehungen der Waren von der praktisch materiellen Lebensbedingtheit der Menschen zu tun haben.
... Aus einer eingehenden Analyse des Warentauschs haben wir die Überzeugung gewonnen, daß die Ausbildung der Geldform – etwa 680 v. Chr. in Ionien – eine Art der Warenproduktion voraussetzt, bei der die tauschenden Warenbesitzer in keiner praktischen und persönlichen Beziehung zur Produktion ihrer Waren mehr stehen, an keine Arbeitsprozesse von Produktion mehr Hand anlegen. Wir vertreten die Hypothese, daß die Ausprägung der Geldform mit der Ausprägung der gewerblichen Sklavenarbeit zusammengehangen haben muß. Mit Geld wären also zuerst Sklaven gekauft worden, welche Produkte für den Markt, d.h. Waren, zu produzieren hatten. Der Sklave ist ein Gebrauchsobjekt, dessen in es eingeschlossene Eigenschaft es ist, zur Arbeit da zu sein. Wo Warenproduktion mit Sklavenarbeit betrieben wird, ist das Verhältnis durch bloße Tauschbeziehungen vermittelt.« [18]

Mit dem weißen Sklavenhalter Debuisson und dem schwarzen Sasportas stehen sich also auch eine auf Geld gegründete und nach diskursiver Wahrheit strebende Gesellschaft und eine auf die Erhaltung der natürlichen Kreisläufe ausgerichtete, vorrangig auf den Gebrauchswert fixierte, gegenüber. Dies entspricht insofern dem sich auf Mythen und Legenden beziehenden Rassenkampfdiskurs, der die kulturelle Identität der Völker zu seinem zentralen Anliegen hat, als die Fetischisierung des Staates und die Proklamation der Identität von Volk und Staat, also die Substitution der kulturellen Identität durch die Staatsangehörigkeit, Ausdruck der Intentionen der Geschichte der Souveränität ist.

»Staat heißt das kälteste aller Ungeheuer. Kalt lügt es auch; und diese Lüge kriecht aus seinem Mund: ›Ich, der Staat, bin das Volk:‹
Lüge ist's! Schaffende waren es, die schufen die Völker und hängten einen Glauben und eine Liebe über sie hin: also dienten sie dem Leben.
Vernichter sind es, die stellen Fallen auf für viele und heißen sie Staat: sie hängen ein Schwert und hundert Begierden über sie hin.
Wo es noch Volk gibt, da versteht es den Staat nicht und haßt ihn als bösen Blick und Sünde an Sitten und Rechten.
...

Frei steht noch großen Seelen ein freies Leben. Wahrlich, wer wenig besitzt, wird um so
weniger besessen: gelobt sei die kleine Armut!
Dort, wo der Staat aufhört beginnt erst der Mensch, der nicht überflüssig ist; da beginnt
das Lied des Notwendigen, die einmalige und unersetzliche Weise.
Dort, wo der Staat aufhört – so seht mir doch hin, meine Brüder!
Seht ihr ihn nicht, den Regenbogen und die Brücken des Übermenschen?!« [19]

Nietzsche steht mit diesem Text auch *formal* in der Tradition des Rassenkampf-
diskurses, negiert aber bekannterweise dessen biblisch-christliches Erbe. Die
anthropologisch-utopische Chiffre des Übermenschen in Gegensatz zu den
Überflüssigen greift der Chor in ›Mauser‹ im Kontext der Notwendigkeit einer
hervorgehenden Revolution, wie folgt, auf:

»Die Revolution wird siegen oder der Mensch wird nicht sein
Sondern verschwinden in zunehmender Menschheit.« (M 64)

Während Nietzsches utopisches Konzept des Menschen (Übermensch) den
›großen einzelnen‹ favorisiert, der allerdings auch eine kollektiv-solidarische
Ausrichtung (Bruder) besitzt, verweist die utopische Chiffre ›Mensch‹ in ›Mauser‹ auf eine vorrangig kollektive Identität. Abgesetzt wird diese Utopie des
Menschen in beiden Texten von einer durch bloße historisch-gesellschaftliche
Umstände erzeugten Menschheit (die Überflüssigen/zunehmende Menschheit).
    Der Monolog des Sasportas knüpft unter mehreren Aspekten an den Text
Nietzsches an; wobei dessen Position keine rassistisch-biologistische ist, sondern
er sich explizit auf Debuisson, den Repräsentanten von Rationalität und Privateigentum richtet, und nicht gegen den Bauern Galloudec.
    In einer Anspielung an Bertolt Brechts Badener Lehrstück: »Ich kann nicht
sterben.« [20] problematisiert Sasportas das Verhältnis der weißen Kultur zum
Tode, wenn er sagt: ›Das Elend mit euch ist ihr könnt nicht sterben.‹
    Brechts Lehre vom Einverständnis wird hier also dahingehend gewendet, daß
das Verhältnis zum Tod in der Differenz von ›Sterbenkönnen‹ und ›Sterbenmüssen‹ nicht nur gesellschaftlich bedingt ist, sondern auch Ausdruck unterschiedlicher kultureller Systeme ist. Während die dritte Welt ein ›freies‹, durch Initiation
bestimmtes Verhältnis zum Tod hat, konstituiert sich das Abendland als kulturelle Größe durch die Delegation des eigenen Todes an die Priesterschaft bzw.
die daraus entstehende Staatsmacht.
    ›Nicht sterben zu können‹ heißt also, von seinem eigenen Tod entfremdet zu
sein bzw. von seinem eigenen Tod enteignet worden zu sein. Der Aneignung
des Todes durch den Staat und die Religion kann hier nicht im einzelnen
nachgegangen werden, aber schon das ›Antigonestück‹ des Sophokles zeigt den
»staatliche(n) Griff nach den Toten« (BaR, S. 110), und auch das christliche
Suizidverbot ist hier genauso eindeutig wie die juristischen Bestimmungen der
Staaten der ersten Welt, die den Freitod und den Selbstmord auf Verlangen
unter Strafe stellen.

»Das Phänomen des Überlebens läßt sich also als grundlegende Operation der Geburt der Macht analysieren. Nicht allein weil dieses Dispositiv die Notwendigkeit von Opfern im hiesigen Leben und die Erpressung eines Ausgleichs im anderen Leben billigt – die Strategie der Priesterkaste –, sondern noch grundlegender durch die Errichtung eines Verbotes des Todes und gleichzeitig einer Instanz, die über dieses Verbot des Todes wacht: die Macht. Die Einheit von Tod und Lebenden brechen, den Austausch von Leben und Tod unterbrechen, das Leben vom Tode wegdrängen und den Tod und die Toten mit einem Verbot belegen, da ist der erste Punkt des Auftauchens sozialer Kontrolle. Die Macht ist nur möglich, wenn der Tod nicht mehr in Freiheit ist, wenn die Toten unter Überwachung gestellt werden, wobei die künftige Einschließung allen Lebens zu erwarten ist. Das ist das grundlegende Gesetz und die Macht ist der Torhüter des Gesetzes. Die fundamentale Verdrängung ist nicht diejenige unbewußter Triebe, irgendeiner Energie, einer Libido, und sie ist nicht anthropologisch – sondern sie ist Verdrängung des Todes, und sie ist gesellschaftlich in dem Sinne, daß sie eine Wende hin zur repressiven Vergesell-schaftung des Lebens vollzieht.«[21]

Die *Staats-Macht* (Nietzsche-Baudrillard), gegen die sich der Rassenkampfdis-kurs richtet, basiert also auf der Enteignung des Todes, schafft damit die Dicho-tomie von *Leben und Tod,* und wendet sich so gegen das Leben in seiner Polarität von Entstehen und Vergehen zugunsten des Starren, der Versteinerung oder der ›toten Ordnungen, in denen der Rausch keinen Platz hat‹. Auf dieser Desintegra-tion des Todes, die zugleich als Haltung der Naturvereinigung sich gegen die Impulse innerer Natur richtet, um die Herrschaft über die äußere zu gewinnen, basiert letztlich der Kulturtypus europäischer Zivilisation. »Die Revolution kann nur in der Abschaffung der Abtrennung des Todes bestehen und nicht in der Gleichheit des Überlebens.«[22] Wenn die Revolution vorrangig als ökonomi-scher Bruch auf die Abschaffung des Privateigentums zielt, so muß dieser eine Veränderung des gesellschaftlichen Naturverhältnisses korrespondieren. Denn das Privateigentum bzw. der Besitz synthetisiert Mensch und Staat, die Macht des Staates basiert aber auf der Kontrolle des Todes, so daß die Negation des Besitzes zugleich die Möglichkeit einer gesellschaftlichen Wiederaneignung des Todes bedeutet. »Jetzt gehört dir nichts mehr. Jetzt bist du nichts. Jetzt kannst du sterben.«

Daß der Reichtum der europäischen Zivilisation auf der Ausbeutung der dritten Welt beruht – ›Dein Fleisch unser Hunger . . . Destillat aus toten Leibern.‹, verleiht der Metaphorik ›MENSCHEN AUS NEUEM FLEISCH‹ des artifiziellen Mythos in ›Leben Gundlings‹ noch den zusätzlichen Aspekt, daß diese Utopie nicht auf der Ausbeutung Dritter beruht.

Dieses Programm der Aneignung des Todes – »Debusisson: Sterbt euern eigenen Tod, wenn euch das Leben nicht schmeckt.« (A 67) –, wird von Sasport-sas und Galloudec dramatisch eingelöst, indem sie sich für den gewaltsamen Tod entscheiden.

»SASPORTAS . . .: Ich habe gesagt, daß die Sklaven keine Heimat haben. Das ist nicht wahr. Die Heimat der Sklaven ist der Aufstand. Ich gehe in den Kampf, bewaffnet mit den

Demütigungen meines Lebens. Du hast mir eine neue Waffe in die Hand gegeben, und ich danke dir dafür. Kann sein, mein Platz ist der Galgen, und vielleicht wächst mir der Strick schon um den Hals, während ich mit dir rede statt dich zu töten, dem ich nichts mehr schuldig bin als mein Messer. Aber der Tod ist ohne Bedeutung, und am Galgen werde ich wissen, daß meine Komplizen die Neger aller Rassen sind, deren Zahl wächst mit jeder Minute, die du an deinem Sklavenhaltertrog verbringst oder zwischen den Schenkeln deiner weißen Hure. Wenn die Lebenden nicht mehr kämpfen können, werden die Toten kämpfen. Mit jedem Herzschlag der Revolution wächst Fleisch zurück auf ihre Knochen, Blut in ihre Adern, Leben in ihren Tod. Der Aufstand der Toten wird der Krieg der Landschaften sein, unsre Waffen die Wälder, die Berge, die Meere, die Wüsten der Welt. Ich werde Wald sein, Berg, Meer, Wüste. Ich, das ist Afrika. Ich, das ist Asien. Die beiden Amerika bin ich.« (A 68−69)

Die Relativierung des Todes (ohne Bedeutung) wirkt insofern identitätsstiftend, als daß damit ein Begriff von Kollektiv evoziert wird, das die Verfemten aller Nationen umfaßt und damit den Diskurs des Rassenkampfes durch die Gemeinschaft aller Unterdrückten (Neger aller Rassen) ablöst, wobei dies auch vorrangig nicht politisch subversive Strategien, wie die Kriminalität (Komplicen), miteinschließt, denn dieses Kollektiv bestimmt sich durch die Gemeinsamkeit in der Rebellion gegen die Enteignung des Todes. Hiermit wird zum einen auf das Revolutionskonzept von Fourier verwiesen, zum anderen definiert sich die Revolution nicht mehr primär durch ökonomische Zielsetzungen, sondern als Aufstand zur Wiederaneignung des eigenen Todes. Diesem autonomen Verhältnis zum Tod aber inhäriert die Reintegration der Toten in die Gemeinschaft der Lebenden, denn, wie gezeigt, basiert die Abspaltung des Todes auf der Ausschließung der Toten.

»Wir haben den Tod desozialisiert, indem wir ihn bio-anthropologischen Gesetzen unterstellten, ihm die Immunität der Wissenschaft beilegten und ihn als individuelles Schicksal verselbständigten. Aber die physische Materialität des Todes, die uns durch das ›objektive‹ Vermögen, welches wir ihm gegeben haben, paralysiert, schreckt die Wilden nicht. Sie haben den Tod niemals ›naturalisiert‹, sie wissen, daß der Tod (wie der Körper oder ein Naturereignis) eine *soziale Beziehung* ist, daß seine Definition gesellschaftlich ist. Darin sind sie größere ›Materialisten‹ als wir, die die wahre Materialität des Todes für sie − ebenso wie die Materialität der Ware für Marx − in seiner *Form* liegt, die immer eine soziale Beziehung ist.« [23]

Der Revolutionsbegriff ist also ebensowenig metaphysisch wie der Tod. Andererseits soll mit diesem Revolutionstypus kein neues Kapital in der Geschichte der europäischen Tradition beginnen, sondern es gilt sie zu revidieren. Dem korrespondiert eine Subjektivität, die sich nicht durch eine von Natur und Tod abgespaltete Beziehung konstituiert, sondern die Landschaft bzw. die Naturkatastrophen selbst als soziale Beziehung wahrnimmt − ›Der Aufstand der Toten ... bin ich‹. Wenn sich die Konstitution der Subjektivität durch die Reproduktion mit der Natur und nicht durch Geldbeziehungen (A. Sohn-Rethel) strukturiert, setzt dies zwangsläufig den Prozeß der Individualisierung des Menschen und seines Todes außer Kraft, womit die Ich-Struktur und ihre logische Form, die Identität, durch kollektive Subjektformationen ersetzt würde.

»Die *Form der Identität* als Kern ›unserer‹ Rationalität ist eine Form, die sich prinzipiell *auf das einzelne Individuum* als Subjekt der Zirkulation bezieht und keinen Rekurs auf die Basis der Produktion des Lebens zuläßt. Die Identität der Mitglieder kommunistischer Gemeinwesen wird hingegen von vornherein auf diese Basis bezogen sein müssen; sie wird in diesem Sinne *kollektive Identität* sein müssen…
Die von Alsheimer bei den Vietnamesen beobachtete kollektive Identität ist daher mehr als bloß ein Ausdruck von Unterentwicklung und Rückständigkeit; sie verweist *auch auf die Notwendigkeit eines veränderten Bewußtseins in der direkt assoziierten Gesellschaft der Zukunft.*« [24]

Demnach bezieht sich Sasportas also auf die Subjektformen kollektiver Identität, wie sie in der dritten Welt ausgebildet sind bzw. ausgebildet waren. In seinem Revolutionsbegriff überlagern sich ökonomische und antizivilisatorische Momente. Diese Revolution steht für die Chiffre einer Utopie, in der das Ende der Unterdrückung zugleich einen Bruch mit der europäischen Zivilisation und deren Kontinuität bedeutet, eine Entwicklung, die Müller seit dem Zweiten Weltkrieg im Entstehen begriffen sieht.

»Der staatliche Zugriff nach den Toten zeigt den römischen Zuschnitt des Sophokles,…, mit dem Blick auf den Trojanischen Krieg als blutigen Umweg der Geschichte zur Gründung Roms, das die Ära Griechenlands beenden wird. Die neuzeitliche Parallele: Hitlers Überfall auf die Sowjetunion und sein gegenläufiges Resultat, die Öffnung der kapitalistischen Welt für die Druckwellen der IM NAMEN DER AKROPOLIS ausgepowerten Dritten, ausgelöst von der Oktoberrevolution.« (BaR, 110)

›IM NAMEN DER AKROPOLIS verweist auf die Wiege des europäischen Geistes in Griechenland, dessen Geburt nach all dem hier gezeigten aus der Perspektive der Gattung, nur als katastrophale ›Mutation‹ (Deleuze/Guattari) begriffen werden kann.
    Die Haltung des Sasportas wird von dem in der Metaphorik weiblicher Sexualität formulierten ›Verrat‹ Debuissons kontrapunktiert, der als Herr und Besitzer, trotz seiner ethischen und intellektuell-emanzipatorischen Intentionen, von der Begierde überwältigt wird.

»DEBUISSON: Bleibt. Ich habe Angst, Galloudec, vor der Schönheit der Welt. Ich weiß gut, daß sie die Maske des Verrats ist. Laßt mich nicht allein mit meiner Maske, die mir schon ins Fleisch wächst und schmerzt nicht mehr. Tötet mich bevor ich euch verrate. Ich fürchte mich, Sasportas, vor der Schande, auf dieser Welt glücklich zu sein.
Sagte flüsterte schrieb Debuisson. Aber Galloudec und Sasportas gingen weg einer mit dem andern, ließen Debuisson allein mit dem Verrat, der zu ihm getreten war wie die Schlange aus dem Stein. Debuisson schloß die Augen gegen die Versuchung seiner ersten Liebe ins Gesicht zu sehn, die der Verrat war. Der Verrat tanzte. Debuisson preßt die Hände auf die Augen. Er hörte sein Herz den Rhythmus der Tanzschritte schlagen. Mit dem Herzschlag wurden sie schneller. Debuisson fühlte seine Lider gegen die Handflächen

zucken. Vielleicht hatte der Tanz schon aufgehört und es war nur noch sein Herz, das dröhnte, während der Verrat, die Arme vielleicht über den Brüsten verschränkt oder die Hände an den Hüften oder schon in den Schoß gekrallt, mit vor Begierde vielleicht schon zuckender Scham aus schwimmenden Augen ihn, Debuisson, ansah, der jetzt die Augen mit den Fäusten in die Höhlen drückte aus Angst vor seinem Hunger nach der Schande des Glücks. Vielleicht hatte der Verrat ihn schon verlassen. Die eigenen gierigen Hände versagten Debuisson den Dienst. Er schlug die Augen auf. Der Verrat zeigte lächelnd seine Brüste, spreizte schweigend die Schenkel, seine Schönheit traf Debuisson wie ein Beil. Er vegaß den Sturm auf die Bastille, den Hungermarsch der Achtzigtausend, das Ende der Gironde, ihr Abendmahl, ein Toter an der Tafel, Saint Just, den schwarzen Engel Danton, die Stimme der Revolution, Marat, über den Dolch gekrümmt, das zerbrochene Kinn Robespierres, seinen Schrei, als der Henker die Binde abriß, seinen letzten mitleidigen Blick auf den Jubel der Menge. Debuisson griff nach der letzten Erinnerung, die ihn noch nicht verlassen hatte: ein Sandsturm vor Las Palmas, Grillen kamen mit dem Sand aufs Schiff und begleiteten die Fahrt über den Atlantik. Debuisson duckte sich gegen den Sandsturm, rieb sich den Sand aus den Augen, hielt sich die Ohren gegen den Gesang der Grillen zu. Dann warf der Verrat sich auf ihn wie ein Himmel, das Glück der Schamlippen ein Morgenrot.« (A 69–70)

Die Divergenz von Sinnlichkeit und Revolution, als Bedingung der Möglichkeit des Verrats, und deren Metaphorik zugleich den antinomischen Charakter für die subjektive Erfahrung betont, stellt sich für Debuisson in der Differenz von messianischer Erlösungslehre – ›Versuchung‹ – und sinnlicher Erfüllung als (ästhetischen) Genuß – ›Schönheit‹, ›Gesang‹, ›Tanz‹, weibliche Geschlechtsmerkmale – dar.

»Dem Herrn dagegen wird durch diese Vermittlung [der Arbeit des Knechts/F.-M. R.] die unmittelbare Beziehung als die reine Negation desselben oder der Genuß; was der Begierde nicht gelang, gelingt ihm, damit fertig zu werden und im Genusse sich zu befriedigen. Der Begierde gelang dies nicht wegen der Selbständigkeit des Dinges; der Herr aber, der den Knecht zwischen sich und es eingeschoben, schließt sich dadurch nur mit der Unselbständigkeit des Dinges zusammen und genießt es rein; die Seite der Selbständigkeit aber überläßt er dem Knechte, der es bearbeitet.« [25]

Während für den Schwarzen Sasportas die Revolution ein Ereignis kulminierender Sinnlichkeit und den Charakter der Entgrenzung und des Transgressiven besitzt:

»Es ist nicht Angst, was meine Nerven zittern macht, sondern die Freude auf den Tanz. Ich höre die Trommeln bevor sie geschlagen werden. Ich höre mit den Poren, meine Haut ist schwarz.« (A 65)

ist für Debuisson der Tanz, die unmittelbare Glückserfahrung, Moment von Herrschaft, während die Revolution unter die Kategorie von Arbeit fällt, und damit Moment von Knechtschaft und Entfremdung ist, und ihr somit unter dem Aspekt des Ereignisses kein erlösender Charakter zukommt. Sie konvergiert nicht mit der Erfahrung von Rausch und Souveränität, sondern ist vielmehr Medium von Wahrheit.

»DEBUISSON: Nimm deine Hände vom Gesicht und sieh das Fleisch an, das in diesem Käfig stirbt. Du auch, Galloudec. Es ist dein und mein Fleisch. Sein Stöhnen ist die Marseillaise der Leiber, auf denen die neue Welt gebaut wird. Lernt die Melodie. Wir werden sie noch lange hören, freiwillig oder nicht, es ist die Melodie der Revolution unsrer Arbeit. Viele werden in diesem Käfig sterben, bevor unsre Arbeit getan ist. Viele werden in diesem Käfig sterben, weil wir unsere Arbeit tun. Das ist was wir für unseres-gleichen tun mit unsrer Arbeit, und vielleicht nur das. Unser Platz ist der Käfig, wenn unsre Masken reißen vor der Zeit. Die Revolution ist die Maske des Todes. Der Tod ist die Maske der Revolution.« (A 50)

Die unterschiedlichen Revolutionsbegriffe (Arbeit/Rausch), die im Text evident durch eine unterschiedliche Beziehung zum Tod gegeben werden, verweisen auf grundlegend verschiedene Erfahrungen von Freiheit: Sie stehen sich in den Formen von Genuß und Entgrenzung gegenüber. Dies wiederum gründet sich in differierenden gesellschaftlichen Organisationsformen der Sphäre von Arbeit und Verausgabung. Während Hegel in seiner Beschreibung der Genese und Struktur von Herrschaft die parallele Existenz von Arbeit und Freiheit, die von zwei einander entgegengesetzten sozialen Gruppen repräsentiert werden, zum Ausgangspunkt der Geschichte macht, verlegt Bataille in Kenntnis der Forschun-gen der Ethnographie diesen Zeitpunkt weiter zurück, nämlich in den zeitlichen Wechsel von Arbeit und Souveränität, als rauschhafter Verausgabung des ge-samten Kollektivs in der Zeit der Feste und der Überschreitungen.

»Nach Bataille besteht dagegen die Menschwerdung darin, daß der Mensch zunächst auf dem Wege des religiösen Verbots seine Animalität negiert. Von daher bezieht er seine menschliche Würde. In einem zweiten Schritt negiert der Mensch die erste Negation, aus der seine menschliche Würde entspringt, d.h. er negiert im religiösen Akt der Überschrei-tung des Verbots diese Würde zugunsten der tabuisierten Animalität, die in einem souve-ränen Akt vergöttlicht wird.
Hegel dagegen negiert die aus der Wiederkehr des animalischen gezogene souveräne Würde und setzt statt dessen in diese Sphäre, die sich oberhalb der profanen Welt der Arbeit etabliert, eine neue Tierheit ein, die aber keine souveräne Animalität, sondern ihr Gegenteil, das homogene Bewußtsein ist.« [26]

Während für Debuisson die Revolution der Sphäre der Profanität, also der Arbeit zugeordnet ist, wird dieses Konzept in der Figur des Sasportas mit einem Revolutionsmodell der dritten Welt kontrapunktiert, in dem Revolution und Entgrenzung Synonyma sind, somit Lust und Politik konvergieren. Verrat und Sklavenaufstand koinzidieren demnach unter dem Glücksaspekt – ›Tanz‹, als, durch die jeweilige historische Entwicklung determinierte, Ausdrücke subversi-ver Entfesselung und unproduktiven Genusses.

Der Verrat besitzt für Debuisson die Momente des souveränen Augenblicks, indem er ihm den Zugang zur Sphäre jenseits der Arbeit (Revolution) eröffnet. Dies ist zugleich – durch die hierarchische Organisation von Genuß und Arbeit – die Rückkehr in die Klasse der Sklavenhalter und führt damit zum Verlust der politischen Identität; so daß der Sieg der Versuchung mit der Auslöschung der identitätsstiftenden Momente, wie es im zweiten Teil der Vertragssequenz – ›Er vergaß den... Morgenrot‹ beschrieben ist, koinzidiert.

»Aus der Perspektive des wissenden Menschen ist der souveräne Augenblick der Augenblick des Vergessens... Denn die Verwüstungen, die die Feste, Kulte und Kriege auf der materiellen Ebene anrichten, können für sich allein Souveränität nicht begründen, sondern nur, sofern ihnen auf der Ebene des Subjekts etwas entspricht. Das Vergessen ist das ins Subjekt transportierte Prinzip des Verlustes.«[27]

Verlustig geht Debuisson allerdings seiner politischen Identität und nicht seines Besitzes, dessen Sinn doch die uneingeschränkte Konsumtion ist.

Die montierte Fahrstuhlszene zeigt jedoch, daß auch für den Europäer der Rekurs auf die Traditionen der dritten Welt möglich ist, der Fahrstuhl als Metapher abendländischen Fortschrittsdenkens und technischer Zivilisation verlassen werden kann, womit die europäische Struktur der Dichotomie von Arbeit und Souveränität als irreversible negiert wird.

»Auf einem grasüberwachsenen Bahndamm basteln zwei Knaben an einer Kreuzung aus Dampfmaschine und Lokomotive herum, die auf einem abgebrochenen Gleis steht. Ich Europäer sehe mit dem ersten Blick, daß ihre Mühe verloren ist: dieses Fahrzeug wird sich nicht bewegen, aber ich sage es den Kindern nicht, Arbeit ist Hoffnung, und gehe weiter in die Landschaft, die keine andre Arbeit hat als auf das Verschwinden des Menschen zu warten. Ich weiß jetzt meine Bestimmung. Ich werfe meine Kleider ab, auf das Äußere kommt es nicht mehr an. Irgendwann wird DER ANDERE mir entgegenkommen, der Antipode, der Doppelgänger mit meinem Gesicht aus Schnee. Einer von uns wird überleben.« (A 62)

Der Vergeblichkeit der dritten Welt, sich der europäischen Technik historisch zu bemächtigen, wird mit dem Motiv des anderen die Notwendigkeit der Rückkehr zu den kulturellen Wurzeln von Initiation und Todesbewußtsein entgegengehalten. Das agonale Verhältnis zum Double, das den eigenen Tod repräsentiert, verweist auf das Verlassen der zivilisatorischen Bahn, indem der Tod bzw. die Ängste vor ihm herausgefordert werden.

»Zwischen dem Primitiven und seinem Double gibt es kein Spiegel- oder Abstraktionsverhältnis wie zwischen dem Subjekt und seinem geistigen Prinzip, der Seele, oder zwischen dem Subjekt und seinem moralischen oder psychologischen Prinzip, dem Bewußtsein. Nichts dient dieser ungeteilten Vernunft als Ausgleich, dieser idealen Äquivalenzrelation, die für uns das Subjekt bis zu seiner Entzweiung strukturiert... Das Double ist ebenso wie der Tote (der Tote ist das Double des Lebenden, das Double ist die lebende und vertraute Gestalt des Todes) ein *Partner*, zu dem der Primitive eine persönliche und konkrete Beziehung hat, eine ambivalente – je nach dem, glückliche oder unglückliche – Beziehung eine gewisse Art von sichtbarem Tauch (gestische und rituelle Sprache) mit einem unsichtbaren Teil von sich selber, *ohne daß man von Entfremdung sprechen könnte*. Denn das Subjekt ist nur – so wie wir es sind – entfremdet, wenn es eine abstrakte Instanz verinnerlicht, die aus der ›Hinterwelt‹ kommt, wie Nietzsche sagt, die psychologisch (ich und Ichideal), religiös (Gott und die Seele) und moralisch (Bewußtsein und Gesetz) ist – eine unversöhnliche Instanz, der alles andere untergeordnet ist. Historisch beginnt die Entfremdung mit der Verinnerlichung des Herrn durch den emanzipierten Knecht: also keine Entfremdung, solange ein Verhältnis von Zweikampf zwischen Herr und Knecht besteht. Der Primitive hat ein Zweikampf- und nicht ein entfremdetes Verhältnis zu einem Double.«[28]

Die gesellschaftliche Scheidung in Herrn und Knechte evoziert nicht nur die Verlegung der Trennung des Profanen und der Souveränität in den Raum, sondern sie konstituiert die Struktur der Subjektivität des modernen Europäers, die in ›Der Auftrag‹ als Verinnerlichung von Herrschaft selbst zum Gegenstand der Kritik wird. Emanzipation besteht danach in der Überwindung der Struktur europäischer Subjektivität, und zwar indem durch die Wiederaneignung des Todesbewußtseins und der Auseinandersetzung mit der Todesangst − ›Einer von uns wird überleben‹ − auf naturorientiertere Lebensformen der dritten Welt rekurriert wird.

Wohnt der autobiographischen Erfahrung des Verrats, als Zerreißen des Subjekts, wesentlich das Moment von Angst inne, so wird also nicht nur die historisch-gesellschaftliche Bedingtheit desselben thematisch, sondern schließlich die Struktur von Subjektivität als Produkt dieses als falsch begriffenen historischen Prozesses unter dem Gesichtspunkt der Emanzipation kritisiert. Gesellschafts- und Zivilisationskritik kulminieren demnach in der Utopie des Neuen Menschen, dem ein souveränes Todesbewußtsein und damit das Bewußtsein von Souveränität eigen ist, ohne das dieses zwangsläufig mit der Herrschaft des Menschen über den Menschen koinzidiert: Nachdem also die Knechte die Herren überwunden haben, müssen sie auch die Merkmale der Knechtschaft in sich selber besiegen.

2.4. Die Funktion des Heiligen in ›Mauser‹ und ›Der Auftrag‹

Unter dem autobiographischen Aspekt des Verrats des Vaters lassen sich ›Mauser‹ und ›Der Auftrag‹ als konsequente Entfaltung dieses Motivs begreifen, so daß die Verratsphantasmagorie als Schlußsequenz von ›Der Auftrag‹ auch einen Wendepunkt im Werk des Autors bezeichnet: die dramatisch-literarische Auseinandersetzung mit der individuellen Disposition führt zu einer Negation des europäischen Revolutionsmodells und damit auch der politischen Voraussetzungen der Verratserfahrung. Der Verrat des Vaters dechiffriert sich nicht als individuelle Fehlleistung oder ideologische Unstimmigkeit, sondern als grundlegende Aporie in den Emanzipationskonzepten selbst, die die Realisation von ›Freiheit‹ bislang verhinderten.

Denn basiert Herrschaft auf der Enteignung vom eigenen Tod durch den Staat bzw. die Priesterkaste (Baudrillard) und der individuellen Todesfurcht (Hegel), so verlangt Emanzipation mit Notwendigkeit die Wiederaneignung des eigenen Todes durch die Unterdrückten, wodurch sie allein an der Sphäre der

Souveränität partizipieren können. Ist aber das souveräne Todesbewußtsein integraler Bestandteil des Revolutionskonzepts selbst, wird damit ein Begriff von Kollektiv/Neger aller Rassen evoziert, dessen emanzipatorischer Charakter sich in der Adaption nicht-abendländischer Tradition (Mauser: Initiation/Auftrag: Dritte Welt) begründet.

»Die neue Gemeinschaft ist eine Liebesgemeinschaft, die den Tod und vor allem den Opfertod in sich aufnimmt und sich von ihm bis ins Innerste durchdringen läßt — eine Liebesgemeinschaft also, die zugleich eine Todesgemeinschaft ist. Daß das keine idyllische, sondern eher eine tragische Angelegenheit ist, dafür ist demnach gesorgt —: die neue Gemeinschaft schließt nicht nur eine Wiederkehr des Heiligen, sondern zugleich eine Wiedergeburt der Tragödie, des tragischen Todesfestes ein. Der Grundkonflikt der Tragödie ist bereits absehbar, er besteht eben in der Auseinandersetzung zwischen der Gemeinschaft und der Gesellschaft, und wenn die Dichtung noch Kraft hätte, so hätte sie auch die neuen Helden längst erkannt. Warum nimmt sich die Dichtung, deren höchste Aufgabe doch von jeher die Klage um die Leiden war, nicht des Opfertods an?«[29]

Daß die Dramatik Heiner Müllers durch diesen Vorwurf explizit nicht getroffen wird, scheint mir durch die vorhergehende Interpretation unmittelbar evident. In ›Der Auftrag‹ wird das in ›Mauser‹ konzipierte Revolutionsmodell um die Dimension seiner materialistischen Basis (Dritte Welt) erweitert und in Gegensatz zum traditionellen europäischen Revolutionsmodell (Mauser A) gesetzt.

Rezipiert man Sasportas als romantische Figur — als ›edlen Wilden‹ — so verfehlt dies die Intentionen der Müllerschen Dramatik. Denn diese siedelt den versöhnten Zustand niemals in der Geschichte an, sondern in einer zu erringenden Zukunft. Der ›edle Wilde‹ gehört nach diesen Überlegungen zum Arsenal des Utopischen, wie auch der ›Satyr‹, der Neue Mensch oder der Übermensch. Antizipiert und eingebracht in das europäische Revolutionsmodell wird ein gesellschaftliches Verhältnis zu innerer und äußerer Natur, das nicht von Naturbeherrschung und deren Erfolgen sich leiten läßt, sondern von der Idee der Naturversöhnung und der Kommunikation mit dem Tod und den Toten, wodurch die Initiation zur Grunderfahrung des emanzipatorischen Subjekts wird.

Bertolt Brechts »Lehre vom Einverständnis«, die meines Erachtens als erste, wenn auch in Unkenntnis der Hegelschen Herr-Knecht-Analyse, emanzipatorisch auf die Konstitution der Herrschaft durch individualisierte Todesfurcht reagiert, wird also von Heiner Müller dahingehend weiterentwickelt, als er sie — den Initiationsgedanken der ›primitiven‹ Kulturen adaptierend — gegen die abendländische Tradition wendet. Die Revolution wird zum sinnlichen Ereignis par excellence, zur Fiesta und zum heiligen Fest, während sich das revolutionäre Bewußtsein nicht (länger) aus dem Alltagsbewußtsein und der profanen Sphäre der Arbeit herleitet, sondern aus dem ›souveränen Augenblick‹ der das Alltagsbewußtsein übersteigenden Erfahrungen (vgl. Kampf mit dem Double). Nicht das utopische Fernziel: die kommunistische Gesellschaftsordnung verleiht der politischen Aktivität ihren Sinn und ihre Legitimation, vielmehr wird diese

Ausrichtung am Telos (Arbeit) durch eine Partizipation an der Souveränität substituiert. Diese Verschränkung des Politischen mit der Souveränität ist zugleich eine mit dem Anderen und dem Heiligen und löst so den zentralen theoretischen Topos der Benjaminschen Geschichtsphilosophie ein.

»Bekanntlich soll es einen Automaten gegeben haben, der so konstruiert gewesen sein soll, daß er jeden Zug eines Schachspielers mit einem Gegenzuge erwidert habe, der ihm den Gewinn der Partie sicherte... Zu dieser Apparatur kann man sich ein Gegenstück in der Philosophie vorstellen. Gewinnen soll immer die Puppe, die man ›historischen Materialismus‹ nennt. Sie kann es ohne weiteres mit jedem aufnehmen, wenn sie die Theologie in ihren Dienst nimmt, die heute bekanntlich klein und häßlich ist und sich ohnehin nicht darf blicken lassen.« [30]

Doch handelt es sich bei dieser Konnexion der Revolution mit sakralen Energien nicht, wie es Benjamin wohl vorschwebte, um einen Rekurs auf die jüdisch-christliche Religion. Vielmehr wird diese, als Konstituente der imperialen europäischen Kultur selber in Beziehung zum Verrat bzw. Scheitern der Revolution gesetzt.

»Gestern habe ich geträumt, daß ich durch New York ging. Die Gegend war verfallen und von Weißen nicht bewohnt. Vor mir auf dem Gehsteig stand eine goldene Schlange auf, und als ich über die Straße ging, beziehungsweise aus dem Dschungel aus kochendem Metall, der die Straße war, auf dem andern Gehsteig eine andere Schlange. Sie war leuchtend blau. Ich wußte im Traum: die goldene Schlange ist Asien, die blaue Schlange, das ist Afrika. Beim Erwachen vergaß ich es wieder. Wir sind drei Welten. Warum weiß ich es jetzt. Und ich hörte eine Stimme sagen: SIEHE EIN GROSSES ERDBEBEN GESCHAH DENN DER ENGEL DES HERRN KAM VOM HIMMEL HERAB TRAT HINZU UND WÄLZTE DEN STEIN VON DER TÜR UND SETZTE SICH DRAUF UND SEINE GESTALT WAR WIE DER BLITZ UND SEIN KLEID WEISS WIE DER SCHNEE: Ich will das alles nicht mehr wissen.« (A 68)

Während die christliche Auferstehungslehre auf die Überwindung der Todesangst zielt, ohne damit die patriarchalischen Herrschaftsformen (Herr/Engel) zu hinterfragen, basieren die Kulturen der Dritten Welt auf der Integration und der Kommunikation mit dem Tod. Die Analyse der Deutschlandstücke zeigte, daß ein zentraler Topos der ihnen inhärierenden Geschichtsphilosophie darin besteht, das Neue nicht als Verlängerung des Alten, der Geschichte und der von ihr verursachten Deformationen zu begreifen. Analog dazu evozieren ›Mauser‹ und ›Der Auftrag‹ einen Revolutionsbegriff, der sich nicht aus der Tradition der abendländisch-christlichen Zivilisation herleitet, sondern diese durch den Rekurs auf kulturelle Invarianten der Dritten Welt ersetzt. Die von Hegel dargestellte Abhängigkeit der Freiheit vom Todesbewußtsein setzt gleichsam die Trennung von Leben und Tod voraus. Die christliche Lehre der Wiederauferstehung besiegelt diesen Bruch mit der Konzeption eines endgültigen Sieges des Lebens über den Tod; daß sich damit die abendländische Gesellschaft in direkten Gegensatz zu ihrer Naturbasis gesetzt hat, ist unmittelbar evident.

Die in den ›Auftrag‹ montierte Fahrstuhl-Szene beinhaltet diese Transformation des Revolutionsbegriffs. Das politische Agieren wird nicht länger mehr in den Kategorien von Arbeit (Auftrag/Chef) gefaßt, sondern die abendländische Geschichte (der Fahrstuhl) muß verlassen werden, soll das Profane nicht jegliche utopische Intention vollends zum Schweigen bringen. Statt dessen müssen die Traditionen der Dritten Welt adaptiert werden und die christliche Utopie der Wiederauferstehung durch den Initiationsritus ersetzt werden.

»Ich sehe die Gesichter über mir, undeutlich schwarz das eine, die Augen weiß, der Blick nicht auszumachen: die Augen ohne Pupillen. Der Kopf des anderen ist aus grauen Silber... Der Silberne geht hinter mir vorbei dem Schwarzen nach... Irgendwann wird DER ANDERE mir entgegenkommen, der Antipode, der Doppelgänger mit meinem Gesicht aus Schnee. Einer von uns wird überleben.« (A 61f.)

Diese Sequenz kontrapunktiert den Traum Debuissons und verweist auch auf der *spirituell-sakralen* Ebene auf ein an der Dritten Welt orientiertes Todesverhältnis. Die Synthesis des Politischen mit dem Spirituellen wird also durch die Adaption der Todesvorstellungen der Dritten Welt, wie sie insbesondere dem Initiationsritus zugrunde liegen, gestiftet. Damit aber wird den anti-imperialistischen und den gesellschaftlichen Konflikten ein sakraler Charakter zugesprochen, im Innern der Revolution sitzt nicht mehr der Logos, sondern das Heilige. Ein Heiliges allerdings, das nicht mit den patriarchalischen und autoritär-vernunftgeleiteten Ordnungsvorstellungen der christlich-jüdischen Religion koinzidiert. Vielmehr resultiert seine Substanz aus einem Todesverhältnis, das durch die individuelle Auseinandersetzung mit dem eigenen Tod/Double/Schatten und einer daraus entstehenden Auferstehung bzw. Wiedergeburt gekennzeichnet ist. Unter diesem Aspekt verweist die programmatische Sentenz: »DIE REVOLUTION IST DIE MASKE DES TODES DER TOD IST DIE MASKE DER REVOLUTION« (A 51) mit der Verschränkung von Tod und Revolution auf einen Begriff von Revolution, der sich zugleich als Initiationsritus einer erwachsen werdenden Gattung interpretieren läßt.

Bertolt Brecht versuchte die revolutionäre Politik mit dem Heiligen zu synthetisieren, indem er den Opfertod Christi und den Mythos der Auferstehung (vgl. Maßnahme [31]) der kommunistischen Revolution und ihre Vorbereitung zugrunde legt. Dies verweist auf die geschichtsphilosophischen Positionen Walter Benjamins und Georges Batailles, der den ekstatischen Todesbegriff des frühen Christentums für die Arbeiterbewegung gewinnen wollte.

»Der Klassenkampf hat nur ein mögliches Ziel: das Verderben jener, die daran gearbeitet haben, die ›menschliche Natur‹ zu verderben. Welche Form die entsprechende Entwicklung aber auch annehmen mag, eine revolutionäre oder servile, die allgemeinen Konvulsionen, die vor achtzehnjahrhunderten durch die religiöse Ekstase der Christen geprägt wurden und heute durch die Arbeiterbewegung, müssen gleichermaßen als entscheidender Impuls angesehen werden, der die Gesellschaft *zwingen* wird, mit Hilfe der gegenseitigen Ausschließung der Klassen eine Form der Verausgabung zu schaffen, die so tragisch und frei wie möglich ist, und zugleich Formen des Heiligen einzuführen, die so menschlich sind, daß die traditionellen Formen dagegen vergleichsweise verächtlich erscheinen.«[32]

In ›Der Auftrag‹ wird mit der Revolution als Produkt der abendländischen Gesellschaft gebrochen, wobei nicht nur das revolutionäre Subjekt die Arbeiterklasse durch die ›Neger aller Rassen‹ ersetzt wird, sondern auch die Positionen Brechts, Benjamins und Batailles hinsichtlich einer Synthesis des Politischen und Sakralen weitergedacht werden und der christliche Auferstehungsmythos durch die Adaption der Initiationsriten der ›primitiven‹ Kulturen als bewußte Überwindung der Todesfurcht ersetzt. Nicht das *Opfer* für das Kollektiv heiligt in ›Mauser‹ und ›Auftrag‹ die revolutionäre Praxis, denn »die christliche Endzeit der Maßnahme ist abgelaufen« (BaL). Vielmehr partizipieren die Subjekte durch bewußte Überwindung der Todesangst und durch die kollektive Integration des Todes an der Sphäre der Souveränität, wodurch sie zugleich ihre subjektive Würde erlangen und der Mensch als Naturwesen in den Stand der Freiheit versetzt wird. Mit Müllers Konfiguration wird die christliche Apotheose des universellen Schuldzusammenhangs zugunsten einer Haltung, die durch die überwundene Todesfurcht auch Naturversöhnung intendiert, durchbrochen. Unter dem Aspekt des Todes und des Heiligen handelt es sich also bei den Revolutionsstücken um ein Theater der Initiation, womit Brechts Konzeption der Lehrstücke strukturell aufgegriffen und konträr zur abendländischen Tradition weiterentwickelt wird.

3. Die Emanzipation der Frau

3.1. Mythos und Rache

Mit ›Zement‹ (1972) beginnt eine Reihe von Texten: ›Medeaspiel‹ (1974), ›Hamletmaschine‹ (1978), ›Quartett‹ (1980), ›Verkommenes Ufer Medeamaterial Landschaft mit Argonauten‹ (1982), ›Bildbeschreibung‹ (1984), in denen die Emanzipation der Frau unter dem Aspekt der Destruktion bzw. Destruktivität thematisiert wird, wobei die autobiographische Bedingtheit gerade dieser Konstellation weiter oben schon eingehend dargelegt wurde. Die weibliche Form der Aggression gegen das Patriarchat und dessen Strukturen findet Heiner Müller in der Gestalt der Medea vorgebildet, womit das Spannungsfeld von *Mythos* und *Rache* konstitutiv wird, während die Transformation der Autoaggression in eine außengerichtete auf der Folie von Shakespeares Drama ›Hamlet‹ anhand der Figur Ophelias geleistet wird. Auffällig ist, daß Heiner Müller sich in diesen Gestaltungen in weit stärkerem Maße an Romanen und Dramen aus der Weltliteratur orientiert als in den anderen Themenkomplexen. So lassen sich diese Stücke viel eindeutiger auf die Vorlagen beziehen als die ›Schlacht‹ auf Brechts

›Furcht und Elend im Dritten Reich‹ oder ›Mauser‹ auf ›Die Maßnahme‹, in denen Szenen, Motive oder ästhetische Muster übernommen und weiterentwickelt werden, sowie die Technik des Literaturzitats ein genuines Moment der Müllerschen Ästhetik bildet. So ist ›Zement‹ eine Dramatisierung des gleichnamigen Romans von Victor Gladkow, dasselbe gilt für ›Quartett‹ hinsichtlich des Briefromans ›Gefährliche Liebschaften‹ von Choderlos de Laclos, während die ›Hamletmaschine‹ nicht ohne Shakespeares Stück und ›Verkommenes Ufer‹ nicht ohne den Medeamythos und dessen literarische Aneignungen denkbar sind. Sieht man einmal von ›Quartett‹, der Simulation zerstörerischer Mann-Frau-Beziehungen, ab, so ist den Texten gemeinsam, daß die militanten Protagonistinnen jeweils mit von Männern gemachter Geschichte, sei es der Beginn und das Ende von Kolonisation (Verkommenes Ufer), der russischen Revolution (Zement) oder den scheiternden Versuch aus der Geschichte auszubrechen (Hamletmaschine) konfrontiert werden. Hiermit stellt sich die Frage, inwieweit die Frau an der Tradition männlich dominierter europäischer Geschichte partizipieren kann oder ob sich die Wege von Mann und Frau gerade in emanzipatorischer Hinsicht trennen, also ob für den Mann Geschichte nicht auch weiterhin konstruktives Planfeld bleibt und bleiben muß, während es der Frau zufällt, Geschichte als Bezugs- und Planfeld zu zerstören. Dem inhäriert die Frage nach dem Verhältnis von *Mythos und Geschichte*, als zwei prinzipiell unterschiedlicher Seinsformen, wobei der patriarchalische griechische Mythos den Übergang zur Rationalität und damit zur Geschichte stiftet.

»Die Kategorien, in denen die abendländische Philosophie ihre ewige Naturordnung bestimmte, markierten die Stellen, die einst Oknos und Persephone, Ariadne und Nereus innehatten. Die vorsokratischen Philosophien halten den Augenblick des Übergangs fest. Die Feuchte, das Ungeschiedene, die Luft, das Feuer, die dort als Urstoff der Natur angesprochen werden, sind gerade erst rationalisierte Niederschläge der mythischen Anschauung ... Durch Platons Ideen werden schließlich auch die patriarchalischen Götter des Olymp vom philosophischen Logos erfaßt.« [1]

Dies ist zugleich eine Bewegung der Säkularisation, denn damit verliert der Mythos seinen religiösen Charakter, an dem das Kollektiv in den kultischen Festen partizipierte, und das Heilige wird in den Begriff der Wahrheit transformiert, diese wiederum aber ist nur dem einzelnen qua seiner Vernunft zugänglich.

»Das religiöse Fest ist die Reaktualisierung eines primordialen Ereignisses, einer ›heiligen Geschichte‹, in der Götter und Halbgötter die handelnden Personen sind. Die ›heilige Geschichte‹ wird erzählt in den Mythen. Die Festteilnehmer werden also zu Zeitgenossen der Götter und halbgöttlichen Wesen. Sie leben in der durch die Gegenwart und die Tätigkeit der Götter geheiligten Anfangszeit ... Das religiöse Erlebnis des Festes, die Teilnahme am Sakralen ermöglicht es den Menschen, periodisch in der Gegenwart der Götter zu leben ...
Da für den religiösen Menschen der primitiven Gesellschaften die Mythen die ›heilige

Geschichte‹ bilden, darf er sie nicht vergessen: indem er die Mythen reaktualisiert, kommt er seinen Göttern nahe und nimmt teil an der Heiligkeit.«[2]

Doch durch die Rationalisierung und Säkularisation der Mythen entsteht noch keine Vorstellung von Geschichte als sinnstrukturierter Folge des Profanen. Denn partizipierte die ›primitive‹ Gesellschaft im mythischen Kult am Ursprung, so bezog sie sich notwendig auf eine zyklische Auffassung der Zeit, als Wiederkehr der ›heiligen Geschichte‹ in den Zyklen der Feste. So mußte zwangsläufig die, allerdings sinnentleerte, Vorstellung von Geschichte als Wiederkehr des Immergleichen entstehen und erst die Synthese von griechischer Rationalität und jüdischem Geschichtsbild – die Geschichte des Profanen als Heilsgeschichte – ermöglichte Geschichte als verbindliche Größe zu installieren.

»Gegenüber der archaischen und altorientalischen Religionen und der in Indien und Griechenland ausgebildeten mythisch-philosophischen Vorstellungen von der ewigen Wiederkehr bringt das Judentum eine grundlegende Neuerung. *Für das Judentum hat die Zeit einen Anfang und ein Ende.* Die Idee der zyklischen Zeit ist überholt. Jahwe manifestiert sich nicht mehr in der *kosmischen Zeit* (wie die Götter der anderen Religionen), sondern in einer *historischen Zeit*, die unumkehrbar ist.
Keine neue Manifestation Jahwes ist auf eine frühere Manifestation Jahwes zurückführbar . . . Kurz, die Geschichte erweist sich als eine neue Dimension der Gegenwart Gottes in der Welt. Die *Geschichte wird heilige Geschichte, . . .*
Hegel nimmt die jüdisch-christliche Ideologie wieder auf und wendet sie auf die Weltgeschichte in ihrer Gesamtheit an: der Weltgeist manifestiert sich *kontinuierlich* in den historischen Ereignissen und *nur* in diesen Ereignissen. Die Geschichte wird somit in ihrer *Totalität* eine Theophanie: alles, was sich in der Geschichte ereignet hat, *mußte sich so ereignen*, weil der Weltgeist es so wollte. Damit ist der Weg offen für die verschiedenen Formen historizistischer Philosophie des 20. Jahrhunderts.«[3]

Finden Müllers Protagonisten Dascha und Ophelia in ihrer Emanzipation zu ihrer mythischen Identität, der von Medea und Elektra, so ist ihre Revolte gegen das Patriarchat zugleich eine Rebellion gegen Geschichte, als dessen Medium und implizit die Proklamation einer matrilinear verfaßten Gesellschaft, die ihre Identität nicht im begrifflichen, sondern im mythisch-plastischen Diskurs findet.

Mit dem Motiv der Rache und Destruktion wird ein weibliches Politikverständnis evoziert, das primär auf die Zerstörung der im Patriarchat verordneten Rollen zielt und die Beteiligten in und durch diese Revolte überhaupt erst die Möglichkeiten haben, zu ihrer Identität zu finden, die somit zugleich eine dem Patriarchat jenseitige ist. Zeitigte Daschas Verweigerung der Rollen von Mutter und Geliebte insofern noch produktive Aspekte, als sie sich damit zugleich für den Primat der Politik und damit der Revolution entschied, koinzidierte also weibliche Emanzipation und historischer Fortschritt, so haftet Merteuil, Ophelia/Elektra und dem Engel der Verzweiflung (Auftrag) keine Produktivität mehr an, es sei denn die des Todes.

»Das Subjekt historischer Erkenntnis ist die kämpfende, unterdrückte Klasse selbst. Bei Marx tritt sie als die letzte geknechtete, als die rächende Klasse auf, die das Werk der

Befreiung im Namen von Generationen Geschlagener zu Ende führt. Dieses Bewußtsein, das für kurze Zeit im ›Spartacus‹ noch einmal zur Geltung gekommen ist, war der Sozialdemokratie von jeher anstößig. Im Lauf von drei Jahrzehnten gelang es ihr, den Namen eines Blanqui fast auszulöschen, dessen Erzklang das vorige Jahrhundert erschüttert hat. Sie gefiel sich darin, der Arbeiterklasse die Rolle einer Erlöserin künftiger Generationen zuzuspielen. Sie durchschnitt ihr damit die Sehne der besten Kraft. Die Klasse verlernte in dieser Schule gleich sehr den Haß wie den Opferwillen. Denn beide nähren sich an dem Bild der geknechteten Vorfahren, nicht am Ideal der befreiten Enkel.« [4]

Während Benjamin das Emanzipationskonzept der Sozialdemokratie selbst in der Metaphorik des Mütterlichen beschreibt – ›Erlöserin‹, ›nähren‹, ›Enkel‹, ›künftige Generationen‹ – substituiert Müller die Arbeiterklasse durch die Frau, die in ihrer Emanzipation auf Haß und Rache rekurrierend, das tradierte Frauenbild selbst negiert. Ist die Frau unter dem Aspekt des Mütterlichen Garant des Humanen, so ist diese Humanität ebensowenig geschichtsmächtig wie sie, sondern stabilisierender Faktor europäischer Katastrophenpolitik. Diese Politisierung der Frau als Negation des Mütterlichen erfährt sein utopisches Moment darin, daß erst in der matrilinearen Gesellschaft das Mütterliche die Funktion gesellschaftlicher Synthesis übernehmen kann.

»Zunächst zerstörte Engels in seinem populären Werk *Der Ursprung der Familie, des Privateigentums und des Staates* den Glauben an den ›absoluten und ewigen Staat‹, das heißt, ..., an die Unerläßlichkeit der autoritären Lenkung der Gesellschaft. Aufgrund der Forschungen von Lewis Morgan über die Organisation der Gentilgesellschaft kam er zu dem Schluß: *Der Staat ist nicht von Ewigkeit her da. Es gab Gesellschaften, die ohne ihn funktionierten, die von Staat und Staatsgewalt keine Spur hatten.* Als sich die Gesellschaft in Klassen spaltete, als die Gegensätze zwischen den werdenden Klassen die Existenz der Gesamtgesellschaften zu sprengen drohten, entwickelte sich *notwendigerweise* die staatliche Gewalt.« [5]

Mit Mythos und Geschichte, Matriarchat und Patriarchat stehen sich mit der Emanzipation der Frau, die als politische notwendig auch eine sexuelle ist, auch mutterrechtlich verfaßte Gesellschaften und staatliche organisierte gegenüber. Die Notwendigkeit der Emanzipation der Frau für die Realisierung der Utopie wurde schon im ›Deutschlandbild‹ gezeigt, dagegen verweist der in den ›Frauenstücken‹ radikalisierte Emanzipationsbegriff auf eine mutterrechtliche Verfaßtheit des ›Reichs der Freiheit‹ selbst.

»Die sexuelle Organisation des Mutterrechts verblüffte nicht wegen der so völlig verschiedenen Blutsverwandtschaftsorganisation, sondern wegen der mit ihr verbundenen natürlichen Selbstregulation des Geschlechtslebens. Seine eigentliche Grundlage war der Mangel des Privateigentums an gesellschaftlichen Produktionsmitteln, ...« [6]

Analog also zur Emanzipation der Dritten Welt kann auch die von Müller als *totale* Konfrontation dramatisierte Emanzipation der Frau nicht als Integration in den europäischen Geschichtsprozeß gedacht werden, denn dann wäre diese keine der Rache und Destruktion, sondern diese Haltung aggressiver Negation zielt mit der Installation des Mütterlichen als Mutterrecht auf die freie Assoziation von Menschen jenseits der Geschichte der Staaten und der europäischen Tradition.

Da ›Quartett‹ wesentlich die Beziehungen der Geschlechter, Rollenidentitäten und die zerstörerische Dimension von Zweierbeziehungen zum Gegenstand hat – ohne dieses Thema in explizit historische oder mythologische Zusammenhänge zu bringen, kann es für den hier gewählten Ansatz einer geschichtsphilosophischen Interpretation der späten Stücke des Autors vernachlässigt werden. Statt dessen soll im Mittelpunkt der Analyse die ›Hamletmaschine‹ stehen, die nicht nur die anhand von ›Zement‹ dargelegte Emanzipationsproblematik (vgl. Teil I.3.) radikalisiert, sondern dezidiert eine für Frau und Mann unterschiedliche Stellung zur Geschichte in eine Trennung der historischen Möglichkeiten von Emanzipation transformiert. Während in ›Der Auftrag‹ durch den Rekurs auf die Dritte Welt auch für den männlichen Protagonisten eine emanzipatorische Lösung gewonnen wird, bleibt Hamlets Versuch vergeblich, weibliche Positionen zu adaptieren.

So läßt sich konstatieren, daß dem weiblichen Bezug auf Mythos und Destruktion als sein männliches Pedant der Bezug auf die Dritte Welt und deren Naturbegriff, insbesondere die Aneignung des eigenen Todes, entspricht. Dies soll auch durch eine eingehende Analyse der Engelbilder als Kulminationspunkte von Müllers Adaption von Walter Benjamins geschichtsphilosophischen Thesen nochmals demonstriert werden.

3.2. ›Die Hamletmaschine‹ – Geschichte und Subjektivität

1977 erschien auf neun Seiten und in fünf Akten der Text ›Die Hamletmaschine‹, Ergebnis einer jahrzehntelang intensiv geführten Auseinandersetzung mit der ›Obsession Hamlet‹ und zugleich Konzentrat eines über zweihundert Seiten langen Bearbeitungsversuchs des Dramas aus der Zeit der elisabethanischen Renaissance. Die Wirkung innerhalb der deutschen Theaterlandschaft der BRD war überwältigend, Literaturkritik und professioneller Spielbetrieb waren begeistert und verstört zugleich: die Emanzipation des Theatertextes vom Theater als Institution war gelungen. Dabei erwies sich das Stück zum einen als hermetisch und kaum zugänglich, zum anderen als überdurchschnittlich produktiv, indem es neben subjektiven Assoziationsreihen auch Reflexionen und Diskussionen über Sinn und Funktion des Gegenwartstheaters in Gang setzte [7], ohne daß allerdings feststand, ob es sich um ein Stück oder um eine Reihung von Szenen handelte, die auch unabhängig voneinander gespielt werden können.

w:... Warum wiederholt sich diese Struktur [der Fünfteiligkeit/F.-M.R.] ständig in den Bildern? Ist dies nicht gerade ein Hinweis, daß es sich hier nicht um ein durchgängiges Stück handelt? Müller sagte einmal: es sei nicht mehr möglich ein Stück mit der herkömmlichen Fabel zu schreiben. Weist nicht gerade die Anlage der HAMLETMASCHINE darauf hin, daß die einzelnen Bilder in sich geschlossen sind und jeweils einen neuen Ansatzpunkt von einem anderen Blickwinkel her einbringen?...

SCH: Wenn man diese Struktur feststellen kann und auf der anderen Seite bei Müller davon die Rede ist, daß er Fragmente schreibt, kann man hieran auch diskutieren, welchen Stellenwert die Fragmentform in seiner Arbeit hat...

GI: Dann müßte man jeden Teil jeden Bildes für sich auch völlig allein sehen, auch inszenieren und als einzelnes Stück betrachten können, wenn es nicht gelingt die Zusammenhänge zwischen den Bildern wenigstens assoziierbar zu machen, die Möglichkeit dafür zu lassen, daß sie zusammengehören.«[8]

Mit dem synthetischen Fragment, als Formkonstituens, das hier die Schwierigkeiten bereitet, hat Müller die tradierten dramatischen Formen verlassen, die subjektive Assoziation erhält das Primat vor der Vermittlung von auch wie immer gearteten Gehalten. Diese Aufwertung des ›subjektiven Faktors‹ ist selbst Resultat eines politischen Erkenntnisprozesses. Einer Welt überbordender Objektivität, die durchgehend in Technik und Theorie, bis in die Vorurteilsstrukturen hinein, präsent ist, wird ein Konzept gegenübergestellt, indem Subjektivität als solche schon eine Position des Widerstands bildet.

»Keine dramatische Literatur ist an Fragmenten so reich wie die deutsche. Das hat mit dem Fragmentcharakter unserer (Theater-) Geschichte zu tun, mit der immer wieder abgerissenen Verbindung Literatur − Theater − Publikum (Gesellschaft), die daraus resultiert. Die gewöhnliche Verkehrsform zwischen den drei Partnern war, bis zum historischen Glücksfall Brecht, der Interruptus, der auf die Dauer bekanntlich das Kreuz schwächt. Die Not von gestern ist die Tugend von heute: Die Fragmentarisierung eines Vorgangs betont seinen Prozeßcharakter, hindert das Verschwinden der Produktion im Produkt, die Vermarktung, macht das Abbild zum Versuchsfeld auf dem das Publikum koproduzieren kann. Ich glaube nicht, daß eine Geschichte, die ›Hand und Fuß‹ hat (die Fabel im klassischen Sinn) der Wirklichkeit noch beikommt.« (TA 125. Ein Brief)

»Ich sehe da eine Möglichkeit: das Theater für ganz kleine Gruppen (für Massen existiert es ja schon längst nicht mehr) zu benutzen, um Phantasieräume zu produzieren. Freiräume für Phantasie − gegen diesen Imperialismus von Besetzung von Phantasie und der Abtötung der Phantasie durch die vorfabrizierten Klischees und Standards der Medien. Ich meine, das ist eine primäre politische Aufgabe, auch wenn die Inhalte überhaupt nichts mit politischen Gegebenheiten zu tun haben.« (R 177−178)

Während das Fragment im allgemeinen Ergebnis und Ausdruck des Scheiterns an der Durchdringung von Wirklichkeit und Geschichte ist, wird mit dem konstruierten Fragment formal auf die Erfahrung einer scheiternden Geschichte und deren Konzeption reagiert. Müller stellt seine Fragmente bewußt her, sie sind als kalkulierte synthetische Fragmente.

»Er ist ein Textingenieur, der seine Projekte quasi am Reißbrett entwickelt, auch wenn dies den Rezipienten, die von seiner Phantasiegewalt befremdet werden, nicht auf Anhieb einleuchten mag.«[9]

Marc Silberman beschreibt den Dramatiker als Textingenieur, für den Autor selbst ist das Theater ein »Laboratorium sozialer Phantasie« (TA 126, Ein Brief). ›Laboratorium‹ wie ›Textingenieur‹ unterstreichen die Bewußtheit, die in den

Phantasmagorien, in den überladenen Bildern, steckt, mögen sie auch auf den ersten Blick wie Produkte der von den Surrealisten konzipierten Methode der ›ecriture automatique‹ anmuten. Die katastrophischen Entwürfe Müllers sind methodisch der surrealistischen Verfahrensweise zwar entgegengesetzt, gleichen sich aber in der Intention: Es werden Freiräume für die Phantasie des Betrachters, des Publikums geschaffen.

»In Abgrenzung zum ›organischen Werk‹ bricht Müller ausgewähltes Material aus der Realitätstotalität heraus und setzt die sogenannten Bruchstücke im Prozeß der Textproduktion zu einer neuen Bedeutung wieder zusammen. Anders als bei zufälligen Fragmenten, die aus dem ›gebrochenen‹ Bewußtsein und den Erfahrungslücken des Autors resultierten, in Korrespondenz zu den Brüchen in der Geschichte –, stellt Müller diese Lücken zu den montierten Texten bewußt her, als Raum, den der Leser mit je unterschiedlichen Variationen selbst füllen kann. Die Montage von Bildern, die aus der Kontinuität herausgesprengt wurden, ersetzt den narrativen Verlauf.« [10]

Zwar sind diese Lücken bewußt konstruiert, andererseits aber schlägt sich in diesen Lücken der radikale Freiheitsbegriff Müllers nieder, denn sie stehen in krassem Gegensatz zu aufklärerischen oder pädagogischen Ambitionen der Künstler, da dem Rezipienten bei dem Füllen dieser Freiräume vom Autor keinerlei Anweisungen gegeben werden, so daß der Leser oder der Zuschauer auf einen Prozeß der Wiederaneignung ihrer eigenen Subjektivität verwiesen werden.

Diese Formgebung des synthetischen Fragments hat also maßgeblichen Anteil daran, daß bis heute keine kohärenten Interpretationen über den Inhalt der ›Hamletmaschine‹ vorliegen. Dieses soll unter den hier entwickelten geschichtsphilosophischen Fragestellungen, insbesondere unter dem Aspekt der Trennung männlicher und weiblicher Geschichte und der sich daraus ergebenden Konsequenzen, geleistet werden.

3.2.1. ›Familienalbum‹ – Der Leerlauf ödipaler Revolten

›Familienalbum‹, die erste Szene der ›Hamletmaschine‹, adaptiert als einzige nicht nur die Namen der Protagonisten aus Shakespeares ›Hamlet‹-Drama, sondern dieses selbst und setzt die Kenntnis der Vorlage voraus. Sie beginnt mit der Aufkündigung der Identität des Helden Shakespeares – ›Ich war Hamlet‹ (HM 89), der als Prototyp des neuzeitlichen Intellektuellen gilt und zu dessen Charakteristika neben dem Denken die Melancholie und der Zweifel zählen, wobei letzterer seit Descartes zum wesentlichen Mittel der Erkenntnis avancierte.

»Mich interessiert der Fall Althusser als Stoff, nicht als Phänomen. Althusser interessiert mich, wie mich Pasolini interessiert, der Fall Pasolini, oder, das klingt zunächst gewiß merkwürdig, der Fall Gründgens – das Versagen von Intellektuellen in bestimmten historischen Phasen, das vielleicht notwendige Versagen von Intellektuellen.

... ein stellvertretendes Versagen. Für mich ist das immer wieder Hamlet, die Figur, die mich seit langem am meisten interessiert hat.« (R 173)

Der erste Satz der ›Hamletmaschine‹ läßt sich demnach auch als radikale Negation des Intellektuellen interpretieren, dessen Scheitern angesichts der historischen Realität – ›im Rücken die Ruinen von Europa‹ (HM 89) – den intellektuellen Diskurs – ›Ich stand an der Küste und redete mit der Brandung BLABLA‹ (HM 89) – verläßt. Dabei wird dieser Diskurs (BLABLA) in der Reflexion (redete), also im nachhinein, als irrelevant und bloße Ansammlung von Sprachhülsen abgetan. Hiermit stellt sich zwangsläufig die Frage, wodurch der Untergang Europas verursacht wurde, wenn die Rationalität an diesem Umtergang nicht beteiligt war. Während sich der Intellektuelle in diesem Bild qua Rationalität auf Natur bezieht (Brandung), fand in seinem Rücken die historische und politische Katastrophe statt. Damit stehen *Natur* und *Rationalität* auf der einen und *Geschichte* auf der anderen Seite. Geschichte erscheint somit als Produkt einer blinden Praxis und einer Politik, die durch den Staatsbegriff konstituiert wird.

»Die Glocken läuteten das Staatsbegräbnis ein, Mörder und Witwe ein Paar, im Stechschritt hinter dem Sarg des Hohen Kadavers die Räte, heulend in schlecht bezahlter Trauer WER IST DIE LEICH IM LEICHENWAGEN/UM WEN HÖRT MAN VIEL SCHREIN UND KLAGEN/DIE LEICH IST EINES GROSSEN/GEBERS VON ALMOSEN das Spalier der Bevölkerung, Werk seiner Staatskunst. ER WAR EIN MANN NAHM ALLES NUR VON ALLEN.« (HM 89)

Der Tod, als staatliche Zeremonie, garantiert gleichsam die Kontinuität der Institution Staat, dessen Zweckmäßigkeit durch die Konnotation von Staatskunst, womit nichts anderes als die Dressur der Bevölkerung (Stechschritt/Spalier) gemeint ist, relativiert wird. Hier schießen also die Motive der Körperdressur und des Verhältnisses von Staat und Tod, die bei der Analyse von ›Leben Gundlings‹ und ›Der Auftrag‹ schon eingehend erläutert wurden, zusammen. Die historische Katastrophe (Ruinen von Europa) ist demnach nicht das Resultat einer Dialektik von Naturbeherrschung und Aufklärung, sondern im Innersten einer als verhängnisvoll erkannten europäischen Politik und Geschichte steht die Synthesis von Staat und Tod, wie sie der Geschichtsphilosophie von Jean Baudrillard zentral ist. Aus dieser Denkbewegung heraus wird auch die nun folgende Revolte verständlich, die die Trauerfeierlichkeiten in ein Fest verwandelt, während dessen die zivilisatorischen Tabus und Verbote aufgehoben sind.

»Ich stoppte den Leichenzug, stemmte den Sarg mit dem Schwert auf, dabei brach die Klinge, mit dem stumpfen Rest gelang es, und verteilte den toten Erzeuger FLEISCH UND FLEISCH GESELLT SICH GERN an die umstehenden Elendsgestalten. Die Trauer ging in Jubel über, der Jubel in Schmatzen, auf dem leeren Sarg besprang der Mörder die Witwe SOLL ICH DIR HINAUFHELFEN ONKEL MACH DIE BEINE AUF MAMA.« (HM 89)

Beruht die Genese des Staates, wie gezeigt, auf der Verwaltung des Todes und konstituiert dessen Verdrängnis und Tabuisierung die moderne Zivilisation, so handelt es sich bei Hamlets Aktivitäten um eine antizivilisatorische Revolte, deren utopischer Impetus sich in einem anderen gesellschaftlichen Verhältnis zum Tod findet. Aber aus diesem anarchischen Akt der Zerstörung der staatlich-religiösen Todeszeremonie erfolgt keine subjektive Befreiung. Vielmehr ist sie insofern regressiv, als die Geschichte zwar beendet, aber nichts Neues, sondern allein das vorherige an seine Stelle setzen kann, die Herrschaft der Natur – »Ich legte mich auf den Boden und hörte die Welt ihre Runden drehn im Gleich-schritt der Verwesung.« (HM 89). Aus der Negation der Identität und der so gearteten Todesrevolte entspringt zwar ein anderes Naturverhältnis (›hörte die Welt‹), aber dies wirkt nicht unmittelbar sinnstiftend. Dies ist insofern eine Reminiszenz an das oben dargestellte Verhältnis von Mythos und Philosophie, als die zyklische gedachte Zeit (›Runden‹) ohne den Rekurs auf einen sinnstiften-den Mythos bzw. das Sakrale den Tod (›Verwesung‹) übermächtig werden läßt.

»Was die Zeitbegriffe gewisser historizistischer und existenzialistischer Philosophien be-trifft, so..., erhält die Zeit auch in diesen modernen Philosophien denselben erschrecken-den Aspekt wie in den indischen und griechischen Philosophien der ewigen Wiederkehr. Endgültig entsakralisiert, zeigt sich die Zeit als schwankende und schwindende Spanne, die unaufhaltsam zum Tode führt.« [11]

Die Negation der intellektuellen Identität führt als abstrakte also nicht unmittel-bar zu einer neuen, sondern zu einer verzweifelten Suche nach Sinn.

»I'M GOOD HAMLET GI'ME A CAUSE FOR GRIEF AH THE WHOLE GLOBE FOR A REAL SORROW RICHARD THE THIRD / THE PRINCEKILLING KING OH MY PEOPLE WHAT HAVE I DONE UNTO / THEE WIE EINEN BUCKEL SCHLEPP ICH MEIN SCHWERES GEHIRN
ZWEITER CLOWN IM KOMMUNISTISCHEN FRÜHLING SOMETHING IS ROTTEN IN THIS AGE OF HOPE LET'S DELVE IN EARTH AND BLOW HER AT THE MOON. (HM 89f.)

Diese deutsche und englische Sprachsequenz in Versalien mit Reminiszenzen und Zitaten aus Shakespeares Dramen und Müllers eigenem Frühwerk zeigen, daß an nichts Utopisches angeknüpft werden kann bzw. das Versagen der kommunistischen Utopie. Zwar konnten die Ursachen des Scheiterns der Utopie durch die Revolte gegen den gesellschaftlichen Todesbegriff bestimmt werden, aber die voluntaristische Revidierung von Zivilisation kommt einer Regression auf das Animalische (Schmatzen) gleich. Anders als in ›Mauser‹ garantiert hier nicht mehr die ideelle Chiffre der Revolution die Möglichkeit von Naturversöh-nung durch einen veränderten gesellschaftlichen Todesbegriff, sondern an ihrer Stelle steht die sozialistische Realität, die den Neuen Menschen eben nicht hervorgebracht hat. Hier stehen sich nicht mehr Geschichte und Utopie gegen-über, sondern Zivilisation und Katastrophe.

Im weiteren wird die dramatische Kollision von Shakespeares Drama selbst aufgekündigt, dem Vater wird als Repräsentant des Vaterrechts und damit der patriarchalischen Geschichte die moralische Integrität abgesprochen, er ist nicht länger Statthalter des Utopischen oder Besseren, sondern auswechselbares Element einer Geschichte, deren Medium Gewalt ist.

»Hier kommt das Gespenst das mich gemacht hat, das Beil noch im Schädel. Du kannst deinen Hut aufbehalten, ich weiß, daß du ein Loch zuviel hast. Ich wollte, meine Mutter hätte eins zuwenig gehabt, als du im Fleisch warst: ich wäre mir erspart geblieben. Man sollte die Welt zunähn eine Welt ohne Mütter. Wir könnten einander in Ruhe abschlachten, und mit einiger Zuversicht, wenn uns das Leben zu lang wird oder der Hals zu eng wird für unsere Schreie. Was willst du von mir. Hast du an einem Staatsbegräbnis nicht genug. Alter Schnorrer. Hast du kein Blut an den Schuhn. Was geht mich deine Leiche an. Sei froh, daß der Henkel heraussteht, vielleicht kommst du in den Himmel. Worauf wartest du. Die Hähne sind geschlachtet. Der Morgen findet nicht mehr statt« (HM 90)

Hiermit artikuliert Hamlet das eigentliche Grundproblem des Müllerschen Spätwerks, wie läßt sich aus der Geschichte als der Wiederkehr des Immergleichen von historischer Gewalt und geschichtlichen Katastrophen ausbrechen. Die historische Notwendigkeit verlangt immer neue Opfer, entweder im Namen des Bestehenden (Vater) oder in dem der Utopie (Morgen), ohne daß ein Ende dieses sinnlosen Kreislaufes (›DIE WELT SICH DREHT‹) absehbar wäre.

»SOLL ICH
WEILS BRAUCH IST EIN STÜCK EISEN STECKEN IN
DAS NÄCHSTE FLEISCH ODER INS ÜBERNÄCHSTE
MICH DRAN ZU HALTEN WEIL DIE WELT SICH DREHT
HERR BRICH MIR DAS GENICK IM STURZ VON EINER
BIERBANK« (HM 90)

Das Töten und die Gewalt stellen sich als sinnentleerte Konventionen (Brauch) dar; Geschichte und Politik haben sich gegenüber den Subjekten verselbständigt, und obwohl die Sinnlosigkeit und die ewige Wiederkehr der Konfrontationen historisch erkannt ist, erweisen sich die Beharrungskräfte, die tradierten Haltungen und Mittel der Konfliktlösung als stärker, so daß der Verzweiflung, die aus dieser Erkenntnis entspringt, nur mit dem Wunsch nach Betäubung – in Form von Alkohol und Tod – begegnet werden kann.

Aber Hamlet hält dem Vaterrecht bzw. der Tradition keine anderen Werte entgegen, vielmehr bricht er auch mit Horatio, also der Freundschaft – »Wenn du mich kennst, wie kannst du mein Freund sein« (HM 90) – um schließlich als Höhepunkt seiner Revolte mit dem Inzesttabu zu brechen.

»Meine Mutter die Braut. Ihre Brüste ein Rosenbeet, der Schoß die Schlangengrube ... Ich werde dich wieder zur Jungfrau machen, Mutter, damit dein König eine blutige Hochzeit hat. DER MUTTER SCHOSS IST KEINE EINBAHNSTRASSE. Jetzt binde ich dir die Hände auf den Rücken, weil mich ekelt vor deiner Umarmung, mit deinem Brautschleier. Jetzt zerreiße ich das Brautkleid. Jetzt mußt du schrein. Jetzt beschmiere ich die Fetzen deines Brautkleides mit der Erde, die mein Vater geworden ist, mit den Fetzen dein Gesicht deinen Bauch deine Brüste. Jetzt nehme ich dich, meine Mutter, in seiner, meines Vaters, unsichtbarer Spur. Deinen Schrei ersticke ich mit meinen Lippen.« (HM 91)

Die Negation seiner Identität ist damit eine umfassende. Als Intellektueller bricht Hamlet mit der Rationalität und stellt sich auf die Seite einer revoltierenden Praxis. Er durchbricht die wesentlichen Tabus des Abendlandes und relativiert damit den Konflikt der Shakespearschen Konfiguration, ohne daß aus dieser Zerstörung das Neue hervorgeht. Während sich Shakespeares Hamlet aus der Einsicht heraus, daß auch sein Handeln nur den historischen Kreislauf der Gewalt fortsetzt, kaum zum Handeln durchringen kann, durchbricht sein Müllerscher Antipode praktisch die Tabus und Konventionen, ohne das einsichtig wird, welche qualitativ neue Position damit gewonnen wird. D.h., daß diese Phantasmagorie auf die Negation der identitätsstiftenden Momente beschränkt bleibt und diese Rebellion kein Positives erzeugt. Mit dieser negativen Dialektik aber ist die Geschichte als ausweglose beschrieben und den genannten Tabus haftet, weil aus ihrer Durchbrechung nichts resultiert, das Moment des Scheinhaften an.

3.2.2. Das Europa der Frau – Ophelias Revolte

Das zweite Bild ›Das Europa der Frau‹ kontrapunktiert Hamlets Rebellion, indem es, nun Shakespeares Vorlage endgültig verlassend, die Revolte Ophelias zeigt. Während Hamlets Problem dadurch gegeben wird, daß mit Anwendung historischer Gewalt kein politischer Fortschritt verbunden ist, bricht Ophelia in Shakespeares Drama unter den Konflikten zusammen, wird wahnsinnig und begeht Selbstmord. Ihre Revolte muß sich damit zwangsläufig gegen den Freitod richten; sie muß also im Unterschied zu Hamlet erst einmal den Status des historischen Subjekts erreichen.

Diese Szene wurde schon im 3. Abschnitt des 1. Teils im Kontext von Autobiographie und Werk bis auf die letzten beiden Sätze – »Ich grabe die Uhr aus meiner Brust die mein Herz war. Ich gehe auf die Straße, gekleidet in mein Blut.« (HM 92) – eingehend interpretiert. Für Ophelia als Repräsentantin der Frau findet die historische Auseinandersetzung in der Welt des *Alltags* statt, in dem sich die Unterdrückung der Frau zur Normalität verfestigt hat. Im Gegensatz zu Hamlet kündigt sie ihrer Identität nicht auf, sondern hat gerade erst zu ihr gefunden – »Ich bin Ophelia. Die der Fluß nicht behalten hat.« (HM 91). Durch die Negation des Selbstmords als adäquates Mittel zur Bewältigung der Konflikte verliert sie ihren Objektstatus und beschreibt sich nicht länger als ›Die Frau‹, sondern fortan mit der Kategorie des Subjekts als ›ich‹. Ihre Zerstörung der gesellschaftlich verordneten Identität als Hausfrau und Geliebte ist die Befreiung von einer fremdbestimmten-patriarchalischen Rollenzuweisung.

Rebelliert Hamlet gegen eine katastrophisch akzentuierte *Geschichte*, so richtet sich Ophelias Körperrevolte gegen die *Unterdrückung der Frau*. Ophelias Emanzipation terminiert im Gegensatz zu Hamlet, der sich gegen die Rituale und Tabus der abendländischen Zivilisation wendet, in einer Befreiung des

Körpers. Die Zwangsverhältnisse sind keine äußerlichen, sondern, wie schon in ›Leben Gundlings‹ gezeigt, werden sie bis in die Körperlichkeit verinnerlicht. Während der Denaturalisierung des Leibes die objektive Tendenz zum Maschinenhaften, zum Automaten inhäriert, richtet sich die Körperbefreiung gegen die Internalisierungen von Arbeitsrhythmus, militärischen Drill usw.

»Ich grabe die Uhr aus meiner Brust, die mein Herz war. Ich gehe auf die Straße, gekleidet in mein Blut.« (HM 92)

Die Metaphorik des Bildes ›Das Europa der Frau‹ ist in einem doppelten Sinn zu interpretieren. Es handelt sich um eine Anspielung auf die Geschichtsphilosophie Walter Benjamins und dessen XV. These von ›Über den Begriff der Geschichte‹.

»Das Bewußtsein, das Kontinuum der Geschichte aufzusprengen, ist den revolutionären Klassen im Augenblick ihrer Aktion eigentümlich ... Noch in der Juli-Revolution hatte sich ein Zwischenfall zugetragen, in dem dieses Bewußtsein zu seinem Recht gelangte. Als der Abend des ersten Kampftages gekommen war, ergab es sich, daß an mehreren Stellen von Paris unabhängig voneinander und gleichzeitig nach den Turmuhren geschossen wurde.« [12]

Mit dem Schießen auf die Turmuhren soll der Tag angehalten werden, damit der revolutionäre Kampf weitergeführt werden kann, womit zugleich das Symbol des verhaßten Arbeitsrhythmus, Sinnbild der eigenen Ohnmacht, die an diesem ersten Kampftag überwunden scheint, getroffen wird.

Ophelias Entfernen der Uhr aus ihrer Brust als ein Moment ihres Aufstandes verweist also auf die Sprengung des historischen Kontinuums, womit zugleich der lineare Zeitbegriff negiert wird, und zum anderen geht damit die Vorstellung einer Umwälzung einher, die auch den Körper umfaßt.

»Und jedermann ruft nach einer notwendigen Revolution, aber ich weiß nicht, ob viele Leute bedacht haben, daß diese Revolution nicht wahr wäre, solange sie nicht physisch und materiell vollkommen wäre.
Solange sie sich nicht dem Menschen zuwenden würde, dem Körper des Menschen selbst, ...« [13]

In Müllers Szenarium geht diese Befreiung des Körpers logisch und zeitlich der Revolution als öffentlichem Ereignis vorher. Erst nachdem Ophelia die Uhr aus ihrem Herzen gegraben und ihren Körper befreit hat, wird sie auf die Straße gehen, d.h. wird ihre Revolte eine gesellschaftliche. Indem sie sich aber von der linearen Zeit befreit, evoziert sie notwendig einen zyklischen Zeitbegriff, wobei die Konnotation von ›ausgraben‹ auch eine Veränderung des gesellschaftlichen Naturverhältnisses mitdenken läßt, das von Produktivität und nicht von ›Verwesung‹, wie im ersten Bild der ›Hamletmaschine‹, bestimmt ist. Die Emanzipation der Frau fällt also mit der Renaturalisierung des Körpers zusammen, die Bedingung einer erfolgreichen Revolution wäre, »denn der Körper bildet den Widerstand, nicht der Geist«. [14]

Das folgende dritte Bild ist das einzige, wo Ophelia und Hamlet aufeinander-
treffen und ihre Positionen miteinander konfrontieren.

Exkurs: Engelbilder

Benjamins Engelbild und das theoretische Umfeld seiner
Geschichtsphilosophie

Wenige Monate vor seinem tragischen Tod am 26. 9. 1940 verfaßte Walter
Benjamin die Thesen ›Über den Begriff der Geschichte‹. In der IX. These ver-
sinnbildlicht er diese prägnanteste Darlegung seiner Geschichtsphilosophie
durch eine Interpretation des Bildes ›Angelus Novus‹ von Paul Klee. Schon
achtzehn Jahre früher, im Januar 1922, sah Benjamin seine Intentionen im
wesentlichen durch die Figur des ›Angelus Novus‹ getroffen.

Im Sommer 1921 hatte Benjamin die aquarellisierte Ölzeichnung gleichen
Namens von Klee erworben und bezog sich seitdem immer wieder auf sie, denn
sie hatte für ihn mystischen Charakter angenommen. Zwar scheiterte ein Zeit-
schriftenprojekt sowie zwei weitere Versuche in dieser Hinsicht, aber es kam
doch zumindest die Ankündigung einer Zeitschrift namens ›Angelus Novus‹ in
den Druck, die Benjamin leiten sollte. Er benutzt darin die Figur dieses Engels
um zu belegen, daß Wahrheit und Aktualität durchaus übereinstimmen können.

»Werden doch sogar nach einer talmudischen Legende die Engel – neue jeden Augenblick
in unzähligen Scharen – geschaffen, um, nachdem sie vor Gott ihren Hymnus gesungen,
aufzuhören und in Nichts zu vergehen. Daß der Zeitschrift solche Aktualität zufalle, die
allein wahr ist, möge ihr Name bedeuten.« [15]

Das Bild der Engel soll also einen Wahrheitsbegriff garantieren, dem nicht die
Prädikate ewig und unvergänglich zukommen, sondern im Gegenteil einen, der
mit dem Augenblick verschwistert ist, womit er zum authentischen wird.

In den Thesen ›Über den Begriff der Geschichte‹ wird das Bild des ›Angelus
Novus‹ nicht mehr erkenntnistheoretisch gewendet, vielmehr wird er zur Gal-
lionsfigur der Geschichtsphilosophie Benjamins.

»Es gibt ein Bild von Klee, das Angelus Novus heißt. Ein Engel ist darauf dargestellt, der
aussieht, als wäre er im Begriff, sich von etwas zu entfernen, worauf er starrt. Seine Augen
sind aufgerissen, sein Mund steht offen und seine Flügel sind ausgespannt. Der Engel der
Geschichte muß so aussehen. Er hat das Antlitz der Vergangenheit zugewendet. Wo eine
Kette von Begebenheiten vor uns erscheint, da sieht er eine einzige Katastrophe, die
unabhängig Trümmer auf Trümmer häuft und sie ihm vor die Füße schleudert. Er möchte
wohl verweilen, die Toten wecken und das Zerschlagene zusammenfügen. Aber ein Sturm
weht vom Paradiese her, der sich in seinen Flügeln verfangen hat und so stark ist, daß der
Engel sie nicht mehr schließen kann. Dieser Sturm treibt ihn unaufhaltsam in die Zukunft,

der er den Rücken kehrt, während der Trümmerhaufen vor ihm zum Himmel wächst. Das, was wir den Fortschritt nennen, ist dieser Sturm.«[16]

Aus der Perspektive des Engels stellt sich die Geschichte als ›eine einzige Katastrophe‹ dar, womit die Vorstellung von einer Entwicklung in der Geschichte verneint wird und sie selbst als sinnlos und bestialisch erscheint. Daß dieses Bild in äußerstem Gegensatz zu jeder Philosophie des Fortschritts steht, ist evident.

»Die Weltgeschichte stellt, ..., die Entwicklung des Bewußtseins des Geistes von seiner Freiheit und der von solchem Bewußtsein hervorgebrachten Verwirklichung dar. Die Entwicklung führt es mit sich, daß sie ein Stufengang, eine Reihe weiterer Bestimmungen der Freiheit ist, welche durch den Begriff der Sache hervorgehen.«[17]

Damit war eine Position in der theoretischen Durchdringung der Geschichte erreicht, die Karl Marx und Friedrich Engels hinsichtlich der gesellschaftlichen Emanzipation für irreversibel hielten.

»Was Hegels Denkweise vor aller anderen Philosophie auszeichnete, war der enorme historische Sinn, der ihr zugrunde lag ... Er war der erste, der in der Geschichte eine Entwicklung, einen inneren Zusammenhang nachzuweisen versuchte, und wie sonderbar auch manches in seiner Philosophie der Geschichte jetzt vorkommen mag, so ist die Großartigkeit der Grundanschauung selbst heute noch bewundernswert, ... Die epochemachende Auffassung der Geschichte war die *direkte theoretische* Voraussetzung der neuen materialistischen Grundanschauung und schon hieraus ergab sich ein Anknüpfungspunkt auch für die logische Methode.«[18]

Die Methode ist die Dialektik, in der kraft der Negation das Neue, die nächste Stufe der Zivilisation entsteht. Die Negation ist für die Betroffenen schmerzhaft, aber durch die verbesserte Lebenssituation zukünftiger Generationen gerechtfertigt. Aber auch die philosophische Idealkonstruktion geht nicht von einer vollkommenen Vermittlung in der Geschichte aus, denn es gibt auch Katastrophen, die sich durch nichts rechtfertigen lassen.

»Hegel selber gibt derart unaufgelösten ›Widerspruch‹ zu: die ganze Natur erscheint ihm als einer; und in der Geschichte rechnet er auch den Peloponnesischen Krieg, den Dreißigjährigen Krieg, die indische Witwenverbrennung und so fort keineswegs unter die produktiven Mächte des Verderbens. Heute hätte er die Todeslager des Faschismus hinzugefügt, die Verbrennungsöfen von Maidanek ...«[19]

Dies aber ist genau der Punkt, auf den Benjamins Geschichtsphilosophie insistiert. Nicht nur ist der Faschismus philosophisch nicht zu legitimieren, sondern das teleologische Geschichtskonzept selbst verstellt den Horizont, reduziert die Möglichkeiten gesellschaftlicher Praxis und wird so zum Hindernis von Emanzipation. D.h., daß sich diejenigen kritischen Gesellschaftstheorien, die an Utopie festhalten wollen, von dem Theorem einer notwendigen Bewegung der Geschichte auf das ›Reich der Freiheit‹ verabschieden müssen.

»... und dadurch wird unsere Position im Kampf gegen den Faschismus sich bessern. Dessen Chance besteht nicht zuletzt darin, daß die Gegner ihm im Namen des Fortschritts als einer historischen Norm begegnen. – Das Staunen darüber, daß die Dinge, die wir erleben, im zwanzigsten Jahrhundert ›noch‹ möglich sind, ist kein philosophisches. Es steht nicht am Anfang einer Erkenntnis, es sei denn der, daß die Vorstellung von Geschichte, aus der es stammt, nicht zu halten ist.«[20]

Hierin konvergieren die theoretischen Positionen Benjamins und Müllers – »Das europäische Geschichtskonzept ist erledigt« (R 52). Benjamins und Müllers Negation des Fortschritts, als den Geschichtsprozeß konstituierender Kategorie, zugunsten eines Geschichtsbildes der Katastrophe, impliziert notwendig eine Divergenz von *Geschichte und Utopie.*

»Das Problem ist, daß Utopie und Geschichte sich immer weiter voneinander entfernen. Es ist unmöglich geworden, sich die Utopie innerhalb des historischen Prozesses vorzustellen. Die Utopie steht heute jenseits oder neben der Geschichte, jenseits oder neben der Politik.« (R 62)

Nicht der Fortschritt ist die historische Norm, sondern die Katastrophe, so daß es zu allererst gilt, Reaktionsweisen herauszubilden, die einer so gearteten historischen Verfaßheit gerecht werden, d.h. ein Bewußtsein zu entwickeln, das dem Fortschrittsglauben gegenüber widerständig ist und trotzdem an Utopie festhält. Unter diesem Aspekt sollen die drei Engelfiguren Heiner Müllers im folgenden analysiert werden.

›Der Glücklose Engel‹

1958 scheiterte Müllers Versuch, das Brecht-Fragment ›Reisen des Glückgotts‹ auszuschreiben, so daß ein weiteres Fragment, betitelt ›Glücksgott‹, entstand, an dessen Ende der kurze Prosatext ›DER GLÜCKLOSE ENGEL‹ steht.

»DER GLÜCKLOSE ENGEL. Hinter ihm schwemmt Vergangenheit an, schüttet Geröll auf Flügel und Schultern, mit Lärm wie von begrabenen Trommeln, während vor ihm sich die Zukunft staut, seine Augen eindrückt, die Augäpfel sprengt wie ein Stern, das Wort umdreht zum tönenden Knebel, ihn würgt mit seinem Atem. Eine Zeit lang sieht man noch sein Flügelschlagen, hört in das Rauschen die Steinschläge vor über hinter ihm niedergehn, lauter je heftiger die vergebliche Bewegung, vereinzelt, wenn sie langsamer wird. Dann schließt sich über ihm der Augenblick: auf dem schnell verschütteten Stehplatz kommt der glücklose Engel zur Ruhe, wartend auf Geschichte in der Versteinerung von Flug Blick Atem. Bis das erneute Rauschen mächtiger Flügelschläge sich in Wellen durch den Stein fortpflanzt und seinen Flug anzeigt.« (R 87)

Müllers Engel hat wie der Engel der Geschichte Benjamins die Erlösung bzw. die Utopie zum Ziel. Analog zu Benjamins Bild türmt sich die Vergangenheit und die Gegenwart, prasseln die Katastrophen der Geschichte steinschlagartig übereinander. Im Gegensatz aber zum ›Angelus Novus‹, der vom Sturm des Fortschritts in die Zukunft getrieben wird und deshalb die Utopie – ›die Toten wecken‹, ›das Zerschlagene zusammenfügen‹ – nicht realisieren kann, ist Müllers Engel der Zukunft zugewandt, während die Geschichte ›Geröll auf Flügel und Schultern‹ schüttet, also die Realisation der Utopie von einer überdauernden Vergangenheit (Trommeln) bedroht wird. Die Verwirklichung des utopischen Moments wird überdies dadurch verhindert, daß sich die Zukunft ›staut‹, wodurch der Engel zu ersticken droht – ›das Wort umdreht zum tönenden Knebel, ihn würgt mit seinem Atem‹. Dies meint die geschichtlichen Konzeptionen selbst, die als falscher historischer Horizont, die Einlösung der Utopie verhindern und den Engel, den Willen nach Emanzipation, im Namen von Utopie als Zukunft zum Schweigen bringen.

Benjamins Engel wird vom Sturm des Fortschritts daran gehindert, die Vergangenheit zu erlösen. Müllers Engel dagegen sucht das Heil nicht in der Erlösung der Vergangenheit, sondern stößt, der Zukunft zugewandt, auf eine undurchdringbare Mauer, so daß er, die historischen Katastrophen im Rücken, angesichts der Unmöglichkeit der Realisation von Utopie schließlich zur Ruhe kommt und, von den Trümmern der Vergangenheit begraben, versteinert. Geschichte, im emphatischen Sinne, findet nicht mehr statt; es sei denn als ewiger Steinschlag.

Selbst der Augenblick, Statthalter des Utopischen in der Zeit, denn »in ihr war jede Sekunde die kleine Pforte, durch die der Messias treten konnte« [21] wird in Müllers Bild verschlossen – ›Dann schließt sich über ihm der Augenblick‹.

Wurde für Benjamin der Fortschritt zu einer fragwürdigen bzw. falschen Kategorie, die den Blick für den realen Kampf um Emanzipation verstellte, verlängert sich dieser Gedanke bei Heiner Müller zum Zweifel an der Zukunft als Bewahrerin der Möglichkeit von Utopie, die im Namen des Fortschritts konzipiert wird.

Zwar erweist sich die vom Fortschrittstheorem getragene Zukunft als utopisch verhindernde Mauer, an der der Engel, die Verkörperung der Hoffnung, versteinert und von Geschichte begraben wird, aber er wird dadurch nicht endgültig getötet. Es ändert sich seine Stellung zur Utopie. Sein Telos liegt nicht mehr im Erreichen der Zukunft, sondern vorrangig gilt es, die Versteinerung, das Kontinuum der Herrschaft, aufzubrechen: ›Bis das erneute Rauschen mächtiger Flügelschläge sich in Wellen durch den Stein fortpflanzt und seinen Flug anzeigt.‹ Der Engel ist damit weder auf das Eintreffen des Messias oder auf das Ende des Fortschritts verwiesen, sondern allein das Aufbrechen der Versteinerung, der Kampf gegen das historisch tradierte, eröffnet wieder die Möglichkeit des Flugs. Damit aber ist das Dilemma des zur Ohnmacht verurteilten ›glücklosen Engels‹ behoben, sein unmittelbar utopisches Ziel liegt nun in der *Subversion des Bestehenden*, dessen Negation Momente des Utopischen anhaften.

Die Engelfigur des Horatio

In der ›Hamletmaschine‹, zwanzig Jahre nach dem Glücksgottfragment entstanden, wird das Sujet des Engels im ›Scherzo‹ wiederaufgegriffen.

»SCHERZO
Universität der Toten. Gewisper und Gemurmel. Von ihren Grabsteinen (Kathedern) aus werfen die toten Philosophen ihre Bücher auf Hamlet. Galerie (Ballett) der toten Frauen. Die Frau am Strick Die Frau mit den aufgeschnittenen Pulsadern usw. Hamlet betrachtet sie mit der Haltung eines Museums (Theater)-Besuchers. Die toten Frauen reißen ihm die Kleider vom Leib. Aus einem aufrechtstehenden Sarg mit der Aufschrift HAMLET 1 treten Claudius und, als Hure verkleidet und geschminkt, Ophelia. Striptease von Ophelia.
OPHELIA: Willst du mein Herz essen, Hamlet. *Lacht*
HAMLET *Hände vorm Gesicht:* Ich will eine Frau sein. *Hamlet zieht Ophelias Kleider an, Ophelia schminkt ihm eine Hurenmaske, Claudius, jetzt Hamlets Vater, lacht ohne Laut, Ophelia wirft Hamlet eine Kußhand zu und tritt mit Claudius/Hamlets Vater zurück in den Sarg. Hamlet in Hurenpose. Ein Engel, das Gesicht im Nacken: Horatio. Tanzt mit Hamlet.*
STIMME(N) *aus dem Sarg:* Was du getötest hast, sollst du auch lieben. *Der Tanz wird schneller und wilder. Gelächter aus dem Sarg. Auf einer Schaukel die Madonna mit dem Brustkrebs. Horatio spannt einen Regenschirm auf, umarmt Hamlet. Erstarren in der Umarmung unter dem Regenschirm. Der Brustkrebs strahlt wie eine Sonne.*« (HM 92)

Daß die Engelsfigur des Horatio ihr Gesicht im Nacken trägt, verweist auf eine Übereinstimmung mit Benjamins Engelbild, denn auch dieser schaut (starrt) nach rückwärts, ist der Vergangenheit zugewendet und nicht Gegenwart (Tanz) und Zukunft.

Hamlet hatte im ersten Bild mit seiner Identität als abendländischer Intellektueller radikal gebrochen. Die einzige Beziehung, die er noch halbwegs positiv besetzt, ist die Liebe Ophelias zu ihm – »Dann laß mich dein Herz essen, Ophelia, das meine Tränen weint« (HM 91). Ophelia wird damit eine nicht verdinglichte, von Machtkalkül und Zweckrationalismus bestimmte Emotionalität (Herz) konzediert, wie sie den anderen Mitgliedern des Hofes eigen ist. Hat Hamlet als abendländischer Held gelernt, seinen eigenen Gefühlen Gewalt anzutun, um politisch zu überleben, so projiziert er das Imago seines nicht verkrüppelten Gefühlslebens – ›das meine Tränen weint‹ – auf Ophelia. Dieses Imago möchte er sich in einem letzten Tabuvorstoß, einem kannibalischen Akt (Herz essen) – eine Figuration, die die Weltliteratur seit der klassischen Moderne, seit den Gedichten Baudelaires und Rimbauds kennt – aneignen.

»In der Klassengeschichte schloß die Feindschaft des Selbst gegen Opfer ein Opfer des Selbst ein, weil sie mit der Verleugnung der Natur im Menschen bezahlt ward um der Herrschaft über die außermenschliche Natur und über andere Menschen willen. Eben diese Verleugnung der Kern aller zivilisatorischen Rationalität, ist die Zelle der fortwuchernden mythischen Irrationalität: mit der Verleugnung der Natur im Menschen wird nicht bloß das Telos der auswendigen Naturbeherrschung, sondern das Telos des eigenen Lebens verwirrt und undurchsichtig. In dem Augenblick, in dem der Mensch das Bewußtsein seiner selbst als Natur sich abschneidet, werden alle die Zwecke für die er sich am Leben erhält, der gesellschaftliche Fortschritt, die Steigerung aller materiellen und geistigen Kräfte, ja Bewußtsein selber, nichtig, und die Inthronisierung des Mittels als Zweck, die im späten Kapitalismus den Charakter des offenen Wahnsinns annimmt, ist schon in der Urgeschichte der Subjektivität wahrnehmbar.« [22]

Die Genesis der Subjektivität in der patriarchalischen Klassengesellschaft zeigt sich in dieser Analyse schon von Beginn an als deformierte. Hamlets ziellose Revolte produziert keinen Sinn, vielmehr wird die Transgression zum Selbstzweck, ohne daß sie der Mischung aus Lebensüberdruß – ›Ich wollte, ... Schreie‹ – und Verzweiflung ein Telos verleihen kann. Doch in dem Versuch sich das Imago der auf Ophelia projizierten eigenen lebendigen Emotionalität, in Form der Fähigkeit zu trauern, anzueignen, stößt Hamlet zum erstenmal auf Widerstand. Denn Ophelia ist mittlerweile nicht mehr das vom Patriarchat unterworfene Geschöpf, dem eine ungebrochene Emotionalität der Anteilnahme und Mütterlichkeit zu eigen ist, sondern sie hat sich ›ihr Herz aus der Brust gegraben‹, weil ihr Mitgefühl und ihre Sensibilität sie letztlich in Wahnsinn und Tod stürzten. Die Metaphorik ihres Herzens als Uhr erweitert sich aus dieser Perspektive um den Aspekt der Berechenbarkeit. Wie auch Dascha in ›Zement‹ durch die Negation ihrer Mütterlichkeit zur unberechenbaren Frau, zur Medea, avanciert, so hat sich auch die Position Ophelias durch ihr Erkalten gestärkt. Diese Negation des Menschlichen als notwendiges Moment von Emanzipation hatte bereits der Chor in ›Mauser‹ formuliert. Dies wird nun von den Frauenfiguren übernommen, während die männlichen Protagonisten auf ihr Verhältnis zum (eigenen) Tod verwiesen werden.

Ophelia emanzipiert sich von ihrer Rolle als Hausfrau und Geliebte, was zugleich zu einer Aneignung der eigenen Sexualität führt. Daraufhin erscheint sie im dritten Bild als Hure, ist somit freie Warenbesitzerin ihrer selbst. Aber ihre Revolte führte sie nicht in die Freiheit, sondern sie ist nun ebenfalls verdinglicht und hat ein warenförmiges Verhältnis zu ihrer Sexualität. Damit hat sie aber nur ihre Rolle innerhalb des patriarchalischen Spektrums von Hure, Mutter und Madonna gewechselt. Ihre Emotionalität unterliegt damit derselben Zweckrationalität, gegen die Hamlet als historisches Verhalten rebelliert hatte. Andererseits wird sie nicht länger von Hamlet dominiert, sondern ist ihm gegenüber souverän – ›Lacht‹. Aber auch Ophelia hat ihre Revolte mit Regression bezahlt, ihre Fähigkeit zu leiden, die sie in Tod und Wahnsinn trieb, zeigt sich so als Potential von Widerstand und Verweigerung gegenüber den versteinerten Verhältnissen. Wie auch Hamlets Mutter ist nun auch Ophelia für die jeweiligen Machthaber – ›HAMLET 1/Claudius/Striptease von Ophelia‹ verfügbar.

Der Striptease ist ein Tanz: vielleicht der einzige und originellste der heutigen westlichen Welt. Sein Geheimnis liegt darin, daß eine Frau ihren eigenen Körper in einem autoerotischen Ritual zelebriert und er dadurch begehrenswert wird. Ohne diese narzißtische Täuschung, die die Substanz all ihrer Gesten ist, ohne diese angedeuteten Liebkosungen, die den Körper einhüllen und ihn als phallisches Objekt emblematisieren, gäbe es keine erotische Ausstrahlung... Durch ihre Gesten schafft sie das Phantom eines sexuellen Partners... Das ganze erotische Geheimnis (und die Arbeit) des Striptease liegt in dieser Schaffung und Aufhebung des Anderen durch Gesten, deren Langsamkeit erotisch wirkt,..., weil es dabei, bevor der Vorgang abgeschlossen ist, Zeit genug gibt, einen Mangel zu empfinden, wodurch, falls es so was gibt, die Vollendung des Wunsches entsteht.« [23]

Der Striptease verfehlt nicht seine Wirkung: Ophelia wird zu einer Frau, »die man nicht umarmen kann«. [24] Statt dessen will Hamlet nun selbst zum begehrten Objekt werden – ›Ich will eine Frau sein‹ – und läßt sich eine Hurenmaske schminken, während die Vertreter des patriarchalischen Prinzips (Claudius, jetzt Hamlets Vater) ihn auslachen, weil er auf die Täuschung (Baudrillard) einer autonomen erotischen Sphäre der Frau hereinfällt, die doch allein das männliche Begehren steigern soll – Ophelia zieht sich auch folgerichtig mit Claudius/Hamlets Vater in den Sarg zurück.

Der Schauplatz dieses Geschehens ist die ›Universität der Toten‹, wo die ›toten Philosophen mit Büchern nach Hamlet werfen‹. Dies verweist auf den Zusammenhang von Eros und Logos. – In der nachdionysischen Phase der hellenischen Antike etablierte sich die Rationalität als sinnstiftende Instanz, und wurde in Form der Platonischen Philosophie zur weltgeschichtlichen Kraft. Dem Erstarken der patriarchalischen Strukturen in der griechischen Gesellschaft korrespondierte die Abwertung weiblicher Sexualität zugunsten homosexueller und päderastischer Praktiken unter Männern, wobei die erotische Liebe auf den Symposien in Liebe zur Wahrheit, sprich Philosophie, umschlug.

»Der Moralismus der griechischen Philosophen seit Platon ist pathologisch bedingt, ebenso ihre Schätzung der Dialektik. Vernunft = Tugend = Glück heißt bloß: man muß es dem Sokrates nachmachen und gegen die dunklen Begehrungen ein Tageslicht in Permanenz herstellen – das Tageslicht der Vernunft. Man mußte klug, klar, hell um jeden Preis sein; jedes Nachgeben an die Instinkte, ans Unbewußte führt hinab...« [25]

Philosophie verdankt demnach ihre affektive Attraktivität der Umgestaltung des Triebhaushaltes durch das junge Patriarchat, was dieses zugleich stabilisierte.

»Der ›Kampf ums Dasein‹ ist ursprünglich ein Kampf um Lust: die Kultur beginnt mit der kollektiven Bemühung um dieses Ziel. Später allerdings wird dieser Kampf ums Dasein im Interesse der Herrschaft organisiert, die erotischen Grundlagen der Kultur werden umgebildet. Wenn die Philosophie das Wesen des Seins als Logos auffaßt, so ist dies schon der Logos der Herrschaft – die befehlende, beherrschende, lenkende Vernunft, der Mensch und Natur unterworfen sind... Der Eros wird in den Logos aufgenommen, und Logos ist die Vernunft, die die Triebe bändigt.« [26]

Hamlets Versuch, auf diese Formationen eines wohlorganisierten Patriarchats mit einer androgynen Existenz zu reagieren, ist als historisches Strategem (Engel) von äußerst begrenzter Wirkung. Es bezieht seine subversive Kraft aus der Unkonventionalität, steht aber in keinem unversöhnlichen Gegensatz zur patriarchalen Kultur.

Hamlets Freund Horatio verkörpert als erotischer Partner die historische Hoffnung, doch sein rückwärts gewandtes Gesicht zeigt an, daß es sich hierbei um einen Rekurs auf Vergangenes handelt. In der Verfemung der Homosexualität oder sexuell abweichenden Verhaltens verklärt oder tabuisiert die abendländische Gesellschaft nur ihre eigenen Wurzeln – ›Was du getötet hast, sollst du auch lieben‹ –, ohne daß damit zwangsläufig abweichenden Verhaltensweisen eine historisch sprengende Kraft zukommt. Zwar kommen der Aneignung unterdrückter Triebimpulse Momente von Befreiung zu – ›der Tanz wird schneller und wilder‹ –, doch steht die Freisetzung nicht disziplinierter Energie in keinem Verhältnis zu Geschichte und Patriarchat, und deren Repräsentanten, die toten Herrscher, quittieren diesen Versuch von Befreiung entsprechend mit Gelächter. Als auch noch die ›Madonna mit dem Brustkrebs‹, die reale Unterdrückung der Frau im christlichen Abendland symbolisierend, erscheint, reagiert Horatio, der Engel, mit Verdrängung – ›er spannt den Regenschirm auf‹ –. Die durch Ophelias Striptease initiierte Fiktion weiblicher Autonomie in patriarchalischen Verhältnissen ist durchbrochen. Der Tanz endet und Hamlet und Horatio erstarren in einer Umarmung; der Brustkrebs bleibt der eigentliche Sieger dieses Scherzos. Scherzo auch deshalb, weil die positive Besetzung von Prostitution oder aggressiver Sexualität eher den Verlust von Geschichtsbewußtsein anzeigt, als daß diese Exponate narzißtischer Strategeme die Versteinerung aufbrechen, deren Totalität sie belegen.

›Der Engel der Verzweiflung‹

In ›Der Auftrag‹ wird die Engelthematik erneut aufgenommen. Aus dem ›Glücklosen Engel‹ und der Engelfigur des Horatio wird der ›Engel der Verzweiflung‹. Dieser sucht Antoine auf, als er im Beischlaf seine Verzweiflung über das Mißlingen der Revolution in Frankreich und Jamaika vergessen will. Im Gegensatz zu den vorherigen Engelsfiguren wird dieser ausdrücklich als weiblich bestimmt.

»*Während des Beischlafs tritt der Engel der Verzweiflung auf.*
ANTOINE/STIMME: Wer bist du.
FRAU/STIMME: Ich bin der Engel der Verzweiflung. Mit meinen Händen teile ich den Rausch aus, die Betäubung, das Vergessen, Lust und Qual der Leiber. Meine Rede ist das Schweigen, mein Gesang der Schrei. Im Schatten meiner Flügel wohnt der Schrecken. Meine Hoffnung ist die erste Schlacht. Ich bin das Messer mit dem der Tote seinen Sarg aufsprengt. Ich bin der sein wird. Mein Flug ist der Aufstand, mein Himmel der Abgrund von morgen.« (A 46)

Während der ›Angelus Novus‹ durch den Sturm des Fortschritts von der Erlösung der Menschen und der Geschichte abgehalten wird und der ›Glücklose

Engel‹, der die Utopie in der Zukunft sucht, auf eine Mauer stößt und versteinert, bis er sich zur Subversion bekennt, stehen die Engelsfigur des Horatio und der ›Engel der Verzweiflung‹ im Spannungsfeld von Sexualität und Geschichte, wobei sich diese Konfrontation als ambivalent erweist. Einerseits basieren Zivilisation und Patriarchat auf Unterdrückung der Triebintentionen (vgl. Marcuse), die zu einer Verformung und Deformation der Triebintentionen führt, so daß sich das Einklagen verdrängter Triebimpulse als emanzipatorisch begreifen läßt. Andererseits werden sie in den letzten Engelbildern als historisch folgenlose Aktivitäten charakterisiert, womit sie die Bedeutung des Narkotikums erhalten.

Der Rausch, die Lust, der Tanz fungieren in dem Szenarium Müllers nur noch als Statthalter der Befreiung. Der sexuellen Entgrenzung wird keine überschreitende Potenz attestiert, sie ist zum Reservat der Verzweiflung herabgesunken, der allein noch betäubende Wirkung zukommt.

Benjamin wendet sich in seinen geschichtsphilosphischen Thesen gegen das Fortschrittstheorem, weil es die historischen Katastrophen legitimiert, ohne Erlösung zu realisieren und statt dessen die Sicht auf eine der geschichtlichen Wirklichkeit adäquate gesellschaftliche Praxis verhindert. Dadurch wird auch dem ›Glücklosen Engel‹ die Zukunft als Möglichkeit des Anderen verbaut, so daß allein die Subversion der versteinerten Verhältnisse als Negation des Bestehenden zum Ziel wird, ohne daß auf positive Entwürfe einer besseren Zukunft rekurriert werden kann.

Der ›Engel der Verzweiflung‹ erscheint in einer historischen Situation, in der selbst der Versuch, die Versteinerungen aufzubrechen, sich als Möglichkeit gesellschaftlicher Praxis nicht mehr stellt. Die Wunden, die bei dem gesellschaftlichen Engagement geschlagen wurden, können zwar gelindert werden – ›teile ich den Rausch aus, die Betäubung, das Vergessen, Lust und Qual der Leiber‹ –, doch das Bewußtsein der historischen Niederlage kann nicht mehr produktiv gewendet oder aufgearbeitet werden, sondern allein durch Verdrängung ist die Verzweiflung, die aus der Enttäuschung der Hoffnung resultiert, ertragbar.

Der gesellschaftlichen Realität ist nur noch das Schweigen adäquat, da die Möglichkeit emanzipatorischer Praxis ins Unabsehbare vertagt werden mußte. Besaß der ›Glücklose Engel‹, wenn auch ohnmächtig, noch die Sprache – »das Wort umgedreht zum tönenden Knebel« (R 87) –, so deutet das Schweigen des ›Engels der Verzweiflung‹ – ›Meine Rede ist das Schweigen‹ – auf das vollkommene Versagen von Rationalität und Diskursivität angesichts gesellschaftlicher Emanzipation hin. Als alleinige sprachliche Reaktion, der eine positive Konnotation zukommt (Gesang), bleibt der archaische Schrei – ›mein Gesang der Schrei‹. Damit wird die Erfahrung des Leidens nicht mehr in Worte gefaßt, sondern als unmittelbares Zeugnis des Schmerzes artikuliert. Die Qual an und die Ohnmacht gegenüber den Verhältnissen führt zu einer Mimesis an den Schrecken, an die Negativität. Die unentwegt sich anhäufenden Niederlagen bei der Realisation der Utopie lassen die Intentionen umschlagen – ›Meine Hoffnung ist der letzte Atem. Meine Hoffnung ist die erste Schlacht‹. Der Tod und die Schlacht lassen das, was in den Revolutionskonzepten bislang nur notwendiges Mittel zum Zweck: die umfassende gesellschaftliche Emanzipation, war, selbst zum Ziel werden. Nicht mehr in der Subversion, sondern in der totalen *Destruktion* liegt die Hoffnung des Engels der Verzweiflung.

Gelang es dem ›Angelus Novus‹ durch den Sturm des Fortschritts nicht ›die Toten zu wecken‹ und waren Hamlet/Horatio ohnmächtig dem Gelächter der Toten ausgesetzt, so liegt in dem Bekenntnis zur totalen Destruktion das Moment, das den Ansprüchen der Toten Genüge tut – »Ich bin das Messer mit dem der Tote seinen Sarg aufsprengt«. Die Konnotationen von ›Messer‹ und ›aufsprengen‹ verweisen allerdings nicht auf eine Erlösung der Toten, die mit der Realisation utopischer Gesellschaftsentwürfe einhergeht, sondern sie haben ihren Impetus im Moment der Rache. Die Toten sollen nicht mehr erlöst werden, indem ihrem Leiden durch die real hergestellte Utopie Sinn zukommt, sondern allein in der Rache dieses Leidens liegt die Möglichkeit von Utopie bewahrt.

Dem Engel der Verzweiflung, der trotz des gesellschaftlichen Scheiterns an der Wahrheit des Utopischen festhält, adaptiert damit die XII. geschichtsphilosophische These Benjamins und verläßt so den Bannkreis christlichen Denkens, denn die Rache fällt in den Kompetenzbereich Gottes – »Die Rache ist mein, ich will vergelten«[27]. Gott, dem Garanten von Wahrheit, wird auch folgerichtig aufgekündigt, indem das Bibelwort »Ich werde sein der ich sein werde«[28] paraphrasiert wird – ›Ich bin der sein wird‹ –, und sich so der Engel der Verzweiflung als rächender zum Subjekt der Geschichte macht; aus dem Angelus Novus wurde somit ein *autonomer Cherubim*. Prophetisch setzt der Engel der Verzweiflung den katastrophisch akzentuierten Aufstand ins Bild – ›mein Himmel ist der Abgrund von morgen‹. Hiermit sind Utopie (Himmel) und Katastrophe (Abgrund) identisch geworden.

In der Rezeption des Benjaminischen Engelbildes hat also eine grundlegende Wandlung stattgefunden. War der Angelus Novus durch den Sturm des Fortschritts zur Ohnmacht verurteilt, wurde der Glücklose Engel von der schon als überwunden geglaubten Geschichte eingeholt, bis er im Stein erneut zum Flug ansetzt und sich somit zur Subversion bekennt, zeigt die Engelfigur des Horatio die Begrenztheit, aber auch Notwendigkeit des Versuches, die Verhältnisse im Menschen zu ändern, so resultiert aus der Ohnmacht des Engels der Verzweiflung eine positive Besetzung des Untergangs. Damit gilt es nicht vorrangig die Utopie einzulösen, sondern sich von den Katastrophen nicht paralysieren zu lassen, denn die *Apokalypse* erweist sich unter dem Aspekt der Destruktion als politische Kategorie und zugleich als umfassende Rache für die Toten und die Leiden der Menschen; somit ist sie Instrument der Gerechtigkeit:

»Der kommunistische Grundsatz KEINER ODER ALLE erfährt auf dem Hintergrund des möglichen Selbstmords der Gattung seinen endgültigen Sinn.« (BaR S. 103)

3.2.3. ›Pest in Buda‹ – Der Fluch der Geschichte – Schlacht um Grönland

Das vierte Bild ›Pest in Buda Schlacht um Grönland‹ verlängert das Hamlet-thema modellhaft in die Gegenwart und befragt deren Relevanz für das 20. Jahr-hundert. Die Szene führt vor dem Hintergrund der Geschichte des Sozialismus das Problem der Identitätssuche fort, wobei der Stellung und Funktion des Künstlers im Sozialismus besondere Beachtung zukommt. Somit zieht Müller einerseits als sozialistischer Dramatiker in diesem Stück auch persönlich Bilanz, zum anderen entledigt er sich seiner Obsession, indem er die Hamlet-Thematik mit seinen eigenen Hoffnungen, Erfahrungen und Problemen zur Darstellung bringt.

»HAMLET:
Der Ofen blakt im friedlosen Oktober
A BAD COLD HE HAD OF IT IT JUST THE WORST TIME
JUST THE WORST TIME OF THE YEAR FOR A
REVOLUTION
Durch die Vorstädte Zement in Blüte geht
Doktor Schiwago weint
um seine Wölfe
IM WINTER MANCHMAL KAMEN SIE INS DORF
ZERFLEISCHTEN EINEN BAUERN
legt Kostüm und Maske ab.« (HM 93)

Diese assoziativen Sprachfetzen kreisen um die Russische Oktoberrevolution von 1917. Mit ›JUST THE WORST TIME OF THE YEAR FOR A/REVOLUTION‹ wird schon der ungünstige Verlauf oder das Scheitern der sozialistischen Utopie avisiert, was durch den Zeitpunkt der Revolution im Ersten Weltkrieg (friedlos) und die spätere Isolation des Sozialismus in Europa bedingt ist. Doch die positiven Anzeichen überwiegen. ›Durch die Vorstädte Zement in Blüte geht‹ verweist zugleich auf den Beginn der gesellschaftlichen Emanzipation der Frau (vgl. Müllers Stück ›Zement‹), sowie auf die Machtübernahme durch das Proleta-riat (Vorstädte/Zement). Dieser Hoffnung verheißende Beginn (Blüte) wird durch die letzten beiden Sätze, das Ende der durch Inhumanität charakterisierten Wolfsherrschaft, verstärkt. Beinhaltete das erste Bild eine Phantasmagorie der Rebellion, so stellt Hamlet in der vierten Szene auch seine Identität als Rebell in Frage – ›legt Kostüm und Maske ab‹. Dies ist unmittelbar auf das Mißlingen der sozialistischen Utopie bzw. mit dem historischen Scheitern der Russischen Revo-lution verbunden.

»HAMLETDARSTELLER: Ich bin nicht Hamlet. Ich spiele keine Rolle mehr. Meine Worte haben mir nichts mehr zu sagen. Meine Gedanken saugen den Bildern das Blut aus. Mein Drama findet nicht mehr statt. Hinter mir wird die Dekoration aufgebaut. Von Leuten, die mein Drama nicht interessiert, für Leute, die es nichts angeht. Mich interessiert es auch nicht mehr. Ich spiele nicht mehr mit. *Bühnenarbeiter stellen, vom Hamletdarsteller unbemerkt, einen Kühlschrank und drei Fernsehgeräte auf. Geräusch der Kühlanlage. Drei Programme ohne Ton.* Die Dekoration ist ein Denkmal. Es stellt in hundertfacher Vergrößerung einen Mann dar, der Geschichte gemacht hat. Die Versteinerung einer Hoffnung. Sein Name ist auswechselbar. Die Hoffnung hat sich nicht erfüllt. Das Denkmal liegt am Boden, geschleift drei Jahre nach dem Staatsbegräbnis des Gehaßten und Verehrten von seinen Nachfolgern in der Macht. Der Stein ist bewohnt. In den geräumigen Nasen- und Ohrlöchern, Haut- und Uniformfalten des zertrümmerten Standbilds haust die ärmere Bevölkerung der Metropole. Auf den Sturz des Denkmals folgt nach einer angemessenen Zeit der Aufstand.« (HM 93)

Diese Sequenz umfaßt zwei thematische Passagen. Dem resignativen Fazit des Künstlers in und über die sozialistische Realität folgt nach der Regieanweisung durch die Zitation der Ära des Stalinismus die Begründung des Scheiterns (Versteinerung) der emanzipatorischen Hoffnung, ohne daß dieses Mißlingen auf die *Person* Stalin – ›Sein Name ist auswechselbar‹ – und dem mit ihm verbundenen Personenkult (hundertfache Vergrößerung) zurückgeführt wird. Damit erweist sich die Rebellion gegen die Mechanismen der Geschichte, Thema des ersten Bildes, als gescheitert – ›Mein Drama findet nicht mehr statt‹. Der Zeitraum der Diskontinuität, der Revolution, bleibt marginal gegenüber den tradierten historischen Kräften. Indem Motive des ersten Bildes: Staatsbegräbnis, Elendsgestalten/ärmere Bevölkerung, ›hinter dem Sarg des HOHEN KADAVERS die Räte/Nachfolger in der Macht‹ – im historischen Kontext von Stalins Tod wiederverwendet werden, zeigt sich die strukturelle Identität der unterschiedlichen Gesellschaftsformationen. Der reale Sozialismus kennt die in ›Mauser‹ und ›Der Auftrag‹ für unabdingbar erklärte Todesrevolte nicht, statt gesellschaftlichen Fortschritt herrscht das Immergleiche. Das Proletariat (Bühnenarbeiter) ist kulturell nicht emanzipiert, sondern auf Konsum (Kühlschrank/Fernsehen) fixiert, während Kunst zum bloßen Bildungsgut – ›für Leute, die es nichts angeht‹ – verflacht. Positiv notiert wird allein, daß der Sozialismus zumindest den Unterprivilegierten das Existenzminimum (wohnen) zur Verfügung stellte. Dieser Deformation des Sozialismus wird mit dem Aufstand, dem Versuch, die versteinerten Strukturen erneut aufzubrechen, geantwortet.

»Mein Drama, wenn es noch stattfinden würde, fände in der Zeit des Aufstands statt. Der Aufstand beginnt als Spaziergang. Gegen die Verkehrsordnung während der Arbeitszeit. Die Straße gehört den Fußgängern. Hier und da wird ein Auto umgeworfen. Angsttraum eines Messerwerfers: Langsame Fahrt durch eine Einbahnstraße auf einen unwiderruflichen Parkplatz zu, der von bewaffneten Fußgängern umstellt ist. Polizisten, wenn sie im Weg stehn, werden an den Straßenrand gespült. Wenn der Zug sich dem Regierungsviertel nähert, kommt er an einem Polizeikordon zum Stehen. Gruppen bilden sich aus denen Redner aufsteigen. Auf dem Balkon eines Regierungsgebäudes erscheint ein Mann mit schlecht sitzendem Frack und beginnt ebenfalls zu reden. Wenn ihn der erste Stein trifft, zieht auch er sich hinter die Flügeltür aus Panzerglas zurück. Aus dem Ruf nach mehr Freiheit wird der Schrei nach dem Sturz der Regierung. Man beginnt die Polizisten zu entwaffnen, stürmt zwei drei Gebäude, ein Gefängnis eine Polizeistation ein Büro der Geheimpolizei, hängt ein Dutzend Handlanger der Macht an den Füßen auf, die Regierung setzt Truppen ein, Panzer.« (HM 94)

Ausgelöst wird dieser Aufstand durch den Wunsch nach einem *idyllischen Alltag* (Spaziergang). Damit definiert sich diese Utopie nicht durch technischen Fortschritt (Autos) und Wachstumsfetischismus, sondern die Technisierung des Alltagslebens schafft selbst wiederum Zwang (Arbeitszeit) und Entfremdung (Verkehrsordnung). Das militante Eintreten (bewaffnete Fußgänger) gegen einen Emanzipationsbegriff, indem das Utopische durch Technik substituiert wurde, wird selbst als Naturbewegung beschrieben – ›Polizisten,..., werden an den Straßenrand gespült‹. Statt auf technischen Fortschritt zielt dieser Emanzipationsbegriff demnach auf die Realisation naturversöhnender Momente.

Diese Sequenz verschmilzt mit dem Bild des Aufstandes vom 17. Juni 1953 in Ostberlin, was schon durch den vorherigen Bezug zwischen Aufstand und Ende des Stalinismus – ›Auf den Sturz des Denkmals folgt nach einer angemessenen Zeit der Aufstand‹ – angekündigt wurde. Dies impliziert die Deutung, daß sich die Proteste von 1953, und dabei ihrer Intention vollkommen unbewußt, nicht gegen das sozialistische Gesellschaftssystem richteten, sondern gegen eine Politik, die statt Utopie zu realisieren, also Entfremdung abzubauen und den Alltag zu harmonisieren, auf Wachstumsraten und fortschreitende Industrialisierung fixiert ist, womit sie sich in der Zielsetzung von ihren westlichen Antipoden nicht mehr unterscheidet.

»Mein Platz, wenn mein Drama noch stattfinden würde, wäre auf beiden Seiten der Front, zwischen den Fronten, darüber. Ich stehe im Schweißgeruch der Menge und werfe Steine auf Polizisten Soldaten Panzer Panzerglas. Ich blicke durch die Flügeltür aus Panzerglas auf die andrängende Menge und rieche meinen Angstschweiß. Ich schüttle, von Brechreiz gewürgt, meine Faust gegen mich, der hinter dem Panzerglas steht. Ich sehe, geschüttelt von Furcht und Verachtung, in der andrängenden Menge mich, Schaum vor meinem Mund, meine Faust gegen mich schütteln. Ich hänge mein uniformiertes Fleisch an den Füßen auf. Ich bin der Soldat im Panzerturm, mein Kopf ist leer unter dem Helm, der erstickte Schrei unter den Ketten. Ich bin die Schreibmaschine. Ich knüpfe die Schlinge, wenn die Rädelsführer aufgehängt werden, ziehe den Schemel weg, breche mein Genick. Ich bin mein Gefangener. Ich füttere mit meinen Daten die Computer. Meine Rolle sind Speichel und Spucknapf Messer und Wunde Zahn und Gurgel Hals und Strick. Ich bin die Datenbank. Blutend in der Menge. Aufatmend hinter der Flügeltür. Wortschleim absondernd in meiner schalldichten Sprechblase über der Schlacht.« (HM 94/95)

Diese Explikation gespaltener Subjektivität, die analog zur ›Schlacht‹ zwei unvereinbare politische Positionen zugleich vertritt, evoziert mit der Existenz eines Dritten, des reflektierenden Autors – ›Ich bin die Schreibmaschine‹ –, die Möglichkeit einer Aufhebung des gebrochenen Bewußtseins. Doch diese Dichotomie im affektiv-politischen Bereich kann durch den Rekurs auf die bewußte Wahrnehmung dieser Divergenz – ›Ich füttere mit meinen Daten die Computer‹ –

nicht aufgehoben werden, so daß am Ende des scheiternden Aufstandes die drei Positionen der Revolte, der Macht und der Kunst unvermittelt einander gegenüberstehen – ›Blutend in der Menge. Aufatmend hinter der Flügeltür. Wortschleim absondernd in meiner schalldichten Sprechblase über der Schlacht‹.

Damit wird der Kunst, der einzigen Instanz, die die Gegensätze vermitteln kann, die zentrale Rolle in einem utopischen Gesellschaftsentwurf eingeräumt und historisch an die von Bertolt Brecht reklamierte Funktion der Kunst im Sozialismus angeknüpft.

»In einer Gesellschaft, in der sich zwar große Massen einig sind, daß es Klassenkampf geben muß, aber uneinig sind, wie er geführt werden muß, mit welchen Methoden, mit welchen Mitteln, wird die Kunst zum ersten Male die große Lehrmeisterin der Gesellschaft. Sie wird sich darauf beschränken, die Erfahrungen des Klassenkampfes in großen Bildern darzustellen ... Die Arbeiterschaft, in einer der schwierigsten und kompliziertesten Perioden ihrer Klassengeschichte befindlich, voller Gegensätze in den eigenen Reihen, dabei stehend vor der Realität, Ergreifung der Macht, nimmt wieder als großen Verbündeten die Kunst ... Kunst als Lehrmeisterin, als Kampfmittel, entstanden in der schwierigen Situation der Klassengeschichte, verliert alles das, was der bürgerliche Künstler schön nennt. Sie enthält in stärkstem Maße bereits in ihren Anfängen die neue Funktion der Kunst in der klassenlosen Gesellschaft.« [29]

Da aber die beteiligten Parteien gar nicht in der Lage sind avancierte Kunstproduktionen, als Synthesis von Emotion und Rationalität zu rezipieren (schalldicht), und die gesellschaftliche Funktion von Kunst auf die der Zerstreuung und Unterhaltung (Sprechblase) beschränkt ist, muß hiernach jede *wirkliche* Lösung des Konflikts scheitern.

Diese Sequenz ist nach einem Vers des Gedichtes ›L'Heautontimoroumenos‹ von Charles Baudelaire geformt.

»Ich bin die Wange und der Streich
Ich bin das Messer und die Wunde
Glieder und Rad zur selben Stunde!
Opfer und Henkersknecht zugleich!« [30]

Damit wird, wie schon im literaturtheoretischen Teil gezeigt, das zentrale Motiv avantgardistischer Kunst: des Bewußtseins, das nicht durch die Einheit von Identität definiert ist, durch die Bearbeitung in einem historisch politischen Kontext emanzipatorisch besetzt und somit die Kunst der Avantgarde selber als Kunstform für den Sozialismus gewonnen. Dies ist nicht nur eine Absage an den Kunstbegriff des Realismus, vielmehr ist avantgardistische Kunst, da sie nicht dem Primat der Objektivität unterliegt, auch die einzige, die die oben skizzierte vermittelnde Funktion überhaupt übernehmen kann.

»Mein Drama hat nicht stattgefunden. Das Textbuch ist verlorengegangen. Die Schauspieler haben ihre Gesichter an den Nagel in der Garderobe gehängt. In seinem Kasten verfault der Souffleur. Die ausgestopften Pestleichen im Zuschauerraum bewegen keine

Hand. Ich gehe nach Hause und schlage die Zeit tot, einig/Mit meinem ungeteilten Selbst.« (HM 95)

Nicht Naturversöhnung, der Abbau entfremdeter Strukturen und avantgardistische Kunst bestimmen die Politik in den Ländern des realen Sozialismus – ›Mein Drama hat nicht stattgefunden‹. –, sondern technischer Fortschritt und Konsum. Die gesellschaftliche Funktion des Theaters ist marginal – ›Die Schauspieler... bewegen keine Hand‹, statt dessen wird diese Möglichkeit einer gesellschaftlichen Auseinandersetzung mit und durch Kunst vom Fernsehen, also der industrialisierten Kultur und ihren Klischees, verhindert und absorbiert.

»Fernsehen Der tägliche Ekel Ekel
Am präparierten Geschwätz am verordneten Frohsinn
Wie schreibt man GEMÜTLICHKEIT
Unsern täglichen Mord gib uns heute
Dein Dein ist das nichts Ekel
An den Lügen die geglaubt werden
Von den Lügnern und niemanden sonst Ekel
An den Lügen die geglaubt werden Ekel
An den Visagen der Macher gekerbt
Vom Kampf um Posten Stimmen Bankkonten
Ekel Ein Sichelwagen der von Pointen blitzt
Geh ich durch die Straßen Kaufhallen Gesichter
Mit den Narben der Komsumschlacht Armut
Ohne Würde ohne die Würde
Des Messers des Schlagrings der Faust
Die erniedrigten Leiber der Frauen
Hoffnung der Generationen
In Blut Feigheit Dummheit erstickt
Gelächter aus toten Bäuchen
Heil COLA COLA
Ein Königreich
Für einen Mörder.« (HM 95)

Durch die Paraphrasierung des Vaterunser zeigt sich der Konsum als die neue Religion, der von den Massenmedien zelebriert, Züge einer Heilslehre annimmt und sich unter politischen Aspekt als westlich inspirierter Konsumfaschismus (Heil Coca Cola) dechiffriert. Dem gegenüber steht der Rückzug der politisch-ästhetischen Intelligenz ins Private – ›Ich gehe nach Haus und schlage die Zeit tot, einig/Mit meinem ungeteilten Selbst‹. Die sozialistische Gesellschaft zeigt kein Interesse an Konflikten (verordneter Frohsinn) und utopischen Zielsetzungen.

»LOTRINGER: Gibt es im Osten eine Zukunft?
MÜLLER: Für junge Paare hier kommt zuerst das Kind, danach das Auto. Die Leute müssen acht Jahre auf ein Auto warten. Das ist das Bild der Zukunft.
LOTRINGER: Die sozialistische Utopie verheiratet mit westlichem Konsum.
MÜLLER: Das ist die gegenwärtige Aussicht – und eins meiner Schreibprobleme. Ich habe

kein Interesse an dieser Art von Leben und ich kann mich nicht dazu bringen, darüber zu schreiben.« (R 62)

Dem nivellierten Massenmenschen des 20. Jahrhunderts wird durch die Dosto-jewskis und deren Streben nach Souveränität die Negativfolie radikal individuel-ler Utopien entgegengehalten.

»ICH WAR MACBETH DER KÖNIG HATTE MIR SEIN
DRITTES KEBSWEIB ANGEBOTEN ICH KANNTE JE
DES MUTTERMAL AUF IHRER HÜFTE RASKOLNIKOW
AN HERZEN UNTER DER EINZIGEN JACKE DAS BEIL
FÜR DEN/EINZIGEN/SCHÄDEL DER PFANDLEIHERIN
In der Einsamkeit der Flughäfen
Atme ich auf Ich bin
Ein Privilegierter Mein Ekel
Ist ein Privileg
Beschirmt mit Mauer
Stacheldraht Gefängnis« (HM 96)

Damit bringt der Autor seine eigene privilegierte Position innerhalb der soziali-stischen Gesellschaft in Relation zu den ›bescheidenen‹ Bedürfnissen der arbei-tenden Massen und den politischen Bedingungen (›Mauer‹, ›Stacheldraht‹, ›Ge-fängnis‹), die ihm sowohl seine Produktivität als auch die Möglichkeit, materiel-lem Reichtum einen sekundären Wert beizumessen, erlaubt.

Somit hat er sich zugleich jeglichen Fluchtpunktes, von dem aus sich seine Geschichts- und Gesellschaftskritik legitimiert, beraubt, denn unter dem Aspekt des Privilegs sind es die arbeitenden Massen und ihre Opfer, die sich in Form des vom Arbeitszwang freigesetzten Künstlers die Sirenen schaffen, vor deren Verheißung sie die Ohren schließen. Nach der Relativierung der eigenen gesell-schaftlichen Funktion als Künstler folgt deren radikale Negation.

»*Fotographie des Autors*
Ich will nicht mehr essen trinken atmen eine Frau lieben einen Mann ein Kind ein Tier. Ich will nicht mehr sterben. Ich will nicht mehr töten.
Zerreißung der Fotographie des Autors.
Ich breche mein versiegeltes Fleisch auf. Ich will in meinen Adern wohnen, im Mark meiner Knochen, im Labyrinth meines Schädels. Ich ziehe mich zurück in meine Einge-weide. Ich nehme Platz in meiner Scheiße, meinem Blut. Irgendwo werden Leiber zerbro-chen damit ich wohnen kann in meiner Scheiße. Irgendwo werden Leiber geöffnet, damit ich allein sein kann mit meinem Blut. Meine Gedanken sind Wunden in meinem Gehirn. Mein Gehirn ist eine Narbe. Ich will eine Maschine sein. Arme zu greifen Beine zu gehn kein Schmerz kein Gedanke.« (HM 96)

Der ›Ekel‹ gegenüber einer an Konsum und Massenkultur (Fernsehen) orientier-ten Gesellschaft wird gegen sich selbst gewendet. Der Erfolg (Flughäfen) und die gesicherte Existenz als Künstler (Privileg) ist in einer Welt mit extrem geistigem und sozialem Gefälle nicht ohne ihre politisch-historische Kehrseite, die immer in der Anwendung körperlicher Gewalt terminiert – ›Irgendwo werden Leiber... mit meinem Blut‹ –, zu haben. Gegen diese real historische Situation setzt eine letzte existentialistische Revolte an, die aus Verzweiflung darüber, daß die eigene soziale Existenz in unserer Welt zwangsläufig auf Ungerechtigkeit und Gewalt gegenüber Dritten beruht, sich in sich selbst (Eingeweide) zurückziehen will. Doch die schmerzhaften Erkenntnisse, die Verzweiflung an der Geschichte – ›Meine Gedanken sind Wunden in meinem Gehirn. Mein Gehirn ist eine Narbe‹ – werden nicht dadurch unwahr, daß man sie verdrängt oder verleugnet. Der Verzweiflung kann nur durch die Selbstverleugnung, durch die Selbstparalyse entgangen werden – ›Ich will eine Maschine sein. Arme zu greifen Beine zu gehn kein Schmerz kein Gedanke‹. Damit aber hat sich der gesellschaftskritische Anspruch selbst den Boden entzogen. Denn die Kritik bzw. die Revolte gegen die Geschichte kann ja nur im Namen des Leidens geführt werden. Das Scheitern (Stalin) der sozialistischen Utopie führt zu einem deformierten Sozialismus, der in der Kontinuität der kapitalistischen Industriegesellschaften an Technik und Konsum orientiert ist. Zugleich aber evoziert er ein potentielles ästhetisches Korrektiv ohne dies allerdings unmittelbar in die gesellschaftliche Praxis zu übertragen. Auch im realen Sozialismus bleibt der radikale Künstler gesellschaftlicher Außenseiter, dennoch kann sich die DDR eine radikale ästhetische Opposition leisten, also Literatur von Weltrang hervorbringen, und damit einzelne Künstler privilegieren, ohne daß diese ihr ästhetisches Niveau senken müssen. Evozieren diese Widersprüche eine psychodynamische Belastung, auf die nur noch durch eine Mimesis ans Tote bzw. ans Mechanische (Maschine) reagiert werden kann, verliert das ästhetische Opponieren seinen Sinn. Funktion von Kunst wäre es demnach, die Differenz von Geschichte und Utopie auszumessen und auszuhalten.

«Bildschirm schwarz. Blut aus dem Kühlschrank. Drei nackte Frauen. Marx Lenin Mao. Sprechen
gleichzeitig jeder in seiner Sprache den Text ES GILT ALLE VERHÄLTNISSE UMZUWERFEN,
IN DENEN DER MENSCH...
Hamletdarsteller legt Kostüm und Maske an.
HAMLET DER DÄNE PRINZ UND WURMFRASS
STOLPERND
VON LOCH ZU LOCH AUFS LETZTE LOCH ZU
LUSTLOS
IM RÜCKEN DAS GESPENST DAS IHN
GEMACHT HAT
GRÜN WIE OPHELIAS FLEISCH IM
WOCHENBETT
UND KNAPP VORM DRITTEN HAHNENSCHREI
ZERREISST
EIN NARR DAS SCHELLENKLEID DES PHILOSOPHEN
PHILOSOPHEN
KRIECHT EIN BELEIBTER BLUTHUND IN DEN PANZER
Tritt in die Rüstung, spaltet mit dem Beil die Köpfe von Marx Lenin Mao. Schnee. Eiszeit.«
(HM 96/97)

Die Hoffnung, die sich mit den Namen Marx, Lenin, Mao verbindet, ist humani-
tärer – ›ES GILT ALLE...‹ – und affektiver (drei nackte Frauen) Natur. Demgegenüber beruht der materielle Wohlstand (Kühlschrank) nicht auf Utopie, sondern auf Geschichte (Blut). Hamlets Revolte gegen die mörderische Geschichte
im Namen der Utopie ist gescheitert. Er akzeptiert seine Rolle – ›legt Kostüm
und Maske wieder an‹ –, weil sich aus der Divergenz von Geschichte und
Utopie, von Realität und Ideal, Moral und Politik, keine Position entwickeln läßt,
der geschichtsmächtige Potenzen zukommen, was allerdings mit den Machtana-
lysen von Marx, Lenin und Mao Tse Tung konvergiert.

»Shakespeare hat Hamlet geschrieben, ein Trauerspiel
Geschichte eines Mannes, der sein Wissen wegwarf
Sich beugend unter einen dummen Brauch.
Er hat die Dummheit nicht ausgerottet.
Wollte er nichts weiter schreiben als einen Steckbrief?«
(Zwei Briefe, S. 81)

Diesem ›dummen Brauch‹ inhäriert die Frage, wie sich denn emanzipatorische
Einsicht und gesellschaftliche Praxis in einer Welt konkurrierender Machtblöcke
miteinander vermitteln lassen, ohne historisch ohnmächtig zu werden. Die anarchische Geschichtsrevolte des ersten Bildes läßt sich angesichts des konkreten
historischen Rahmens nicht aufrechterhalten.

»Es ist klar, daß völlig unkontrollierte Initiativen zu einer Art Rausch führen können. Denn
die freie und anarchische Entfaltung des Individuums – nicht des gesellschaftlichen Individuums der Zukunft, sondern des ›freien praktischen Organismus‹ von heute – kann zwar
nicht die eigene Vernunft, wohl aber die Gesellschaft in Gefahr bringen.«[31]

Mit diesem Kommentar Sartres zur Kulturrevolution in China wird die Problemstellung des ersten Bildes getroffen, die sich aber erst im historischen Kontext
des Sozialismus in ihrer Ambivalenz offenbart. Die freie Entfaltung des Individuums und die Organisation einer auf Gleichheit beruhenden sozialistischen
Gesellschaft stehen sich *disjunktiv* gegenüber, ohne das dieser Widerspruch in
absehbarer Zeit zu lösen oder aufhebbar wäre.

»Es ist natürlich immer so, daß, wer eine Sache bekämpfen will, sich in die verwandeln, das
heißt das genaue Gegenteil dieser Sache werden muß, nicht nur etwas anderes als sie. Eine
revolutionäre Partei muß also –... – die Zentralisation und den Zwang des bürgerlichen
Staates, den sie abschaffen will, reproduzieren... Die Gefahr einer bürokratischen Entar-
tung bedroht für den Fall einer siegreichen Revolution auch jedes westliche Land: Das ist
absolut unvermeidlich, solange die äußere Einkreisung durch den Imperialismus und der
Klassenkampf im Innern weitergehen. Die Hoffnungen auf eine baldige und vollständige
Befreiung sind utopisch. Wir können also schon verschiedene Grenzen und Einschränkun-
gen einer zukünftigen Revolution voraussehen...«[32]

Die Verabschiedung der humanen Utopie – ›spaltet mit dem Beil die Köpfe von
Marx, Lenin, Mao‹ – durch Hamlet, der gegen seine unmittelbaren Intentionen
Geschichte als Realitätsprinzip anerkennt – ›Tritt in die Rüstung‹ – und sich

somit zur Notwendigkeit von Gewalt – ›KRIECHT EIN BELEIBTER BLUTHUND
IN DEN PANZER‹ – bekennt, beendet die Revolte gegen die Geschichte und
setzt damit auch die Tradition – ›IM RÜCKEN DAS GESPENST DAS IHN
GEMACHT HAT‹ – fort.

Es finden sich in der ›Hamletmaschine‹ insofern die Problemstellung des
Lehrstücks ›Mauser‹ wieder, als auch Mauser A und B im Spannungsfeld von
Utopie und *Geschichte,* die sich allein durch Gewalt realisiert, vergeblich um eine
Lösung der Paradoxie, daß das Utopische nur durch Forcierung des zu Negie-
renden herzustellen sei, bemühen. Diese kalte Logik (Eiszeit), auf die sich auch
Hamlet schließlich bezieht, wird in ›Mauser‹ von der übergeordneten Instanz des
Chores repräsentiert. Der Ausbruch aus der Geschichte gelingt nicht. Die antizi-
vilisatorische Revolte des ersten Bildes und die abendländisch-sozialistische
Realität zeigen sich als nicht kompatibel, so daß sich die Bilder und der ihnen
innewohnenden Argumentationen mit gleicher Valenz gegenüberstehen, ohne
daß sie in ein dialektisches Verhältnis gesetzt werden können.

3.2.4. ›WILDHARREND‹ – Die weibliche Geschichtsrevolte

Dies letzte Bild korrespondiert mit dem zweiten, es setzt Ophelias Revolte als
Fanal des Hasses fort und kontrapunktiert damit das vierte Bild, indem Geschichte nicht in Korrelation zur Utopie, sondern zur *Rache* gesetzt wird. Dies ist
zugleich der Akt einer mythischen Selbstfindung, aus Ophelia wird Elektra; der
Geschlechterkampf wird in die Dimension des Apokalyptischen gesteigert.

»WILDHARREND/IN DER FURCHTBAREN RÜSTUNG/JAHRTAUSENDE *Tiefsee. Ophelia
im Rollstuhl. Fische Trümmer Leichen und Leichenteile treiben vorbei.*
OPHELIA
*während zwei Männer in Arztkitteln sie und den Rollstuhl von unten nach oben in Mullbinden
schnüren.*
Hier spricht Elektra. Im Herzen der Finsternis. Unter der Sonne der Folter. An die
Metropolen der Welt. Im Namen der Opfer. Ich stoße allen Samen aus, den ich empfangen
habe. Ich verwandle die Milch meiner Brüste in tödliches Gift. Ich nehme die Welt zurück
die ich geboren habe. Ich ersticke die Welt, die ich geboren habe, zwischen meinen
Schenkeln. Ich begrabe sie in meiner Scham. Nieder mit dem Glück der Unterwerfung. Es
lebe der Haß, die Verachtung, der Aufstand, der Tod. Wenn sie mit Fleischermessern durch
euer Schlafzimmer geht, werdet ihr die Wahrheit wissen.
Männer ab. Ophelia bleibt auf der Bühne, reglos in der weißen Verpackung.« (HM 97)

Mit Ophelia und Hamlet werden für die weibliche und die männliche Figur zwei
prinzipiell unterschiedliche Haltungen zur Geschichte artikuliert: Rache und
Utopie. Hamlets Geschichtskritik basiert auf seinen theoretischen Einsichten, die
er aber, indem er die Möglichkeit der Reflexion als durch Privilegien bedingte
bestimmt, relativiert und zurücknimmt. Ophelias Revolte dagegen ist psychisch
motivert. Sie bezieht sich nicht auf Utopie, wie Hamlet, sondern auf die Realität
des Leidens – ›Unter der Sonne der Folter‹/›Im Namen der Opfer‹. Die Anteil-

nahme an den Leiden der Opfer führt nicht zum Entwurf einer anderen Gesellschaft, sondern zum Haß – ›Nieder mit dem Glück der Unterwerfung. Es lebe der Haß, die Verachtung, der Aufstand, der Tod‹. Die Destruktion wird, wie beim ebenfalls weiblichen Engel der Verzweiflung, zum sich verselbständigenden Moment. Auf das Leiden an der Gewalt wird mit ihrer Entfesselung geantwortet. Die Negation des Mütterlichen – ›Ich stoße … meiner Scham‹. –, wie es der Mythos der Medea und Dascha in ›Zement‹ praktisch durchführen, fußt auf dem Primat der Rache, als Form der Gerechtigkeit, die unmittelbar mit den subjektiven Impulsen verknüpft ist. Diese Adaption der geschichtsphilosophischen These Benjamins (vgl. C Mythos und Rache) wird in der ›Hamletmaschine‹ mit dem aus dem Patriarchat hervorgegangenen Geschichtskonzept des Utopischen konfrontiert, das, wie gezeigt, auch gegen seine eigene Intention der Kontinuität der abendländischen Geschichte verhaftet bleibt.

Diese Position eines archaisch-mythischen Rachedenkens wird durch die Regieanweisungen, die Ophelia/Elektra als Pathologin kennzeichnen, kontrastiert. Somit wird ›abweichendes Verhalten‹, wie auch schon in ›Leben Gundlings‹ auf seine gesellschaftspolitische Relevanz befragt, ohne das die ›Hamletmaschine‹ zu eindeutigen Antworten gelangt. Es sei denn, daß männliche und weibliche Geschichte, wie auch in Shakespeares Vorlage, nicht identisch sind und von daher nach anderen Emanzipationsstrategemen verlangen. Mit Mann und Frau stehen sich in diesem Szenario Geschichte und Mythos, aber auch Ratio und Psyche gegenüber.

Die ›Hamletmaschine‹ ist das mit Abstand negativste Stück Müllers, denn im Gegensatz zu allen hier interpretierten Texten kennt es den, wie auch immer gebrochenen, positiven Kontrapunkt nicht. Dieser liegt allein in der, die Phantasie der Rezipienten stimulierenden, Form. Verdinglichter Rationalität und menschenverachtendem Wahnsinn wird die Subjektivität als emanzipatorisches Potential entgegengesetzt, so daß die widerständigen Momente, die diesem Stück trotz aller Negativität seines Gehalts innewohnen, aus der radikalen Negation der gängigen gesellschaftlichen Reproduktionsmechanismen und -muster resultieren.

NACHWORT

Heiner Müllers Produktionen der 70er Jahre sind Ausdruck einer fundamentalen Krise der abendländischen Zivilisation und deren Traditionen. Angesichts der objektiven Möglichkeit eines atomaren Genozids und globaler ökologischer Katastrophen sind alle diejenigen geschichtsphilosophischen Theoreme falsifiziert, die die geschichtsmächtigen Kräfte als notwendig emanzipatorisch bestimmten. Statt einer Koinzidenz von zunehmender Naturbeherrschung und gesellschaftlichen Fortschritt erweist sich die Apokalypse als objektive Intention des europäischen Zivilisationsprozesses. Allein die radikale Negation des europäischen Zivilisationstypus bewahrt demnach die Möglichkeit von Emanzipation, womit dem Untergang des Abendlandes selbst eine utopische Dimension koinzidiert wird.

»Der Blitz, der das Bewußtsein Artauds gespalten hat, war Nietzsches Erfahrung, es könnte die letzte sein. Artaud ist der Ernstfall. Er hat die Literatur der Polizei entrissen, das Theater der Medizin. Unter der Sonne der Folter, die alle Kontinente dieses Planeten gleichzeitig bescheint, blühen seine Texte. Auf den Trümmern Europas gelesen, werden sie klassisch sein.« (R 169)

Indem Heiner Müller die marxistische Verelendungstheorie auf die Dritte Welt überträgt, verändert sich nicht nur das revolutionäre Subjekt, sondern gewinnt der Emanzipationsprozeß der Menschheit eine neue Qualität. Die Realisation gesellschaftlicher Utopien ist keine dem abendländischen Geschichtsprozeß immanente Entwicklung mehr, statt dessen wird vielmehr das in der europäischen Kultur Verfemte zum emanzipatorischen Potential. Mit der Integration der Natur- und Todesvorstellungen der Dritten Welt in den Emanzipationsbegriff wird dem europäischen Geschichtskonzept zugleich ein Geschichtsbegriff des Katastrophischen entgegengehalten, der jenseits aller Verdrängung die ›unterirdische‹ Geschichte freilegt. Müllers Destruktion der tradierten Geschichtsbilder richtet sich gegen eine historische Entwicklung, in der

»allem Lebendigen ein *unbelebter, verdinglichter* und *zerstückelter/atomisierter* Zustand droht. Heiner Müllers Texte vom Tod, von der Zerstörung des menschlichen Lebens sind keine Nekrologe auf etwas endgültig Totes, vielmehr lebendige Totentänze, Erinnerungen an vergangenes Leben, an früheren Widerstand –... Ophelias *Es lebe der Tod* als Antwort auf das tote Leben.« [1]

Heiner Müllers Theater der Initiation und des Todes konfrontiert die europäische Zivilisation als »Kultur des Todes« [2], in »der das Leben,... nur noch ein durch den Tod determiniertes Überleben ist«[3], mit einem Todesbewußtsein, das sich über den Primat der Selbsterhaltung erhebt, und mit diesem Votum für die Koinzidenz von Souveränität und Revolution die Konstituentien des abendländischen Geschichtsprozesses selbst negiert. Die Zertrümmerung der Fortschrittsideologie durch die Adaption von Walter Benjamins ›Geschichtsphilosophischen Thesen‹ zeigt die historische Entwicklung des europäischen Patriarchats seit dessen frühesten Niederschlag in den griechischen Mythen bis zur Gegenwart und jüngsten Vergangenheit als Kontinuum des Immergleichen, in dem allein die ewige Wiederkehr des Katastrophischen garantiert erscheint. Aber während im mythischen Weltbild die kultischen Handlungen und die daraus hervorgehenden Tragödien die Aufgabe hatten, durch Reproduktion der göttlichen Taten und archetypischen Figurationen den strukturellen Fortbestand des Ganzen zu sichern, beschwören die Artefakte Heiner Müllers die Vergangenheit, um die Gegenwart von ihr zu erlösen.

»In jeder Epoche muß versucht werden, die Überlieferung von neuem dem Konformismus abzugewinnen, der im Begriff steht sie zu überwältigen. Der Messias kommt ja nicht nur als Erlöser; er kommt als der Überwinder des Antichrist. Nur dem Geschichtsschreiber wohnt die Gabe bei, im Vergangenen den Funken der Hoffnung anzufachen, der davon durchdrungen ist: auch die Toten werden vor dem Feind, wenn er siegt nicht sicher sein. Und dieser Feind hat zu siegen nicht aufgehört.«[4]

Heiner Müllers ästhetische Destruktion der Geschichte setzt ein avanciertes Geschichtsbewußtsein voraus. Die ständige Kommunikation mit der Geschichte gilt nicht ihrer detaillierten Archivierung oder der Verifikation bereits vorhandener Theorien, sondern ist getragen von dem Bemühen, sich das Vergangene als Reales und weiterhin Wirklichkeit Strukturierendes anzueignen – »Was ich suche, ist die Blutspur der VERGESSENEN AHNEN.« (R 104). Die Auseinandersetzung mit den Problemen der Gegenwart wird an der historischen Basis durchgeführt wie die geronnenen Bilder der Geschichte den Bestand des Gegenwärtigen stabilisieren, ermöglicht das Aufbrechen der historischen Versteinerungen die Realisation des Neuen. Im Gegensatz zur Reproduktion des Archetyps in den griechischen Tragödien und deren Vorläufern zielen die Produktionen Heiner Müllers auf die ästhetische Negation der die Verhältnisse der Gegenwart bis in die Haltungen der Subjekte hinein strukturierenden (historischen) Grundfigurationen.

»Der Dialog mit dem Mörder darf nicht abreißen, bis die Polizei kommt, der Clinch mit dem Bösen muß ausgehalten werden bis zur Erscheinung des Messias ... Die Befreiung der Toten wird uns aus dem anderen Tod nicht heraushalten, der die Auferstehung der Lebendigen ist. Der Engel der Revolution wohnt auf den Friedhöfen nur solange, bis er seinen Flug antritt.« (R 106)

Die Auseinandersetzung mit der Geschichte ist weder interesselos noch vermeintlich ›gerecht‹, sondern muß auf der Höhe der gegenwärtigen Einsichten –

auch gegen die Intentionen des historischen Materials – geführt werden. Die
›Befreiung der Toten‹ findet nicht durch die bloße Aktualisierung der historischen Stoffe statt, wie viele zeitgenössische Autoren und Regisseure glauben,
vielmehr setzt Geschichte erst radikal gegen »den Strich« [5] gebürstet ihr subversives und somit noch lebendiges Potential frei. Die Dekolonisation der
Geschichte bedarf zugleich eines souveränen Todesbewußtseins (vgl. B. Der
Revolutionskomplex), das den historischen Bruch schaffen würde, in dem das
Ende der europäischen Kultur mit dem Beginn der Geschichte der Gattung
zusammenfallen würde. Es ist diese äußerst differenzierte und durchdachte Position und deren ästhetische Umsetzung gegenüber dem Katastrophischen, die
Heiner Müllers Stücke von in den Intentionen ähnlichen Produktionen der
Gegenwart unterscheidet. Während Heiner Müllers Szenarien des Schreckens
die Katastrophe durch die ästhetische Konstruktion transzendieren, indem sie
darauf zielen deren jeweilige historische Wurzel zu kappen, spielen die Katastro-
phen-Stücke eines Thomas Bernhard, Botho Strauß oder Harald Mueller im
geschichtsfreien Raum. Ihre ahistorische Kritik der durch die moderne Industrie-
gesellschaft hervorgebrachten Verhältnisse impliziert gleichsam, daß die Welt
beispielsweise zur Zeit des Dreißigjährigen Krieges noch in Ordnung war.

»In diesen *kapitalistischen Trauerspielen*, sagt Heiner Müller, komme *Geschichte nur ihrer
Abwesenheit, als Leerstelle* vor. Genau das gehört zu ihrer traurigen, *verfluchten* Genauigkeit:
die Stücke registrieren lediglich wie ausgelöscht Geschichte im Bewußtsein ihrer Figuren
ist. Was für diese Schauspiele auch ästhetisch und dramaturgisch zart destruktive Folgen
hat. Da sie sich außerhalb aller geschichtlichen Spannungen vollziehen, als leerlaufende
Zustandsbilder, zersetzt sich in ihnen wie unwillkürlich auch jeder Konflikt, jeder Ansatz
zu dramaturgischer Spannung oder gar Entscheidung.« [6]

Während sich die Theatertode und Untergangsszenarien der westdeutschen
Dramatiker als bloße »Gruselbilder« [7] und »ästhetische Horrorzeichen« [8] bestimmen lassen, werden die Kollisionen in Müllers Stücken zu »dramatischen
Exekutionen« [9], weil in ihnen historische Mächte aufeinanderprallen, deren
Virulenz die Geschichte tagtäglich beweist ohne daß Aufklärung und Rationalität ihnen überhaupt Existenz zubilligen mag. Weder werden postmoderne oder
neochsolastische Argumentationen Gewißheit darüber geben können, ob der
Genozid der Gattung stattfindet, noch werden Zukunftsvisionen jenseits gesellschaftlicher Utopien der Menschheit eine der welthistorischen Realität angemessene Praxis vermitteln. Statt dessen muß das an Emanzipation orientierte Bewußtsein angesichts der historischen und bevorstehenden Katastrophen einen
Begriff von Geschichte artikulieren und ästhetisch umsetzen, der diesen Erfahrungen gemäß ist.

Als ich diese Arbeit 1988 beendete, war natürlich nicht im mindesten damit
zu rechnen, daß die DDR noch vor der Drucklegung aufhören würde, ein von
der Bundesrepublik unabhängiger Staat zu sein. Schlagartig wurde den Texten

ihre Realität genommen, wurden sie selber zu Geschichte. Geschrieben um *Perspektiven* zu eröffnen, sind sie zu ästhetischen Dokumenten des Scheiterns des Sozialismus auf deutschem Boden geworden. Die geschichtliche Bewegung belegt ihren Wahrheitsgehalt: die Notwendigkeit eines in sich geänderten Utopiebegriffs. Sie bleiben die reichhaltige Quelle jedes an Emanzipation orientierten Denkens. Gerade durch das Wiedererstehen eines Gesamtdeutschlands transformiert sich Müllers ästhetische Kritik zum Kassandraruf.

PRIMÄRTEXTE

A) Texte: 9 Bände. West-Berlin 1974–1985

1) *Geschichten aus der Produktion 1. Berlin 1974*
- Bericht vom Großvater, S. 7–9.
- Bericht vom Anfang, S. 11–13.
- Der Lohndrücker, S. 15–44.
- L.E. oder Das Loch im Strumpf, S. 45.
- Die Korrektur (1. Fassung), S. 47–59.
- Aus dem Protokoll einer Diskussion über *Die Korrektur* im Kombinat Schwarze Pumpe, S. 59–61.
- Zwischenbemerkung zur *Korrektur*, S. 61–62.
- Die Neufassung (von H.D. Mäde), S. 62–66.
- Die Korrektur (2. Fassung), S. 67–80.
- Lektionen (2 Briefe, Brecht, Film, Majakowski, Oder Büchner), S. 81–83.
- Der Bau, S. 85–136.
- »Sinn und Form«-Diskussion über *Der Bau* (mit W. Girnus, W. Mittenzwei, R. Münz und Heiner Müller), S. 137–146.
- Herakles 5, S. 148–156.

2) *Geschichten aus der Produktion 2. Berlin 1974.*
- Bilder, S. 7.
- Traktor, S. 9–25.
- Prometheus, S. 27–55.
- Liebesgeschichte, S. 57–63.
- Zement, S. 65–133.

3) *Die Umsiedlerin oder Das Leben auf dem Lande. Berlin 1975.*
- Die Schlacht, S. 7–16.
- Medeaspiel, S. 17.
- Die Bauern, S. 19–111.
- Lektionen (Fleischer und Frau, Horaz Satiren, Geschichten von Homer, Ulyss, Lektion, Selbstbildnis zwei Uhr nachts am 20. August 1959, Projektion 1975), S. 112–117.

4) *Theaterarbeit. Berlin 1975.*
- Glücksgott, S. 7–18.
- Drachenoper, S. 19–46.
- Horizonte 1, S. 47–65.
- Weiberkomödie, S. 67–116.
- Sechs Punkte zur Oper, S. 117–118.

- Stellasonett, S. 118–119.
- Elektratext, S. 119–120.
- Froschkönig, S. 120–121.
- Ein Diskussionsbeitrag (Theater als Prozeß), S. 121–123.
- Über den Dramatiker Stefan Schütz, S. 123–124.
- Ein Brief, S. 124–125.

5) *Germania Tod in Berlin. Berlin 1977.*
- ABC, S. 7–34. (Und zwischen ABC und Einmaleins, Das Eiserne Kreuz, Die Bauern standen mit dem Rücken, Hundert Schritt, Schotterbek, Philoktet 1950, Die Reise, Der Vater, Allein mit diesem Leben, E.L., Gestern an einem sonnigen Nachmittag, Todesanzeige).
- Germania Tod in Berlin, S. 35–79.
- Motiv bei A.S., S. 80.

6) *Mauser. Berlin 1978.*
- Philoktet, S. 7–42.
- Ödipuskommentar, S. 43–44.
- Der Horatier, S. 45–54.
- Mauser, S. 55–69.
- Material zu Philoktet, Der Horatier und Mauser, S. 71–85.
- Die Hamletmaschine, S. 89–97.

7) *Herzstück. Berlin 1983.*
- Herzstück, S. 7.
- Leben Gundlings Friedrich von Preußen Lessing Schlaf Traum Schrei, S. 9–42.
- Der Auftrag, S. 43–70.
- Quartett, S. 71–90.
- Verkommenes Ufer Medeamaterial Landschaft mit Argonauten, S. 91–101.
- Brief an den Regisseur der bulgarischen Erstaufführung von Philoktet, S. 102–109.
- Quartett-Material, S. 118–127.
- Werner Hegemann über Friedrich Wilhelm I. und Friedrich II., S. 112–117.

8) *Shakespeare-Factory I. Berlin 1985.*
- Bildbeschreibung, S. 7–14.
- Wie es Euch gefällt, S. 15–98.
- Waldstück, S. 99–182.
- Macbeth, S. 183–240.
- Wolokolamsker Chaussee I, S. 241–250.

9) *Shakespeare – Factory 2. Berlin 1989.*
- Hamlet, S. 7–123.
- Anatonomie Titus Fall of Rome, S. 125–225.
- Shakespeare eine Differenz, S. 227–230.
- Wolokolamsker Chaussee II, S. 231–238.
- Wolokolamsker Chaussee III, S. 239–244.
- Wolokolamsker Chaussee IV, S. 245–250.
- Wolokolamsker Chaussee V, S. 251–259.
- Die Wunde Woyzeck, S. 261–263.

– Ich bin ein Neger, Darmstadt 1986.
– Was gebraucht wird: mehr Utopie, mehr Phantasie . . ., Gespräch mit Ulrich Dietzel, Sinn und Form 4, 1985, S. 1193–1217.

SIGLEN

Zur Bezeichnung der Texte Müllers werden folgende Siglen benutzt

A	*Der Auftrag in HERZSTÜCK*
ABC	*ABC in GERMANIA TOD IN BERLIN*
BaL	*Ein Brief in THEATERARBEIT*
BaR	*Brief an den Regisseur der bulgarischen Erstaufführung von Philoktet in HERZSTÜCK*
Bilder	*Bilder in GESCHICHTEN AUS DER PRODUKTION 2*
DB	*Die Bauern in DIE UMSIEDLERIN ODER DAS LEBEN AUF DEM LAND*
DP	*Material zu Philoktet, der Horatier und Mauser in MAUSER*
GG	*Glücksgott in THEATERARBEIT*
GI	*GESAMMELTE IRRTÜMER*
GTB	*Germania Tod in Berlin in GERMANIA TOD IN BERLIN*
HM	*Die Hamletmaschine in MAUSER*
LG	*Leben Gundlings Friedrich von Preußen Lessing Schlaf Traum Schrei in HERZSTÜCK*
M	*Mauser in MAUSER*
Neger	*Ich bin ein Neger in ICH BIN EIN NEGER*
Q	*Quartett in HERZSTÜCK*
R	*ROTWELSCH*
S	*Die Schlacht in DIE UMSIEDLERIN ODER DAS LEBEN AUF DEM LAND*
Selbstbildnis	*Selbstbildnis zwei Uhr nachts am 20. August 1959 in DIE UMSIEDLERIN ODER DAS LEBEN AUF DEM LAND*
T	*Todesanzeige in GERMANIA TOD IN BERLIN*
Traktor	*Traktor in GESCHICHTEN AUS DER PRODUKTION 2*
V	*Der Vater in GERMANIA TOD IN BERLIN*
Was gebraucht wird	*WAS GEBRAUCHT WIRD: MEHR UTOPIE, MEHR PHANTASIE*
Z	*Zement in GESCHICHTEN AUS DER PRODUKTION 2*
Zwei Briefe	*Zwei Briefe in GESCHICHTEN AUS DER PRODUKTION 1*

LITERATURVERZEICHNIS

Althusser, Louis: Stalinismus oder das beredte Schweigen, in: Alternative 19 (1976), H. 110–111

Adorno, Theodor W.: Ästhetische Theorie, Frankfurt/M. 1980

Derselbe: Erpreßte Versöhnung; in: Noten zur Literatur, Frankfurt/M. 1981

Derselbe: Negative Dialektik, Frankfurt/M. 1975

Adorno, Theodor W./*Horkheimer*, Max: Dialektik der Aufklärung, Frankfurt/M. 1978

Anderson, Perry: Die Entstehung des absolutistischen Staates, Frankfurt/M. 1979

Aragon, Louis: Pariser Landleben, München 1969

Artaud, Antonin: Die Tarahumaras; in: Die Tarahumaras/Revolutionäre Botschaften, München 1975

Derselbe: Schluß mit dem Gottesgericht/Das Theater der Grausamkeit, München 1980

Derselbe: Das Theater und sein Double, Frankfurt/M. 1969

Bataille, Georges: Das theoretische Werk – Die Aufhebung von Ökonomie, München 1975

Derselbe: Die psychologische Struktur des Faschismus – Die Souveränität, München 1980

Baudelaire, Charles: Die Blumen des Bösen, in: Gesammelte Schriften Bd. 6, Kösel/Kempten 1981

Baudrillard, Jean: Der symbolische Tausch und der Tod, München 1982

Baumgart, Reinhard: Das Theater des Botho Strauß, in: Text + Kritik 81, München 1984

Benjamin, Walter/*Gladkow*, Fjodor: Zement, in: Gesammelte Schriften Bd. III, Frankfurt/M. 1980

Derselbe: Über den Begriff der Geschichte, in: Gesammelte Schriften Bd. I.2

Derselbe: Charles Baudelaire – Ein Lyriker im Zeitalter des Hochkapitalismus, in: Gesammelte Schriften Bd. I.2

Bergfleth, Gerd: Baudrillard und die Todesrevolte; in: Jean Baudrillard, Der symbolische Tausch und der Tod, München 1982

Beyer, Peter: Das Lehrstück in der DDR. Diss. Potsdam 1967

Best, Otto F.: Bertolt Brecht – Weisheit und Überleben, Frankfurt/M. 1982

Bischof, Rita: Über den Gesichtspunkt von dem aus gedacht wird; in: Georges Bataille, Die psychologische Struktur des Faschismus/Die Souveränität, München 1978

Bloch, Ernst: Subjekt – Objekt – Erläuterungen zu Hegel, Gesamtausgabe Bd. 8, Frankfurt/M. 1977

Derselbe: Tübinger Einleitung in die Philosophie, Frankfurt/M. 1970

Böhme, Gernot/*Böhme*, Hartmut: Das Andere der Vernunft, Frankfurt/M. 1983

Bohrer, Karl-Heinz: Ästhetik und Historismus; in: Plötzlichkeit, Frankfurt/M. 1981

Derselbe: Die Ästhetik des Schreckens, Frankfurt/M.–Berlin–Wien 1983

Brecht Bertolt: Badener Lehrstück vom Einverständnis, in: Werkausgabe Bd. 8, Frankfurt/M. 1967

Derselbe: Die Maßnahme – Kritische Ausgabe mit einer Spielanleitung von Reiner Steinweg, Frankfurt/M. 1976

Derselbe: Geschichten vom Herrn Keuner, Frankfurt/M. 1972

Brettschneider, Werner: Zwischen literarischer Autonomie und Staatsdienst. Die Literatur der DDR. Berlin 1972

Deleuze, Gilles/*Guattari*, Felix: Anti-Ödipus, Frankfurt/M. 1977

Domdey, Hans: Mythos als Phrase oder die Sinnausstattung des Opfers, in: Merkur 40. Jahrgang Heft 5, 1986

Eliade, Mircea: Das Heilige und das Profane, Frankfurt/M. 1984

Derselbe: Geschichte der religiösen Ideen, Bd. 1, Freiburg–Basel–Wien 1979

Derselbe: Geschichte der religiösen Ideen, Bd. 2, Freiburg–Basel–Wien 1979

Elias, Norbert: Der Prozeß der Zivilisation, Bd. 1, Frankfurt/M. 1982, zuerst 1939

Derselbe: Der Prozeß der Zivilisation, Bd. 2, Frankfurt/M. 1982

Emmerich, Wolfgang: Der Alp der Geschichte; in: Die deutsche Misere einst und jetzt, Hrsg. Klussmann, Gerhard und Mohr, Henrich, Bonn 1982

Derselbe: Kleine Literaturgeschichte der DDR, Darmstadt 1981

Derselbe: Zu-Ende-Denken. Griechische Mythologie und neuere DDR-Literatur; in: Akten des VII.Int.Germ. Kongr. Göttingen 1985. Bd. 10 Tübingen 1986

Engels, Friedrich: MEW Bd. 37, Berlin-DDR 1974

Derselbe: Revolution und Konterrevolution in Deutschland, Frankfurt/M. 1971

Engels, Friedrich/*Marx*, Karl: Zur Kritik der politischen Ökonomie, in: Marx/Engels, Ausgewählte Schriften in zwei Bänden, Bd. 1, Berlin-DDR 1981

Engler, Jürgen: Handschriften der Arbeiten und Tode, in: Neue deutsche Literatur, 7/1976

Fehervary, Helen: The poet and history entwined, in: Hölderlin and the left. Heidelberg 1977

Fiebach, Joachim: Nachwort, in: Heiner Müller: Die Schlacht, Traktor, Leben Gundlings Friedrich von Preußen Lessings Schlaf Traum Schrei. Berlin (DDR), 1977

Foucault, Michel: Überwachen und Strafen, Frankfurt/M. 1977

Derselbe: Vom Licht des Krieges zur Geburt der Geschichte, Berlin 1986

Fradkin, Ilja: Bertolt Brecht – Weg und Methode, Leipzig 1974

Freud, Sigmund: Jenseits des Lustprinzips, in: Gesammelte Werke Bd. 13, Frankfurt/M. 1967

Fromm, Erich: Anatomie der menschlichen Destruktivität, Hamburg 1977

Giershausen, Theo: Hamletmaschine – Heiner Müllers Endspiel, Köln 1978

Guattari, Felix/*Deleuze*, Gilles: Anti-Ödipus, Frankfurt/M. 1977

Heeg, Günther: Das Theater der Auferstehung. Vom Ende der Bilder und ihrer Notwendigkeit im Theater Heiner Müllers, in: Theaterzeitschrift 20 (1987), S. 61–74

Hegel, Gottfried Friedrich Wilhelm: Vorlesungen über die Ästhetik I, Frankfurt/M. 1970

Derselbe: Vorlesungen über die Ästhetik III, Frankfurt/M. 1970

Derselbe: Phänomenologie des Geistes, Frankfurt/M. 1970

Derselbe: Vorlesungen über die Philosophie der Geschichte, Frankfurt/M. 1970

Derselbe: Grundlinien der Philosophie des Rechts, Frankfurt/M. 1970

Heinsohn, Gunnar: Privateigentum, Patriarchat, Geldwirtschaft, Frankfurt/M. 1984

Hermand, Jost: Deutsche fressen Deutsche; in: Brecht-Jahrbuch 1978, Hrsg. John Fuegi, Reinhold Grimm und Jost Hermand, Frankfurt/M. 1978

Hobbes, Thomas: Leviathan, Frankfurt/M.–Berlin–Wien 1976

Hörnig, Frank: Geschichte im Drama, 2 Bde. Diss. Berlin (DDR) 1981

Horkheimer, Max/*Adorno*, Theodor W.: Dialektik der Aufklärung, Frankfurt/M. 1978

Horkheimer, Max: Autorität und Familie, in: Traditionelle und kritische Theorie, Frankfurt/M. 1975

Jirku, Anton: Kanaanäische Mythen und Epen aus Ras Schamra-Ugarit, Gütersloh 1962

Kähler, Hermann: Armin Stolpers Zeitgenossen, in: Sinn und Form 22 (1970), H. 1

Derselbe: Weltentwurf oder Milieu – Die Stücke Heiner Müllers, in: Sinn und Form 2 (1976)

Klossowski, Pierre: Je me trouve en fait sous la dictée de l'image, in: Quinzaien litteraire 381, Paris 1982

Kluge, Alexander/*Negt,* Oskar: Der antike Held als Metapher der Aufklärung, in: Stichworte zur geistigen Situation der Zeit, Bd. 1, Frankfurt/M. 1978

Kubitschek, Peter: Untersuchungen zu frühen Stücken von Heiner Müller, Diss. Halle (Saale) 1977

Laing, Ronald D.: Das geteilte Selbst, Hamburg 1976

*Lukács,*Georg: Es geht um den Realismus, in: Marxismus und Literatur, Bd. 2, Hrsg. Fritz J. Raddatz, Hamburg 1969

Mangel, Rüdiger/*Wieghaus,* Georg: Abgrenzung und Teilhabe, in: Text + Kritik 73, München 1982

Mann, Otto/*Straube-Mann,* Rotraut: Lessing-Kommentar, Bd. 1, München 1971

Marx, Karl: Der achtzehnte Brumaire des Louis Bonaparte, in: Marx/Engels, Ausgewählte Schriften, Berlin 1981

Marx, Karl/*Engels,* Friedrich: Zur Kritik der politischen Ökonomie, in: Ausgewählte Schriften, Berlin 1981

Marcuse, Herbert: Triebstruktur und Gesellschaft, Frankfurt/M. 1974

Maltzahn, Carlotta von: Zur Bedeutung von Geschichte, Sexualität und Tod im Werk Heiner Müllers, Frankfurt/Main, Bern, New York und Paris 1988

Müller, Rudolf Wolfgang: Geld und Geist, Frankfurt/M.–New York 1974

Muschg, Adolf: Literatur als Therapie, Frankfurt/M. 1981

Negt, Oskar/*Kluge,* Alexander: Der antike Held als Metapher der Aufklärung, in: Stichworte zur geistigen Situation der Zeit, Bd. 1, Frankfurt/M. 1979

Nietzsche, Friedrich-Wilhelm: Unzeitgemäße Betrachtungen, Frankfurt/M.–Berlin–Wien 1979

Derselbe: Götzendämmerung, Frankfurt/M.–Berlin–Wien 1979

Derselbe: Die Geburt der Tragödie, Frankfurt/M.–Berlin–Wien 1979

Derselbe: Menschliches, Allzumenschliches, Frankfurt/M.–Berlin–Wien 1979

Derselbe: Also sprach Zarathustra, Frankfurt/M.–Berlin–Wien 1979

Panizza, Oskar: Der Illusionismus und die Rettung der Persönlichkeit – Skizze einer Weltanschauung, Leipzig 1895

Picht, Georg: Kunst und Mythos, Stuttgart 1986

Poe, Edgar Allen: Umständlicher Bericht des Arthur Gordon Pym von Nantucket, Olten 1966

Poulet, Jaques: Viv(r)e la contradiction, in: France Nouvelle, 29. 1. 1979

Profitlich, Ulrich (Hg): Dramatik der DDR, Frankfurt/Main 1987

Reich, Wilhelm: Was ist Klassenbewußtsein, o.O., o.J.

Derselbe: Die Massenpsychologie des Faschismus, Köln 1971

Rimbaud, Arthur: Sämtliche Dichtungen, Heidelberg 1982

Rosshoff, Hartmut: Heiner Müllers Lehrstück ›Mauser‹, in: Alternative 110–111

Sartre, Jean Paul: Sartre über Sartre, Hamburg 1977

Schatzman, Morton: Die Angst vor dem Vater, Hamburg 1978

Schneider, Michael: Heiner Müllers Endspiele, in: Literatur Konkret 1979

Derselbe: Den Kopf verkehrt aufgesetzt oder die melancholische Linke, Darmstadt/Neuwied 1981

Schulz, Genia: Heiner Müller, Stuttgart 1980

Dieselbe: Abschied von Morgen, in: Text + Kritik 73, München 1982

Seitter, Walter: Jaques Lacan und, Berlin 1984

Silberman, Marc: Heiner Müller, Amsterdam 1980

Sohn-Rethel, Alfred: Warenform und Denkform, Frankfurt/M. 1978

Scholochow, Michail: Der stille Don, Berlin/DDR, o.J.

Spector, Jack J.: Freud und die Ästhetik, München 1973

Steinweg, Reiner: Bertolt Brecht ›Die Maßnahme‹, Kritische Ausgabe mit einer Spielanleitung von Reiner Steinweg, Frankfurt/M. 1976

Straube-Mann, Rotraut/*Mann*, Otto: Lessing Kommentar, Bd. 1, München 1971

Teichmann, Klaus: Der verwundete Körper, Freiburg 1986

Teraoka, Arlene Akiko: The silence of entropy or universal discourse!, Bern, Frankfurt/
   Main 1985

Vassen, Florian: Der Tod des Körpers in der Geschichte, in: Text + Kritik 73, München
   1982

Virilio, Paul: Der reine Krieg, Berlin 1978

Vormweg, Heinrich: Sprache die Heimat der Bilder, in: Text + Kritik 73, München 1982

Wendt, Ernst: Moderne Dramaturgie. Bond und Genet, Beckett und Heiner Müller...,
   Frankfurt/Main 1974

Wieghaus, Georg: Heiner Müller, München 1981

Derselbe: Zwischen Auftrag und Verrat. Werk und Ästhetik Heiner Müllers, Frankfurt-
   /Main 1984

Wieghaus, Georg/*Mangel*, Rüdiger: Abgrenzung und Teilhabe, in: Text + Kritik 73,
   München 1982

Wittstock, Uwe: Die neuen Wirkungen sind nicht die neuen, in: Text + Kritik 73,
   München 1982

ANMERKUNGEN

EINLEITUNG

[1] Heinrich Vormweg, ›Sprache der Heimat der Bilder‹ in Text und Kritik Bd. 73, München 1982, S. 25.

[2] Um Müllers Texte nach den Produktionsstücken des Frühwerks und den Antikebearbeitungen der 60er Jahre zu kennzeichnen, wird hier als terminus technicus der Begriff Spätwerk verwandt, ohne daß damit inhaltliche Setzungen, wie formale und inhaltliche Reife, als Resultat einer kontinuierlichen literarischen Entwicklung, intendiert sind oder damit das Alterswerk gemeint ist. Vielmehr liegt diesen Stücken das Literaturkonzept der Obsession zugrunde.

[3] Dieses kann bei einem auch weiterhin produzierenden Autor nur systematisch dargelegt werden und meint darüber hinaus auch nicht, daß Müller zwangsläufig die in dem oben bezeichneten Produktionsabschnitt zentralen Motive ein für allemal verabschiedet, sondern allein, daß ihre Gestaltung nicht länger aus dem von mir rekonstruierten Literaturkonzept resultiert.

[4] ›Germania Tod in Berlin‹ wird in dieser Arbeit als ›Germania‹ zitiert und ›Leben Gundlings Friedrich von Preußen Lessings Schlaf Traum Schrei‹ als ›Leben Gundlings‹.

I. HEINER MÜLLERS LITERATURKONZEPT DER OBSESSION

1. Der autobiographische Zugang

[1] Vgl. das Interview ›Viv(r)e la contradiction‹, geführt von Jacques Poulet in France Nouvelle, 29. 1. 1979.

[2] Vgl. Rotwelsch, S. 68ff.

[3] Vgl. Gesammelte Irrtümer, S. 132f.

[4] Genia Schulz, ›Heiner Müller‹, Stuttgart 1980, S. 2f.

[5] Georg Wieghaus, ›Heiner Müller‹, S. 15ff.

[6] Michael Schneider, ›Heiner Müllers Endspiele‹, in Literatur Konkret, Herbst 1979.

[7] Sich auf Erich Fromms ›Anatomie der menschlichen Destruktivität‹ berufend, unterstellt Schneider Müller eine nekrophile Charakterstruktur. Ähnlich angelegt sind auch die provokativen Fragen von Urs Jenny und Hellmuth Karasek (vgl. Gesammelte Irrtümer, S. 133ff.).

[8] Th.W. Adorno, ›Ästhetische Theorie‹, Ffm. 1980, S. 19.

[9] Ebenda.

[10] Th.W. Adorno, a.a.O., S. 19.

[11] Jack J. Spector, ›Freud und die Ästhetik‹, München 1973, S. 128.

[12] Vgl. den Abschnitt ›Das Deutschlandbild Heiner Müllers‹ in dieser Arbeit.

[13] M. Schneider, a.a.O., S. 3.

[14] Adolf Muschg, ›Literatur als Therapie‹, Ffm. 1981, S. 115.

[15] Ebenda, S. 118f.

2. Die autobiographischen Momente und ihre Form und Themata konstituierende Funktion

[1] Georg Wieghaus, a.a.O., S. 17.

[2] Rüdiger Mangel/Georg Wieghaus, ›Abgrenzung und Teilhabe‹ in Text + Kritik 73, München 1982, S. 33.

[3] Gilles Deleuze/Félix Guattaria, ›Anti-Ödipus‹, Ffm. 1977, S. 39.

[4] Ernst Bloch, ›Tübinger Einleitung in die Philosophie‹, Ffm. 1970, S. 263.

[5] Walter Benjamin, ›Über den Begriff der Geschichte‹, in ›Gesammelte Schriften Band I.2‹, Ffm. 1980, S. 697.

[6] Genia Schulz, a.a.O., S. 11.

[7] Vgl. Wolfgang Emmerich, ›Der Alp der Geschichte‹, S. 115–158, in ›Die deutsche Misere einst und jetzt‹, Hg. Gerhard Klussmann und Heinrich Mohr, Bonn 1982, S. 153ff.

[8] Bertolt Brecht, ›Geschichten von Herrn Keuner‹, Ffm. 1972, S. 9.

[9] George Bataille, ›Die Souveränität‹, in ›Die psychologische Struktur des Faschismus-/Die Souveränität‹, München 1978, S. 57f.

[10] Jean Baudrillard, ›Der symbolische Tausch und der Tod‹, München 1982.

[11] Genia Schulz, a.a.O., S. 8.

[12] Es verblüfft, daß selbst so ein profunder Brecht-Kenner wie Hellmuth Karasek die Beziehung zwischen Müllers Verratssequenzen und Brechts Frühwerk nicht wahrnimmt (vgl. GI 133). Der Denkfehler vieler Kritiker, die sich mit dem Verhältnis von Autobiographie und Werk bei Müller beschäftigen, liegt darin, daß sie nach einer bloßen Übertragung der Erlebnisse suchen, die zweifelsohne nicht vorhanden ist.

[13] Vgl. Arlene Akiko Teraoka, ›The silence of entropy or universal discourse. The postmodernist poetics of Heiner Müller. Bern–Frankfurt/M. 1985. Teraoka kommt partiell zu ähnlichen Überlegungen, unterschlägt aber dabei, daß Müller in erster Linie Materialist ist und postmoderne Positionen adaptiert, ohne deren Axiome zu übernehmen.

[14] Jean Baudrillard, a.a.O., S. 197.

[15] Florian Vaßen, ›Der Tod des Körpers in der Geschichte‹ in Text und Kritik, a.a.O., S. 54.

[16] Genia Schulz, a.a.O., S. 65.

[17] Louis Aragon, ›Pariser Landleben‹, München 1969, S. 188.

[18] Georges Bataille, a.a.O., S. 58.

[19] Schon kurz nach Kriegsende studierte Müller die Literatur der Moderne und die Philosophie Friedrich Nietzsches. Aber erst mit dem an der Autobiographie orientierten Literaturkonzept, was notwendig mit einer unbedingten Aufwertung der Subjektivität einhergeht, schlägt sich deren Rezeption direkt in den Stücken nieder.

[20] Michel Foucault, ›Vom Licht des Krieges zur Geburt der Geschichte‹, Berlin 1986, S. 12f.

[21] Wie schon der ehemalige Titel von ›Todesanzeige‹ – ›Wüsten der Liebe‹ – den Titel eines Gedichts von Arthur Rimbaud wiedergibt, so zitiert Lessing leicht verändert die Verszeile »Ich habe da unten auch die Hölle der Frauen gesehen«, aus Rimbauds Gedicht ›Abschied‹.

[22] Paul Virilio, ›Der reine Krieg‹, Berlin 1978, S. 125.

[23] Genia Schulz, a.a.O., S. 67.

[24] Antonin Artaud, ›Schluß mit dem Gottesgericht/Das Theater der Grausamkeit‹, München 1980, S. 105.

[25] Wilhelm Reich, ›Was ist Klassenbewußtsein‹, Schwarzdruck, S. 23f.

[26] Walter Benjamin, ›Fjodor Gladkow: ›Zement‹, in Ges. Schriften Bd. III, Ffm. 1972, S. 62.

[27] Genia Schulz, a.a.O., S. 67.

[28] Florian Vaßen, a.a.O., S. 52f.

[29] Genia Schulz, ›Abschied von Morgen‹, in Text + Kritik 73, a.a.O., S. 64.

[30] Anton Jirku, ›Kanaanäische Mythen und Epen aus Ras Schamra-Ugarit‹, Gütersloh 1962, S. 29.

3. *Die Verwendung autobiographischer Motive als literarische Methode*

[1] Florian Vaßen, a.a.O., S. 46f.

[2] Georges Bataille, ›Die Souveränität‹, a.a.O., S. 79f.

[3] Georg Lukács, ›Es geht um den Realismus‹, S. 60–86, in ›Marxismus und Literatur‹ Bd. II, Hg. Fritz J. Raddatz, Hamburg 1969, S. 85.

[4] Ebenda, S. 83.

[5] Th.W. Adorno, Ästhetische Theorie, a.a.O., S. 55–56.

[6] Th.W. Adorno, ›Erpreßte Versöhnung‹, S. 251–280, in ›Noten zur Literatur‹, Ffm. 1981, S. 263–264.

[7] Th.W. Adorno, ›Ästhetische Theorie‹, a.a.O., S. 29.

[8] Th.W. Adorno, ›Ästhetische Theorie‹, a.a.O., S. 9.

[9] Georg Picht, ›Kunst und Mythos‹, Stuttgart 1986, S. 16.

[10] Karl Heinz Bohrer, ›Die Ästhetik des Schreckens‹, Ffm., Berlin; Wien 1983, S. 190.

[11] Sigmund Freud, ›Jenseits des Lustprinzips‹, zitiert nach Walter Benjamin, Werkausgabe Bd. 1/2, Ffm. 1974, S. 613.

[12] Charles Baudelaire, ›Ein Lyriker im Zeitalter des Hochkapitalismus‹, Werkausgabe Bd. 1/2, Ffm. 1974, S. 613.

[13] Ebenda, S. 613f.

[14] Uwe Wittstock, a.a.O., S. 15.

[15] Walter Benjamin, a.a.O., S. 614f.

[16] Karl Heinz Bohrer, ›Ästhetik und Historismus‹ S. 111–138, in ›Plötzlichkeit‹, Ffm. 1981, S. 120f.

[17] Heinrich Vormweg, a.a.O., S. 25.

[18] Genia Schulz, a.a.O., S. 1–2.

[19] Antonin Artaud, ›Die Tarahumaras‹, München 1975, S. 85.

[20] Pierre Klossowski, ›Je me trouve en fait sous la dictée de l'image‹, Quinzaien litteraire 381, Paris 1982, zitiert nach Walter Seitter, ›Jacques Lacan und‹, Berlin 1984, S. 37.

[21] Pierre Klossowski, a.a.O., S. 37f.

[22] Oskar Panizza, ›Der Illusionismus und die Rettung der Persönlichkeit – Skizze einer Weltanschauung‹, Leipzig 1895.

[23] Pierre Klossowski, a.a.O., S. 37.

II. VON DER GESELLSCHAFTS- ZUR ZIVILISATIONSKRITIK

1. *Der Deutschlandkomplex*

[1] Vgl. hierzu den Abschnitt ›Das Trauma und die Avantgarde‹. Die Metapher des Anderen steht für eine bipolare Subjektivität während der hier gewählte Terminus der inneren Zerrissenheit auch Risse und Spaltungen innerhalb von Kollektiven meint.

[2] Oskar Negt/Alexander Kluge, ›Der antike Held als Metapher der Aufklärung‹, in ›Stichworte zur geistigen Situation der Zeit‹, Bd. 1, Ffm. 1979, S. 149f.

[3] Ronald D. Laing, ›Das geteilte Selbst‹, Hamburg 1976, S. 13.

[4] Negt/Kluge, a.a.O., S. 150.

[5] Heinrich Vormweg, a.a.O., S. 25.

[6] Th.W. Adorno, ›Ästhetische Theorie‹, a.a.O., S. 197f.

[7] Während der Tod Bruder B's in der ›Schlacht‹ (vgl. 2.1 ›Die Nacht der langen Messer‹) dessen Würde wiederherstellt, ordnet der Traktorist sein Leben den Zwecken des Profanen, dem Aufbau unter (vgl. B, der Revolutionskomplex). Anders ist das Verhalten Balkes in ›Lohndrücker‹ zu werten. Denn dieser verriet aus *Angst* vor Repressalien während des Krieges einen Saboteur und stellt bei gleichzeitiger politischer Indifferenz durch das Eingehen eines gewissen persönlichen Risikos beim Ofenmauern seine persönliche Integrität in dem Sinne wieder her, daß seine Lebenspraxis nicht durchweg von Furcht geleitet wird.

[8] Vgl. Jean Baudrillard, ›Der symbolische Tausch und der Tod‹, a.a.O., S. 230–231, und Abschnitt B, Der Revolutionskomplex (Einleitung).

[9] Gottfried W.F. Hegel, ›Vorlesungen über die Ästhetik III‹, in: Werke in zwanzig Bänden, Ffm. 1978, S. 521.

[10] Ebenda, S. 526.

[11] Ilja Fradkin, ›Bertolt Brecht‹, Leipzig 1974, S. 197.

[12] Jost Hermand, ›Deutsche fressen Deutsche‹, in Brecht-Jahrbuch 1978, Hrsg. John Fuegi, Reinhold Grimm und Jost Hermand, Ffm. 1978, S. 132f.

[13] G. Wieghaus, a.a.O., S. 21–23.

[14] Genia Schulz, a.a.O., S. 121f.

[15] Thomas Hobbes, ›Leviathan‹, Ffm.–Berlin–Wien 1976, S. 96.

[16] Jost Hermand, a.a.O., S. 132.

[17] G. Wieghaus, ›Heiner Müller‹, a.a.O., S. 20.

[18] Genia Schulz, a.a.O.

[19] Adorno, Horkheimer, a.a.O., S. 107.

[20] Walter Benjamin, ›Über den Begriff der Geschichte‹, a.a.O., S. 698.

[21] Georges Bataille, ›Die Souveränität‹, a.a.O., S. 51f.

[22] W. Benjamin, a.a.O., S. 698f.

[23] Florian Vaßen, a.a.O., S. 47.

[24] Jost Hermand, ›Deutsche fressen Deutsche‹, a.a.O., S. 132.

[25] Edgard Allan Poe, ›Umständlicher Bericht des Arthur Gordon Pym von Nantucket‹, Gesamte Werke Bd. 3, Olten 1966, S. 264f.

[26] Edgar Allan Poe, a.a.O., S. 265.

[27] J. Hermand, a.a.O., S. 132.

[28] Th.W. Adorno, ›Negative Dialektik‹, Ffm. 1975, S. 330.

[29] Michael Schneider, ›Den Kopf verkehrt aufgesetzt oder die melancholische Linke‹, Darmstadt/Neuwied 1981, S. 193f.

[30] Adorno, Horkheimer, a.a.O., S. 8.

[31] Genia Schulz, Heiner Müller, a.a.O., S. 133.

[32] Friedrich Engels, ›Revolution und Konterrevolution in Deutschland, Ffm. 1971, S. 77.

[33] Max Horkheimer, ›Autorität und Familie‹ in ›Traditionelle und kritische Theorie‹, Ffm. 1975, S. 181.

[34] Friedrich Nietzsche, ›Unzeitgemäße Betrachtungen‹, in Werke I, Ffm.–Berlin–Wien 1979, S. 263.

[35] Genia Schulz, a.a.O., S. 130.

[36] W. Benjamin, ›Über den Begriff der Geschichte‹, a.a.O., S. 697.

[37] W. Benjamin, ›Über den Begriff der Geschichte‹, a.a.O., S. 701.

[38] Ebenda.

[39] Karl Marx, ›Die achtzehnte Brumaire des Louis Bonaparte‹, in Marx/Engels ›Ausgewählte Schriften‹, Berlin 1981, S. 226.
[40] Jean Baudrillard, a.a.O., S. 219.
[41] Die Schwierigkeit dieser Szene ergibt sich daraus, daß zwischen religiösen, psychischen und historischen Handlungsursachen nicht mehr unterschieden werden kann. So ist
z.B. der Krieg bei den germanischen Völkern selbst eine heilige Handlung, von der das
individuelle Seelenheil abhängt (Walhalla), vgl. Mircea Eliade, ›Geschichte der religiösen
Ideen‹, Bd. 2, Freiburg im Breisgau 1979, S. 143ff.
[42] Mircea Eliade, ›Geschichte der religiösen Ideen‹, Freiburg–Basel–Wien, 1979, S. 183.
[43] Erich Fromm, ›Anatomie der menschlichen Destruktivität‹, Hamburg 1977, S. 21f.
[44] Die Beziehung zu dem Antigonestück des Sophokles ist evident. Auch die Entwicklung militanter Frauenfiguren, die Müllers späte Stücke kennzeichnet, zeigt, daß Müllers
Theater diesen Konflikt für noch nicht beendet oder wieder virulent erachtet.
[45] Horst Kurnitzky, ›Ödipus‹, Berlin 1978, S. 119.
[46] Ebenda, S. 119/120.
[47] Erich Fromm, a.a.O., S. 423–424.
[48] Walter Benjamin, a.a.O., S. 694.
[49] Erich Fromm, a.a.O., S. 373.
[50] Erich Fromm, a.a.O., S. 383–384.
[51] Erich Fromm, a.a.O., S. 382.
[52] Erich Fromm, a.a.O., S. 381/382.
[53] Zu analogen Ergebnissen kommt auch Erich Fromm bei der Analyse der dem deutschen Faschismus zugrundeliegenden Charakterstrukturen, wenn er feststellt, daß Hitler
den Endsieg nicht wirklich gewollt hat; vgl. Erich Fromm, a.a.O., S. 484.
[54] Vgl. Wilhelm Reich, ›Was ist Klassenbewußtsein‹, S. 23f. Reich zeigt, daß die mangelnde Emanzipation der proletarischen Frau in der Weimarer Republik eine der großen
Schwachstellen der deutschen Arbeiterbewegung war.
[55] Florian Vaßen, a.a.O., S. 50.
[56] Wolfgang Emmerich, a.a.O., S. 153.
[57] Florian Vaßen, a.a.O., S. 54.
[58] Adorno/Horkheimer, ›Interesse am Körper‹, S. 207–211, in ›Dialektik der Aufklärung‹, a.a.O., S. 207.
[59] Otto F. Best, ›Bertolt Brecht – Weisheit und Überleben‹, Ffm. 1982, S. 32.
[60] Otto F. Best, a.a.O., S. 33f.
[61] Ebenda, S. 35.
[62] Wolfgang Emmerich, a.a.O., S. 129.
[63] Hartmut Böhme/Gernot Böhme, ›Das andere der Vernunft‹, Ffm. 1983, S. 83.
[64] Norbert Elias, ›Über den Prozeß der Zivilisation‹, Bd. 2, Ffm. 1982, S. 431–433.
[65] Hartmut Böhme/Gernot Böhme, a.a.O., S. 60.
[66] Ebenda, S. 54.
[67] Norbert Elias, a.a.O., S. 431.
[68] Michel Foucault, ›Überwachen und Strafen‹, Ffm. 1977, S. 173.
[69] Michel Foucault, a.a.O., S. 174f.
[70] Morton Schatzman, ›Die Angst vor dem Vater‹, Hamburg 1978.
[71] Hartmut Böhme/Gernot Böhme, a.a.O., S. 66.
[72] Hartmut Böhme/Gernot Böhme, a.a.O., S. 69
[73] G.W.F. Hegel, ›Vorlesungen über die Philosophie der Geschichte‹, Ffm. 1978, S. 539f.
[74] Ernst Bloch, ›Subjekt-Objekt – Erläuterungen zu Hegel‹, Gesamtausgabe 8, Ffm.
1977, S. 55.
[75] Norbert Elias, a.a.O., Bd. 1, Ffm. 1981, S. 15.

[76] Ebenda, S. 15–17.

[77] Friedrich Engels, MEW, Bd. 37, Berlin 1974, S. 463.

[78] Perry Anderson, ›Die Entstehung des absolutistischen Staates‹, Ffm. 1979, S. 293.

[79] Georges Bataille, ›Das theoretische Werk‹, Bd. 1, a.a.O., S. 23.

[80] Georges Bataille, ›Das theoretische Werk‹, Bd. 1, a.a.O., S. 173.

[81] Gottfried W. Hegel, ›Vorlesungen über die Ästhetik I‹, Werkausgabe Bd. 13, a.a.O., S. 139.

[82] Gottfried W. Hegel, ›Vorlesungen über die Ästhetik I‹, a.a.O., S. 141ff.

[83] Gottfried W.F. Hegel, ›Grundlinien der Philosophie des Rechts‹, Werke in zwanzig Bänden 7, Ffm. 1970, S. 1978, S. 512.

[84] Hans Domdey, ›Mythos als Phrase oder die Sinnausstattung des Opfers‹, in Merkur, 5/1986, S. 443–454, S. 445.

[85] Hans Domdey, a.a.O., S. 446.

[86] Friedrich W. Nitzsche, ›Götzen-Dämmerung‹, in Werke III, Ffm.–Berlin–Wien 1969, S. 477f.

[87] Rita Bischof, ›Über den Gesichtspunkt, von dem aus gedacht wird‹, S. 89–120, in Georges Bataille, ›Die psychologische Struktur des Faschismus/Die Souveränität‹ München 1978, S. 116–119.

[88] G. Wieghaus, a.a.O., S. 107.

[89] Hans Domdey, a.a.O., S. 446.

[90] Antonin Artaud ›Dossier zu Das Theater und sein Double‹, S. 163–203, in ›Das Theater und sein Double‹, Ffm. 1969, S. 167.

[91] Antonin Artaud, ›Das Theater und die Wissenschaft‹, in ›Schluß mit dem GOTTES-GERICHT‹, München 1980, S. 71ff.

[92] Florian Vaßen, a.a.O., S. 47f.

[93] Otto Mann/Rotraut Straube-Mann, ›Lessing-Kommentar, Bd. 1‹, München 1971, S. 28.

[94] Georges Bataille, a.a.O., S. 76.

[95] Georg Wieghaus, a.a.O., S. 107–108.

[96] Hans Domdey, a.a.O., S. 452.

[97] Friedrich Nietzsche, ›Geburt der Tragödie‹, a.a.O., S. 49f.

[98] Jean Baudrillard, ›Der symbolische Tausch und der Tod‹, a.a.O., S. 212.

[99] Ebenda, S. 197.

[100] Jean Baudrillard, ›Der symbolische Tausch und der Tod‹, a.a.O., S. 216.

[101] Friedrich Nitzsche, ›Menschliches, Allzumenschliches‹, 2. Bd., in Werke I, a.a.O., S. 1006.

2. Der Revolutionskomplex

[1] Jean Baudrillard, a.a.O., S. 230f.

[2] Jean Baudrillard, a.a.O., S. 295.

[3] Jean Baudrillard, a.a.O., S. 230.

[4] Th.W. Adorno, ›Negative Dialektik‹, a.a.O., S. 316f.

[5] Gunnar Heinsohn, ›Privateigentum, Patriarchat, Geldwirtschaft‹, Ffm. 1984, S. 9.

[6] Ebenda.

[7] Gunnar Heinsohn, a.a.O., S. 94.

[8] Hartmut Rosshoff, ›Heiner Müllers Lehrstück ›Mauser‹‹, S. 193–209, in ›alternative‹ 110:111, S. 193f.

[9] Solochow, ›Der stille Don‹, Berlin/DDR, Bd. 2, 1975, S. 331f.

[10] F.W.F. Hegel, ›Phänomenlogoie des Geistes‹, Ffm. 1970, S. 153.

[11] Th.W. Adorno, a.a.O., S. 33.

[12] Th.W. Adorno, a.a.O., S. 130.

[13] G.W.F. Hegel, a.a.O., S. 149.

[14] Gerd Bergfleth, ›Nachwort‹, in Jean Baudrillard, ›Der symbolische Tausch und der Tod‹, a.a.O., S. 374.

[15] Gerd Bergfleth, ›Nachwort‹, a.a.O., S. 423.

[16] Michel Foucault, ›Vom Licht des Krieges zur Geburt der Geschichte‹, a.a.O., S. 45 f.

[17] Michel Foucault, ›Vom Licht des Krieges zur Geburt der Geschichte‹, a.a.O., S. 48 f.

[18] Alfred Sohn-Rethel, ›Warenform und Denkform‹, Ffm. 1976, S. 38 f.

[19] Friedrich Nietzsche, ›Also sprach Zarathustra‹, in Werk II, Ffm.–Berlin–Wien, 1972, S. 587 ff.

[20] Bertolt Brecht, ›Badener Lehrstück vom Einverständnis‹, Werkausgabe Bd. 2, Ffm. 1967, S. 609.

[21] Jean Baudrillard, ›Der symbolische Tausch und der Tod‹, a.a.O., S. 203.

[22] Ebenda.

[23] Jean Baudrillard, ›Der symbolische Tausch und der Tod‹, a.a.O., S. 206.

[24] Rudolf Wolfgang Müller, ›Geld und Geist‹, Frankfurt–New York 1974, S. 223.

[25] G.W.F. Hegel, a.a.O., S. 151.

[26] Rita Bischof, a.a.O., S. 112 f.

[27] Rita Bischof, a.a.O., S. 115.

[28] J. Baudrillard, a.a.O., S. 221 f.

[29] Gerd Bergfleth, a.a.O., S. 419.

[30] Walter Benjamin, a.a.O., S. 693.

[31] Auch wenn die Literaturwissenschaft die Brechtschen Lehrstücke unter dem Aspekt der ihnen innewohnenden christlichen Opferstruktur bislang nicht genügend aufgearbeitet hat, so haben doch schon relativ früh theologisch vorgebildete Rezensenten den ›christlich-religiösen Glutkern‹ dieser Texte erkannt, wie es die folgenden Zitate aus ›Bertolt Brecht‹, ›Die Maßnahme‹, Kritische Ausgabe mit einer Spielanleitung von Reiner Steinweg, Ffm. 1976, zeigen. »Versuch eines neuen Kultes. Lehrstück einer neuen Religion« (S. 329). »…, und wenn zwischendurch ein Leitsatz Lenins gewaltig von Stimme zu Stimme weitertönt, so steigt in uns eine Ahnung künftiger Liturgien auf« (339). »Für Brecht ist sie [die Partei/F.-M. R.] eine fremde, fast geheimnisvolle Großmacht, ein Orden der Revolutionäre, …« (354). »Die neuen Möglichkeiten, …, berühren sich in einer fernen Zeitebene, mit den Tragödien des Aschylos und den frühchristlichen Mirakelspielen.« (356) »Die revolutionäre Theorie ist bei Brecht …, ein scholastisches Schema der ›Klassiker‹, das es als ›heiligen Geist‹ empfängt.« (359) »Aufersteht in … ›Jasager‹ das Schultheater der Jesuiten, …, so bildet die ›Maßnahme‹ das Oratorium … weiter.« (362) usw. Während die marxistischen Kritiker mit purem Unverständnis auf die Idee, sakrale Energien für die Arbeiterbewegung zu gewinnen, reagierten, lehnten die theologisch vorgebildeten Rezensenten die ideologische Ausrichtung dieser Adaption ab.

[32] Georges Bataille, ›Das theoretische Werk – Die Aufhebung der Ökonomie‹, a.a.O., S. 29.

3. Die Emanzipation der Frau

[1] Adorno/Horkheimer, a.a.O., S. 9.

[2] Mircea Eliade, ›Das Heilige und das Profane‹, Ffm. 1984, S. 93 f.

[3] Mircea Eliade, a.a.O., S. 97 f.

[4] Walter Benjamin, a.a.O., Bd. I 2, S. 700.

[5] Wilhelm Reich, ›Die Massenpsychologie des Faschismus‹, Köln 1971, S. 216.

[6] Ebenda, S. 94.

[7] Vgl. ›Hamletmaschine – Heiner Müllers Endspiel‹, Hrsg. Theo Giershausen, Köln 1978, S. 25–78.

[8] Vgl. ›Hamletmaschine – Heiner Müllers Endspiel‹, a.a.O., S. 25 f.

[9] Marc Silberman, ›Heiner Müller‹, Amsterdam 1980, S. 53.

[10] F. Vaßen, a.a.O., S. 55.

[11] Mircea Eliade, a.a.O., S. 99.

[12] Walter Benjamin, a.a.O., Bd. I.2, A. 701–702.

[13] Antonin Arataud, ›Schluß mit dem Gottesgericht‹, a.a.O., S. 72 f.

[14] Ebenda, S. 106.

[15] Walter Benjamin, a.a.O., Bd. II.1, S. 246.

[16] Walter Benjamin, a.a.O., Bd. I.2, S. 697 f.

[17] G.F.W. Hegel, ›Philosophie der Geschichte‹, a.a.O., S. 86.

[18] Friedrich Engels, Karl Marx, ›Zur Kritik der politischen Ökonomie‹, in Marx/Engels, Ausgewählte Schriften in zwei Bänden, Bd. 1, Berlin 1981, S. 344 f.

[19] Ernst Bloch, ›Tübinger Einleitung in die Philosophie‹, a.a.O., S. 263.

[20] Walter Benjamin, a.a.O., S. 697.

[21] Walter Benjamin, a.a.O., S. 704.

[22] Adorno/Horkheimer, a.a.O., S. 51.

[23] J. Baudrillard, a.a.O., S. 167 f.

[24] Ebenda, S. 167.

[25] F. Nietzsche, ›Götzendämmerung‹, Werke III, a.a.O., S. (II) 955.

[26] H. Marcuse, ›Triebstruktur und Gesellschaft‹, a.a.O., S. 125.

[27] 5 Mose 32,35.

[28] 2 Mose 2,14.

[29] Bertolt Brecht, ›Die Maßnahme‹, a.a.O., S. 246 f.

[30] Charles Baudelaire, ›Die Blumen des Bösen‹, Hrsg. Franz Blei, Gesammelte Schriften Bd. 6, Kösel, Kempten 1981, S. 167.

[31] Jean Paul Sartre, ›Sartre über Sartre‹, Hamburg 1977, S. 161.

[32] Jean Paul Sartre, a.a.O., S. 163.

NACHWORT

[1] Florian Vaßen, a.a.O., S. 50.

[2] Jean Baudrillard, a.a.O., S. 198.

[3] Ebenda, S. 200.

[4] Walter Benjamin, ›Über den Begriff der Geschichte‹, a.a.O., S. 695.

[5] Walter Benjamin, ›Über den Begriff der Geschichte‹, a.a.O., S. 697.

[6] Reinhard Baumgart, ›Das Theater des Botho Strauß‹, in Text + Kritik 81, München 1984, S. 17.

[7] Ebenda, S. 18.

[8] Ebenda.

[9] Ebenda.